단군과 교웅

- 단군의 호적등본 -

반재원

도서출판 한배달

머리말

흔히 인생의 황혼기를 빗대어 '국은 한 솥인데 장은 벌써 파장'이라고 말하기도 합니다. 지금 필자의 처지는 장도 파장이려니와 국도 어지간히는 팔린 것 같습니다. 아침에 한 짐 가득지고 나가서 하루 종일 팔러 다니다가 해거름에 막걸리 몇 잔에 얼큰해져 빈 지게로 터벅 터벅 돌아오는 홀가분함이랄까 허전함이랄까?

암행어사 박문수의 과거급제 장원시가 생각납니다.

〈붉은 해는 푸른 서산에 걸려있고 겨울 까마귀는 가랑이가 찢어지게 날아가네. 나루터를 묻는 길손의 말채찍이 급하고 절로 돌아가는 중의 지팡이가 한가롭지 않네. 동산에 풀어 놓은 소의 그림자는 길어지고 지아비를 기다리는 여인의 비녀는 점점 낮아지는데, 청연곡 계남리로 나무하던 총동이 피리 불며 돌아오네.〉

초겨울 황혼 무렵의 정경을 고스란히 보여주고 있는 7언 율시입니다. 박문수가 마지막 댓구가 떠오르지 않아 망연히 앉아 있는데 귀신이 귓속말로 알려주었다는 이야기가 전해오고 있는 시입니다. 인생의 황혼녘을 보는 듯합니다.

그동안 상고사와 훈민정음 창제에 관한 책들을 열댓 권 펴내었지만 기억력이 더 사라지기 전에 핵심 내용을 간추려 1권으로 정리해 보았습니다. 이름을 붙이자면 역사수필이라고 할 수 있겠습니다. 역사수필이라는 말은 아마도 필자가 처음 쓴 단어가 아닌가 합니다. 그러나 수필형식을 빌어 쓴 상고사가 되다 보니 쪽수가 계획보다 많이 늘어났습니다.

인간에게 가장 두려운 것은 죽음입니다. <장미의 이름>을 쓴 움베르또 에꼬(Umberto Ecor, 이딸리아어의 r은 르, t는 뜨, c는 끄)에 의하면 인간이 죽음을 극복하는 2가지 방법이 있는데 그 중 하나는 저술을 남기는 일이고 다른 하나는 자식을 낳는 일이라고 하였습니다. 자식은 죽음을 극복하는 '본능적 방법'이고 저술은 죽음을 극복하는 '문명적 방법'이라고 하였습니다. 죽음이라는 불안을 잘 반죽하여 평안을 만들어내는 그의 말은 다소나마 위안을 느끼게 합니다. 제 작년에 문집을 앞당겨 내었는데 올해 칠순을 맞아 내용을 첨삭하고 보완하였습니다.

이제 솥바닥에서 보글보글 끓고 있는 진국으로 그동안 정들었던 이웃과 둘러앉아 막걸리나 한 사발 주욱 걸치고 전塵을 거둘 생각입니다. 장날의 장꾼은 다음 장이 서면 낯익은 얼굴로 만날 수 있지만 인생의 장꾼은 다음 생에 만나도 서로 알아볼 수가 없으니 어디서 무엇으로 다시 만난들 장님 눈인사이지요. 부부도 전생의 인연으로 이번 생에 만나서 함께 가는 길동무. 가족도, 부모형제도, 어릴 적 친구도.....

2005년 7월 8일에서 9일까지 열린 '연변대학 국제 학술회의'와 그해 8월 7일에서 10일까지 하얼빈 공대에서 열린 <사> 한국어 정보학회의 '다국어 정보처리 국제 학술대회'에서 17명의 북한 학자들(조선 과학기술 총연맹)이 참석한 가운데 필자의 발표시간에 연길시의 국자가 거리가 왕검(한왕검桓王儉) 단군이 14세 때 국자國子(세자)책봉식을 거행한 곳으로 왕검의 고향이라는 사실과, 평양의 단군릉도 왕검릉이 아니라 5세 단군 구을릉임을 자세하게 발표한 적이 있었습니다. 대부분의 연변학자와 국내 학자들은 전설의 고향을 듣는 듯한 얼굴이었고 북한 학자들은 하나같이 표정의 변화가 없었습니다. 학술대회가 끝난 후 참석자들이 하얼빈시에서 버스로 1시간 거리를 달려 아사달산을 답사했을 때에도 하얼빈이 우리 조상의 고향임을 말하는 이는 없었습니다.

사관史觀이 바로 서지 못한 민족이 번영하는 예는 없습니다. 민족의 힘은 역사의식입니다. 우리의 역사는 배달국과 단군 조선을 신화의 영역에서 빼내는, 상고사의 광복이 이루어지지 않고서는 해결되지 않는 문제입니다. 상고사는 그 민족의 뇌에 해당되므로 상고사를 잃어버리는 것은 식물인간이 되는 것과 같습니다. 홍산문화도 처음엔 '옥저玉猪' '옥저룡玉猪龍'이라고 했다가 지금은 '옥룡玉龍'만 부각시키고 있습니다. 옥저가 우리의 문화라는 것을 저들은 알고 있기 때문입니다. 순임금 시대에는 우리를 '돼지새끼 떼'라고 하였습니다. 홍산 유적이 처음 발굴되었을 때 저들은 발굴된 지역으로 보나 유물의 성격으로 보나 자기네 역사가 아니라고 외면하고 방치했었습니다. 그도 그럴 것이 하남성을 주변으로 한 옛 장성으로 보나 나중에 저 멀리 감숙성으로 변조한 지금의 장성인 만리장성 바깥지역에 있는 홍산유적이 어찌 저들의 역사유물이 될 수 있겠습니까!

　홍산의 삼황오제 유적은 우리 배달국의 유적이자 역사입니다. 그런데 주인인 우리가 너무나 잠잠하니까 슬금슬금 '용'문화에 맞추어 자기 것으로 굳히는 작업에 들어갔습니다. 지금은 수백편의 논문을 쏟아내면서 자기네 유적으로 만들어 놓았습니다. 용이 중국의 상징이 된 것은 1930년대 이후 부터입니다. 중국의 신화학자 원이둬(聞一多)가 쓴 논문집 <복희고伏羲考>에 의하면 명, 청 시대까지만 해도 용은 천자의 상징일 뿐 일반대중의 상징은 아니었습니다. 원래 용과 봉은 모두 우리 것입니다. 한나라 학자 채옹의 『독단獨斷』에 '천자天子란 동이족을 일컫는 말이다'라고 하였으니 치우는 물론이려니와 신농, 복희, 순임금이 모두 천자로서 알토란같은 우리 조상입니다. 우리는 아시아의 대종손임을 잊지 말아야 합니다. 그것이 뭐 그리 중요하냐고? 역사 왜곡이 바로 민족혼 말살과 영토침략 전쟁의 준비작업이기 때문입니다.

　우리의 유구한 전통과 풍속이 우리 대에 와서 사라지고 있습니다. 항렬, 혼인풍습, 장례풍습, 달집놀이 등 우리의 상고사가 배어있는 전통문화가 모두 사라지고 있습니다. 불과 30~40년 전의 풍속이 이제는 고전이 되었습니다. 또한 우리민족의 상고사를 추적할 수 있는 토박이 사투리도 한 세대만 지나면 사라지고 말 것입니다.<2부 누이와 잠, 서방님과 도련님의 어원, 땅이름의 허와 실 중 할아범과 할배 참조> 우리 대에 그 연원을 기록으로 남겨 놓아야 합니다. 우리 토박이 말속에 조상의 역사가 살아 숨 쉬고 있기 때문입니다. 유물이 땅속에 묻혀있는 역사의 화석이라면 토박이말은 입속에 살아있는 역사의 화석입니다.

　지금 중국은 이미 대국인데 왜 우리 역사인 홍산 유적과 고구려역사에 그토록 집착하는가! 홍산 문화는 대종손의 자리를 차지하기 위함이며 고구려 땅 동북 3성이 지금 대륙에서는 곡창지대이기 때문입니다. 중국이 영토는 넓지만 대부분이 장가계와 황산, 태항산, 내몽골 등 악산과 사막지대가 많은 황무지입니다. 흔히 많은 이들이 신라가 아닌 고구려의 통일을 아쉬워하고 있습니다. 역설적이지만 만약 그때 고구려가 통일했더라면 연개소문의 아들 연남생과 연남건의 종교 갈등으로 인한 내분으로 당나라에게 망할 때 한반도 신라지역은 모두 중국이 되었을 것이니 지금의 한국은 이미 없습니다. 그런데 이 생각을 하는 사람이 없는 것 같습니다. 중국은 언젠가 우리가 대종손으로서 '제비가 옛집을 다시 찾을 것'을 두려워하여 신농과 치우 그리고 고구려의 뿌리를 뽑아가고 홍산 문화 까지 가져갔습니다. 그 후예인 발해역사는 더 말해 무엇 하겠습니까. 홍산 유적뿐 아니라 황제 유웅씨가 웅족임을 내세워 배달국도 자기네 역사라고 우길 것입니다. 동북공정의 핵심은 앞으로 통일과 같은 한반도 유사시에 대동강 지역을 동북 4성으로 편입시키기 위한 계략임을 알아야 합니다. 시진핑이 트럼프에게 한반도의 일부는 중국 땅이었다고 한 말이 바로 그 말입니다. 우리가 항의하자 남한은 관계없으니 걱정하지 말라고 한 것입니다. 사과의 말이 아닙니다. 역사침략은 결국 총성 없는 영토침략 전쟁인데도 우리 국민들은 강 건너 불구경하듯 참으로 무심합니다. 앞으로 성씨 공정마저 우려됩니다. 단기4352년(2019)에 한웅배달국의 역사 1565년을 합산하면 올해가 개천 5916년이 됩니다. 한국桓國은 빼더라도 6000년의 유구한 역사입니다. 그것도 북한이 발표한 평양의 5세 단군릉의 5011년±267년(1993년 기준)이라는 연대를 보면 우리가 기준으로 삼는 서기전 2333년은 그 보다 수 백 년을 내려 잡은 것입니다.

이웃과의 관계는 화합이 최상의 해결책입니다. 그러기 위해서는 먼저 내가 힘이 있어야 합니다. 힘이 없는 민족에게 화합의 손을 내미는 이웃은 없습니다. 독도와 대마도 문제도 힘의 논리입니다. 일본은 우리에게 한이 맺힌 사람들입니다. 패망한 이서국과 백제의 유민으로 신라에 한을 품고 떠났던 사람들입니다. 설인귀도 고구려 유민으로 우리에게 한을 품은 사람이지만 풍신수길(도요토미 히데요시)도 한을 품고 떠난 조선 사람이며 성은 박씨라고 전해지고 있습니다. 약자의 억울함도 어찌할 수 없는 역사이며 패자의 역사는 야사나 전설이 됩니다. 이 책의 3부를 빼고는 모두 우리민족의 정체를 다룬 내용입니다. 필자가 비록 혀가 닳도록 말한다 해도 이 또한 선구자 역할의 한 부분에 지나지 않음을 알고 있습니다. 그러나 훈민정음과 단군과 태극기연구에 도끼자루 썩는 줄 모르고 평생을 보냈으니 누가 뭐래도 저에게는 그저 고맙고 분에 넘치는 삶이었습니다.

외국어를 표기할 때는 훈민정음의 기능을 알리기 위하여 세종의 초성 합용병서 표기법을 원용하여 사용하였습니다. 예를 들면 영어의 v=ㅅㅂ('vase'는 'ㅅㅂ에이스' 'save'는 '세이ㅅㅂ'), f=ㅅㅍ('france'는 'ㅅㅍ랜스' 'knife'는 '나이ㅅㅍ'), ð(th)=ㄴㄷ('this'는 '띠스'), θ(th)=ㄴㅅ,('thank(θæŋk) you'는 'ㄴ생큐'로, 'tooth'는 '투ㄴㅅ'), r='ㄹㅇ, 중국어의 권설음은 zh= ㄹㅈ, ch= ㄹㅊ, sh= ㄹㅅ로, 일본어의 ん는 여린ㄱ인 ㆆ아(콧소리)로, 그리고 우리말의 깜짝 놀라는 소리나 구령소리인 짧고 깊은 소리인 • 를 원용한 '앞으로 ᄀᆞ!' 또는 '앞으로 가!'로, 또 아랍어의 깊고 짧은 발음인 '커, 까' 등입니다. 자세한 것은 2부의 <한글 국제공용화를 위한 기능성한글>을 읽어보시면 이해가 쉬울 것입니다. 또 숫자의 단위에 4자리마다 쉼표를 찍은 것은 우리의 전통방식을 따랐기 때문입니다. 그것이 일반인들에게는 3자리 쉼표보다 더 읽기가 편합니다. 예를 들면 기존의 1,550,000보다 155,0000이라고 표시하면 쉼표 앞의 155를 155만으로 바로 읽을 수 있습니다. 그러나 외국어 발음표기와 쉼표에 거부반응이 일어나는 독자들께서는 예전처럼 그대로 읽으시기 바랍니다. 불편을 끼치려고 한 것이 아니라 한글국제 공용화를 위한 작업이므로 개의치 말 것을 부탁드립니다. 그리고 제목마다 독립된 내용이므로 가끔 내용이 중복된 경우가 있습니다. 또 역사수필이라는 글의 특성상 근거를 제시하기 위하여 주)를 달지 않을 수 없었습니다. 널리 양해를 구합니다. 끝으로 출판비를 부담한 돈아豚兒와 교정에 힘쓴 아내에게 고마움을 전합니다.

한기桓紀9216, 개천5916, 단기4352(2019)년 4월 청명 한식절.
반재원 씀.

차례

1부. 단군의 고향

2부. 한글국제공용화를 위한 기능성 한글

3부. 아버지와 하모니커

4부. 모택동의 고향

5부. 나를 찾아 가는 길

-필독 권장 내용-

요즘 따로 시간을 내어 책을 읽는다는 것이 어간 어려운 일이 아님을 알기에 권장 내용을 말씀드립니다.

1부. 단군의 고향과 2부. 한글국제공용화를 위한 기능성 한글은 이 책의 주제라서 따로 뺄 것이 없어 보입니다.

3부. 아버지와 하모니커

4부. 모택동의 고향

5부. 나를 찾아 가는 길

1부. 단군의 고향

왕검 단군의 호적등본

연길시내의 중앙로를 국자가라고 부르고 있다. 국자가는 옛 하천평下天坪이며 왕검 단군이 태어나서 14세에 왕세자로 등극한 뜻 깊은 곳이다. 4300여 년 전에 왕자 즉 국자國子인 왕검과 관련된 길 이름이 지금까지 '국자가' '국자거리'로 불리고 있다. 일제때 발행된 '간도間島'라는 연변 유적도에 기록된 국자가國子街[1]가 그 후 지금의 국자가局子街로 바꾼 이는 중국이나 일본으로 보이지만 왕검 단군의 탄생지라는 점에는 변함이 없다. 그런데 중국인은 물론이려니와 연변에 사는 수많은 재중동포들조차도 '국자가'의 숨은 뜻을 모르고 있다는 사실은 분명 가슴 미어지는 일이다.

중국의 동북공정이라는 역사왜곡 작업으로 우리 고대사에 대한 관심이 고조되고 있는 가운데 개천학회 답사팀은 2004년 7월 21일부터 25일까지 4박 5일 동안 백두산을 비롯하여 연길과 도문 등을 답사하였다. 연길의 현지인들에 따르면 백두산 동쪽이 해가 일찍 뜨는 상천평이고 백두산 밑 서쪽이 해가 늦게 뜨므로 하천평이라고 한다. 상천평은 하천평보다 5km쯤 위에 있었는데 지금은 없어졌으며 옛 하천평에는 지금도 사람들

---

[1] 일제때 발행된 '間島'라는 연변 유적도에 국자가國子街라고 나와 있다. 일제 때에는 연변을 간도라고 하였다 .

이 거주하고 있다. 국자가가 있는 연길은 하천평에 해당하는 지역이다. 옛 지도에는 연길, 용정, 도문 일대를 모두 천평天坪[2])이라고 하였다.

『홍사한은鴻史桓殷』[3])에는 '왕검의 아버지 단웅 재위 48년에 천

---

2) 동북 3성 지도, 2000.

3) 『홍사한은』은 한웅과 단군 등 상고사에 대한 기록이다. 이 책은 원래 『단군 366사』의 저자인 대전 유성의 김재환의 책인데, 유성의 소부素夫 박종호가 전해 받았던 것으로 전해지고 있다. 이 책은 소부의 아들이 서기 2000년경에 <사>한배달을 방문하여 제일 먼저 공개하면서 처음으로 알려졌다. 그러나 그 후 10여 년간 구체적인 내용을 모른 체 묻혀 있다가 4345(2012)년 <사>한배달 부회장이자 훈민정음연구소장 반재원에 의하여 300여년 만에 처음으로 『주해 홍사한은』으로 번역 출판되었다. 이 책을 엮은 최면길은 강원도 강릉에서 약 350년 전에 태어났다. 최창록의 『한국도교문학사』 84쪽에 의하면 최면길이 서기 1691년 신묘년에 『홍사한은』을 초抄한 것으로 기록되어있다. 그러나 1691년은 신미년이고 신묘년은 1711이다. 최창록의 착오로 보인다. 『홍사한은』 서문에는 공자의 7세손인 공자순의 서문과 대조영의 동생인 발해 대야발의 서문이 같이 실려 있다. 주요 내용은 한웅 배달국시대와 단군조선과 기자, 마한, 목지국, 북부여, 동부여, 고구려, 갈사국(갈사-중국 심양의 옛 지명), 발해, 가락국 등의 역사로 엮어져 있다. 이 책에는 지금까지 한번도 거론된 적이 없는 왕검(한왕검)단군의 어머니 이름이 웅녀가 아닌 교웅蟜熊으로 기록되어 있으며, 왕검의 부인이름이 비서갑 하백의 딸 태원太源으로 기록되어 있다. 또 왕검의 고향이 천평 즉 중국 연길시로 기록되어있다. 그 외에 박혁거세의 아버지는 태백선주 박원달朴元達이며, 어머니는 해모수의 딸 파소巴素이며, 혁거세는 해모수의 외손자로 기록되어있다. 또 김수로왕의 아버지는 마한의 영왕의 아들 이비가지夷毗訶之로 기록되어있다. 또 『주해 홍사한은』 80쪽에 한웅시대에 쇠를 녹이는 용광로를 설치하고 옥을 새겨 예술품을 만든 철기와 옥기문화의 흔적이 기록되어 있다.(무오27년) 한마디로 이 책은 신화와 전설을 역사시대로 바꾸어주는 기록이며 민족 역사서 중에서 유일하게 최초로 단군 왕검의 호적등본, 즉 가족관계증명서가 기록된 우리의 상고사이다.

평산성을 쌓았다'4)라고 했고, '단웅 재위 68년에는 천평과 정평에 두 성을 쌓았고 재위 70년에는 천평에 외성을 쌓았다'5)라는 기록이 있다. 또 『삼성기전』 상편에는 '한웅이 천평에 자정子井과 여정女井을 만들고 청구에 정전제井田制를 실시하였다.'6) 라고 했으며 『단기고사』에는 '천평의 위치가 길림의 동쪽에 있다'7)라고 하였다. 또 『홍사한은』에는 '태자 검을 옹위하여 도문圖門을 만들고 축하 행사를 거행한 곳으로 그곳을 국자가國子街라고 하였다'8)라는 기록이 나온다. 이로 미루어 볼 때 연변의 국자거리는 왕검 단군의 고향임에 틀림이 없다. 도문은 왕검의 국자책봉식 경축 행사 때에 드나드는 개선문과 같은 상징물 역할을 한 것으로 보인다.

『삼성기전』 상편과 『단군세기』에 '왕검이 성장하여 비서갑棐西岬 하백의 딸을 아내로 맞았다.9) 네 아들을 두었는데 부루夫

---

4) 반재원, 『주해 홍사한은』, 도서출판 한배달, 4345(2012), 84쪽.
   원문 10쪽 - 命築官石元 築天坪山城 營造宮室.

5) 반재원, 『주해 홍사한은』, 도서출판 한배달, 4345(2012), 86쪽. 원문 10쪽
   - 築天坪定坪兩城 築天坪外城.

6) 안함로, 『삼성기 전』 상편 - 鑿子井女井於天坪劃井地於靑邱.

7) 대야발, 고동영 역주, 『단기고사』, 한뿌리, 1993, 1쪽 - '天坪(吉林東部)에
   至하사'

8) 반재원, 『주해 홍사한은』, 도서출판 한배달, 4345(2012), 88쪽
   원문 11쪽 - 丙寅 七十八年 軍民 擁護太子 設圖門市 稱國子街.

9) 안함로, 『삼성기 전 상편』, 3쪽. 『단군세기』, 14쪽. 『신단실기』 12쪽 -
   菲西岬 河伯女爲后.

婁, 부소夫蘇, 부우夫于, 부여夫余이다.10) 여기에 나오는 하백을
모두 '물의 신'으로 잘못 해석하고 있다. 지방 수령을 '방백方
伯'이라 하고 도지사를 '도백道伯'이라 하듯이 하백河伯은 송화
강 지역을 다스리는 우두머리를 일컫는다.11) 백伯은 '맏도비'
'우두머리'라는 뜻이다. 따라서 '하백녀'는 송화강의 한 지역을
관장하여 다스리는 관찰사의 딸이라고 번역해야 옳다. '단군도
하백의 딸과 혼인했다하고 해모수도 하백의 딸과 결혼 했다
.'12)라고 한 내용을 보고 옛 학자 중에는 하백을 물의 신으로
알고 고사古史는 믿을 수 없다고 하였다. 이렇듯이 글자의 뜻
에만 매달려 번역하다 보니 '하백녀'가 '물귀신의 딸'이 되어
야담보다 더한 상고사가 되고 이러한 혼동으로 말미암아 우리
의 상고사 전체가 전설의 고향으로 묶여버리고 말았다.

　　웅녀라는 말도 마찬가지이다. 웅녀란 '곰녀' 즉 '신성한 여
인' '위대한 여인'이라는 것이지 곰이 아니라는 사실을 단군역
사 연구가들의 노력으로 이제는 일반인도 알게 되었다. 웅녀가
곰녀가 되고 곰녀가 소설에도 등장하는 순박한 처녀 곰례가 되
기도 한다. 『홍사한은』에는 『삼성기전』 상편보다 더 구체적으
로 왕검의 어머니 이름이 웅녀가 아니라 '열유列兪씨의 딸 교
웅蟜熊'13)이라고 기록되어 있다. 일본이 이 '교웅'을 웅녀로 둔
갑시킨 것으로 보인다. 마치 일본이 삼국유사의 '한국桓国'을

10) 도지사, 관찰사, 감사를 道伯, 方伯이라고 부른다.『홍사한은』에는 河北伯,
　　遼西伯, 黑河伯이라는 직책명이 나온다. 지금도 맏형을 伯氏라고 부른다.
　　우리도 고려 때 김방경 장군을 上洛郡開國伯으로, 조선 때 반충潘忠을 光
　　州伯, 정도전을 奉化伯으로 봉한 역사가 있다.

10) 북애, 『규원사화』, 단군기 등.

11) 김교헌, 이민수옮김.『신단실기』, 한뿌리, 1994, 109쪽.

- 16 -

'한인桓因'으로, '관성關城'[14]을 '개성開城'으로 변조한 소행과 같다. 또 『홍사한은』에는 『삼성기전』상편과 『단군세기』의 내용보다 구체적으로 왕검의 부인이 비서갑 하백의 딸 '태원太源'[15]이라고 그 이름까지 나와 있다. 또 알에서 나온 것으로 알려져 있는 박혁거세는 그의 어머니가 해모수의 딸 파소이며 아버지는 태백선주 박원달이다. 이러한 기록들은 『지씨홍사』나 『동국홍사』에도 없으며 오직 『홍사한은』에만 나오는 기록이다.

연변과 이웃해 있는 훈춘은 2천년 전 동부여의 서울이었으며 그 뒤 천년 후에는 동북3성과 연해주를 아우르는 대국 발해의 동경성이 되었다. 훈춘은 신라의 건국 신화에 등장하는 박혁거세의 어머니인 파소의 고향이다. 고등과학원의 박창범 박사의 천문 일식 기록으로 본 역사는 옛 백제가 북경근처이며 초기 신라는 양자강 중류지역이라고 하였다. 『홍사한은』에는 해모수의 딸 파소가 훈춘에서 태백선주 박원달과 사귀다가 처녀의 몸으로 아이를 잉태하자 몰래 배에 태워 보냈는데, 해류를 따라 영일만에 닿았고 양산에 이르자 산기가 있어 나정 숲을 지나다가 급히 아이를 낳았으니 이가 박혁거세이다.[16] 또 알에서 태

---

13) 반재원, 『주해 홍사한은』, 도서출판 한배달, 4345(2012), 81쪽.
　　원문 9쪽 - 庚戌二年 列兪氏女蟜熊爲妃. 낙빈기의『금문신고』에 의하면 유융有戎씨의 딸이 簡狄이며 簡狄은 제곡고신의 次妃이다. 蟜極은 소호금천의 아들이며 칭稱은 소호금천의 딸이며 교극의 누나로 기록되어있다. 또 蟜極은 제곡고신의 아버지가 된다. 교웅은 이 교극의 계보와 어떤 연관이 있을 것이다.

14) 필자주-關城을 중국 장춘지역으로 유추해본다. 장춘시에 關城區가 있다. 장춘은 마지막 황제 부의의 궁전을 비롯하여 8개의 궁전이 있는 곳이다.

15) 반재원, 『주해 홍사한은』, 도서출판 한배달, 4345(2012), 121쪽.
　　원문 13쪽 - 菲西岬 河伯女太源爲妃.

16) 반재원, 『주해 홍사한은』, 도서출판 한배달, 4345(2012), 366쪽.

어났다는 김수로왕도 그의 아버지가 영왕의 아들 이비가지이며 본명은 문文으로 기록되어있다.[17]

　여러 성인들의 불분명한 탄신일에 비하면 단군 왕검의 탄신일은 정확하다. '신묘년 음력 5월 2일 인시寅時에 탄생하였다'[18]라고 『단군세기』에 태어난 시간까지 명확히 알려져 있는데도 이를 신화라고들 한다. 4천년도 더 지난 지금 어떻게 태어난 시간까지 기록될 수 있을까하고 의아해 할 수 있겠으나 기자箕子의 탄생도 병술년 11월 14일 계축 신시申時에 태어났다는 기록이 있다. 『주해 홍사한은』에 의하면 기자箕子는 은나라 무을의 차남인 리가 낳은 아들이며 제을帝乙 병술년 11월 14일 계축 신시에 태어났으며 은나라의 마지막 왕손으로 기자箕子조선 1세 문성왕이 되었다고 기록되어 있다.[19]

　원문 104쪽-解慕漱女巴素改男服 ~太白仙主朴元達 結夫婦 南至楊山村 而有辰分娩羅井間.
　필자주-파소는 선도성모 동신성모로 알려져 있다. 영해박씨는 해마다 仙桃山 聖母祠에서 제사를 지내고 있다.

17) 반재원, 『주해 홍사한은』, 도서출판 한배달, 4345(2012), 279, 281, 371쪽.
　원문 106쪽-庚辰二年 夷毗訶之生六子 長曰靑裔 都金官而曰首露.
　필자주-夷毗訶之의 訶는 음이 '가'이나 본음은 '하'이다.

18) 『단군세기』, 1쪽 - 왕검이 신묘 5월 2일 인시에 출생. 辛卯 五月 二日 寅時生.
　단서대강 제 3편 - 단웅 재위 30년 신묘년 황후 神熊이 검을 낳았다. 단군은 14세 갑진년(서기전 2357년)에 비왕이 된지 24년 되는 해에 단군으로 등극하게 된다.(단군세기 1쪽) 따라서 무진년(서기전 2333년)인 38세에 단군의 직위에 오른다. 단군은 왕이라는 직책명이지 사람 이름이 아니다. 『춘정집』 제7권 영락14년 6월 1일 기록에는 무진년에 탄강한 것이지 천자에 분봉 받은 것이 아니라고 하였다. 그러나 앞의『단군세기』나 『단서대강』제 3편의 내용은 그렇지 않다.

19) 반재원, 『주해 홍사한은』, 도서출판 한배달, 4345(2012), 213쪽.

왕검의 등극시기인 무진년(국자國子로 있은지 24년 후인 38세, 서기전 2333년)20)을 기준으로 볼 때 왕검이 태어난 단웅 재위 30년 신묘년을 역순으로 하나하나 계산하면 서기전 2370년이 된다. 따라서 왕검 단군의 생년월일은 신묘년인 서기전 2370년 5월 2일 인시임이 증명된 셈이다.21) 앞의 『홍사한은』과 『삼성기전』과 『단군세기』와 『규원사화』 등의 내용을 종합 정리하면 왕검의 본적지 는 지금의 중국 연길시이며 생년월일은 서기전 2370년 5월 2일 인시寅時이고 아버지는 한웅22)이고 어머니는 교웅이며 부인은 태원이며 아들은 부루, 부소, 부우, 부여이다.

『홍사한은』이 나타남으로써 왕검의 호적등본, 즉 가족관계 증명서가 밝혀졌다. 일본이 변조해 놓은 상고사를 바로잡는 일은 이처럼 얽히고 설킨 실타래를 푸는 것처럼 복잡하다. 여러 단군 연구가들의 노력으로 광복 70년 만에 왕검의 가족관계 증명서가 밝혀져 비로소 단군 조선을 신화에서 빼내어 오게 된 것이다. 田田

<주해 홍사한은, 반재원, 4345(2012)>

---

20) 안함로, 『삼성기 전』, 상편.

21) 왕검이 단군으로 등극한 38세 되는 해가 서기전2333년 무진년이므로 탄생 간지를 거꾸로 계산하면 무진 서기전2333→정묘 서기전2334→병인 서기전2335→을축 서기전2336→갑자 서기전2337→계해 서기전2338→·→·→·→·→·→·→·→·→·····→신묘 서기전2370. 즉 왕검이 태어난 신묘년이 서기전2370년이라는 계산이 나온다.

22) 반재원, 『주해 홍사한은』, 도서출판 한배달, 4345(2012), 81쪽. 한단고기와는 달리 여기서는 13세가 마지막 한웅으로 기록되어 있다. 단군 왕검(한왕검)의 아버지이다.

단군조선의 도읍지는 하얼빈

　우리는 학교의 역사시간에 단군조선의 도읍지를 평양으로 배웠다. 그 근거중의 하나가 단군릉이 평양에 있다는 이유 때문이었다. 그러나 『단군세기』에 의하면 평양의 단군릉은 평양에 시찰(순수巡狩) 왔다가 병이 나사 죽은 5세 단군 구을릉이다.[23] 북한의 평양이 도읍지였다면 나머지 46명의 단군들은 모두 평양 어디에 묻혔다는 말인가! 이것 또한 일본식민사관의 영향이지만 지금도 이 주장은 사라지지 않고 있다. 『삼성기전』 상편에 '신인 왕검께서 불함산不咸山의 박달나무터에 내려오셨다'[24]라고 하였는데 여기에 나오는 불함산은 안달산, 안다산, 완달산과 그 음이 모두 같다. '안달의 '달'은 땅이며 안달은 안쪽의 땅, 처음 도읍한 땅이라는 뜻이다. '응달' '양달'은 음지와 양지의 우리말이다. 하늘의 '달'도 '응달' '양달'의 '달'에서 온 말이다. 그믐달은 응달이고 보름달은 양달이다. 우리민족은 이미 하늘의 달도 땅으로 보았다.

　불함산은 이두로 '아니불(不)'의 '안'과 '다함(咸)'의 '다'를 딴

---

23) 『단군세기』, 19쪽 - 七月帝南巡歷風流江到松壤得疾尋崩葬于大博山.

24) 안함로, 『삼성기 전』상편, 後神人王儉降到于不咸之山　檀木之墟. 『扶蘇譜』의 소씨상상계에는 옛날 제곡고신의 폭정이 너무 심하여 弗咸山북쪽으로 옮겨갔다는 기록이 보인다. 弗咸山과 不咸山이 같은 곳으로 보인다.

'안다' '안달' '앗달' '아사달'이다. 즉, 지금의 하얼빈 뒷산인 완달산完達山 즉, 안달산, 아사달산을 말하는 것이다. 또 『삼국유사』에 '아사달을 방홀산方忽山 이라고도 한다'[25]라고 하였는데 하얼빈에서는 지금도 완달산을 모을산帽兒山이라고 부르고 있다. 이 모을산이 바로 방홀산, 방흘산에 다름 아니다. '방홀'의 '방'은 '모방(方)'이므로 '모'가 되고, 홀, 흘은 '을'이 되어 모을산, 모알산이 된 것인데 '모방方'이 나중에 '모자모(帽)' 아이아(兒)로 변하여 모을산帽兒山으로 바뀐 것으로 보인다. 실제로 가서 보아도 아사달산의 꼭대기가 아이의 고깔모자처럼 삼각형으로 뾰족하게 솟아있다. 우리 농악의 고깔모자도 우리 조상의 옛 고향인 아사달산의 정상을 본뜬 것으로 보인다. 따라서 '모을산'은 사기에 나오는 '방홀산'의 다른 표기로 보는 것이다. 또 궁홀산弓忽山, 궁흘산이라고도 한다고 하였는데 궁홀산도 이두로 풀면 '활궁'의 '활'과 '홀'이 합하여 '활홀' '화을' '하얼'이 되어 하얼빈이 된다. 구월산도 이두로 아홉구, 달월 즉 '아홉달' '압달' '앗달' '아사달산'이 된다. 그래서 『제왕운기』에 '아사달산은 구월산이며 일명 궁홀산이며 또 삼위산 이라고 한다'[26]라고 하였다. 그러나 이는 구월과 아사달의 착오에서 생긴 것으로 보인다.

이렇듯이 아사달의 음이 여러 한자로 표기되면서 후대의 연구가들에게 혼란을 일으키는 원인이 되었다. 하얼빈이라는 지명은 지금으로부터 약 800년 전에 만주족이 지은 것이며 그 뜻은 '그물을 널어 말리는 곳'이라는 뜻이라고 한다. 단재 신채호도 아사달을 송화강변 완달산이 있는 하얼빈이라고 하였고

25) 『삼국유사』, 又移都於白岳山阿斯達 又名弓—作方忽山.

26) 『제왕운기』, 이승휴, 阿斯達山은 九月山 一名 弓忽又三危.

추사 김정희도 합이빈哈爾濱 완달산完達山을 아사달산阿斯達山이라고 하였다. 『태백일사』「신시본기」에 '단군이 아사달에 도읍하니 지금의 송화강가이다'[27]라고 하여 송화강 하얼빈을 명시하고 있다. 또 『태백일사』「삼한관경본기」에도 '불함산의 불함이 지금의 완달산의 완달과 그 음이 가깝다.'라고 하였다.[28] 또 하얼빈이라는 땅 이름은 할빈, 홀빈, 홀본, 졸본卒本에서 나온 말이 아닐까 하는 생각을 해본다. 왜냐하면 졸본은 태양을 호위하는 금성을 의미하는데 지금도 하얼빈 송화강에는 태양도太陽島라는 섬이 있기 때문이다.

모계사회였던 상고시대에는 딸이 아닌 사위가 대를 이었다. 그때의 자子는 지금의 아들이 아니라 사위를 뜻하는 글자였다. 국자國子의 자子도 대를 이어 천자의 자리에 오를 나라의 사위라는 의미이다. 나중에 부계사회로 바뀌었지만 말은 그대로 남아 왕자王子나 세자世子라는 말로 쓰였다. 자子가 사위라는 증거가 남아있으니 옛 족보 중에는 출가한 딸 대신에 사위의 이름을 기록했으며 이때 사위의 이름 앞에 자子라고 표시한 곳이 있기 때문이다. 그런데 지금은 자子를 아들로 번역하다보니 모계사회와 역사 구분이 모호해져 버렸다. 아들은 남男이다. 금문학상으로 단군조선 초기에는 순임금 시기처럼 모계사회였다. 왕검이 처가인 비서갑 송화강 지역에 있는 하얼빈의 웅씨 나라를 사위(子)로서 대를 물려받은 것으로 추정해 보는 이유가 되는 것이다. 왜냐하면 『단군세기』에 '웅씨(모계사회이기 때문에 정확한 표현은 웅성熊姓임)왕이 왕검의 비범함을 전해 듣고 비왕(후

27)『태백일사』「신시본기」, 62쪽 - 檀君王儉 立都阿斯達 今松花江也.

28)『태백일사』「삼한관경본기」, 33쪽 - 太白山北走 屹屹然 立於斐西岬之境 有負水抱山 而又回焉之處乃 大日王祭天之所也 ~ 山名曰 不咸今亦完達音近也.

계자)으로 삼았다'라는 기록이 보이기 때문이다. '전해 듣고~'라는 이 말은 자신의 아들에게 하는 말투가 아니다. 왕검이 사위로서 하얼빈에 있던 처가 나라의 왕위를 물려받아 국호를 조선이라 했을 가능성이 높다. 또 완달산 비서갑이 지금의 하얼빈이라는 지명 유래를 보더라도 왕검의 첫 도읍지인 아사달이 하얼빈임에 틀림이 없다고 보는 것이다. 그리고 명칭도 정립해야 한다. 하얼빈의 조선은 고조선이 아니라 단군조선이다. 아니면 전조선과 후조선으로 이성계의 조선과 구분해야 할 것이다.

몇 년 전에 구채구를 가는 도중에 여행 안내자가 길가에 서 있는 우임금의 동상을 가리키면서 중국 치수治水의 신이라고 설명하였다. 우임금이 누구인가? 순임금의 사위이며 동이족으로 우리의 조상이다. 그런데도 우리들은 그런가하고 지나친다. 길림성 사평지구는 요임금의 5만 군대와 전쟁을 할 때 단웅(왕검의 아버지 한웅)이 고전을 면치 못하자 걱정이 되어 왕검의 어머니와 왕검의 누이인 공주가 잠시 와서 머물렀던 곳이라 하여 공주령이 되었다. 지금의 길림성 공주령시이다. 이때 왕검은 요하를 건너 대고산으로 들어가니 이곳을 태자하라고 칭하게 되었다.[29] 공주령역 광장에 하늘을 날듯이 서있는 공주 동상이 바로 왕검 단군의 여동생이라는 사실을 누가 알겠는가! 조선족 여행 안내자는 이루지 못한 어느 공주의 애틋한 사랑에 대한 전설로 설명하고 있었다. 우리는 또 그런가하고 지나친다. 우리는 고대사에 눈뜬장님이나 다름없다.

일본이 패망했을 때 마지막 조선총독 아베노부유끼의 고별사

---

29) 반재원, 『주해 홍사한은』, 도서출판 한배달, 4345(2012), 86쪽.
   원문 10쪽-庚申七二年堯軍內寢 遺將軍 札關淩源而抗戰不克 后妃及公主
   出奔四平街而公主領~抗拒敗走 太子渡遼入大孤山而稱太子河.

를 들어보자.

'일본은 졌다. 그러나 조선이 이긴 것은 아니다. 일본은 조선에 대포보다 더 무서운 식민사관을 심어 놓고 떠난다. 장담하건데 조선이 제 정신을 차리고 찬란하고 위대했던 옛 조선의 영광을 되찾으려면 100년이라는 세월이 더 걸릴 것이다. 앞으로 조선인은 서로 이간질하며 노예의 삶을 살 것이다. 그리고 나 아베 노부유끼는 다시 돌아올 것이다.'

우리는 일제가 우리가슴에 꽂아 놓고 간 비수를 아직 뽑지 못하고 강단사학자와 재야사학자가 싸우고 있다. 또 하나, 광복 70년이 지난 지금까지 조금도 나아지지 않고 여, 야 정치인들이 당파싸움으로 날이 새고 지는 것은 우리의 왕권 제도를 없애버린 결과이다. 당파 싸움을 하다가도 임금이 불러 호통을 치고 중재를 하면 국론이 봉합이 되곤 하였는데 일본이 교묘한 술책으로 우리의 국왕제도를 없애버렸으니 통제할 주체가 없어진 것이다. 지금 일본과 영국의 국왕이 상징적이지만 정치에 큰 역할을 하고 있다. 우리의 상고사를 언제까지 '전설의 고향'으로 묶어 둘 것인가! 우리에게 과연 역사 광복이 있었는가! 田田

<주해 홍사한은, 반재원, 4345(2012)>

진본 단군 영정의 출처

　해방 후 1949년 강진구는 부여 장형리에 천조궁天祖宮을 건립하고 솔거본 단군 천진을 모셨다. 강진구가 타계하고 나자 그의 아들 강현구가 분실을 우려해 부여박물관에 기탁하여 보관해 오던 것을 2002년에 찾아내었다. 크기는 가로33.6cm, 세로 53.3cm로 산수 인물화의 대가인 백련 지운영池雲英화백이 1910년에 솔거본의 단군 영정을 모사하여 그 해 8월 21일에 봉안하였던 것으로 전해진다. 그 후 해방이 되자 지운영의 장남인 지성채池城採화백이 이를 다시 모사하여 대종교 총본사에 봉안케 되었다. 『동사유고』 등 옛 문헌에는 신라 말 솔거가 단군 영정을 그려 민간에서도 많이 모신 것으로 기술되어 있다. 솔거의 단군 영정은 불교와 유교 국가인 고려와 조선시대를 거치면서 거의 없어지고 대종교와 <사>한배달 등에서 겨우 명맥을 유지하고 있다. 그 후 나철이 만주로 가서 총본사를 설치하여 독립운동을 하였고 조선에는 남도본사를 맡은 호석湖石 강우姜虞가 단군 영정을 부여 본가의 다락방 문 뒷면에 붙여서 보관해 두었다가 1932년 작고하면서 큰아들 소석小石 강진구姜鎭求에게 '저 다락 속에 감추어 둔 천진(단군영정)을 잘 보존하라.'고 유언으로 남겼다고 한다. 이로 미루어 보아 나철 선생과 같은 도반이었던 강우 선생이 그의 아들 강진구에게 전한 것이 다시 손자인 강현구에게 전해졌다가 보관상의 어려움 때문에 부여 박물관에 기탁하였음을 알 수 있다.

　여기서 잠깐 단군교를 중광하게 된 내력을 살펴보면 대략 아래와 같다. 1904년 개천제날 백두산 대숭전에서 33인의 선도가 백봉대신사白峯大神師를 모시고 단군 포명서를 선포하였다. 나인영(나철)은 1905년 그 당시 서울역[30] 근처에서 백전佰佺이라는 노인으로부터 <삼일신고>와 <신사기>를 전해 받는다. 그후 1908년 12월 9일 일본 도쿄 개평관에서 단재檀齋 정훈모와 함께 백봉의 제자 두일백杜一伯으로 부터 단군심계檀君心戒를 받는다. 이듬해인 1909년 1월 15일 한성부 종로 재동 8통 10호 초가[31]에서 단군교를 중광하였다. 이 초가 터가 단군교의 발상지이다. 1910년 홍암弘巖 나인영은 '대종교'로 개명하고 경술국치 직전에 만주 청파호로 옮겨간다. 이에 정훈모는 '단군'이라는 존호를 절대로 바꿀 수 없다고 하면서 국내에서 포덕에 전력하였다. 정훈모는 1915년 소의경전所依經典[32] '조화경' '교화경' '치화경'의 3대 경전인 '개천경'을 갖추었다. 1916년 5월 15일 '단경檀經'과 '단전檀典'을 홍갑표 단군교 총 본부장이 간행하였다. 1935년 5월 10일 『천을선학경天乙仙學經』을 단군교 총본부(회장-정훈모)에서 발간하였다. 100년이라는 세월이 흐른 2015년 6월 5일 정훈모선생의 손자 정달영 선생이 팔순의 나이에 할아버지의 활동 내력과 저작물들을 모두 영인하고 해석한 3권으로 된 『단재 정훈모 전집』을 간행하여 대한출판문화협회에서 출판기념회와 학술 발표회를 가졌다. 필자는 10여 년 전부터 단경과 단전, 단군교, 천을선학경 등의 복사본을 가지

---

30) 지금의 서대문 부근인 이화여고 서문 앞이 서울역이었다. 이것이 혼동을 일으켜 어떤 이는 지금의 서울역이라 하고 어떤 이는 지금의 서대문 전철역 자리라고 주장하는 빌미가 되었다. 지금의 서울역은 그 당시에 남대문역이라 불렀으며 염천교 부근에 있었다.

31) 지금의 재동 초등학교 터에 있던 초가 3칸. 또는 6칸이라고도 전한다.

32) 所依經典- 그 종단의 기본경전. 예를들면 태고종은 금강경, 천태종은 법화삼부경, 화엄종은 화엄경, 정토종은 정토삼부경을 소의경전으로 하고 있다.

고 있었으나 그동안 볼 수 없었던 그 외의 귀한 책들을 열람할 수 있는 뜻 깊은 자리였다. 정훈모의 산소는 충남 홍성군 광천읍 가정리 시곡마을(감골) 뒤 야산에 있다.

홍암 나철은 교를 받은 지 8년만인 53세에 구월산 삼성사에서 돌아 가셨다. 같은 해 9월 9일 계연수 선생이 묘향산에서 발견한 천부경을 서울 교당 정훈모에게 보내왔다. 1925년 정훈모는 구월산에서 기도하던 중 계시에 의하여 석굴에서 단군 석상을 찾아 서울 교당으로 옮겨왔으며 그 후 안양 본당에 모셨다.

3.1 독립선언서 낭독 장소인 종로구 서린동(인사동옆) 태화관(명월관 지점)과 지금의 세종로 4거리 동아일보 본사 자리에 있던 명월관이라는 요리집을 경영하던 궁중요리사 안순환씨가 1926년에 사재를 털어 시흥에 정전 6칸, 강당 8칸, 삼문 3칸, 직소直所(경비실, 숙직실) 5칸의 웅장한 국조전을 지었다. 1930년 10월 3일 단군 석상을 종로 5정목에 모셨으며 다시 시흥군 동면 시흥리 69번지(녹동서원-송녹동의 이름을 따서 지은 것임) 국조전으로 모셨다. 그 행사 때 축하 서한 53통이 접수되었으며 339명의 축하객이 참석하였다. 1931년 10월에 정훈모의 단군교를 '단군봉찬회檀君奉讚會'로 개명하고 단체결성을 총독부에 제출하였다. 사무소는 경성부 종로구 창동 132번지에 두었으며 이 모임에 이범석, 지석영, 김재형, 김만조, 박수하, 윤효정 등 250여명이 참석하였고 박영효는 기부금 50원(지금의 약 1억원)을 희사하였다. 그러나 시흥의 국조전은 1936년 일제 총독부에 의하여 광복까지 10년 간 강제 폐문 당하면서 단군석상도 땅에 묻혔다.

광복 후 1948년 퇴락한 국조전을 다시 보수하여 단군 영정을 모셨다. 1955년 김은호 화백에 의하여 제작된 단군영정을 새로 모셨다. 1979년 도시 계획으로 국조전이 철거되어 단군석상과 영정을 지금의 안양전철역 부근인 안양시 만안구 안양 2동 688-6 13평짜리 사무실로 옮겼다. 여기에서 25년간을 지낸다. 2003년 5월 14일 단군봉찬회를 사단법인으로 법원에 등록하였다. 2004년 3월 25일 개천학회 송호수 회장이 이사장으로 추대되었다. 이는 안양의 단군봉찬회 김시덕 이사가 송 회장을 찾아와서 이사장을 맡아달라고 청했기 때문이다. 그러나 안양의 단군봉찬회의 원로 회원들은 송 회장의 이사장 추대가 잘못된 처사라 하여 강력하게 반발하였고 잘못된 인사를 한 김시덕 이사에게 책임을 지라고 거세게 항의하였다.

그 후 안양에 있던 단군 석상과 단군 영정을 빈집에 두는 것이 보관상 도난의 우려가 있다고 하여 송이사장이 2004년 9월 하순경에 몇몇 개천학회 회원들과 함께 서울 종로구 안국동 94번지 송이사장 본가 3층 개천학회 사무실로 옮겨왔다. 2004년 10월 3일 개천절 날 단군봉찬회 100주년 기념행사로 개천제 및 학술 강연회를 열었다. 아울러 안양의 단군봉찬회 기금 전액도 송이사장의 통장으로 이관하였다.

그 당시 안국동으로 옮겨온 단군석상을 필자가 살펴본 바로는 단군 석상의 머리 부분에는 철사처럼 생긴 테가 석고 같은 것으로 발라져 있었으며 엉덩이 부분에도 석고나 시멘트 같은 것으로 보수한 자국이 있었다. 얼굴 부분도 코끝이 약간 훼손되어 있었다. 단군석상의 재료는 곱돌이 아닌가 싶었다. 일제에 의해 구월산에서 10년, 시흥 교당에서 12년, 모두 22년 동안 두 번씩이나 땅속에 묻히는 과정에서 파손된 것으로 보였다. 좌상의 높이는 35cm 가량이며 바닥의 지름은 20cm남짓이었다.

1955년에 이당 김은호 화백이 그린 단군영정은 안양 교당에서 몇 번 볼 때도 그랬지만 눈매가 날카롭고 매서워 솔거본 단군영정과는 전혀 분위기가 다른 일본식 화풍이 배어있는 영정이었다. 영정의 크기는 액자를 뺀 그림만 세로 93cm 가로 53cm 정도이다. 그 당시 필자는 4년 동안 개천학회 간사로 있었는데 송 회장이 단군봉찬회 이사장이 되면서 봉찬회의 사무국장으로 1년간 겸임한 적이 있었기에 그 때의 기억을 기록으로 남길 뿐이다.

1910년 경술 합방이 되기전 3월 15일 한 밤중에 홍암 나철에게 강원도 명주군 석병산에 살고 있다는 노인이 찾아왔다. 그는 누런 비단에 싼 오래된 단군 영정을 주면서 '우리 집에서 대대로 내려온 솔거의 유일본이오. 내가 99세에 죽을 것인데 이 영정을 전해줄 이가 없어서 103살까지 기다렸노라'[33]라고 하였다. 단군교를 개창한 지금의 재동 국민학교 터에 나타나서 그 노인이 전해준 영정이 바로 부여 박물관에서 발견된 진본 단군 영정의 모체이다. 그 노인이 전해준 진본 영정은 그 후 지금까지 행방이 묘연하다. 이렇게 일제 통치기간 동안 몰래몰래 모셨던 이 영정을 광복이 되자 1949년 제헌 국회에서 국조 성상으로 공인하였다. 그 후 표준 영정을 둘러싸고 다시 시비가 일자 1976년 6월 14일자로 문화공보부 장관으로부터 <문화 1740-8790호>로 대종교의 그 단군 천진을 <국조 단군 표준 성상>으로 심사하여 승인하였으며 또 1976년 12월 28일에는 <문화1740-19226호>로 '대종교 총본사에서 제작한 것만을 존중하기로 확인함'이라는 단군표준 영정 재확인까지 받았었다.

그런데 정부는 그 이듬해인 1977년 8월에 또 현정회顯正會의 영정을 정부 표준영정으로 승인해주는 어처구니없는 일이 벌어

33) 그 노인의 이름은 고상식高上植이라고 하며 부르기는 공공진인空空眞人이라고 하였다. 키가 9척 장신이며 목소리는 우렁찼다.

졌다.(확인번호 78-21호, 심의번호 77-27호) 그 당시 이항녕 현정회 이사장이 복수영정을 추진한 것이었다. 현정회의 영정은 1969년 초상화가인 김종래씨의 단군 성상을 참고하여 불교 조각가인 신상근씨가 단군 동상을 제작하였는데 그것을 기준으로 홍석창(본명-홍숙호) 화백이 8개월 동안 그린 것이다. 이 영정은 대종교의 솔거본과는 그 모양이 전혀 달라 지금도 논란의 대상이 되고 있다. 지금 현정회에서 모시고 있는 단군 영정은 대종교나 단군봉찬회의 영정과는 달리 어깨와 허리에 풀잎이 없고 북한의 단군 영정처럼 목에 수건을 매어놓았다.

그 당시 정부의 변명은 '대종교의 영정은 신앙의 대상으로서의 표준영정이고 현정회의 영정은 종교를 초월한 경모의 대상으로서의 표준영정'이라는 것이었다. 한 개인의 영향력 행사로 2가지의 표준영정이 생긴 것인데 정말 이해할 수 없는 행정조치라 하지 않을 수 없다. 복수표준 영정을 추진한 현정회 이사장 이항녕 박사는 '단군이 어디 옷이 한 벌 밖에 없었겠는가?'라고 말했지만 정말 상식을 벗어난 대답이 아닐 수 없다. 단군의 풀잎제복은 조선시대 왕의 제복인 곤룡포와 같다. 그러므로 그것이 표준영정이 되어야 함은 당연하다. 풀잎 제복에는 우리 민족의 시원문화와 선도사상이 담겨져 있기 때문이다.

그러나 전해오고 있는 풀잎영정 중에서도 얼굴과 수염의 모양이 전해오는 솔거본과 다른 영정이 있다. 그리고 얼굴도 장년에서 할아버지로 바뀐 것도 있다. 그 연유도 의문을 가지고 반드시 더 확인해 보아야 할 과제로 남아있다. 田田

<쥐뿔이야기, 반재원, 4336(2003)>
<씨아시말, 반재원, 4342(2009)>

단군 영정의 풀잎은 약쑥과 마늘잎

　싸주아리 쑥의 주산지인 강화도는 왕검 단군이 직접 천제를 지낸 마리산 참성단이 있는 곳이다. 단군 조선 개국에 얽힌 약쑥과 마늘 이야기는 단군 영정의 어깨와 허리에 두른 풀잎과 깊은 연관이 있다. 그 당시는 이미 누에를 먹여 비단을 생산하던 시대인데도 옷에 풀잎을 두른 것은 종교와 정치와 경제를 주관하던 제정일치 시대인 단군의 신분을 나타내던 제복이었기 때문이다. 그 풀잎을 바로 마늘잎과 쑥잎으로 보는 것이다. 어깨에 마늘잎과 허리에 쑥잎을 두른 것은 마늘과 쑥이 우리 민족의 대표식품이자 약품이라는 점을 후손에게 전하기 위한 깊은 배려에서 나온 것으로 본다.

　『맹자』 이루장구 상편에 '7년 앓은 오래된 병이라도 3년 묵은 쑥이면 고칠 수 있다'라고 하여 약쑥의 효능을 단적으로 입증하는 구절이 있으며 『삼국지 위지』 동이전에도 '한인桓因이 병이 있음에 오직 쑥뜸을 알 뿐이다.'라고 한 내용을 보더라도 쑥은 우리민족과 뗄 수 없는 음식이자 약초임을 알 수 있다. 한인이 쑥뜸을 떴다는 말은 한국桓國도 역사시대라는 반증이다. 하느님이 어찌 뜸을 뜨겠는가. 따라서 쑥뜸은 한인, 한웅, 단군으로 이어져 내려온 우리민족의 전통 의술이었다. 단군조선의 개국 이야기에 마늘 20통과 쑥 한 묶음에 대한 기록이 나온다.[34] 우리가 신화의 영역으로 알고 있는 곰과 연관된 쑥

34)『삼국유사』, 고조선조, 「신시본기」, 『삼성기전』하편 - 靈艾一炷 蒜二十枚

과 마늘 이야기는 우리민족의 선도수행법을 설명한 것에 다름
아니다. 선도의 100일 수련기간 동안 쑥과 마늘을 사용하는 날
은 10일을 단위로 하여 3일과 7일 날이다.[35]

흔히 웅녀 즉 교웅이 21일 만에 수련을 끝낸 것으로 알려져
있으나 그것은 3일과 7일의 의미를 미처 몰랐던 소치이다. 필
자도 처음에는 그렇게 알았었다. 3일 날과 7일 날은 마늘을 1
통씩 먹는 날이다. 즉, 10일마다 2통의 마늘을 먹으므로 100일
동안 모두 20통의 마늘이 소요되는 것이다. 마늘 20통을 준비
한 이유이다. 그런데도 마늘이 왜 20통인지에 대해서는 의문조
차 품어보는 이가 없다. 교웅蟜熊은 21일 만에 수련을 마친 곰
이 아니라 3일 날과 7일 날마다 마늘을 1통씩 먹고 쑥뜸을 뜨
면서 수련한 사람으로 우리민족의 100일 선도수련을 끝까지
잘 마치고 한웅의 반열에 올랐던 교웅이라는 여인이었다.[36]

여기서 쑥은 뜸을 뜨는 약쑥이다. 왜냐하면 쑥 한 묶음(艾一

日爾輩食之.

35) 『한단고기』 삼성기전 상편- 擇三七日祭天神.
송호수, 『한겨레의 뿌리길』, 한터, 4333(2000), 410쪽. - 44세 단군 구물
됴勿(재위 29년) 11년 을묘년(기원전 416년). '나라 안의 자제들을 불러
밥과 옷을 주어 3일과 7일 주기로 하여 나이 차례대로 마시며 교화를 권
장하고 책자를 만들었다.'

36) 릉三七日의 '三七' - '三七其日'은 21일을 뜻하지만 '其三其七日'은 3일
과 7일을 뜻한다. 「신시본기」나 「삼성기전」상의 '릉三七日'과 '擇三七日
祭天神'의 '三七日'을 '其三其七日'로 보고자 한다. 왜냐하면 '擇三七日祭
天神'은 3일날과 7일날을 택하여 천제를 지냈다는 뜻이지 21일 동안 천제
를 지낸 것이 아니다. 『한단고기』에도 3일 날은 천부경을 강론하고 7일
날은 삼일신고를 강론하였다는 기록이 있다. 또 『단군세기』 3세 가륵단군
조에도 而三七計日會全人執戒 라 하여 3일과 7일마다 모든 사람들이 모
여 계를 지켰다 라는 내용으로 보아 3일과 7일을 주기로 보는 근거가 된
다.

炷)을 표시하는 주炷가 불 화火변에 주主로 되어있는 것으로 보아 불을 붙여 뜸을 뜰 수 있도록 만든 심지(炷)로 보기 때문이다. 3일째와 7일째 되는 날마다 마늘을 1통씩 먹고 족삼리와 단전과 곡지에 쑥뜸을 뜨는 수행법은 우리민족의 신선도 수행법이었다. 마늘은 강력한 항생제이며 쑥뜸은 면역력을 최고로 높여주는 약재이다. 대웅전이 원래 한웅을 모신 한(大)웅전이었으며 100일 기도도 원래 신선도에서 기를 모으는 우리의 기초 수행법이다. 100일이라는 수련기간도 하도 55수와 낙서45수를 합한 천문의 수리에서 나온 것이지 불교의 100일 기도가 아니다. 여행 중에 몸이 아프면 여행이 아니라 고행이 되듯이 동굴이나 수련처에 들어가서 몸이 아프면 마음 수련이든 육체 수련이든 아예 수련이 안 되므로 하산해야 한다. 그만큼 기도나 수행 중에는 건강이 최우선이다. 쑥과 마늘은 100일 수련 중에 건강을 지키기 위한 필수 식품이자 비상약품이었던 것이다.

그렇다면 왜 3일 날과 7일 날인가? 3은 삼태성三台星으로 북두칠성 옆에 비스듬히 자리한 오리온자리로써 부 모 자, 천 지 인 3재, 3요소의 뜻으로 부+모→자식이 처음 태어나는 창조와 시작의 의미가 있기 때문이며 7은 죽음을 관장하는 북두7성의 의미가 있기 때문이다. '춘추春秋'라는 말도 춘은 삼태성이며 추는 북두칠성을 말하는 것이다. 즉 3과 7은 시작과 마침의 의미가 담겨져 있다. 또 3혼 7백이라 하여 간의 3째 잎에는 혼이 왕래하고 7째 잎에는 백이 왕래하며 간의 3째 잎에서 생성되는 피로 태아가 형성되는 원리와도 일맥상통하고 있다. 탯줄에도 동맥이 1개, 정맥이 2개로 모두 3개의 핏줄로 되어있는 것도 이와 무관하지 않다고 보는 것이다.

쑥과 마늘은 인류의 가장 오래된 식품이자 약초이다. 약물

사전인 『조선 의약사전』에도 마늘과 쑥이 가장 앞에 수록되어 있을 만큼 지금도 우리민족의 대표 약초이자 일용하는 음식이다. 언제부터인가 제사상에 쑥과 마늘을 금기하는 풍속이 굳어 졌으나 이것은 우리조상의 혼령을 마늘을 싫어하는 서양의 드라큘라쯤으로 격하시킨 행위로 본다. 「국조오례의」의 진설도를 보면 우리 전통 천제에 쑥과 마늘을 제수로 사용하였기 때문이다. 살아서 입어보지도 않은 삼베옷을 죽어서 왜 입히는가? 수의를 삼베로 한 것도 일제 때 비단이나 고급천은 다 빼앗아가고 값싼 삼베를 쓰게 했기 때문이다. 마늘과 고춧가루를 제사 음식에 쓰지 않는 것도 근거가 없다. 살아생전에 좋아하던 음식을 차리면 되는 것이다. 세종도 살아생전에 듣지 않았던 아악을 장례식 때 왜 연주하느냐고 하였다.

또 필자는 카톨릭 교황의 모자도 단군 영정의 모자에서 연원하였다고 본다. 제정일치의 단군 역사가 그리스도교의 역사보다 2000여년이 앞섰다는 사실을 생각해보면 금방 수긍이 가는 일인데도 그 생각을 하는 사람이 없다. 교황청의 교황 선출과 유엔 사무총장을 선출하는 안전보장 이사회의 상임 이사국의 의결 방법이 만장일치제를 채택하고 있는 것도 단군 때의 화백 제도(다사리 즉 다 사뢰는 것)에 그 뿌리를 두고 있는 것으로 보는 것이다. 어깨의 마늘잎과 허리의 쑥잎은 얇은 가죽에다 그 모양을 새겨 둘렀던 것으로 보인다. 상고사를 파고 들어가 보면 우리민족이 동방선파仙派의 조종祖宗이라는 증거가 이렇게 선명하게 나타나 있는데도 우리는 선뜻 믿으려하지 않는다. 田田

<쥐뿔이야기, 반재원, 4336(2003)>
<씨아시말, 반재원, 4342(2009)>

으뜸요법, 쑥뜸요법

　조선시대까지만 하더라도 침과 뜸은 집안에서 가족들의 가벼운 구급방으로 요긴하게 활용하였다. 상투를 쫓거나 쪽을 찌고 다니던 시절에는 남자들은 동곳을, 여자들은 뒤꽂이인 빗치개라는 침처럼 뾰족한 장식물을 꽂고 다녔다. 염좌나 급체, 두통, 치통, 배멀미, 경기, 뇌출혈, 실신 등의 응급상황이 생겼을 때 침 대신 비상용으로 사용하기 위해서였다. 또 먼 길을 갈 때에는 약쑥을 한줌 넣고 띠났다.

　그런데 지금은 119구조대나 비행기 승무원이나 학교 보건교육에서 응급 처치법을 가르칠 때 부목을 대는 법은 가르치면서 우리의 구급 뜸법은 가르치지 않는다. 등산이나 여행을 할 때 발을 삐거나 타박상, 멀미, 구토, 급체 등에 뜸 구급 법은 참으로 요긴하게 쓸 수 있는 방법이다. 또 벌에 쏘이거나 지네나 독사에게 물렸을 때 물린 자리에 쑥뜸을 뜨면 바로 독성이 해독되어 응급처치가 된다. 뜸은 따로 큰 장비나 경비가 필요 없다. 약쑥 한줌과 라이터만 휴대하면 그것으로 충분하다.

　30년 전만해도 사령관의 격려사가 실린 『진중침구술陣中鍼灸術』이라는 휴대용 소책자가 발간되어 전방의 군인들에게 침과 뜸을 가르쳤다. 지금도 구급방으로 가정에서 요긴하게 쓸 수 있다. 그런데도 양의학에 밀려 쑥뜸요법이 야만인의 치료법쯤으로 취급받고 있는 실정이다.

일제 항쟁기와 미국 군정기를 거치면서 우리 민족 의술이 많이 격하되었다. 해방 직후까지만 하더라도 소위 침쟁이로 불리던 침구인이 거의 마을마다 있었으며 소침쟁이, 말침쟁이로 불리던 수의사도 면단위로 1~2명씩 있었다. 그 당시 사회 구조상으로 침술 교육을 체계적으로 받지 못한 이들이 침을 놓으면서 신뢰가 떨어지기 시작하였고, 한편 서양의학이 들어오면서 제도적으로 의술의 길이 막힘으로써 설자리를 잃었다. 이것이 단군 이전부터 내려오던 우리 민족의 정통 침 뜸의 현주소이다. 우리의 귀중한 전통 뜸 요법이 이렇게 지리멸렬해도 된다는 말인가!

산해경에는 '고씨高氏산에는 옥이 많아 폄석砭石(돌침)도 많다'라고 하였고 『황제내경』 이법방의론異法方宜論의 기록에 의하면 '옹양癰瘍은 폄석으로 치료하는데 동방에서 전래되었고 창만병脹滿病은 쑥뜸으로 치료하는데 북방에서 전래하였다'라고 하였다. 두만강지역에서도 골침과 석침이 발견되었다. 침술과 쑥뜸이 동북방에서 비롯되었음을 뜻하는 내용이다. 즉 침술과 쑥뜸요법이 동북방 동이족의 의술이라는 말이다. 약초의 시조도 신농씨에서 비롯되었으니 이 또한 우리 동이족의 의술이다.

침과 뜸의 원조인 우리가 약쑥을 내다 버리다시피 할 그 시기에 중국과 일본은 침구대학에서 1년에 수천 명의 침구사를 배출하고 있었다. 일본은 1988년 고령화 사회에서 뜸이 노인건강에 대단히 훌륭한 역할을 할 수 있다는 판단에 따라 기존의 침구사법을 개정하여 자질 높은 침구사를 양성하고 있다. 중국도 1999년 WTO가입이 성사된 이후 침뜸의 세계시장을 확보해 나가고 있다. 미국도 속속 침구 대학을 설립하였다. 미군정 때군의관이 침 시술현장을 보고 쇠꼬챙이로 찌르는 야만행위라고 했던 미국이 이제는 침사가 새로운 직업으로 떠오른 지 오래이다. 또한 과학적인 검증을 위하여 막대한 연구비를 투자하고 있다. 프랑스는 유럽 중에서 가장 먼저 침술을 받아들인 나라이다. 프랑스 의학 아카데미는 1952년에 침술이 현대의학적인 의료행위에 속한다고 발표하였다. 현재 프랑스는 60%이상의 병원에서 침 시술을 하고 있다.

함경북도 웅기군 송평동에서 출토된 인류최고人類最古의 우리나라의 돌침이 프랑스 국립 박물관에서 소장되어 있다. 독일은 40%의 대형병원에서 침술을 행하고 있으며, 의사뿐 아니라 간호사나 조산원도 침을 놓을 수 있다. 영국의 정책기조는 일부 질환을 제외하고는 기본적으로 의사뿐 아니라 모든 사람이 의료행위를 해도 의료법에 어긋나지 않는다. 영국의학 침술학회는 3년간 1000시간의 교육을 받고 시험을 거쳐 침사자격증을 부여하고 있다. 러시아도 의사 중 30%가 침구시술을 인정하고 있다. 침술교육은 1년 과정으로 의과대학에서 교육이 이루어지고 있다. 북한에서는 전체 환자의 60% 이상이 침이나 뜸으로 치료 받는다고 한다. 북한에서는 양의사도 침통을 가지고 왕진을 간다. 양의사라도 침에 능통하지 않으면 실력 있는 의사로 인정하지 않는다고 한다. 북한은 해방직후 남한과는 달리 소위 침쟁이들을 제도권 밖으로 내몰지 않고 정통 의술로 받아들여 1년제 보수교육을 시킨 후 병원에 배치하여 근무하게 하였다. 세계보건기구도 1976년부터 현대의료에 침을 병용하도록 회원국들에게 권장하고 있다.

우리는 우리 것을 너무 쉽게 내다버렸다. 대표적인 것이 한약의 민간 단방 처방인 조약調藥처방과 쑥뜸과 천자문, 4자소학, 동몽선습 등이다. 우리나라도 뜸 요법사를 체계적으로 육성할 수 있는 합법적인 교육기관을 설립하여 뜸의 종주국으로서의 위상을 회복하고 국민의 의료혜택을 넓혀나가야 할 것이다. 뜸은 개인이 준비하기도, 휴대하기도, 시술하기도 쉬우며 부작용이 없으며 의료비 부담이 거의 없으면서 그 효과는 뛰어나서 도시와 농촌을 가릴 것 없이 환자들에게 의료혜택을 줄수 있다. 요즘 노인들의 의료보험료가 국가재정에 큰 부담을 주고 있다. 만시지탄의 감이 있지만 뜸 요법을 보편화시키면 고령화 사회를 맞아 치료뿐 아니라 예방 의학으로서도 그 역할을 톡톡히 할 것이며 정부의 의료보험료를 1/50~1/100일로 줄일 수 있는 엄청난 효과를 낼 수 있다. 뜸 요법이야말로 국민의 건강에 이바지할 수 있는 또 하나의 '한류'가 될 수 있을 것이다. '으뜸요법'이라는 제목은 모든 질병의 예방과 치료에 '뜸'이 '으뜸'이라는 의미에서 필자가 붙인 이름이다. 한국桓国 때부터 이어져 오고 있는 유구한 쑥뜸의 맥이 우리세대에서 끊어지는 것은 큰 손실이라 아니할 수 없다. 전통의 맥이 끊어져 민족의 뿌리가 뽑혀지고 나면 후손들이 더 이상 기댈 곳이 없어진다. 젊은이들은 우리의 한복 두루마기 정장은 알지 못하고 입을 줄도 모른다. 넥타이를 맨 양복만 정장으로 알고 있다. 또 여태까지 내려오던 항렬자도 사라지고 있다. 항렬자만 알면 몇 백 년을 건너뛰어도 아저씨와 조카, 형과 아우를 확인할 수 있는 장치인데도 우리 대代에서 수명을 다할 것 같다. 시대를 따라야 하지만 근본을 알고는 있어야 한다. 그러나 쑥뜸요법은 시대를 따르는 그런 것과는 또 다른 차원이다. 건강유지를 위하여 더욱 발전시켜야할 우리의 전통의술이다.

천만다행히도 이러한 우리민족의 유구한 쑥뜸의 맥이 오늘까지 이어오고 있는 곳이 있으니, 바로 구당 선생의 쑥뜸요법 <뜸사랑>이다. 더욱 놀라운 일은 올해 105세의 나이에도 쑥뜸 치료실을 열어 우리나라를 찾는 1000만 외국관광객들에게 우리의 쑥뜸효과를 알림으로써 '쑥뜸 한류'를 펼치고 있다. 구당 선생의 뜸 사랑은 식을 줄 모르는 열정이다.

쑥뜸의 일반적인 효능은,

첫째, 세포의 활동을 활발하게 하여 노화를 억제한다.

둘째, 혈관의 탄력이 증진되고 혈액 순환을 좋게 한다.

셋째, 혈액의 성분을 좋게 하고 적, 백혈구가 증식된다.

넷째, 호르몬의 분비량이 적절히 조절된다.

다섯째, 신경 기능과 내장 기능을 조절한다.

여섯째, 진통작용을 하고. 각종 통증이 완화된다.

일곱째, 체질을 개선시켜 건강체를 유지하게 한다.

여덟째, 몸 전체의 면역력을 높이는 종합 예방주사의 역할을 한다. 인간의 생명 유지력은 기(배터리), 혈(휘발유), 진액(윤활유)이다. 이것이 잘 돌면 이상이 없다. 이러한 역할을 해주는 것이 바로 쑥뜸이다. 구당 선생이나 송해 선생, 뽀빠이 이상용 선생 등 쑥뜸 애호가들은 매일 아침 쑥뜸을 뜨고 일상생활을 시작하는 것으로 알려져 있다.

뜸을 뜰 때 생기는 미세한 상처가 이종단백질異種蛋白質을 만들어서 면역물질인 백혈구 수를 200배까지 생산하여 혈액 속을 돌아다니면서 정혈 작용을 하여 염증을 예방하기 때문에 질병의 침입을 막아준다. 뜸은 혈관을 튼튼히 하고 신경을 강화시키므로 비록 고혈압이라도 혈관이 터지는 것을 예방할 뿐 아니라, 고혈압과 저혈압을 다 같이 정상으로 되돌려 준다. 혈액성분이 좋아지고 감기 같은 잔병치레가 없어지고 뇌졸증이나

중풍과 같은 중병을 막아주는 확실한 예방법이다. 질병예방의 관건은 면역력이다. 현대의학의 3대 난치병인 당뇨, 고혈압, 천식이 뜸으로 치료가 가능하다. 뜸을 떠서 피부에 약한 상처를 입히면 외부의 적을 막기 위하여 백혈구가 달려와서 싸우다가 죽는다. 그 백혈구를 처리하기 위하여 또 적혈구가 달려오게 된다. 이런 와중에서 백혈구와 적혈구와 혈소판이 증가하면서 기의 소통을 활성화시켜 면역체계를 높혀주기 때문에 건강이 유지되는 것이다. 면역체계를 높이는 것은 건강한 피가 해주는데 뜸과 죽염이 바로 건강한 피를 만들어 준다. 뜸은 병원의 1가지 예방주사와는 비교가 안 되는 종합예방주사이다. 특히 보양뜸은 경락 경혈의 정수精髓만 골랐기 때문에 예방법이면서 치료법이다. 부작용이 없으므로 어느 누구에게나 어떤 질병에나 다 쓸 수 있는 전천후 건강 예방과 치료법이다. 다만 뜨거움은 각자가 참아야 할 몫이다.

뜸 1회의 효과는 7일째 되는 날 최고점에 도달하고 점점 하강하여 완전 소멸기간은 91일(13주)이 걸린다. 91이라는 숫자는 태양계의 최소 단위 91개와 상통한다. 뜸을 매일 뜨면 항상 면역력의 최고점을 유지한다. 뜸의 효과는 열기 때문이 아니다. 뜸을 뜰 때 생기는 미세한 상처가 이종단백질을 생성하고 백혈구와 적혈구를 증가시켜 면역력을 강화해준다. 백혈구의 수명은 1~2일이며 적혈구는 120일이고 혈소판의 수명은 90일이다. 매일 보양뜸을 뜨면 백혈구의 수를 증강시켜 몸을 항상 비상 계엄령 상태를 유지시켜주기 때문에 모든 질병이 예방, 치료되는 것이다. 쑥을 사용하는 이유는 쑥은 유일하게 섭씨 60도 정도만 되어도 불이 붙고 한번 붙으면 꺼지지 않기 때문이다. 3년 묵은 황쑥은 에너지를 보충해 주는 역할을 하지만 양약의 과용은 에너지를 소진시킨다. 또 침은 효과는 빠르지만 혈血생성은 안되고, 뜸은 침보다는 더디지만 혈을 생성해 준다. 흔히 1구, 2침, 3약이라고 한다.

혈액형이 O형이거나 열이 많거나 양기가 강한 자는 미립대 이상의 크기로는 뜨지 말아야 한다. 미립대란 살갗에 닿는 면적이 쌀알 크기를 말하며 높이는 길어도 좋다. 보양뜸은 엎드려서 백회를 제일 먼저 뜨고 폐유, 고황, 신유를 뜬 후 바로 누워서 족삼리를 먼저 뜨고 중극, 수도, (남자는 관원, 기해) 중완, 곡지의 순서로 뜬다. 뜸은 혈자리 별로 묶어서 뜬다. 남 좌 여우의 순서로 백회를 3번 뜨고 폐유 2군데를 3번 뜨고 고황 2군데를 3번 뜨고 신유 2군데를 3번씩 뜨는 식으로 한다.

보양뜸자리는 남자는 백회. 폐유, 고황, 신유, 족삼리, 관원, 기해, 중완, 곡지이며, 여자는 백회. 폐유, 고황, 신유, 족삼리, 중극, 수도,(남자의 관원, 기해 대신) 중완, 곡지이다. 스스로 백회, 고황, 폐유, 신유는 뜨지 못하므로 족삼리, 관원, 중완, 곡지만 뜬다. 그래도 70%의 효과를 낸다. 그 대신 백회, 고황, 폐유, 신유자리는 효자손이나 막대기로 매일 그 자리를 100회 정도 탁탁 때려주면 거의 같은 효과를 낸다. 옛 한의서에 고황혈에 귀신이 숨어들면 백약이 무효라고 하였다. 단군이 초상화로 물려준 쑥뜸의 의미를 오늘에 되살리면 우선 건강만이라도 유지할 수 있는 최상의 방법이 될 것이다. 田田

<으뜸요법, 쑥뜸요법 반재원, 4348(2015)>

남산의 국사당

지금의 '남산 타워'는 예전에 단군을 모시던 국사당 윗자리이다. 예전의 남산 식물원 뒤가 국사당 자리였다. 일제 항쟁시기에 남산식물원 자리는 일본 천황을 모셔놓고 참배를 강요하던 신사 자리였다. 그 당시 서울 남산의 신사는 공주의 부여신사와 더불어 일본이 지대한 관심을 쏟았던 곳이다. 우리 국민은 강요에 의하여 신사 참배를 하면서도 일본신사 위쪽의 국사당 자리를 마음에 두고 속으로는 단군에게 참배하였다. 나중에이 사실이 알려지자 신사를 지은 일본인 건축가는 본국으로 소환되어 사형 당하고 말았다. 해방 후에 신사는 헐리어 식물원이 들어섰고 꼭대기에는 서울을 조망하는 남산타워가 세워졌다.

그럴 즈음 한 도인이 공사 중인 남산타워를 보고 탄식하기를 '단군을 모신 국사당 자리를 허무는 것도 잘못인데 꼭대기에 저렇게 거대한 혈침을 박으니 앞으로 서울 시민들은 두통약을 소여물 먹듯이 하지 않고는 살아갈 수 없을 것이니 참으로 통탄스러운 일이다.'라고 한탄하였다. 아니나 다를까. 지금 텔레비전에 나오는 두통약 광고의 현 주소를 보자. 두통약을 7자로 하면 '삼천만의 두통약' '한국인의 두통약' 5자로 하면 '맞다 ○○○' '남편 두통약' '아내 두통약'이라는 광고대사가 이미 귀에 못이 박힐 정도가 되었다.

2007년 봄까지만 해도 남산 식물원 바로 뒤편의 옛 국사당

자리 부근 지하에는 <남산 단군굴 수도원>이라는 교실 크기만한 제법 큰 공간이 있었으나 이를 아는 이는 드물다. 조성 시기는 2019년 현재로부터 62년 전인 1957년, 단기 4290년이었다. 굴의 내부에는 쑥과 마늘잎의 단군 영정이 모셔져 있었고 해, 달, 별의 3선녀 상이 자리를 정하지 못한 체 구석에 놓여 있었다. 이에 몇몇 관심 있는 이들이 2006년 3월 1일 지하 공간을 답사한 후 보존 운동과 더불어 국사당의 복원을 추진하려고 했으나 갑자기 서울시에서 무허가 불법물이라 하여 한달 후인 4월 중순에 관리자로 거주하고 있던 선렬선생 가족을 내 보내고 폐쇄조치를 내렸다. 2007년 초여름에 가 보았더니 굴 입구를 철조망으로 봉쇄해 놓아 들어 갈 수 없도록 되어 있었다. 그해에 남산 식물원도 헐리고 그 일대에 공원이 조성되었다. 2009년 4월 11일 남산에 올라 그 곳을 찾았더니 연원을 적은 돌비석도 없애버렸고 들어가는 길목에는 벌써 나무들이 자라 들어와서 입구의 흔적만 겨우 찾을 수 있었다. 대충 눈짐작으로 지하의 터를 가늠해 보았다. 외세의 힘에 의하여 민족의 맥이 끊어지는 것이 어디 일제의 소행뿐이던가! 지금도 또 다른 외세가 남은 맥마저 잘라내고 있다.

그러나 이제 선천시대는 지나고 인존시대로써 후천 시대의 도래를 말하고 있으며 또 오늘의 세계는 서세동점西勢東漸시대가 종말을 고하고 동세서점東勢西漸 시대의 도래를 말하고 있다. 또 한국이 지정학적으로 배속된 형이상학적인 의미에 따르면 세계의 문화가 시작하고 마무리하는 자리(始終之位- 始於艮 終於艮)이므로 서구의 정치문화가 한국에 종착되면서 남북이 분단되었으나 남북이 통일되면 또 다른 새로운 정치문화에 의해 새로운 역사가 시작되는 곳이 될 것이라고 한다. 또 86아시안

게임이 아시아의 집들이였다면 88올림픽은 세계의 집들이였으니 또 한 번의 집들이인 평창 올림픽 이 후 부터는 국운이 트이기를 기대해본다. 남산을 내려오면서 동트기전의 마지막 어둠이 아니겠느냐는 집사람의 말에 문화를 꽃피웠던 세종(1400년대)과 정조(1700년대)에 이어 지금(2000년대) 우리 문화의 300년 주기의 르네상스시대가 도래하고 있음을 생각해본다.

　방탄소년단의 공연에 탈춤, 장고춤, 부채춤이 등장하는 것을 보면서 이제야 한류다운 한류가 나오는구나 하고 심장이 화끈해지면서 머리 속이 서늘해졌다. 한류~ 한류 하지만 사람만 한류이지 머리로 팽이를 돌리고 발바닥으로 하늘을 휘젓고, 춤사위는 국적 불명이라서 저건 아닌데!~ 하고 늘 비판해 온 필자의 눈을 의심케 하였다. 그야말로 우리문화를 접목시킨 절묘한 조화였다. 신선한 충격이었다. 예능 한류가 닦아주는 길을 따라 바야흐로 훈민정음과 홍익정신이라는 한류가 한껏 그 힘을 발휘하여 세계 인류 공영에 이바지 할 때가 돌아오기를 고대한다. 田田

<쥐뿔이야기, 반재원, 4336(2003)>

규원사화의 사료적 가치

『규원사화揆園史話』는 조선 숙종 원년(1675년)에 북애노인이 쓴 것을 1968년에 국립 중앙도서관 사서과장을 지낸 신학균에 의해서 번역되었다. 북애노인의 이름은 김태손이며 규원은 손녀의 이름이라고 한다. 현재 학계에서는 『규원사화』의 진위여부에 대해 또 다시 논란 중에 있다. 『규원사화』가 진서眞書로서 우리나라 근대기의 민족사학과 대종교의 성립에 영향을 주었다는 주장과 20세기 초에 민족의식을 고취시키기 위하여 위작되었다는 주장이 서로 대립하고 있다. 먼저 『규원사화』를 위서라고 주장하는 이들은 서영대, 송찬식, 조인성, 박광용 등이다. 그들은 사료적 가치를 일체 인정하지 않고 있다. 반면, 『규원사화』를 실제 역사서로 가치를 주장하는 이들은 임채우, 이상시, 최인철, 박성수, 송호수, 김동환 등이 있다. 이들은 『규원사화』가 다른 단군관계 비사들에 비해 과장이나 가필이 적다고 판단하며 진서로서 사료의 가치를 인정하고 있다. 또 한 부류인 정영훈, 한영우, 심백섭 등은 『규원사화』가 숙종 초에 북애자가 쓴 사실은 인정하며, 그 내용은 당시에 전해지던 야사를 모아 재구성된 것이어서 실사의 가능성을 부정하지 않지만 그 내용이 사료적인 가치보다는 조선후기의 민족주의의 흐름을 반영하는 자료로서 더 비중을 두어야 한다는 견해이다.

그러나 사실 『규원사화』의 진위논쟁은 형식적으로는 불필요한 일이다. 왜냐하면 이미 서지학 및 금석학 분야의 전문가 감정과 심의과정을 모두 거쳤기 때문이다. 1945년에 구입하여 국립도서관에 소장중인 『규원사화』 원본에 대하여 47년 전인 1972년 11월 3일 국립중앙도서관 고서 심의의원인 이가원李家源, 손보기孫寶基, 임창순任昌淳 등 그 당시 쟁쟁한 3명의 학자들이 조선 중기에 씌여진 진본임을 확인하고 인증서까지 작성한 바 있다. 이외에 서지학자인 장지연도 종이의 질과 글씨 및 제호를 표지에 바로 쓴 정황 등으로 미루어 조선 중기에 쓰여졌다고 확인한 바 있다. 이로 미루어 볼 때 국립중앙도서관 소장본이 조선중기에 쓰여 진 진서임에 틀림이 없다.

『규원사화』에서 처음으로 47대 단군 왕호와 역대세계가 제시되었고, 그 이후로 『제왕연대록』, 『단기고사』, 『한단고기』 등에서도 같은 기록들이 등장하고 있다. 만일 이러한 단군의 역사가 위작이라고 한다면, 그 책임의 시초는 바로 『규원사화』에서부터 일 것이고, 진실이라면 잊혀졌던 역사가 『규원사화』로부터 다시 드러나게 되었다고 할 것이다. 따라서 『규원사화의 사료적 가치는 매우 크다고 하지 않을 수 없다. 또 『규원사화』의 내용은 다른 사서들처럼 무미건조하게 역사 사실만을 기록하고 있지 않다. 그렇다고 해서 중국의 『산해경』과 같이 황당한 신화로 일관하지도 않았으며 매우 합리적이고도 사실적으로 상고시대의 역사를 기술하고 있다. 개벽신화에서부터 단군 왕조의 역사를 비롯해서 저자 자신의 풍부한 학식과 사상을 자유롭게 펼치고 있다. 특히 이 책을 쓰면서 자신의 절절한 심정을 피력한 '만설漫說'의 내용은 중국철학과는 다른 우리 고유의 사상을 담고 있으며 작자의 체험이 어우러진 솔직하면서도 빼어난 문장으로 서술되어 있어서 읽는 이로 하여금 울컥하는 깊은 감동을 준다. 또 단군역사를 주장하다가 비웃음을 받으면 울분

을 참지 못하고 잔치집의 술상을 박차고 뛰쳐나오는가 하면 서
문에 '만세후에라도 인정해주는 독자를 한번 만나기만하면 넋
이나마 한없이 기뻐할 것이다.'라는 한 맺힌 내용을 읽을 때에
는 가슴이 찡해오면서 세월을 뛰어넘어 한 마음이 된다.

그의 연구는 성리학이 전 사회를 지배하던 1600년대 후반
숙종 시대에 단연코 이채로운 사상이다.『규원사화』는 단군을
기록한 자료 중에서 가장 저술연대가 분명하고도 오래된 역사
서인 동시에 조선시대를 통털어 가장 독창적이면서도 풍부한
사상을 지닌 저술로서 우리 고대사의 표본이며 우리 선도의 기
본서라고 할 수 있다.『규원사화』가 1910년대의 위작이 아니라
숙종 초에 존재했었다는 사실은 우리 고대사와 고대사상 연구
에 튼실한 기준점을 마련해 주었다고 본다.『규원사화』에서 언
급한 단군의 역사가 검증 불가능하거나 설혹 사실과 다소 다르
다고 하더라도, 적어도 숙종 초에 이런 기록이 있었다는 사실
자체는 큰 의미를 지닌다.『규원사화』라는 존재로부터 우리는
단군 연구에 큰 동력을 얻었다고 할 것이다. 이미 마땅히 국보
로 지정되었어야 할 책이다. 田田

4346(2013). 7.

성황당의 연원

『홍사한은』에는 19세 종년단군 정사2년에 '아우 종선을 봉하여 청아왕을 삼으니 황산에 도읍하니 국호를 대라大羅라고 하고 왕검탑을 쌓았다'[37]라는 기록이 보이니 이 왕검탑을 서낭당으로 보는 견해가 있다. 또 『삼국사기』나 『삼국유사』에 나오는 '선인 왕검지댁仙人王儉之宅'을 줄이면 '선왕댁仙王宅' '선왕당仙王堂'이 된다. 따라서 '왕검'과 '선왕'은 같은 말이니 왕검탑이 바로 선왕탑 또는 선왕당으로 보는 것이다. 또 선왕당은 산천과 도로를 구획하고 개척한 왕검의 신하 팽우彭虞를 기념하는 유적으로 알려져 있다. 그러나 세월의 흐름에 따라 나중에 서로 혼용하게 된 것으로 보인다.

선왕당은 나중에 서낭당 또는 성황당으로 그 발음이 변하였다. 일제 항쟁기 까지만 해도 서울의 정릉 아리랑 시장 부근에 이런 성황당이 12개가 있었다. 1970년초에 시작된 새마을 사업 이전에는 시골 곳곳에 성황당이 많이 남아 있었다. 새마을 사업은 잘한 일이지만 그때 성황당을 케케묵은 미신의 잔재라 하여 모조리 없애버린 것은 단견이라 하지 않을 수 없다. 발전으로 나아갈수록 옛것을 잘 살펴서 온고지신하였더라면 더 좋지 않았겠는가!

현재 경북 청도군 이서면 칠곡리 동구 밖에 선왕당의 흔적이 남

37) 반재원, 『주해 홍사한은』, 도서출판 한배달, 4345(2012), 192쪽.
원문 - 封弟縱鮮 爲淸阿王 都黃山 國號大羅 築王儉塔.

아 있는데 아마도 전국에서 몇 안 되는 흔적이 아닌가 싶다. 특이한 것은 그 안에는 돌사람이 있는데 몸체만 있고 머리가 없는 구조로 되어있다. 그런데 외지인이 그 밭을 사서 집을 짓고 울타리를 치는 바람에 이제는 가까이 가서 들여다 볼 수 조차 없게 되었다. 언제 없어질지 몰라서 지나칠 때마다 조마조마하다. 군이나 면에서 보존에 신경 써야 할 것이다.

이러한 유적이 성황당의 흔적을 보여주는 역사의 현장이다. 얼른 보기에는 실망스러울 정도로 보잘 것 없어 보이지만 앞으로 특색 있는 군 관광 자원이 될 수 있을 것이다. 田田

<쥐뿔이야기, 반재원, 4336(2003)>
<씨아시말, 반재원, 4342(2009)>

각종 경축일과 개천절의 연원

　서양의 여러 나라에서는 발렌타인데이가 보편화되어 사랑하는 이에게 초콜렛이나 꽃을 선물로 준다. 이러한 풍습이 우리나라에도 전해져 최근에는 화이트데이, 롸(r)즈데이, 빼빼로데이, 블랙데이, 포도데이, 와인데이, 심지어는 포옹데이, 키스데이에 이르기까지 정체불명의 기념일들이 생겨났으며 제품 생산업체는 그때마다 대대적인 홍보활동을 벌여 톡톡히 매출을 올리고 있다. 상술로 만들어낸 것이 잠깐의 유행이 아니라 어느덧 젊은 층 사이에 새로운 풍속도로 자리 잡아가고 있다.

　『북부여기』나 『조대기』의 기록에 의하면 4월 초파일은 해모수의 건국 기념일로 불교가 들어온 고구려 소수림왕 이전부터 온 백성들이 제등提燈 축제를 벌였던 날이다. 그런데 지금의 4월 초파일은 불교의 축제일이다. 석가의 입멸은 여러 설이 있다. 세일론에서는 기원전 543년 설, 태국과 미얀마는 기원전 544년 설, 투르(r)노(Turnour)의 기원전 458년 설, '중성기'에 의한 기원설에는 485년 설, 커닝햄(Cunnungham)의 기원전 477년 설, 그가 후에 말한 기원전 478년 설, 막스 밀러(r)(Max Miller)의 기원전 477년 설, 쓰(f)리트(Fleet)의 기원전 483년 설, 쓰이(V) 스미스의 기원전 487년 설 등이 있지만, 우리나라에서는 이들보다 500여 년 앞선 기원전 1027년 갑인년 4월 8일에 탄생하여 기원전 949년 임신년 2월 15일에 입멸하였다고 기록되어 있다.

　당나라 태상太常이었던 하성식38)이나 또 청나라 장계종張繼宗39)은 가빌라국 정반왕의 왕비 마야부인이 아이를 낳지 못하다가 결혼 후 22년만인 계축년에 낮잠을 자다가 태몽을 꾼 날이 음력 4월 8일이라고 하였다. 그 꿈의 내용이 흰 코끼리의 이빨 16개가 입속으로 들어오는 것을 삼켰는데 왼손을 든 어린 아이가 오른쪽 갈비뼈를 가르고 나타나더니 일곱 발자국을 걸으면서 '천상천하 유아독존天上天下 唯我獨尊'이라고 외치는 꿈이었다는 것이다. 물론 인도말로 외쳤을 것이다. 그런데 네팔 룸비니동산 석가 탄생지에 가보면 태어나서 일곱 걸음을 걸었다는 발자국을 만들어 놓았다.

또 육당 최남선[40]은 '옛부터 명절은 대개 어른들을 위하는 날이었으나 4월 8일은 아동을 위하는 유일한 명절날이었다.'라고 하였다. 이로 미루어 보아 4월 초파일은 불교와 관계없이 옛적부터 있어온 우리의 전통 명절이었음을 알 수 있겠다. 어쨌든 1956년 네팔 카트만두에서 5월 15일로 정해 놓은 석탄일을 어기고 해모수의 건국 기념 축제 분위기에 편성하면서부터 우리나라는 4월 8일이 석가탄신일이 되고 말았다. 3월 삼짇三辰날은 김수로왕의 탄생일이며, 5월 단오날은 고주몽의 탄강일(기원전79년)이자 동명성왕의 탄생일이기도 하며, 6월 유두는 왕건의 건국 기념일이며, 7월 백중날은 25세 솔나 단군(39년 기원전 1112년)이 국자가國子街(중국 연길)에서 영고탑으로 천도한 날이며, 추석은 마지막 단군 47세 고열가(원년. 기원전295년)가 해성海城으로 천도하여 등극한 날이다. 4월 5일 청명날은 신라가 삼국을 통일한 날(음력 2월 25일)이며 1343년 조선 성종成宗이 지금의 서울 동대문구 제기동에 있는 선농단先農壇에서 처음으

---

38) 하성식, 『유양잡조전집酉陽雜俎前集』과 『정이교론正二教論』.

39) 청나라 장계종張繼宗, 『역대신선통감歷代神仙通鑑』.

40) 육당六堂 최남선崔南善, 『역사일감歷史日鑑』, 1947.

로 직접 논을 일군 날이다.

오늘날 크리스마스라고 하여 세계적인 축제일이 된 12월 25일은 일양이시생—陽以始生하여 낮이 길어지기 시작하는 날로, 이 날을 동지冬至라 하여 팥죽을 쑤어 먹던 우리 민족의 명절이었다. 원래 새해 새날 설날은 해가 처음 길어지는 동지가 기준이 된다. 초대 교회에서는 예수의 탄생 기념행사가 없었다. 나중에 이집트에서 1월 6일로 탄생일을 정하여 동방 교회에서 4세기까지 관습으로 행하여 오다가 4세기 초에 서방 교회들이 12월 25일로 결정하자 동방교회가 이를 수용한 것이다. 그 이유는 그 당시 고대 로마역인 쥴리안 달력으로 12월 25일이 양의 기운이 처음 생겨나는 동지였기 때문에 태양의 탄생일인 이 날을 예수의 탄생일로 정하였다. 쥴리안 달력으로 12월 25일은 지금의 양력으로는 12월 22일 동지에 해당된다. 이렇듯 예수나 석가의 불분명한 탄신일에 비하면 단군 왕검의 탄신일은 정확하다. 단웅 천황(마지막 한웅) 30년 신묘년 5월 2일 인시에 탄생하였다고 『단군세기』에 태어난 시간까지 기록되어 있는데도 이를 신화라고들 한다. 역산해보면 서기전 2370년 5월 2일 인시寅時이다.<1부 왕검단군의 호적등본 참조>

성인들의 탄생일을 가지고 시시비비를 가리자는 것은 물론 아니다. 축하할 일이다. 그러나 그 연원은 알고 있어야 할 것이다. 새해의 광명을 알리는 정월 대보름의 축제에서부터 우리의 오랜 전통 명절로 구수한 향취가 담뿍 서리어 있는 2월 영등, 3월 삼짇, 4월 초파일, 5월 단오, 6월 유두, 7월 칠석, 8월 추석, 9월 9일 중구절重九節, 10월 3일 상달 개천절, 11월 동지, 12월 납일 등의 명절은 우리민족의 독특한 문화이다. 이렇듯 불과 한 세대 전만 하더라도 우리의 유구한 전통이 이어져 각 절기에 맞추어 음식과 놀이를 즐기던 민족이었다. 일반적으로 10월 3일은 단군이 조선을 개국한 날이므로 개천절이라고 하는 것으로 알고 있다. 맞는 말이기는 하지만 그러나 엄밀히 말하면 옳은 말이 아니다. 원래 한웅 때 음력 10월 상달에 개천하고 천제를 지내 왔으므로 그 풍습에 따라 단군도 10월 상달에 천제를 지낸 후 임금 자리에 등극하였다. 따라서 『신단실기』 등에 나와 있는 10월 3일에 개천 했다는 기록만 보고 단군이 처음 개천 한 것으로 알고 있으나 그것은 옳지 않다. 『삼성기전』하편에도 한웅이 처음으로 개천하고 천부경과 삼일신고를 강연하였다고 하였으니 개천도 한웅의 개천이요 천부경도 한웅의 천부경이다. 따라서 원래의 개천開天은 한웅이 하였고 한웅이 개천 한 날 관례에 따라 단군이 천제를 올리고 조선을 개국한 것이다. 따라서 정확하게 표현하자면 한웅의 개천절이지 단군의 개천절은 아니라는 말이다. 개천은 나라를 세웠다는 '개국천하開國天下'의 '개천'이다. 언제는 하늘이 닫혀 있었겠는가. 홍익인간이념도 마찬가지이다. 단군이나 한웅의 홍익인간이념이 아닌 것은 아니지만 원래는 한인의 이념이었다. 한인이 홍익인간 할 만하다고 판단하여 한웅을 내려 보냈기 때문이다. 그러면 왜 하필이면 개천절이 10월 3일이 되었을까? 단군이 아사달에 조선을 세운 해는 한웅이 개천한지 1565년 후이다. 그러므로 2019년은 한웅의 1565년과 단군 2333년과 예수 2019년을 합한 5917년이다. 그런데 한웅개국 1565년이 단군개국 원년이므로 년도가 중복되어 1년을 빼주어야 한다. 따라서 2019년은 한웅개천 5916년이 되는 것이고 단군개천은 4352년이 된다. 물론 평양의 5세 단군 구을의 능이 55회의 전자상자성 공명법으로 연대를 측정한 결과 5011년±267년(1993년 기준) 전의 것으로 발표된 것으로 보면 단군 왕검의 햇수가 많이 깎인 것으로 보이지만 서기전 2333년을 기준으로 한다고 해도 한웅의 건국은 반만년을 훌쩍 넘어선다. 그런데도 한웅은 커녕 단군을 신화라고 한다.

　개천절이라는 명칭은 대종교에서 나철이 일제 항쟁기 때 민족자존을 고취시키는 행사로 거행하였던 것에서 유래한다. 그 후 개천절은 1949년에 국경일로 제정되면서 음력에서 양력으로 바뀌어져 오늘에 이르고 있다. 농업을 주로 하는 하나라는 한 달을 36일로 하고 남는 5일은 축제의 날, 즉 지금의 국경일로 하는 10개월 역을 사용하였으며, 유목민인 은나라는 목성의 세차운동에 기준을 맞추어 생활하다 보니 목성이 1공전하는 12년에 근거한 12개월 역을 사용하였다. 『태백일사』「신시본기」에 의하면 옛적에는 해월亥月(10월)을 정월로 삼았으나 구을 단군 때부터 자월子月을 정월로 삼았다고 하였다. 진秦나라도 해월을 정월로 삼았다. 또 『단군세기』에는 복희가 신시의 역법을 고쳐 자월을 정월로 삼았다고 하였다. 송호수는 개천절이 지금의 10월 3일이 된 것은 그 당시의 달력으로는 그 날부터 낮의 길이가 길어지기 시작하는 상달 상날인 동짓날이었기 때문이라고 하였다. 이렇듯 시대에 따라 역법이 바뀌듯이 또 다른 고대 역으로는 지금의 10월 3일이 동지 설날이었던 것으로 보고 있다. 즉 그 날이 동지였으므로 동지제와 함께 개천 행사를 하였을 것으로 짐작하는 것이다. 지금도 10월 상달이라는 말이 남아있는데 이 상달이라는 말은 바로 정월달이라는 의미이다. 그 당시는 동짓날을 정월 초하루로 삼았기 때문에 그 날이 상달 초하루가 되었고 그 날에 개천 하였던 것인데 하, 은, 주 시대가 지나는 동안 상달이 지금의 음력 1월 달로 바뀌었으나 그때의 동지는 지금의 음력 10월 3일이 아니었을까하고 하고 유추해보는 것이다. 그러나 그것은 추측일 뿐 일제 항쟁기 이전에는 10월 3일을 개천절로 정한 기록이 보이지 않으므로 나철이 10월 3일로 정한 이유에 대한 강한 의문은 여전히 남는다. 지금의 10월 3일은 분명히 문제가 있다. 1914년 『신단실기』 이전의 기록을 찾아내어 반드시 밝혀야 할 과제이다. <1부 진본 단군영정의 출처 참조> 2008년 10월 고등과학원 박창범 박사는 현재의 양력 개천절을 음력으로 하는 것이 더 타당하다는 논문을 발표한 바 있다. 절기로 볼 때 음력이 더 정확하다는 것이다. 설날이나 추석처럼 개천절을 음력으로 하는 것도 좋을 것이다.

우리도 새로운 기념일이 많이 생겼다. 왕따 하지 말자는 '친구데이', 원불교에서 만든 상대방 말을 귀담아듣자는 '아하데이', 치과협회에서 만든 6살 때 영구(09)치가 난다고 6월 9일을 '치아의 날'로, 농협중앙회의 5월 2일 '오이데이'가 생겨났다. '오이데이'에 힘입어 멸종해가는 토종오이의 대량 생산을 기대해 본다. 그러나 '데이' 보다는 '날'이 더 좋아 보인다. 그런 와중에도 경북 청도군에서는 군수이하 군청 직원들의 헌신적인 노력과 군민들의 열정적인 협조로 정월 대보름 축제인 달집놀이와 소싸움 놀이 그리고 경상북도 무형문화제 38호인 도주줄다리기를 온고지신하여 발전시켜 나가고 있는 것은 대단히 고무적인 일이다. 초창기인 2003년과 2004년에는 그 당시 한국연극협회 최종원 회장과 탈렌트 사미자씨와 최불암씨를 비롯한 유명 원로 연예인들까지 대거 참여하여 축제 분위기를 한껏 북돋워 주었다. 지금은 상설 소싸움장이 개장되어 연수익이 200억원을 넘어섰으며 그 열기가 날로 뜨거워지고 있다. 田田

<위대한 민족, 송호수, 1992>
<쥐뿔이야기, 반재원, 4336(2003)>
<씨아시말, 반재원, 4342(2009)>

삼랑성과 대웅전

　삼랑三郎이란 본시 삼신三神을 받들던 랑郎이니 본래 배달의 신하配達臣였다. 또 세습적으로 삼신을 수호하는 관직이다. 밀기密記에 이르기를,

　'옛날에 도사徒死(무리의 죽음)를 하면 출향하지 아니하고 한 곳에 합장하여 지석支石을 만들어 표를 하였다. 뒤에 이것이 변하여 단壇을 만들고 지석단支石壇이라 하였다. 또한 제석단祭石壇이라고도 하였다. 산정에 구덩이를 파서 성단城壇이 된 것을 천단天壇이라 하였으며 산골에 나무를 심어 토단土壇을 이룬 것을 신단神壇이라 하였다. 지금 승도僧徒들이 혼돈하여 제석帝釋을 가지고 단壇이라고 칭한 것은 옛 것이 아니다. 삼신을 수호守護하고 인명을 다스리는 자를 삼시랑三侍郎이라고 하였다. 한단고기에는 본래 삼신시종지랑三神侍從之郎[41]이라고 하였고, 또 『고려 팔관잡기』에는,

'삼랑三郎은 배달신倍達臣이다.
심어 가꾸고 거두어 재물을 맡은 이를 업業이라 하고,
은혜로서 따르게 가르치는 이를 낭郎이라 하고,
무리들이 공을 이루게 하는 이를 백伯이라 하였다.[42]

41) 『한단고기』 「신시본기」, 72쪽.

42) 『高麗 八觀雜記』.

곧 옛 발신도發神道[43]이다. 능히 강령예언降靈豫言하여 신의 이치를 누누이 적중하는 일이 많았다. 지금 혈구穴口(강화도)에는 삼랑성三郎城이 있다'[44]라고 하였다. 이 성은 곧 강신예언降神豫言하며 임금에게 자문역할을 하는 벼슬인 삼랑들이 숙직하면서 지키는 곳이다. 낭郎은 곧 삼신 수호의 관직이다. 삼시랑은 삼신을 받들던 낭도를 일컫는 것으로 삼시랑들이 삼신을 모시던 자리에 나중에 전등사를 지었다. 강화도 전등사의 삼랑성은 위의 설명과 같이 원래 삼랑직三郎職에 있는 사람 즉, 삼시랑들이 거주하던 곳이었다.(三郎宿衛之所)

삼랑들은 삼랑성에 기거하면서 마니산 참성단에 천제를 지낼 때 필요한 제물이나 의식 절차를 도와주는 역할을 하였다. 삼랑三郎이란 직책명職責名이자 강신 예언하는 책사로 임금의 자문 역할을 하는 벼슬이지 '단군의 세 아들'이라는 뜻이 아니다. 일본인의 이름에 태랑太郎, 차랑次郎, 삼랑三郎 등, 랑郎자가 많이 쓰이고 있는 것도 화랑도花郎徒의 영향이 있었겠으나 말 뿌리를 더 소급해보면 강화도 삼랑三郎에서 유래된 것으로 본다. 필자의 어머니 세대까지만 해도 성질이 좀 별나고 짓궂은 아이들을 면박줄때 '아이고 이 삼시랑아!'라고 하던 말도 바로 여기에서 온 말일 것이다.

환웅을 한웅이라고 표기한 것은 『신리대전』에 '桓은 그 음이 한이요, 한은 광명 밝음을 뜻한다.'라는 내용을 따랐기 때문이다. 또 『태백일사』「신시본기」에는 '불상佛像이 처음 들어올 때

---

43) 밝신도의 이두표기이다.

44) 삼랑성三郎城 - 1세 단군 왕검 51년 무오년(기원전 2283년)에 강화도 정족산鼎足山에 삼랑성을 쌓고 마리산에 참성단을 쌓았는데 3년 만에 마쳤다.

절을 짓고 대웅大雄이라 하였다. 이는 승도僧徒들이 불교이전의 고사古事를 답습하여 그대로 부른 것이지 본래는 불가의 말이 아니다. 한웅桓雄을 대웅大雄이라고 일컬었다'[45] 라는 기록이 보인다. '한인은 천신을 이르는 것이니 하늘은 크다(大), 한(一)이다.'라고 하였다. 『태백일사』「桓国本紀」에도 '桓'을 '한'으로 본 기록이 있다. 또 고어古語에 '한桓은 천天이니 한인桓因은 곧 천부天父'라고 하였다. '대大'와 '한'은 같으니 '대로大路'나 '한길'이나 같은 것이다. 따라서 대웅전大雄殿이란 한웅전이며 불교 유입 이전부터 한웅천왕桓雄天王을 모신 수두蘇塗제단 이지 불상을 모신 곳이 아니었다. 원래 불교의 것이었다면 석가전이나 부처전이라고 했어야 할 것이다.

따라서 본래 불교도래(기원전372년) 이전에 이미 한웅 천황을 모신 한웅전(대웅전)이 있었고 그 한웅전은 국선國仙 낭도郎徒들이 수도하던 수도도장 이었음을 알 수 있다. 대웅전 안의 닫집도 바로 단군 때의 5개 부족장인 오가五加(家)[46]를 상징하고 있다. 오가는 당시 5개 행정부처의 신하. 도, 개, 걸, 윷, 모의 다섯 부족장을 말한다. 이렇듯이 대웅전의 닫집은 한웅과 밀접한 연관이 있지만 석가와는 전혀 무관하다. 대웅전 뒤 윗쪽에는 이 나라 터주신인 산신을 모신 산신당山神堂이 있고 그 주위에 칠성당七星堂, 독성당(獨聖堂 : 나반존자 즉 나반이 곧 아반이)[47] 용왕당, 조왕당 등이 모셔져 있다. 이렇게 본래의 인도 불교와는 전혀 상관이 없는 당들이 경내에 함께 모셔져 오늘날까지 유지되고 있는 것은 옛 한웅전의 건물이었기 때문이다. 이것은

45) 『태백일사』「신시본기」, 本非僧家之言也. 대웅전은 원래 한웅을 모신 한웅전이다.

46) 당시 5개 행정부처의 신하. 도, 개, 걸, 윷, 모의 다섯 부족장.

47) 경봉 스님은 생전에 나반존자를 잘 모셔야한다고 강조하였다.

우리나라 절에서만 볼 수 있는 독특한 건물 배치 현상이다. 이러한 사찰 배치 현상을 보면 석가의 불교가 우리의 토속신앙을 포용한 것이 아니라 반대로 우리 고유의 전통적인 수도장에 불교를 끌어안을 수밖에 없었던 우리 조상들의 포용력과 한恨을 읽을 수가 있다. 비록 한웅을 끌어내고 남의 집에 석가를 모셨지만 <닫집>이라는 실내장식과 <대웅전>이라는 문패만은 그들도 차마 끝내 어쩔 수가 없었던 것이다.

그렇다면 불교나 유교, 도교 이전의 우리 문화는 어떠하였을까? 중국측의 『산해경山海經』, 『전한서前漢書』 등의 기록에 의하면 유, 불, 도의 문화가 유입되기 이전 시대에 서역 사람들은 우리나라를 일러 '동방의 군자국'이라고 하였다. 즉 동방에는 문화와 경제의 선진국(군자국)이 있다고 한 것을 보면, 석가가 아닌 한웅 천황을 모신 대웅전을 비롯하여 산신, 칠성, 독성, 용왕, 조왕신 등을 모시고 제천수련祭天修鍊하던 우리 고유문화는 대단한 선진문화였었다는 사실을 알 수 있다. 동시에 최고운이 말한 만교萬敎의 시원 사상인 현묘지도玄妙之道[48]의 존재로 미루어 보아 동양사상의 발상 원천이 배달국과 단군 조선이었다는 사실을 알 수 있다. 따라서 굳이 고지도나 상고사를 들먹이지 않더라도 현재 길림성, 요령성, 흑룡강성의 동북3성을 비롯하여 북경까지 '대웅전'이라는 현판이 분포되어 있는 것을 보아 그 지역이 모두 단군조선의 강역이었음을 어원 탐색으로 간단히 증명할 수 있다. 田田

<한겨레의 뿌리얼, 송호수, 2000>
<씨아시말, 반재원, 4342(2009)>

48) 玄妙之道 - 유불선을 포함한 만교萬敎의 시원사상始原思想. 현묘지도란 '더없이 큰 도'이다. '묘하다는 뜻이 아니다.

한민족韓民族과 한민족桓民族

　　우리가 민족의 뿌리를 이야기할 때 단군조선을 세운 단군의 자손이라고 하는데 별 이의가 없는 것 같다. 그러면 우리민족을 지칭할 때에는 왜 '단군조선민족'이나 '단군민족'이라고 하지 않고 '한민족'이나 '배달민족'이라고 하는 것일까? 이것은 단군조선 이전에 한웅의 배달국과 한인의 한국桓國이 있어 '배달민족' '한민족'이 되었다고 보는 것이다.

　　필자가 '桓國'을 '환국'이라 하지 않고 '한국'이라 발음하는 데에는 앞의 <삼랑성과 대웅전>에서도 언급하였지만 1923년에 펴낸 나철의 『신리대전神理大全』에 '桓은 그 음이 한이요, 桓은 태일광명太一光明 즉, '밝음'을 뜻한다'라고 한 기록을 따른 것이다. 『태백일사』「桓国本紀」에도 '桓'은 '한'으로 본 기록이 보인다. 우리가 흔히 어디에 중독이 된 것을 '인이 박혔다'라고 하는 것도 한인桓仁의 '인=핵, 씨'에서 온 말이다. 살구씨를 행인杏仁, 복숭아씨를 도인桃仁이라고 한다. 즉 중독이 되었다는 것은 인仁이 박혔다는 말이다. 하나님이라는 우리 고유의 단어도 '한인'이라는 발음이 나중에 한님, 하나님으로 변한 것으로 보는 것이다.

　　따라서 우리는 선의 조종祖宗인 한국桓國의 맥을 이은 민족이기 때문에 한민족이라고 자칭하는 것으로 정리하면 이해가 될 것이다. 요즘 말하는 한민족韓民族이 아니라 한국桓國의 한

민족桓民族이다. 한국사도 한국사韓國史뿐 아니라 한인 때의 역사인 한국사桓國史가 될 때 우리의 고대사가 바로 설 것이다. 아울러 고종이 선포한 대한제국大韓帝國이나 대한민국大韓民國의 의미도 살아날 것이다. 대한의 '한韓'은 우리 동이족인 순임금의 또 다른 이름으로 삼황오제시대와 그 맥이 닿아있다. 게오르규의 말이 아니더라도 우리 한민족桓國族, 배달민족은 선의 종가집이며 천자국의 천문민족(천손민족)이며 바로 한님의 후손임을 증명하는 기록들이다. 하나님이라는 말은 원래 우리 민족의 선어仙語이다.

요즘 거론되고 있는 1948년 대한민국 건국절建國節 주장이 관철되면 남한 단독 정부수립을 반대한 김구선생을 비롯한 많은 독립 운동가들은 제외될 것이고 건국에 참여한 친일파의 대부분이 건국 공로자가 되면서 면죄부를 받게 될 것이다. 田田

<씨아시말, 반재원, 4342(2009)>

평양의 단군능은 구을의 능

『단군세기』와 『홍사한은』의 5세 단군 구을丘乙 <재위16년> 정축년(서기전 2084년)에,

'임금이 친히 당장경唐藏京 고력산古曆山에 행차하여 제천단을 쌓고 주변에 한화49)를 많이 심었다. 7월에 임금이 남쪽으로 행차하여 비류강沸流江을 거쳐 송양松壤에 이르러 병을 얻었다. 얼마 안 되어 강동에서 세상을 떴으며 대박산大博山50)에 장사 지냈다. 우가牛加 달문이 왕위에 올랐다.'라는 기록이 보인다.

7월에 임금께서 남쪽으로 행차한 기록은 『단군세기』, 『단기고사』, 『신단실기』, 『홍사한은』에 모두 나와 있다.51) 5세 단군 구을이 지역을 순방하던 중 평양에서 갑자기 병이 나서 돌아가셨는데 7월 한 더위인데다 당시로서는 빠른 운송수단도 없거니와 냉장시설도 없었기 때문에 수도인 하얼빈까지 수 천리 길을 상여로 운상하지 못하고 부득이 평안도 강동에 장례를 치루었

---

49) 『한단고기』, 여기의 桓花는 무궁화가 아니고 참꽃, 진달래이다. 무궁화는 원산지가 인도이다. 함경북도 이상의 추운 지방에는 살지 못한다. 중국의 조선족들은 진달래를 천지화天指花라고 하며 한라산에서부터 만주, 하얼빈, 흑룡강까지 만발한다. 통일이 되면 무궁화 대신 진달래나 단군의 상징인 박달나무를 국화로 추천하고 싶다.

50) 대박산大博(朴)山은 평안남도 강동군에 있다.

51) 『단군세기』, 19쪽.- 帝南巡歷風流江到松壤 得疾尋崩 葬于大博山.
정해백 역, 『단기고사』, 음양맥진출판사, 1984, 62쪽.
김교헌, 이민수옮김, 『신단실기』, 흔뿌리, 1986, 107쪽.
반재원, 『주해 홍사한은』, 도서출판 한배달, 4345(2012), 150쪽.
원문-帝幸沸流江岸而崩 葬濆水邊.

던 것이다. 비류강은 평안남도 강동군 대박산 북쪽을 흐르는 강으로 평남 와룡산(해발 1024m)에서 발원하여 졸본천을 지나 성천을 거쳐 강동江東 대박산 북녘을 흘러 대동강의 중류에서 합류한다. 송양은 평안도 강동현을 말한다. 따라서 현재의 평양 대박산의 단군릉은 5세 구을 단군의 릉이다. 『미수기언』에 송양에 단군릉이 있다고 하였고 『문헌비고』에도 단군릉이 강동현 서쪽 3리에 있다고 하였고, 『여지승람』에도 단군묘가 강동에 있다고 하였으나 '왕검단군은 아사달산에 들어가 신선이 되었다는데 어찌 능이 있겠는가? 이마도 그 아드님의 능일 것이다.'[52] 라고 의문을 표시한 기록이 있다. 북한이 다시 단장한 현재의 5세 구을 단군릉은 1993년 증축 공사 때 원래의 무덤자리에서 4km정도 이장한 것이다. 1926년까지만 해도 조선일보 사상 월남 이상재와 동아일보 사장 고하 송진우가 모금을 하여 대박산의 단군능을 보수하고 참배한 적이 있다. 한때 풍수들 사이에 단군 묘를 함부로 이장했기 때문에 김일성 주석이 사망했다는 이야기가 떠돌았다. 2005년 7월 초순에 연변에서 열린 한국어 정보학회 국제학술대회 발표 때 북한의 심병호 서기장과 조선교육성 교육정보센터 리수락 소장을 비롯한 17명의 북한학자들이 참석한 가운데 평양 단군릉의 실체와 연길의 국자거리가 왕검 단군의 고향이며 왕검의 세자 책봉을 기념하여 붙여진 거리 이름이라는 것을 자세하게 설명한 적이 있다. 북한학자들은 하나같이 표정의 변화가 없었는데 지금 생각해보면 그들은 이미 알고 있었던 것으로 추측된다. 田田

<세계가 잃어버린 영혼 한국, 반재원·허정윤, 4340(2007)>
<씨아시말, 반재원, 4342(2009)>

52) 김교헌, 이민수옮김, 『신단실기』, 흔뿌리, 1994, 107쪽.

이서국의 한恨

　　단기 2635년(서기302년)경 금성(신라)에게 패배한 후 종적을 감추었던 소국小國 이서국伊西國의 흔적이 일본 최고最古의 신궁인 이세신궁伊勢神宮에 남아있음을 말하고자 한다. 또한 일본의 조상인 천조대신天照大神이 바로 이서국에서 망명한 왕의 후예였다는 사실에 대하여 알아보고자 한다.

　　이세신궁은 구주지방과는 멀리 떨어진 긴키(近畿)지방에 속하는 인구 10만명의 종교 도시이자 한해에 수백만 명이 찾는 관광도시인 오사카 미에현(三重縣)의 동부 시마(志摩)반도에 위치하고 있다. 이세신궁의 위치를 보고 있노라면 한국과 정 반대편에 자리잡고 있어 마치 누에의 배꼽 밑에 꼭꼭 숨어있는 듯한 느낌을 준다. 이서국은 지금의 경상북도 청도군淸道郡과 경상남도 밀양시密陽市 상동면 일부 지역에 해당되었고 청도군 화양읍華陽邑 백곡동栢谷洞에 도읍지를 두었던 고대 부족국가였다. 지금은 거의 흔적을 찾아 볼 수 없으나 백곡동에는 '성안'과 '성밖'이라는 땅 이름이 1700년이 지난 지금도 살아 남아있다. 패망할 때 동네 앞의 연못에 많은 보물을 숨겼다고 하는데 지금은 모두 논으로 변해 있다. 또 화양읍 서상리 공설 운동장 부근의 금장들은 이서 국왕이 피신하면서 금 은 보화를 묻은 곳으로 전해지고 있다.

　　『삼국유사』권1 이서국조伊西國條의 기록에 의하면 이서국은 비록 소국小國이었으나 신라 유례왕(弩禮王, 노례왕) 14년(서기 297년)에 금성을 정벌하고자 침공한 적이 있는, 신라와 동등한 무력을 갖춘 나라였다.53) 신라라는 국호는 22대 지증왕4년(503

- 64 -

년)에 바꾼 것으로 그 이전까지는 금성이었다.

伊西國

弩禮王十四年. 伊西國人來攻金城. 按雲門寺古傳諸寺納田記云.
貞觀六年壬辰伊西郡今□村零味寺納田. 則今□村今淸道地. 卽淸道郡古伊西郡.

<三國遺事 卷1 伊西國 條>

伊西古國來攻金城 我大擧兵防禦不能攘

<三國史(記) 儒禮尼師今條>

『동국여지승람』 청도군 건치연혁 조에는 신라 유리 이사금
(재위 서기24~57년)때 멸망하였다고 기록되어있다. 또 『동사강
목』의 기록에 따르면 신라 유리왕儒理王 19년(건무18년-서기42
년)에 이서국을 멸망시켰다고 전해지고 있다. 그러나 이들 기록
의 노례, 유리는 유례이사금의 착오로 보인다. 왜냐하면 『삼국
사기』와 『삼국유사』에 모두 금성이 이서국에게 함락될 뻔 한
내용과 그때 미추왕릉의 죽엽군이 나타나서 이서국을 물리쳤다
는 이야기가 나오기 때문이다. 이것으로 보아 3세기까지 건재
했던 것으로 보인다. 유례왕은 14대왕이고 미추왕은 13대왕으

---

53) 『삼국유사』 권1, 伊西國條. 이서국조의 3대 노례왕 14년은 유리왕 또는
유례왕으로 혼용하여 기록되어 있으나 14대 유례왕 14년(서기297년)으로
보아야 한다. 왜냐하면 『삼국유사』 권1, 노례왕조에 弩禮王을 儒禮王이라
고한다 라는 기록이 있기 때문이다. 또 <三國遺事 卷1 未鄒王 竹葉軍條>
에 3대 유리왕을 14대 유리왕으로 기록되어 있는데 이것도 14대 유례왕
의 오기로 보아야 한다. 『삼국유사』 권1, 노례왕조와 주5)참조. 신라라는
국호는 22대 지증왕4년 서기503년에 발음이 비슷한 한자를 골라서 '新羅'
라 하고 이 글자에 '德業日新 網羅四方'(덕업이 날로 새로워지고 사방을 망
라한다)이라는 뜻을 부여하였다.(한영우, 『다시 찾은 우리역사』1권, 111쪽
주)11, 경세원, 2011.) 또 신라의 일본 발음은 '시가라'인데 '시'는 '새(新)'
이며 '가라'는 '나라'라는 뜻으로 보고 있다.

로 유례왕의 전대 왕이며 미추왕의 사망은 서기284년이기 때문이다.

운문사 동쪽에 있는 배넘이 고개를 통하여 이서국의 군사가 금성(신라)으로 쳐들어간 것으로 보인다. 배넘이 고개는 변방의 부족국가의 침입을 막는 길목 역할도 하는 군사 요충지였다. 이서국의 침공으로 금성이 함락 위기의 위태로운 지경에 놓였을 때 갑자기 귀에 댓잎을 꽂은 수많은 군사가 나타나서 이서국의 군대를 격퇴시켰다. 『삼국유사』권1 미추왕(未鄒王 재위 262~284년) 죽엽군 조에 의하면 싸움이 끝난 후에 그 군사들은 흔적도 없이 사라졌는데 나중에 미추 왕릉 앞에 수많은 댓잎이 쌓여 있는 것을 발견한 신라인들은 비로소 선대왕인 미추왕의 영혼이 도왔음을 알고 그 군사들을 죽엽군竹葉軍이라고 했으며 그 후부터 미추왕릉을 죽현릉竹現陵이라고 하였다. 운문사에서 금성까지는 직선거리로 100리가 채 안 되는 거리이다.

그 후 몇 차례의 접전 끝에 오례산성에서 물러나고 청도군 화양읍 눌미리와 골평동 사이에 있는 주구산走狗山에 쌓은 최후의 방어선인 폐성吠城에서의 전투를 마지막으로 서기302년경 금성(신라)에게 멸망하고 말았다.54) 이 폐성을 이서산성이라고

54) 『삼국유사』권1, 노례왕조弩禮王條 : 여기에는 건호18년에 이서국을 멸망시켰다는 기록이 보인다. 『동국여지승람』청도군 건치연혁 조에는 신라 유리 이사금(재위 서기24~57년)때 멸망하였다고 기록되어있다. 또 『동사강목』의 기록에 따르면 신라 유리왕儒理王 19년(건무18년, 서기42년)에 이서국을 멸망시켰다고 전해지고 있다.

그러나 이들 기록의 노례나 유리는 14대 유례儒禮이사금의 표기상의 착오로 보인다. 왜냐하면 『삼국유사』권1, 노례왕조弩禮王條 에 노례왕조의 '노례를 유례라고 한다.' 라는 기록과 더불어 三國遺事 卷1 未鄒王 竹葉軍條〉에 금성(신라)이 함락위기에 놓였을 때 13대 미추왕릉에서 나온 죽엽군이 도와서 이서국을 물리쳤다는 기록이 있기 때문이다. 미추왕은 14대 유례왕의 전대인 13대왕으로 사망은 서기284년이다. 따라서 이서국은 14대 유례왕14년(서기297년)에 금성을 침공한 후 수차례에 걸친 금성의 반격을 받고 15대 기림왕5년(서기302년)에

하였다.

未鄒王 竹葉軍

第十三未鄒尼叱今.[一作未祖. 又未古.] 金閼智七世孫. 赫世紫櫻.
仍有聖德. 受禪于理解. 始登王位.[今俗稱王之陵爲始祖堂. 盖以金氏
始登王位故. 後代金氏諸王皆以未鄒爲始祖宜矣.] 在位二十三年而崩.
陵在興輪寺東. 第十四儒理王代. 伊西國人來攻金城. 我大擧防禦.
久不能抗. 忽有異兵來助. 皆珥竹葉. 與我軍并力擊賊破之. 軍退後不知所歸.
但見竹葉積於未鄒陵前. 乃知先王陰有功. 因呼竹現陵.

<三國遺事 卷1 未鄒王 竹葉軍條>

第三弩禮王

朴弩禮尼叱今.[一作儒禮王.] 初王與妹夫脱解讓位. 脱解云.
凡有德者多齒. 宜以齒理試之. 乃咬拭驗之. 王齒多故先立. 因名尼叱今. 尼叱
今之稱, 自此王始. 劉聖公更始元年癸未卽位.[年表云. 甲申卽位.] 改定六部號.
仍賜六姓. 始作兜率歌. 有嗟辭, 詞腦格. 製黎[]及藏氷庫.
作車乘. 建虎十八年. 伐伊西國滅之. 是年高麗兵來侵.

<三國遺事 卷1 弩禮王條>

매전면의 오례산성은 높이 518m이며 사방을 훤하게 볼 수
있어 적을 방어하기에 좋은 성이다. 성의 둘레는 4.6km이다.
청도역에서 동남쪽으로 7km, 유천에서 북쪽으로 5km 밖에 떨
어지지 않은 청도읍 거연동과 매전면의 중남초등학교 사이에
있는 용각산의 지맥에 있다. 오혜산성, 구도산성이라고도 한다.
오례산성은 금성이 창녕의 가야를 공략하기 위하여 반드시 거
쳐야 할 군사 요충지이다, 산성 안에는 지금도 2개의 우물이
있고 2개의 개울이 있다. 신라 말에는 견훤이 그의 아들 신검
神劍으로 하여금 이서산성을 침공하게 한 적이 있었으며 고려

멸망한 것으로 보는 것이다. 왜냐하면 유리왕19년에 이서국을 멸하였다는 『동
사강목』의 기록은 유례왕 14년(서기297년)부터 따져보면 5년 후인 19년은 15
대 기림왕5년(서기302년)이 된다. 유례왕은 14년으로 끝나므로 19년은 기림
왕 5년에 해당되기 때문이다.

태조 11년 928년에 왕건이 이를 격퇴하였다는 기록이 보인다.

이서국을 취한 신라는 가야 정벌을 위한 서진西進기지로 삼아 행정, 군사 양면으로 중요시하였고 훗날 7세기 초 대작갑사(지금의 운문사雲門寺)와 가슬갑사를 거점으로 하여 원광 법사가 세속오계로 화랑들을 길러낸 발상지가 되었다.[55] 『삼국사(기)』와 『삼국유사』에 의하면 신라 진흥왕 때인 6세기말 경에 수나라에 유학하고 돌아와서 가슬갑사(가실사)에 머물던 원광법사에게 귀산貴山과 추항箒項이라는 두 청년의 청으로 불계의 10계를 줄여 세속오계를 지었다고 한다.[56] 이것은 일연이 고려 충렬왕 3년인 단기3610년(서기1277년) 72세의 나이로 운문사의 주지로 부임하여 기록한 것인 만큼 사료만을 토대로 쓴 것이 아니라 그 현장의 유적을 직접 목격하고 기술한 내용일 것으로 생각된다. 앞의 기록으로 볼 때 청도 운문사(대작갑사)와 가슬갑사는 원광법사의 세속오계와 신라 화랑의 발상지이자 일연이 『삼국유사』를 집필한 유서 깊은 곳으로 국내 최대의 비구니 도량이다. 그런데도 지금 『삼국유사』를 말할 때는 군위의 인각사만 말하고 있다. 삼국유사를 인쇄한 곳은 인각사이지만 집필한 곳은 청도 운문사이다. 청도군의 적극적인 홍보가 필요하다. 원래 세속오계의 내용은 단군 때부터 이미 있었다. 세속오계는 단군 때의 오계교육五戒敎育의 내용을 원용하여 만든 것이다. 『홍사한은』의 3세 가륵단군 때의 내용 중 아비에 효도, 임금에 충성, 부부존경, 형제우애, 노소차례의 5계교육에 다름

---

55) 『내고장 전통문화』, 청도군청, 한국 출판사, 1981. 155쪽.

56) 김대문, 조기영역, 『화랑세기』도서출판 장락, 1999, 213쪽. 여기에는 가슬갑사가 가실사加悉寺로 나온다. 원광은 세속의 청년들이 불계10계를 지키기 어려울 것을 염려하여 5계로 줄였다. 그러나 세속오계는 단군 5계 교육이 뿌리이다. 귀산과 추항은 어릴 때부터 친한 친구였다. 그들은 모두 신라 사량부 사람이다. 귀산의 아버지는 아간阿干 무은武隱이다.

아니다. 화랑도 역시『한단고기』의 13세 흘달단군 때의 천지 화랑에 뿌리를 두고 있다. 여기서 원광 국사의 출생과 그 당시 의 성 풍속에 대하여 잠깐 살펴보기로 하자.

『화랑세기』의 기록을 보면 법흥왕의 딸인 지소태후는 법흥왕 (서기514~540년)의 동생인 입종갈문왕[57] 즉 삼촌과 결혼하여 진 흥왕을 낳는다. 그러면서 상대등(조선시대의 영의정격임) 이사부 (태종)와 사통하여 숙명공주와 세종(풍월주이며 미실의 정식 남편) 을 낳았고 또 위화랑의 아들 이화랑과 사통하여 만호 태후(김유 신의 외할머니)를 낳는다. 지소태후의 아들인 진흥왕은 씨 다른 누이동생 숙명공주를 아내로 맞았으나 숙명은 4세 풍월주(화랑 의 우두머리)인 이화랑(어머니 지소태후의 애인)과 정을 자주 통하 다가 남편인 진흥왕에게 발각되어 왕후자리에서 내쫓길 위기에 처한다. 그러나 진흥왕과 숙명왕후의 다 같은 어머니가 되는 지소태후가 아들 진흥왕에게 눈물로 간청하여 숙명왕후의 폐위 를 면하게 한다. 그런데도 숙명왕후는 자신의 태도를 수그러 뜨리지 않고 이화랑과 계속 동침하다가 임신이 된다. 그러자 어머니인 지소태후의 또 한번의 간청으로 결국 진흥왕은 이화 랑과 숙명의 결혼을 허락하게 되는데 이 두 남녀 사이에서 혼 전에 태어난 아들이 바로 세속오계로 신라 화랑을 길러낸 원광 법사이다. 이러한 남녀관계는 요즘의 시각으로 보면 상상할 수 없는, 듣기만 해도 복잡하고 골치 아픈 불륜관계이지만 미실의 성 편력처럼 그 당시에는 그것이 일반화된 성 풍속도였다.[58] 미실은 세종의 아내이지만 속으로 사랑한 사람은 화랑 사다함

57) 지소태후의 삼촌, 갈문왕은 조선시대의 흥선 대원군처럼 임금의 아버지 를 이르는 보통명사이다. 진흥왕의 아버지이다.

58) 김대문, 조기영 역,『화랑세기』, 도서출판 장락, 1999, 35쪽, 이화랑 편.

이었으며 또 진흥왕, 진지왕, 진평왕 3대왕을 남편으로 섬겼던, 지금의 사고로는 도저히 납득하기 어려운 여인이었다. 그러나 그녀는 미색뿐 아니라 그에 버금가는 정치적인 지략을 겸비한 여인이었기에 그것이 가능하였을 것으로 본다.

아무튼 이서국의 국왕과 그들의 최 측근들은 전쟁에 패한 후 청도읍에 있는 낙대약폭落臺藥瀑 위의 남산 은왕봉隱王峰 토굴 속에 몸을 숨겨 가까스로 목숨을 건졌고 그 후 당분간 신둔사 옛터에 숨어서 암중모색하다가 야음을 틈타서 화악산을 넘어 밀양강을 거쳐 낙동강을 따라 일본으로 망명하였던 것으로 보인다. 화양읍에 있는 이서 산성에서 정면으로 바라보이는 청도 남산의 두 봉우리 중 왼쪽의 조금 낮은 봉우리가 은왕봉이며 왕이 토굴 속에 숨어있을 때 파수꾼이 망뵐을 보았다고 해서 붙여진 망바위가 지금도 있다. 은왕봉은 청도읍 낙대폭포에서 신둔사로 넘어가는 오른쪽에 있다. 촌로들은 이를 발음 나는 대로 '어낭봉' '어랑봉'이라고 한다. 왼쪽의 낙대 약폭은 청도군 이서면 구라동九羅洞 반씨潘氏들의 선대 묘소가 있는 종중산이다. 여름에는 폭포의 물을 맞고 신경통을 고치는 경우가 많아 약대폭포, 약수폭포라고 한다. 신둔사의 내력에도 '신둔사의 종소리는 이서국왕을 숨겨준 은왕봉의 정령精靈을 위로하기 위함이다.'라는 기록이 있다. 촌로들은 이를 발음 나는 대로 '어낭봉' '어랑봉'이라고 한다. 왼쪽의 낙대 약폭은 청도군 이서면 구라동九羅洞 반씨潘氏들의 선대 묘소가 있는 종중산이다. 여름에는 폭포의 물을 맞고 신경통을 고치는 경우가 많아 약대폭포, 약수폭포라고 한다.

또 전해오는 이야기에 의하면 이서국의 부장副將 두 사람이 부상당한 말과 몸을 이끌고 백곡동에서 가야로 피신하기 위하여 이서면 구라동을 지나다가 말이 지치자 말안장을 내려서 동네가 시작되는 초입 야앙쪽(양지 바른쪽) 복숭아 밭 뒤 옹달샘이 있는 미나리꽝에서 동네방향으로 50m쯤 떨어진 뒷산 모퉁이에 있는 조그마한 바위 밑에 묻고 말과 함께 쓰러졌다고 전해오고 있다. 지금은 운문댐의 수도 공급으로 사용하지 않고 있는 동네의 수도 물탱크 옆이다. 구라동의 '구라'라는 발음이 '말안장(鞍-말안장)'이라는 일본 발음과 같은 것도 우연의 일치만은 아닐는지 모르겠다. 또 200여 년 전에는 구라동이 말고삐(勒-말의 목과 고삐에 걸쳐 얽어 메는 줄)를 뜻하는 '늑평勒坪'이라고 불린 기록이 있는 것을 보면 '구라동'으로 바뀐 것도 묘한 여운을 남긴다. 현재 전해지는 구라九羅라는 의미는 동네 맞은편의 아홉개의 능선이 비단 같다고 하여 붙여진 이름이다.

　20년 전에 필자가 말안장이 묻혔다는 그 전설어린 산모퉁이를 답사한 적이 있었다. 그보다 또 20여 년 전에 산 너머 동네에 사는 이가 그 바위 밑을 파서 녹이 잔뜩 쓴 말안장의 발걸이를 캐낸 적이 있었다고 한다. 필자가 답사 한 1997년도만 하더라도 그 산 모퉁이의 모습이 잘 보존되어 있었다. 그런데 그 사연을 6년이 지난 2003년에 『쥐뿔이야기』에 실어 세상에 책으로 펴낸 후 3년이 지난 2006년에 다시 가보았더니 갑자기 대나무가 벌어 들어와서 자세히 들여다보지 않으면 그 바위 돌을 찾을 수 없을 만큼 변해 있었다. 필자는 그 산모퉁이를 돌아 나오면서 그동안 서리어 있던 한이 이제야 풀어졌다는 증표는 아닐까하는 상념에 잠시 잠기었다.　田田

<쥐뿔이야기, 반재원, 4336(2003)>
<씨아시말, 반재원, 4342(2009)>

천조대신을 말한다

　이서국이 패망하고 일본으로 망명한 이서 국왕이 훗날 이세 신궁에 모셔져 있는 일본 최고最古의 조상신인 천조대신의 부모였던 것으로, 또 그 후예들이 뒷날(화동원년 서기 708년) 크게 국가를 세우고 고다이고 천황後醍醐天皇(서기1318~1339년)에 이르기까지 그 맥을 이어온 것으로 이야기의 실마리를 풀어나가 보기로 한다.

　일본인의 조상이 한국, 중국, 아이누족, 남방계 등으로 섞여 있으나 그 중 한국 조상이 7할을 차지하고 있다고 말한 일본의 저명한 민속학자의 말로 보나, 또 고대 일본을 이끌어온 왕들 중에 한국인들이 많았다는 사실로 보아 일본의 국가형성이 한국과 깊은 관계에 있음을 알 수 있다. 『삼국사(기)』에는 문무대왕 10년인 서기 670년에 국호를 일본으로 바꾸었다고 기록되어 있다.59)

　일본 와세다 대학 사학과 쿠메 쿠니다케(久米邦武) 교수는 그의 저서 <일본 고대사>에서 일본의 우두천왕牛頭天王이 된 스사노오 노미코도(素戔嗚尊)는 신라에서 온 사람이었다고 기록하고 있다. 그는 일본 천황들이 고천원高天原에서 한국의 천신을 제사지내 왔다는 논문 때문에 도오쿄 대학에서 파면 당하

---

59) 『삼국사(기)』, 倭國更號日本 自言 近日所出以爲名.

기도 했었다.

또 일본의 언어 학자이며 어원 연구의 대가이자 『일선동조론日鮮同祖論』을 저술한 가나자와 쇼오자부로오(金澤庄三郞)박사[60]는 일본 신화시대에 나오는 여러 이름들을 언어학적으로 고증한바 있다. 그 중에서 일본의 국조신國祖神인 천조대신天照大神의 조상 이름이 <이사나기노미꼬도(伊邪那岐命)>와 <이사나미노미꼬도(伊邪那美命)>라고 하였다. '이사나기'는 '이사の 아기'라는 뜻으로 '이사노아기'의 발음이 줄어서 '이사나기'가 된 것이라고 하였다. '이사の 아기'의 '아기'는 사내, 사나이의 뜻이니 '이사나기'는 '이사の 사나이' 즉 <이사에서 온 사나이>라는 뜻이라고 하였다. 또 '이사나미'는 '이사の 아미'로서 '이사노아미'의 발음이 줄어서 '이사나미'가 된 것이며 '이사の 아미'의 '아미'는 어미, 아낙네라는 뜻으로 '이사의 아낙네' 즉 <이사에서 온 아낙네>란 뜻이라고 풀이하였다. 이러한 뜻풀이는 흔히 있다. 일본어로 '한국'을 '가라'라고 하며 '한국악韓國岳'을 '가라구니다께'라고 한다. 또 '가라데'는 '한국의 무술'이라는 말로 태견이나 태권도를 말하고 있다.

그렇다면 '이사'란 과연 어디일까? 일본의 가장 오래된 역사책인 고사기古事記(서기712년)에는 일본의 개국신화로 <다까마가바라(高天原)에서 천손天孫이 강림했다>라고 기록되어있다. 또

---

60) 金澤庄三郞(1872년-1967년) - 동경 제국대학 박언학과博言學科를 나와서 그 대학에서 교수를 역임한 언어학의 대가로 몽고어, 중국어, 한국어 등에 통달하고 이두吏讀연구에도 조예가 깊었다. 1910년(명치43년)에는 『日韓兩國語同系論』(三省堂刊)을 펴낸 바 가 있었고 1929년(소화4년)에는 『日鮮同祖論』(刀江書院刊)을, 또 『日韓 古地名研究』 등을 저술하기도 했다.

가나자와쇼오자브로는 이것을 언어학적으로 풀이하면 '다'는 '저 멀리'란 뜻이고 '까마' '가마'는 '개마'라는 뜻이고 '바라'는 '벌' 또는 '땅'이라는 뜻으로 '개마벌' '개마땅'이 된다고 하였다. 그 당시는 우리나라를 가리켜 '개마벌'이라고 하였다. 따라서 '다까마가바라'의 뜻은 <저 멀리 개마벌에서>라는 뜻이며 <고천원에서 우리들의 조상인 천손이 도래했다>라는 일본의 개국신화는 <한국에서 우리의 조상인 천손이 도래하였다>라는 뜻이라고 하였다.61) 고천원제高天原祭62)는 천황이 완전히 알몸이 되어 비단 이불에 싸여 하늘에서 하강하는, 천손 강림장면을 재연하는 의식이다.

그는 또 말하기를 <일본민족의 조상들은 개마벌 즉 한국에서 건너온 부족임에 틀림이 없고 그 우두머리가 바로 한국의 어느 곳엔가 있는 '이사'라는 지방의 출신이었을 것이다>라고 하였다. 그래서 그는,

<'이사'라는 지명을 찾아보았더니 일본에는 없고 한국에 '이서'라는 지명이 있는데 그곳은 옛날에 '이서국'이라는 나라가 있던 곳이었다. '이서'는 일본발음으로 '이사'나 '이세'로 밖에

---

61) 高天原-고천원의 위치를 일본 국내설로는 大和說, 伊勢說, 日向說, 豊前說, 肥後說, 近江說 등이 있으며 국외설로는 히브리설, 바빌론설, 남양설, 말레이 반도설, 남방 중국설, 한국설 등이 있다. 그런데 하시모토 사이노스케橋本犀之助교수의 <일본 신화와 오우미(近江)> 57쪽에는 천손 민족을 고대 한국인으로 규정하면서 배를 타고 온 경로를 연구하였다.

62) 고천원高天原祭는 천황이 완전히 알몸이 되어 비단 이불에 싸여 하늘에서 하강하는 천손 강림장면을 재연하는 의식으로 그 부분은 TV중계도 할 수 없는 장면이다. 그래서 지금도 해마다 중계방송 중에 그 부분에 가서는 언제나 음악 등 다른 프로를 내보내다가 강림의식이 끝나면 다시 중계방송이 이어지고 있다.

될 수 없으니 이 이서국임에 틀림이 없을 것이다. 짐작컨데 이 서국이 이웃부족과 싸우다가 패배하자 도망쳐서 현해탄을 건너 온 것이 아니겠는가? 그리하여 일본땅에 정착하게 되었고 그들 에게서 태어난 딸이 일본의 국조신인 천조대신이 된 것이리라> 라고 풀이하고 있다. 더구나 그는 천조대신 즉 아마테라스 오 미까미는 '이서의 아가씨'라는 뜻이 있다고 하였으니 금성에 함락된 이서국과의 연관성을 말해주고 있다.

'이서'라는 지명은 우리나라에서 전라북도 완주군의 이서면 과 경상북도 청도군의 이서면이 있다. 그러나 완주군의 이서면 에는 이와 관련된 유적을 찾아 볼 수 없으며 청도군의 이서면 에는 신라와 대적하다가 멸망한 이서국伊西國이 있다. 원래 남 산이라는 단어는 수도의 남쪽 산에 붙이는 이름이다. 서울의 남산, 경주의 남산, 청도의 남산이 그것이다. 또 청도 화악산華 岳山은 해발 937m의 높은 산이다. 서울 인수봉 북쪽의 부아악 負兒嶽보다 100여m가 더 높다. 원래 악岳은 하늘과 소통하는 의미가 있다.

따라서 이세伊勢라는 발음은 이서伊西의 변음變音이며 이세신 궁은 바로 이서신궁의 변음으로 보는 것이다. 필자는 만약 이 세신궁伊勢神宮에 대마도의 아히루문자가 아닌 또 다른 신대神 代문자가 있었던 것이 사실이라면 바로 일본으로 망명한 이서 국의 왕과 그 유민이 가져간 단군 때의 가림다 문자가 아니었 겠는가 하는 생각을 해보는 것이다. 이런 관점에서 이세 신궁 에 보존되어 있다는 신대문자가 이서국의 왕과 그 유민들이 그 곳에 터를 잡고 다시 이서국을 재건하여 사용했던 가림다 문이 었다고 생각한다면 신대문자의 출처도 같이 풀려 버리고 마는 것이다. 지금 이세신궁이 있는 미에현이 옛날 이세국伊勢國 또는 이소국伊蘇國이었다는 사실과도 연관이 있을 것이다. 『태백일사』「대진국본기」에도 '일본에 옛날 이국伊國이 있었으니 이세伊勢라고 한다.'[63) 라는 기록이 있다.

가림다란 원래 '산수가림다'이다. 『심당전서』에는 '산수가림다刪修加臨多'[64)로 기록되어 있는데 여진족의 발음으로 '산수그림토' '산스그리토'가 되고 그것이 인도로 건너가서 '산스크리트'로 변한 것으로 보인다. 따라서 필자는 문자의 원형으로 보는 인도의 산스크리트어의 시원이 다름 아닌 단군 때의 산수가림다문에서 비롯된 것으로 보는 것이다. 그렇다면 이서국의 멸망시기와 이세신궁의 설립시기와의 공백기간을 어떻게 설명할 수 있을까? 즉 이서국이 멸망한 연대는 서기302년이며 이세신궁이 지금의 형태를 갖춘 시기는 서기690년대(지노 천황 시기)로 보므로 약 400년의 공백기간을 어떻게 설명할 수 있을 것인가 하는 점이다. 그 공백기간을 인류 경제학적인 측면에서 보면 이서국의 왕과 유민이 일본으로 건너가서 기존의 여러 부족국가를 앞지르고 정통성을 인정받는데 걸린 절치부심의 재기기간으로 보는 것이다.

예를 들면 한 국가가 성립되면 그 국가의 대표성을 띤 거류민 단체가 그 공동체 지역으로 들어가게 된다. 즉 백제, 고구려, 신라의 거류민들이 일본 땅으로 들어가서 연합공동체를 이루어 농사도 짓고 각종 산업 활동을 하면서 거기서 나오는 수

---

63) 『태백일사』「대진국본기」, 단단학회, 광오이해사, 1979, 121쪽. 日本舊有 伊國亦曰伊勢.

64) 이고선 저, 이준 편저, 『心堂全書』권5, 단서대강 제3편, 1981, 143-2쪽.

입 중 일정액을 일본의 공동체 정부에 세금으로 바치고 또 일부는 모국으로 보내어 모국의 경제발전을 돕고 나머지로 자신들의 집단을 꾸려나가는 제도가 있었는데 이 제도는 백제, 고구려가 망할 때까지 유지되었다.

즉 일본열도 안에도 백제, 신라 등의 분국이 있어서 모국의 부흥운동에 발 벗고 나섰다. 백제가 신라에게 망했을 때 일본에 있던 부여풍이 백제 부흥을 위하여 대규모 군단을 이끌고 건너온 일도 이와 유사한 사건에 비유할 수 있을 것이다.

즉 그 거류민 단체는 모국의 대표성을 띤 후원단체의 역할을 하면서 일단 유사시에는 모국의 부흥운동을 하는, 말하자면 비상 대책위와 같은 역할을 하게 되어 있었다. 그러다가 그것이 실패하면 모국의 부흥운동을 포기하고 그때부터는 일본의 전체 거류민의 공동체를 위해 모든 공물을 그쪽으로 바치면서 연합체제를 유지하다가 그 중에서 공헌도가 크고 세력이 커지면 그들의 천황으로 등극하게 되는 것이다.

이러한 관점에서 본다면 그 당시 이서국은 거류민단이 없었기 때문에 일본으로 망명하자 모국인 이서국의 부흥운동 대신에 일본에서의 이서국 부흥을 꾀했던 것 같다. 그 부흥운동 기간이 약 400년이 걸렸고 마침내 미에현에 새로운 이세국伊勢國을 세워 그 후예가 천황으로 등극한 것은 아닐까? 이세신궁 앞바다에도 경주 월성의 대왕암처럼 동지 전날의 일출방위에 위치하고 있는 대왕암大王岩이 있는데 그것도 바로 이서국의 후예들이 옛 신라에 대한 한恨까지 풀고자 붙인 이름이 아닐까 하고 생각해 보는 것이다. 또 필자는 조선통신사 행렬도를 볼 때 마다 항상 [淸道]라는 깃발이 맨 앞에 보이는데 '길을 닦는다' '길을 연다'라는 의미가 아니라 청도 이서국의 일본시원을 상징하는 의미로 보는 것이다. 청도라는 지명은 고려 때부터 보이는데 아마 이서국이 멸망한 후 이서군이 되었다가 그 이후 청도현이 되었으나 이서군과 청도현이 혼용하여 쓰였을 가능성도 생각해 볼 수 있을 것이다.

그런데 지금의 형태를 갖춘 이세신궁(서기690년대) 이전부터 이곳저곳으로 옮겨 다니면서 다른 형태로 이세신궁이 유지되어 온 기록이 있다. 『지유기공의식장止由氣宮儀式帳』에 의하면 서기478년 유라쿠천황(雄略天皇) 22년에 천황의 꿈에 천조대신이 나타나서 토요우케(豊受大神)를 가까이 불러 자신을 시중들도록 하라고 했다는 기록이다. 이로 미루어 볼 때 서기470년경에 이미 천조대신을 모셔온 신궁이 있었다는 것이다. 또한 이 기록은 그 이전부터 천조대신을 모셔왔다는 이야기가 된다. 그렇다면 앞의 400년 공백기간에 대한 설명도 필요 없게 되는 것이다. 물론 『일본서기』에는 천조대신 이야기가 서기전부터 나오지만 그것은 천조대신을 소급하여 과거로 끌고 들어간 허구로 보인다. 이세신궁은 일본 천왕 가문과 조정에서 매우 중요시하였던 곳으로 초기에는 천왕만이 공물을 바칠 수 있는 신궁이었다는 사실은 시사하는 바가 더욱 크다.

단기3260년(서기927년) 천황이 사는 궁 안에 있는 신사가 모두 3개였는데 2개는 한국 신사였으며 1개는 터신을 모시는 신사였다는 기록으로 보나 고야마 쇼사브로의 '나라시대에는 90%가 조선인이었다.'는 기록을 보더라도 이를 뒷받침 해주는 증거가 될 것이라 여겨진다. 또 2003년 6월에 동경대 의과대학 유전학교실의 도쿠나가 가쓰시(52세. 德永勝士)교수는 게놈 연구를 통하여 인간의 6번 염색체내에 존재하는 HLA 유전자 군을 동아시아의 여러 민족과 비교한 결과 일본인과 가장 가까운 집단이 한국인과 중국 거주의 재중동포 조선족이라는 사실을 발표하면서 일본인 선조는 한국에서 왔다고 단언하였다.

단기 4334년(서기 2001년) 12월 23일 아키히토 일본 천왕은 그의 68세 생일을 맞은 특별 기자회견에서 일본의 사서인 '속 일본기'의 칸무桓武천황65)의 생모가 백제 무령왕의 자손이라고 한 기록을 인용, 자신의 뿌리가 서기550년경의 백제 무령왕과 깊은 관계가 있음을 방송을 통해 공식적으로 밝힘으로써 일본에서는 물론이고 전 세계에 커다란 충격을 던졌다. 그러나 필자의 이서국 이야기는 그 보다 약 250년이나 더 빠른 서기302년경의 일본의 뿌리를 건드린 것이므로 역사적으로 커다란 의의가 있다고 하겠다. 1700여 년 동안 묻혀있던 우리의 고대사이자 일본의 역사이다. 전설의 고향처럼 그냥 웃어넘길 일이아니다. 원래 패자의 역사는 야사나 전설이 된다.

이서국의 수도였던 백곡리를 비롯하여 고대 고인돌 유적 에 대한 청도군의 대대적인 정비작업을 기대한다. 앞으로 청도군민을 먹여 살릴 수 있는 관광자원이 될 것이다. 田田

<쥐뿔이야기, 반재원, 4336(2003)>
<세계가 잃어버린 영혼.한국, 반재원·허정윤, 4340(2007)>

---

65) 칸무는 우리말의 '감무' '감' '검'이다. 즉 위대한 왕이라는 우리말이다.

2부. 한글 국제공용화를 위한 기능성한글

- 한글을 넘어 세계의 문자로 -

1. 천문학자 세종라 훈민정흠

우리는 누구나 한글의 우수성을 자랑하지만 막상 외국인들에게 '한글이 왜 우수한가?'라는 질문을 받는다면 과연 그들에게 고개를 끄덕일 만한 대답을 해 줄 수 있을까? 아마도 발성기관의 모양을 본떴기 때문에 과학적인 글자이며, 배우기 쉽고 모든 소리를 다 적을 수 있어서 우수한 글자라는 정도의 대답을 넘어서지 못할 것이다. 그러나 그것은 결코 시원한 대답이 될 수 없다. 한글이 소리 나는 대로 적는 글자만은 아니며, 글자의 모양으로 보면 변별력이 좋은 글자도 아니며, 글자의 공간 처리가 미흡하여 시각적으로 아름다운 글자꼴만은 아니다. 그것은 공간처리를 위한 한글도장의 꼬불꼬불한 글씨체를 보면 알 수 있는 일이다. 배우기가 쉽다고 하지만 외국인에게는 꼭 그렇지도 않다. 러시아 극동대학의 예를 들면 한국어학과 중간 탈락자가 거의 절반에 가깝다. 물론 우리말이 어려운 이유도 있을 것이다. 또 적지 못하는 발음이 없다고 하지만 지금의 한글로는 영어의 f, v, r, z, θ, ð와 일본어의 ん, 중국어의 권설음 zh, sh, ch 등을 표기할 수 있는 기능이 없다. 즉 과학적인 글자라는 것만으로는 넘어야 할 세계의 벽이 결코 만만치가 않다는 이야기이다.

그럼에도 불구하고 한글이 지구상에서 가장 우수하고 과학적인 문자라는 것은 세계의 언어학자들 사이에 이견이 없다. 독일의 언어학인 에카르으(r)트(P.Andre Eckardt)박사는 '그 나라의 문자로 그 민족의 문화를 측정하기로 한다면 한국 민족이야말로 단연코 세계 최고의 문화민족이다.'라고 하였다. 또 영국의 언어 치료사 A.M 벨(A.M Bell, 1867년)은 '지구상에서 가장 과학적인 글자는 발성기관의 모양을 본뜬 글자가 될것이다.'라고 하였다. 그는 15세기에 그렇게 만든 한글이 이미 존재하는 줄 모르고 때 늦은 예언을 하였다. 또 <1446년 한국의 언어 개벽>의 저자이자 컬럼비아대학 교수인 게러에(r)레드야러으(r)드(Gari Ledyard) 는 '한 글은 세계문자 사상 가장 진보된 글자이다. 한국 국민들은 그 무 엇과도 비교할 수 없는 문자의 사치를 누리고 있는 민족이다.'라 고 극찬한 바 있다. 영국의 제쓰(f)러에(r) 샘슨(Geoffrey Sampson) 교수는 1985년 자신의 저서 『문자체계 (Writing Systems)』에서 '한글은 가장 독창적이고도 훌륭한 음성문자로서 한국민족뿐 아 니라 전체 인류의 업적으로 평가되어야 함은 의심할 여지가 없 다.'라고 하였다.

메러에(r)랜드(Maryland) 대학의 언어학 교수인 러으(r)버트 램에(r) 지(Robert Ramsey)는 그의 『한국의 알파벳』에서 '한글이 위대 하듯 세종도 위대하다. 한글은 그가 남긴 최고의 유산이다.'라 고 하였다. 그는 또 미국 워싱톤 한국대사관에서 563돌 한글날 기념 강연에서 '한글은 세계의 알파벳이다. 한글 창제는 어느 문자에서도 찾을 수 없는 위대한 성취이자 기념비적인 사건이 다.'라고 하였다. 쓰랑스(France)의 동양학 연구소 쌰브르으 (Fabre) 교수는 '한글을 창제한 세종대왕 뿐 아니라 이러한 일 을 해낸 한국 사람의 의식구조를 한번 분석해 볼 필요가 있 다.'라고 하였다. 독일 햄브르으(r)그(Hamburg)대학 교수와 한양 대학교 석좌교수를 지낸 쩨(w)르너 삿세(Werner Sasse)(독일어 의 W는 영어의 V발음이다)는 '한글은 세계에서 가장 배우기 쉬운 독특한 글자이다. 20세기에 완성된 서양의 음운 이론을 세종대 왕은 그보다 5세기나 앞서 체계화 했다. 한글은 한국의 전통철학과 과학이론이 결합된 세계최고의 문자이다.'라고 하였다.

또 네델(th=ð)란드(Netherlands) 라이덴(leiden) 대학교 교수이자 언어학자인 쓰(f)리츠 쏘(v)스(Frits Vos)(네델란드어에서 V도 대부분 영어의 F발음이다)는 '한국인들은 세계에서 가장 훌륭한 알파벳을 발명하였다. 한국의 알파벳은 간단하면서도 논리적이며 고도로 과학적인 방법으로 만들어졌다'라고 평하였다. 또 미국의 제얼(r)드 다이어몬드(Jared Diamond) 교수는 그의 『올바른 필기』라는 글에서 '세계에서 가장 합리적인 문자는 한글이다. 한글은 인간이 쓰는 말의 반사경이다. 한글은 간결하기 때문에 한국의 문맹율이 세계에서 가장 낮다.'라고 하였다. 또 너무나 한국을 사랑하였던 노벨문학상 수상자인 퍼얼(r)벅(Pearl Buck)은 한글을 일러 '가장 단순한 글자이면서도 세계에서 가장 우수한 문자이다. 세종대왕은 한국의 레오나르(r)드 다쎈(V)치(Leonardo da Vinci, 이딸리아어의 r은 르에 가깝다)이다.'라는 평을 하였다.

그러나 이 말은 모순이다. 레오나르드 다쎈치는 세종이 죽은 다음해에 태어난 인물이다. 그러므로 '레오나르드 다쎈치는 이딸리아의 세종대왕이다' 라고 해야 옳다. 또 스웨덴(th=ð)의 5대를 이어온 기업보다 10대를 이어온 경주 최부자가 그 시대가 먼저인데도 노블레스 오블리주를 말할 때는 거꾸로 인용하고 있다. 아마 식민사관의 영향일 것이다. 또 미국 시카고대학 교수이자 세계적인 언어학자 제임스 멕콜리(J.D. McCawley) 교수는 '한글은 지구상의 문자 중에서 가장 독창적인 창조물이다. 한국인들이 1440년대에 이룬 업적은 참으로 놀라운 것이다. 500년이 지난 오늘날의 언어학 수준에서 보아도 그들이 창조한 문자 체계는 참으로 탁월한 것이다.'라고 하였다. 그는 한글날이 되면 항상 휴강을 하고 학생들과 세종을 기리는 파티를 한 사람이다. 또 독일 본대학교의 알브레히트 후쎄(Albrecht Huwe, w는 v발음)교수는 단순한 한글 연구를 넘어 옛 글자의 복원과 자판개량을 주장하는 유일한 외국학자이다.

그렇다면 세종이 과연 어떠한 이론을 창제의 바탕으로 삼았기에 세계의 석학들로부터 이러한 찬사를 받고 있는 것일까? 그것은 바로 한글이 우리의 동양천문도에 이론적인 바탕을 두고 창제한 천문과 자연에서 찾아낸 문자이기 때문이다.(成於自然) 즉 천문과 자연의 구성요소인 천지인 3재 원리와 음양 5행의 원리에 맞게 창제되었기 때문이다. 한글은 이미 15세기에 우리의 차원 높은 천문이론을 바탕으로 창제한 문자인데도 그 바탕이 된 천문이론을 창제의 기원으로 파악하지 못하고 19세기 후반에 정립된 서양 언어학의 잣대로 연구하다보니 근본 창제 원리를 놓치고 말았다. 훈민정음 창제원리는 바로 동양천문도에 그 해답이 들어있다. 중성과 초성의 배열순서도 <하도천문도>와 <낙서천문도>라는 동양천문도에 이론적인 배경을 두었기 때문이며 훈민정음이 28자로 만들어진 이유도 <28수 천문도>에 바탕을 두었기 때문이다.

세종은 명나라의 하늘에서 벗어나 '조선의 하늘'을 가지고자 하였다. 『세종실록』에 의하면 세종이 천문관측에 몰두했다는 기록들을 여러 곳에서 확인할 수 있다. 그중에서 중요한 몇 가지만을 들어보면 다음과 같다.

세종은 세종3년인 1421년에 벌써 『천문비기天文秘記』를 가까이 두고 연구하였으며 세종15년에는 '정초, 박연, 김빈 등이 새로 만든 혼천의를 바쳤다. 세자(문종)가 간의대에 나아가 정초, 이천, 정인지, 김빈 등과 함께 간의와 혼천의 제도를 강문하였다. 김빈과 내시 최습에게 명하여 간의대에서 숙직하면서 해와 달과 별들을 관찰하여 그 문제점을 파악하게 하였다. 당시 숙

직 때문에 고생하는 김빈에게는 옷까지 하사하였다.'[66]

　세종은 세종 13년(서기1431년)부터 새로운 역법을 연구하도록 명하였다. 이순지의 『제가역상집』과 『동국문헌비고』에 따르면 세종15년(서기1433년)에 세종이 직접 한양의 북극고도를 표준으로 28수의 거리와 도수, 12궁에 드나드는 별의 도수를 일일이 측후하여 김담, 이순지에게 명하여 그것을 석판에 새기게 하였다. 같은 해 정초, 김빈, 정인지, 이천 등이 혼천의를 제작하였다. 강신항 교수에 따르면 '세종10년(1428년) 무렵 진주에 사는 한 백성이 자기 아버지를 살해한 사건이 있었는데 세종이 큰 충격을 받고 이때부터 『삼강행실도』 제작지시와 함께 문자창제를 준비한 것 같다.'[67]라고 하였다. 세종24년(서기1442년)은 『칠정산내외편』을 완성한 뜻깊은 해이다. 세종13년(1431년)부터 세종24년(1442년)까지 10여년에 걸쳐 완성한 역서曆書이다. 1543년 코페르니쿠스(Kopernik)의 지동설보다 101년 전의 일이다.

　칠정七政이란 목성, 화성, 토성, 금성, 수성, 해, 달의 운행이다. 정인지가 쓴 내편은 중국역을 개량한 것이며, 산술에 능통한 이순지와 김담이 쓴 외편은 이슬람역을 참고한 것이다. 칠정산에 의하면 1년의 길이를 365일 5시간 48분 45초로 계산하고 있다. 세종이 어린아이처럼 기뻐한 것도 무리가 아니다. 지금보다 1초가 모자랄 뿐이다. 이것은 바로 천문의 자주 독립을 쟁취한 혁명이었다. 이후부터 명나라 대통역을 '중국역'으로, 우리역을 '본국역'으로 구분하여 부르도록 그 명칭을 바꾸었다. 비로소 명나라의 하늘에서 벗어나 '조선의 하늘'을 가지게 된 것이다. 그러나 명나라의 하늘도 원래 대륙의 배달국과 대륙 단군조선의 하늘이었으니 결국 세종의 이러한 천문연구는 배달

---

66) 『세종실록』, 권60, 세종 15년(1433년) 조.

67) 강신항, 한글날 특집 대담내용.

국과 단군조선 때부터 면면히 내려오던 천문이론을 개량한 것이다. 또 하나 지나칠 수 없는 것은 세종27년인 1445년에 신무기 완성을 선언하면서 옛 무기를 파기한 일이다.[68] 세종30년(1448년)에 완성된 신기전神機箭은 오늘날 다연장 장거리 로켓의 완성과 같은 사건이다. 세종의 수많은 치적 중에서 대표적인 치적은 신무기로 무장한 자주국방과 조선의 하늘을 찾은 '칠정산의 완성'과 '훈민정음 창제'이다.

조선의 하늘을 가진 그 연장선상에서 세종28년(1446년)에 천문도를 이론적인 바탕으로 한 문자를 공표하였으니 바로 조선의 하늘을 이고 사는 조선백성에게 가르칠 조선의 문자 훈민정음이다. '훈민정음'은 '바른 소리'라는 번역보다는 '조선백성에게 가르칠 표준어'라는 뜻이다. 저자는 세종이 <28수천문도>를 이론적인 바탕으로 삼아 창제한 <훈민정음28자>를 세종25년에 발표하지 않고 3년간의 검토과정을 거쳐 <세종28년>에 공표하여 수리를 모두 28로 맞춘 것도 우연의 일치라기보다 <하도천문도>와 중성의 수리, <5행방위도>와 <낙서천문도>의 초성의 수리를 중시한 세종의 의도가 담겨져 있었다고 본다. 또 <훈민정음 언해본>의 반포문 글자 수를 108자로, 『훈민정음』 예의편의 반포문 글자 수를 그 절반인 54자로 한 것도 세종의 의도였을 것이다. 불교의 108배도 원래 불교이전에 배달국부터 내려오던 우리의 신선도 수련에서 기氣를 모으는 기초수련법이었다. 가을철에 북두칠성의 꼬리가 9주기 동안(12일×9주기) 즉 108일 동안 서쪽하늘에 머무는 천문 현상에서 기원한 것으로 본다. 필자는 100일기도의 100일도 하도천문도 55수와 낙서천문도 45수의 100수에서 기원한 것으로 보는 것이다. 주역 <비룡재천 이견대인>의 설명에서도 하도가 낙서로 변하는 내용인

---

68) 『세종실록』, 1445년 3월 30일조.

'同聲相應同氣 ~ 各從其類也'의 45자와 '夫大人者與天地 ~ 況
於鬼神乎'의 55자로 되어 있어 모두 100자로 이루어져 있다.

　세종16년(1434년)에는 경복궁의 경회루 북쪽에 높이 31자
(9.4m), 길이 47자(14m), 너비 32자(9.7m)의 돌로 쌓은 관측대를
만들었다. 또 그곳에 1년 만에 간의簡儀69)를 준공하였다. 이
간의대簡儀臺70)에는 혼천의渾天儀,71) 혼상渾象,72) 규표圭表73)와
방위 지정표인 정방안正方案74) 등이 설치되었다. 간의대 서쪽
에 설치된 거대한 규표는 동표의 높이가 40자(12m)였다. 청석
으로 만든 규의 표면에는 장, 척, 촌, 푼의 눈금을 매겨 한낮에
동표의 그림자 길이를 측정하여 24절기를 확정하는 데 사용하

---

69) 簡儀- 조선시대에 천체의 운행과 현상을 관측하는데 쓰던 간의, 지금의 첨성대.
　　간의대 위에는 간의와 정방안이 있었으며, 그 양쪽에 渾儀, 혼상각과 규표가
　　설치되었다.

70) 簡儀臺 : 해시계, 물시계, 혼천의(천문시계)과 함께 천체의 운행과 현상을 관측
　　하던 기구의 하나. 오늘날의 角度器와 비슷한 구조를 가졌으며, 혼천의를 간
　　소화한 것이다. 세종15년(1433년)에 이천, 장영실 등이 구리로 제작하였고
　　세종16년에 준공하였다. 간의대는 조선시대의 천문 관측대. 천체관측 기구인
　　간의를 설치했으므로 간의대라고 한다. 경복궁 경회루 북쪽에 있었다.

71) 渾天儀 : 천체의 운행과 그 위치를 측정하여 천문시계의 구실을 하였던 儀器,
　　璇璣玉衡, 渾儀, 渾儀器라고도 한다. 정초, 정인지 등이 고전을 조사하고
　　1433년(세종15년) 이천, 장영실 등이 제작하였다. 12宮, 24氣와 28수가 새겨
　　져 있다. 지금의 지구본과 유사하다.

72) 渾象 : 하늘의 별들을 보이는 위치 그대로 둥근 구면에 표시한 천문기기를 말하
　　며, 별이 뜨고 지는 것, 계절의 변화와 시간의 흐름을 측정할 수 있다. 정초,
　　정인지가 고전을 조사하고 세종 14년(1432)에 이천, 장영실이 구리로 제작하
　　였다.

73) 圭表 : 천문 관측기계의 하나. 곱자처럼 생겼으며, 그림자의 길이로 태양의 시
　　차와 1년의 길이와 동지, 대한, 입춘 등 24절기를 관측하였다.

74) 正方案 : 방위를 바로 잡아서 동서남북을 표시하는 水平板. 경회루 북쪽에 돌을
　　쌓아 대를 만들었는데 높이가 31척, 길이가 47척, 너비가 32척이었다. 그 꼭
　　대기에 간의를 놓았다.

였다. 이것은 원나라의 곽수경이 세운 관성대觀星臺 이후 동양에서 가장 큰 간의대였다. 대간의대는 하늘을 원으로 하여 365도 1/4의 눈금이 새겨진 적도환이 있었다. 그 안쪽에 12시 100각의 눈금이 새겨진 백각환이 있고 중심에 사유환이 있어 천체의 변화 위치를 관측하였다. 이 간의대는 세종 20년(1438년)부터 서운관書雲觀이 주관하여 매일 밤 5명의 관리가 교대로 관측에 임하게 하여 실질적인 기능을 다 하였다. 앙부일구를 처음으로 혜정교와 종묘앞에 설치하였다.[75]

'서운관은 천문, 지리, 역수曆數에 관한 업무를 맡아본 관아로써 물시계, 해시계의 발명도 여기서 이루어졌다.'[76] 천문과 과학의 중요성을 인식한 세종의 적극적인 지원에 힘입어 '관상감의 관원을 34명에서 80여명으로 확대하였다.'[77] 당시 명나라 천문 기관인 흠전감欽典監의 인원이 11명이었던 점을 보면 세종이 얼마나 천문에 심혈을 쏟았는지 알 수 있다. 그 당시 조선의 천문학은 세계최고의 수준에 올라있었다. 서운관은 고려시대부터 내려오던 기구로 1392년(태조1년)에 다시 설치한 것인데 세조때 관상감觀象監으로 개편하였다. 중성을 <하도천문도>에 이론적인 배경을 두고 창제할 생각을 하였다는 것은 세종이 목성, 화성, 토성, 금성, 수성의 공전과 지구의 공전, 자전현상을 꿰뚫고 있었다는 증거이다.

---

75) 『세종실록』, 권 66, 세종16년 조(1434년). 혜정교-지금의 광화문 우체국 옆.

76) 『세종실록』, 세종 20년 조.

77) 이기원, 「조선시대관상감의 직제 및 시험제도에 관한연구」, 한국지구과학회지, 2008, 29호. 98-115쪽 : 서운관은 천문(일식, 월식, 혜성, 유성 등), 지리, 역수(책력), 점산, 측후, 각루刻漏 등의 일을 담당했던 국가 기관이다. 1392년에는 서운관 직원이 34명으로 추정되며, 1445년(세종 27년)에는 전체 인원이 80명 이상으로 늘어났다. 서운관은 세조12년(1466년)에 관상감으로 개칭하였다.

세종16년(1434년)부터 짓기 시작하여 세종20년(1438년)에 준공된 흠경각欽敬閣[78]은 경복궁 강녕전 곁에 있었다. 12지신상을 만들어 때마다 시각을 알렸다.

세종 19년에는 일성정시의日星定時儀라는 관측기를 완성하여 사용하였다.[79] '평양에 있었던 고구려 석각 천문도가 전란戰亂 중에 대동강에 빠뜨려 잃어버리고 없었는데, 태조 이성계 등극 초기에 그 탁본을 바친 자가 있어서 전하께서 보물처럼 중하게 받았다.'[80]라는 기록으로 보아 건국 초기부터 천문도에 커다란 관심을 가졌음을 볼 수 있다. 『세종실록』1437년(세종19년) 3월 11일부터 14일간 미수尾宿자리(전갈자리)에서 관측된 신성新星에 대한 기록도 2017년 8월 30일 발표한 국제학술지 '네이처'가 나서서 확인해줌으로써 조선천문학의 우수성을 입증해주었다. 이것은 2005년 고천문학자 양홍진박사가 이미 발표한 사실이기도하다.

세종이 신하들의 극심한 반대를 물리치고 장영실을 중용하여 '혼천의' '관천대' '일성정시의' '앙부일구' '자격루' '옥루' '대간의' '소간의' 등 새로운 천문기기를 제작하게 한 것은 세종이 천문연구에 얼마나 심혈을 기울였는지를 보여주는 좋은 예이

---

78) 흠경이라 함은 '서경'에 나오는 '하늘을 우러러 하늘이 지시하는바 대로 삼가 인간에게 때를 알려준다.'는 뜻을 취한 것이다. 흠경각은 세종이 직접 지은 이름이며 경복궁 안 세종의 침전인 강녕전 옆에 설치하였다. 일성정시의가 완성된 다음해에 만든 흠경각 안에 있는 옥루는 자격루를 개량한 자동 물시계로 장영실이 만든 것이다. 임진왜란 때 화난 백성들이 불태워 없앤 것을 1613년 광해군이 중건하였다.

79) 日星定時儀 : 세종 19년(1437)에 만든 밤낮으로 시간을 잴 수 있는 전천후 천문시계이며 고정식은 궁궐 안 만춘전에, 이동식은 기상청인 서운관과 함경도병영, 평안도병영에 각각 하나씩 두었다. 『세종실록』, 권77, 세종 19년 조. (1437년).

80) 나일성, 『한국천문학사』, 서울대학교출판부, 2000, 76쪽.

다. 이러한 천문에 대한 세종의 깊은 지식과 관심으로 미루어 볼 때 훈민정음을 천문도에 바탕을 두고 창제한 것은 당연한 수순이었을 것이다. 이러한 세종의 천문 연구는 유구한 역사를 통하여 한국桓國, 배달국, 단군조선, 고구려를 이어 면면히 계승되어온 결과였다. 그러나 세종 사후 50여년 후 연산군이 옥루를 창덕궁으로 옮기고 간의대를 없애버렸으며 성리학이 칠정산의 맥을 잘라버린다. 선조때에 와서는 칠정산 계산법을 아는 사람도 사라졌다. 그런데 1643년 조선통신사의 일원으로 일본에 간 박안기가 일본의 천문학자인 시부카와 하루미(澁川春海)에게 칠정산 계산법을 가르쳐주었고 연구를 거듭하여 1682년에 드디어 일본은 정향력(貞享曆)을 완성하게 된다. (조선일보 박종인의 <땅의 역사>) 얄궂은 운명이다.

1882년에 성경을 처음 번역하고 가로쓰기와 띄어쓰기를 시도하였다고 전해지는 스코틀랜드 출신 존로스(John Ross)선교사와 공동번역자인 서상륜과 백홍준의 노력과 한글사랑의 선구자 헐버트(Hulbert)가 세종의 훈민정음을 부활시킨 인물이라면 세종은 배달국 때부터 내려오던 우리 고대 천문학을 부활시킨 인물이다. 또한 그것을 문자창제의 이론적인 배경으로 삼아 훈민정음이라는 불후의 명작을 만든 인물이다.

천문도! 그것은 바로 한글의 설계도가 들어있는 비밀의 문을 열고 벅찬 감동의 보물을 움켜 쥘 수 있는 열쇠인데도 우리는 이 열쇠의 가치를 너무나 소홀히 취급해 왔다. 아니 그런 열쇠가 있는지도 모르고 있었다. 이 열쇠로 한글 창제의 자물쇠를 열지 않고서는 한글의 우수성을 온전히 설명할 수 없다.

그러나 아무리 한글이 훌륭하다 하더라도 나라마다 자신의 전통문화에 대한 자존심이 있고 각종 외교문제가 따르므로 문자를 바꾸는 일은 결코 쉬운 일이 아니다. 또 자기네 말을 정확하게 표기할 수 없는 문자를 어느 나라에서 채택하겠는가? 그러나 현재의 한글을 보완한 <기능성 한글>을 보급한다면 자기의 글자가 없는 무문자無文字 국가들은 사용가능성이 높다. 따라서 정부에서는 외국어 표준 표기법을 국책 사업으로 추진해야 한다. 이것은 세종의 홍익정신을 실천하는 길이며 또한 마지막으로 나갈 한류를 준비하는 작업이다.

2. 중성과 초성의 창제원리와 동양천문도

1)중성의 배열원리와 하도천문도

훈민정음의 중성 배열 순서는 ● ― ㅣ ㅗ ㅏ ㅜ ㅓ ㅛ ㅑ ㅠ ㅕ이다. 다음의 <중성도>는 <하도천문도>에 한점(●)과 두점(● ●)을 가미한 것이다. 다음 <중성 배열순서도>에서 보듯이 화살표방향으로 ㅗ(천일생수) ⋯▶ ㅏ(천삼생목) ⋯▶ ㅜ(지이생화) ⋯▶ ㅓ(지사생금)로 시작하여 ㅛ → ㅑ → ㅠ → ㅕ로 배열하였다. 지금의 ㅏ ㅑ ㅓ ㅕ ㅗ ㅛ ㅜ ㅠ ~ 의 순서와 달리 ㅗ ㅏ ㅜ ㅓ ㅛ ㅑ ㅠ ㅕ로 배열하였던 이유이다.

여기서 천(●), 지(―), 인(ㅣ)삼재 이론을 음양오행에 접목하여 맨 앞으로 배치하여 ● ― ㅣ ㅗ ㅏ ㅜ ㅓ ㅛ ㅑ ㅠ ㅕ의 순서로 배열하였다. '● ― ㅣ 천지인은 삼재三才의 이치를 구비하였다. ● ― ㅣ, 천지인 삼재는 만물의 선두가 되고 천(●)은 또 삼재의 처음이 된다.'81)라고 하였다. ● ― ㅣ는 ㅗㅜㅛㅠㅏ ㅓㅑ ㅕ의 구성요소이다. 다음 <천간이 배속된 하도천문도>는 10간干과

---

81)『훈민정음』, 제자해 19, 22, 23쪽. - ●天開於子也 ―地闢於丑也 ㅣ人生於寅也 ●之貫於八聲者 猶陽之統陰而周流萬物也. 天地人而三才之道備矣. 三才爲萬物之先 天又爲三才之始 猶ㅡㅣ三字爲八聲之首, ●又爲三字之冠也.

연결되어 있다.

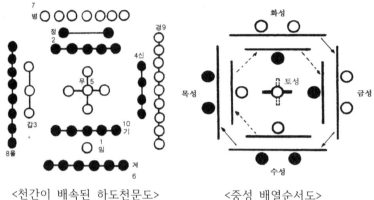

<천간이 배속된 하도천문도>　　　<중성 배열순서도>

<중성 배열 순서>[82]

2) 중성라 태극도

또 "ㅗ(水)와 ㅜ(火)는 기氣에서 떠나지 못하여 음과 양이 처음으로 교합하므로 오므라지고, ㅏ와 ㅓ는 음과 양이 고정한 질質이므로 벌어진다."[83]라고 한 제자해의 이 내용은 태극의 음양 기운과 연관시켜 설명한 것이다. 여기서 •은 태극도의 중심자리에 위치이며 ㅗ ㅏ ㅜ ㅓ ㅛ ㅑ ㅠ ㅕ 8성자는 태극도의 팔괘와 부합하고 있다. 건괘는 ㅛ, 태괘는 ㅜ, 이괘는 ㅏ, 진괘는 ㅕ, 손괘는 ㅑ, 감괘는 ㅓ, 간괘는 ㅗ, 곤괘는 ㅠ와 부

---

82)『훈민정음 언해본』18-21쪽.

83)『훈민정음』, 24쪽. 제자해 : 水火未離乎氣陰陽交合之初.

합한다. 태극도 둘레에 ㅗㅠ, ㅏㅕ, ㅜㅛ, ㅓㅑ를 묶어서 배치한 것은 앞에서 제시한 <ㅣ가 포함된 중성도>의 중성의 위치와 비교하기 위한 것이다. 따라서 다음의 <태극중성도>에서 보듯이 태극의 양의 권역에 배당되는 ㅗㅑㅛㅏ는 밝은 소리이고 음의 권역에 배당되는 ㅜㅕㅠㅓ는 어두운 소리이다. ㅛ는 건에 해당되어 가장 밝은 소리이며 ㅠ는 곤에 해당되어 가장 어두운 소리이다. ㅜ의 권역은 점선구역인 ㅗ의 권역과 서로 대對가 되고, ㅕ의 권역은 점선구역인 ㅑ의 권역과 서로 대가 되고, ㅓ의 권역은 점선구역인 ㅏ의 권역과 서로 대가된다. <5부 오행과 4원소 태극과 삼극> 중 태극도 참조.

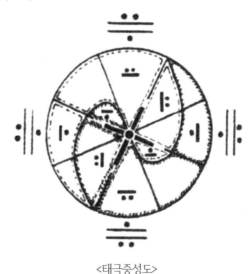

<태극중성도>

3) 초성의 배열원리와 낙서천문도

『훈민정음』의 초성배열 순서를 보면 지금의 ㄱ ㄴ ㄷ ㄹ ㅁ ㅂ ~ 의 순서와 달리 ㄱ→ㅋ→ㆁ, ㄷ→ㅌ→ㄴ, ㅂ→ㅍ→ㅁ, ㅈ→ㅊ→

ㅅ, ㆆ→ㅎ→ㅇ 의 순서로 배열되어 있다. 이것은 초성의 창제원리가 발성기관을 본뜬 것과 더불어 아래의 <5행방위낙서>라는 천문도에 이론적인 근거를 두었기 때문이다. 다음의 <지지가 배속된 5행방위낙서>[84]는 12지支와 연결되어 있다.

    <5행 방위낙서>에 초성을 대응시켜 설명한 것이 다음의 오른쪽 그림 <초성 5행방위낙서>이다. 화살표 방향이 초성의 훈민정음 배열순서이다. 즉 ㄱ(전청) ㅋ(차청) ㆁ(불청불탁), ㄷ(전청) ㅌ(차청) ㄴ(불청불탁), ㅂ(전청) ㅍ(차청) ㅁ(불청불탁), ㅈ(전청) ㅊ(차청) ㅅ(불청불탁), ㆆ(전청) ㅎ(차청) ㅇ(불청불탁)의 순서가 된 것이다. 지금까지 훈민정음의 초성을 전청, 차청, 불청불탁의 순서로 배열한 이유가 중국의 음운체계를 따랐기 때문이라는 내용은 있으나, 왜 전청 → 차청→ 불청불탁의 순서가 되었는지에 대한 연구는 없었다.

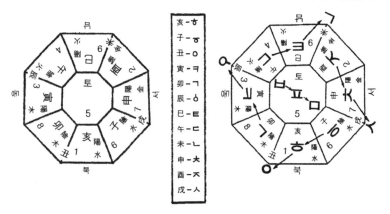

<지지가 배속된 5행방위낙서><지지와 초성> <초성 5행방위낙서>

    그것은 바로 발성기관의 모양과 더불어 천문도인 <지지가 배속된 5행 방위낙서>를 초성 창제의 이론적인 배경으로 삼았기

84) 김우재 심재열, 『卜筮正宗精解』, 1972, 37쪽.

때문이다. 우리는 지금까지 우리의 시각으로 훈민정음을 바라보려는 노력이 너무 부족하였다. 그런데 중성의 천지인 삼재원리의 접목처럼 초성에도 삼재의 원리를 접목하였으니 바로 초성의 ㅇ(천), ㅁ(지), ㄴ(인)이다. 이들 초성은 불청불탁으로 그 소리가 가장 빠르지 않기 때문에 순서는 비록 뒤에 있으나 형상을 본떠서 글자를 만드는 데에는 그 시초가 되었다.[85]라고 하였다. 이와 같이 중성과 더불어 초성에도 천지인 삼재이론을 접목하였다. 즉 하늘과 땅 사이에 사람이 모든 일을 주관하듯이 목구멍(ㅇ-하늘)과 입술 (ㅁ-땅)사이에서 혀 (ㄴ-사람)가 모든 발음을 주관한다는 원리이다. 즉 중성의 천지인 삼재(● ㅡ ㅣ)처럼 초성도 천지인 삼재(ㅇㅁㄴ)의 원리를 적용하였다. 세종의 위대함과 훈민정음의 위대함이 바로 여기에 있다.

또 나음의 <지지가 배속된 5행 방위도>[86]에 초성을 배속하여 설명해 보면 다음과 같다.

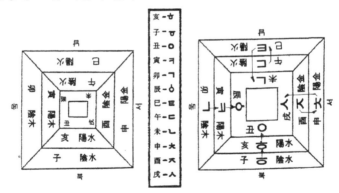

<지지가 배속된 5행 방위도> <지지와 초성>　　<초성 5행 방위도>

---

85)『훈민정음』, 제자해 17쪽. ㄴㅁㅇ 其聲最不厲 故次序雖在於後 而象形制字則爲之始.

86) 김우재 심재열, 『卜筮正宗精解』, 1972, 34쪽.

초성의 순서를 보면 5행상생의 순서인 목→화→토→금→수의 차례로 배열하되, 음陰을 먼저하고 양陽을 뒤에 둠으로써 지지의 묘(음목)→인(양목)→진(목중 토), 오(음화)→사(양화)→미(화중 토), 유(음금)→신(양금)→술(금중 토), 자(음수)→해(양수)→축(수중 토)의 차례로 하였다.

즉 ㄱ-묘(음목), ㅋ-인(양목), ㆁ-진(목중 토), ㄷ-오(음화), ㅌ-사(양화), ㄴ-미(화중 토), ㅈ-유(음금), ㅊ-신(양금), ㅅ-술(금중 토), ㆆ-자(음수), ㅎ-해(양수), ㅇ-축(수중 토)의 순서로 배열되어 있다. 입술소리 ㅂ, ㅍ, ㅁ의 순서도 이 순서에 따른 것이다.[87] 따라서 초성이 ㄱ→ㅋ→ㆁ, ㄷ→ㅌ→ㄴ, ㅂ→ㅍ→ㅁ, ㅈ→ㅊ→ㅅ, ㆆ→ㅎ→ㅇ으로 배열된 이유를 앞의 <초성 오행 방위도>로도 확인할 수 있다.

4) 훈민정음 28자와 28수 천문도

다음의 <28자 천문정음도>에서 보듯이 훈민정음이 모두 28자로 창제된 것은 하늘의 28별자리를 나타낸 <28수 천문도>에 이론적인 바탕을 두었기 때문이다. 2부의 서문에서 보았듯이 세종은 우리 고대 천문학을 부활시킨 위대한 천문학자이다.(5부 우리 민족의 천문관 참조)바로 훈민정음을 28자로 창제한 이유이다. 구체적인 설명은 지면관계상 여기서는 생략한다. (『훈민정음 창제원리와 기능성한글』도서출판역락, 2018. 190-210쪽 참조.)

---

87) ㅂ, ㅍ, ㅁ은 입술소리로 5행상 중앙 토에 배당하였다. 따라서 다른 초성처럼 따로 지지와의 관계를 연결할 수 없다. 그러나 ㄱㅋㆁ (목), ㄷㅌㄴ(화), ㅂㅍㅁ(토), ㅈㅊㅅ(금), ㆆㅎㅇ(수)의 순서에 따라 ㅂㅍㅁ(토)의 순서로 배열하였다.

〈중성과 천간〉

중성	●	ー	ㅣ	ㅗ	ㅏ	ㅜ	ㅓ	ㅛ	ㅑ	ㅠ	ㅕ
천간	무	기	(무)	임	갑	정	신	병	경	계	을

〈초성과 지지〉

초성	ㄱ	ㅋ	ㆁ	ㄷ	ㅌ	ㄴ	ㅈ	ㅊ	ㅅ	ㆆ	ㅎ	ㅇ
지지	묘	인	진	오	사	미	유	신	술	자	해	축

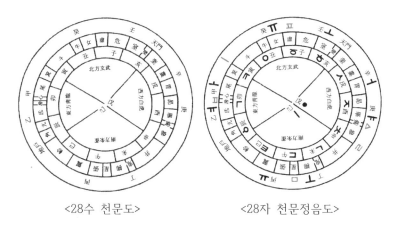

<28수 천문도>   <28자 천문정음도>

한글 국제공용화의 선행과제는 모든 외국어 발음을 정확하게 표기할 수 있는 <기능성 한글>로 거듭 나는 것이다. 그것은 바로 없어진 글자와 세종 당시의 초성합용 병서법을 선택적으로 원용하는 일이다. 그래야만 외국어 발음들을 정확하게 표기해 줄 수 있다. 이것이 해결되어야 비로소 한글을 세계의 문자라고 할 수 있으며 세계문화유산으로 등재될 수 있는 조건을 갖추게 될 것이다. 지금은 『훈민정음』이라는 책만 등재되어있다.

5) 28수천문도로 본 초성의 가획원리

초성의 글꼴은 창제 후 100여 년 이상 그대로 유지된 것으로 보인다. 15세기의 『소학독본』이나 『정속언해』, 『장수경언해』, 『무예제보』 등에는 ᅕ과 ᅙ의 글꼴이 그대로 쓰였다.

세종 때 고승 학조가 쓴 『지장경언해』에도 물론 ᅕ과 ᅙ이 그대로 살아있다. 15세기에 간행된 『육조법보단경 언해』에서부터 서서히 변화가 나타나지만, 17세기 『연병지남』부터 ᅕ과 ᅙ의 획이 옆으로 뉘여 쓰는 현상(ᅕᅙ)이 원래 글꼴(ᅕ ᅙ)과 혼용하여 쓰이기 시작하였다. 그 이유는 필사筆寫의 편의성 때문으로 보인다.

ㅋ ㅌ라 음도陰道의 관계

첫소리 중에서 ㅋ ㅌ과 ᅕ ᅙ의 가획 모양이 서로 다른 이유에 대하여 구체적으로 살펴보기로 하겠다.

훈민정음 해례본에 초성의 가획원리는 'ㅅ이 ㅈ, ㅈ이 ᅕ, ㅇ이 ᅙ, ᅙ이 ᅙ으로 그 소리로 인하여 획을 더한 뜻은 모두 같다'라고 하였다. 그러나 다음의 <『훈민정음』의 ㅋ ㅌ, ᅕ ᅙ 의 가획 모양>에서 보는 바와 같이 ㅋ ㅌ과 ᅕ ᅙ을 다같이 획(一)을 더한 글자라고 했으면서도 ㄱ과 ㄷ에는 ㅋ ㅌ으로 획(一)을 더 하였지만 ㅈ과 ㅇ에는 ᅕ ᅙ(ᅕ ᅙ)으로 획(一)이 아닌 각점(■)을 더 하였다. ᅕ ᅙ의 ■을 세로획으로 생각할 수도 있겠지만 짧게 가점한 모양으로 볼 때 세로획이 아니라 가점加點으로 보는 것이다

<『훈민정음』의 ㅋ ㅌ, ᅕ ᅙ 의 가획 모양>

필자는 그 이유를 다음의 <천문도에 배치된 ㅋ ㅌ, ㅊ ㅎ의 위치도>에서 찾아보고자 한다. 이 천문도에서는 28수를 양도 천문과 음도 지호의 영역으로 나누어서 설명하고 있다. 다음 <천문도에 배치된 ㅋ ㅌ, ㅊ ㅎ의 위치도>에는 동지부터 하지까지 일조량이 길어지는 양의 영역인 양도陽道와 하지부터 동지에 이르기까지 일조량이 짧아지는 음의 영역인 음도陰道로 나누어져 있다.

ㅋ ㅌ은 지호, 즉 왼쪽 아래인 음도의 영역에, ㅊ ㅎ은 천문, 즉 오른쪽 위인 양도의 영역에 위치하고 있다. 따라서 ㅋ과 ㅌ은 음도의 영역에 자리하고 있으므로 음을 상징하는 획(ㅡ)을 더하였다.

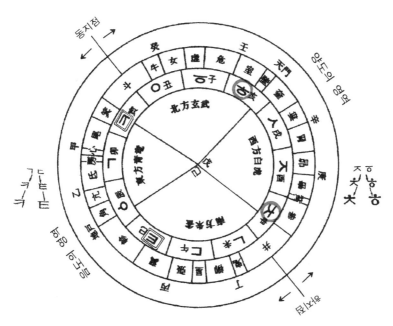

<천문도에 배치된 ㅋ ㅌ, ㅊ ㅎ의 위치도>

大 ㅎ과 양도陽道의 관계

반면에 ㅊ과 ㅎ은 양도의 영역에 위치하고 있다. 그래서 ㅊ과 ㅎ은 음을 상징하는 획(一)(ㅈㅎ)을 더하지 못하고 양을 상징하는 원(●)을 더하고자 했을 것이다.[예-(ㅊ ㅎ)] 그러나 초성과 중성을 비교하자면 중성은 근본이 천간天干에 뿌리를 두고 있는 양陽의 성질을 지닌 글자인 반면에 초성은 근본이 지지地支에 뿌리를 두고 있는 음陰에 해당되는 글자이다. 그래서 초성인 ㅈ과 ㅎ에 양의 상징인 원(●)을 더할 수 없었던 것으로 보인다. 그러나 ㅈ과 ㅎ이 양도의 영역에 배속되어 있으므로 음의 상징인 一(획)을 더하는 것도(예-ㅊ ㅎ) 이치에 맞지 않으므로 음(一)과 양(●)의 중간 형태인 각점(■)을 더한 것으로 보는 것이다. [(ㅊ ㅎ)]

지금까지 살펴보았듯이 훈민정음은 천지자연의 법칙인 음양 5행과 천문도에 바탕을 두고 창제되었기 때문에 글자의 획 하나에도 음양의 이치를 정확하게 적용하였다. ㅋ ㅌ과 ㅊ ㅎ의 가획 모양이 서로 다른 이유를 보면 훈민정음 창제와 동양천문도는 뗄 수 없는 관계임을 다시금 확인할 수 있다.

3. 기능성 한글의 필요성

1) 초성의 합용병서법 원용

외국어 표기를 위한 훈민정음의 합용병서 원용 예를 제시하고자 한다. 세종 당시에 비하여 지금은 발음이 많이 변하였으므로 다음의 몇 가지를 원용한 한글 국제공용화를 논하고자 한다. 합용병서는 지금도 종성에 암닭, 품삯, 옳다. 읽다, 잃다. 없다, 앓다, 맑다, 많다, 꿇다, 앉다, 밟다, 읊다, 젊다, 늙다 등으로 많이 쓰이고 있다. 그러나 일반인들은 앞에서 예로 든 암닭, 품삯과

암닥, 품삭의 발음차이가 무엇인지 알지 못하며, '없다'는 '업다', '옳다'는 '올다', '꿇다'는 '꿀다'로 읽는데 '젊다' '옮기다'는 왜 '절다' '올기다'로 하지 않고 '점다' '옴기다'로 발음하는지 모르며 '숟가락'은 왜 '숟'으로 하였고, '젓가락'은 왜 '젇'이 아닌 '젓'으로 쓰는지 모르며 다만 표기규정에 따라 그렇게 쓰고 있을 뿐이다. 이런 것들이 한글을 배우는 외국인에게는 존대말과 더불어 너무나 어려운 부분이다. 『훈민정음』 종성해에도 ㄱ ㆁ ㄷ ㄴ ㅂ ㅁ ㅅ ㄹ 8자면 받침으로 충분하다고 하였다.

그러나 초성의 합용병서는 이러한 문제가 생기지 않는다. 또 그 원리는 쉽고도 간단하다. 다음은 훈민정음의 초성합용병서 체제를 원용한 외국어표기법이다. 지금 쓰고 있는 종성의 합용병서 표기보다 일관성이 있어서 훨씬 이해가 잘될 것이다. 다음의 몇 가지만 원용해도 <기능성 한글>로서 정확한 외국어 표기가 가능해진다. 초성 합용병서법의 원용 예를 제시한다.

2) f, v, r 및 권설음(ch, sh, zh)의 표기 예

▶ V= ᄲ

여기서 '브'는 원래 음가이고 앞의 'ㅅ'은 윗 이빨이 아래 입술에 닿는 발음 준비기관의 모양을 나타낸 것이다. 즉 윗 이빨(ㅅ)이 아래 입술에 닿은 상태에서 나는 '브'발음이다. '쁘'와 다르다. 'ᄲ'는 영어와 쁘랑스어, 이딸리아어, 루마니아어, 슬로쌔키아어, 브라질어, 터키어의 'v'로 표기할 수 있다. 예를들면 영어의 'vase'는 'ᄲ에이스', 'save'는 '세이ᄲ'로 표기할 수 있다. 도솔가에는 '叱'를 'ᄲ'로 표기하였다.

▸ f= 싚

여기서 '프'는 원래 음가이고 앞의 'ㅅ'은 윗 이빨이 아래 입술에 닿는 발음 준비기관의 모양을 나타낸 것이다. 즉 윗 이빨(ㅅ)이 아래 입술에 닿은 상태에서 나는 '프'발음이다. 'fighting'은 '쐐이팅'으로, 'france'는 '쓰랜스', 'knife'는 '나이쓰'로 표기할 수 있다. 영어와 쓰랑스어, 루마니아어, 슬로쌔키아어, 브라질어, 터키어 등의 f 발음이 모두 여기에 속한다.

▸ θ(th)= 닁

'스'는 원래 음가이고 앞의 'ㄴ'은 혀를 입 밖으로 쑥 내민 발음 준비기관의 모양을 나타낸 것이다. 즉 혀(ㄴ)를 입 밖으로 쑥 내민 상태에서 나는 '스'발음이다.

'thank(θæŋk) you'는 '냉큐'로, 'tooth'는 '투닁' 등이다.

▸ ð(th)= 닄

'드'는 음가이고 'ㄴ'은 혀를 입 밖으로 쑥 내민 발음 준비기관의 모양을 나타낸 것이다. 즉 혀(ㄴ)를 입 밖으로 쑥 내민 상태에서 나는 '드'발음이다. 'this'는 '띠스'이며 'that'은 '땓'이다.

▸ l과 r의 발음

l은 '르'로 표기하고 r은 '료'(반설경음)로 표기할 수 있다. 그러나 합용병서의 형식으로 통일하여 '랟'로 표기하였다. '랟'의 '으'는 음가이며 앞의 ㄹ은 입속에서 혀를 최대한 꼬부린 권설(ㄹ)상태의 발음준비기관의 모양을 타나낸 것이다. 즉 권설상태(ㄹ)에서 나는 '으'발음이다.

러오(r)버트 렘(r)지(Robert Ramsey),　햄브러오(r)그(Hamburg).

▸ 여기서 얼마나 멀리 있습니까?

How far is it from here? ⋮ 하우 퐑 이짇 쓰롬 히엃？

<small>하우　파 이-짓 프럼　히어</small>

▸ 중국어의 권설음

‘ch’는 ‘러츠’, ‘zh’는 ‘러즈’, ‘sh’는 ‘러스’로 표기할 수 있다. 여기서 ‘츠’ ‘즈’ ‘스’는 원래 음가이고 앞의 ‘러’은 혀를 최대한 말아 올려 꼬부린 모양을 나타낸 것이다. 즉 입안에서 혀를 최대한 꼬부린 권설상태(러)에서 나는 ‘츠’ ‘즈’ ‘스’의 발음이다. 기차汽車(qì chē)’는 ‘치려쳐(ch)’ 시장市場(shì chǎng)’은 ‘러쓰(sh)렺챵(ch)’으로 표기할 수 있다.

중국어 예)

▸ 안녕하세요.(아침)

早上好。 쨔오 럊샹하오.

<small>zǎo shang hǎo</small>
<small>짜오　상　하오</small>

▸ 안녕하세요.(저녁)

晚上好。 완럊샹하오.

<small>wǎn shang hǎo</small>
<small>완　상　하오</small>

3) •, ㆁ, 뷩(ᄛ)의 표기 예

▸• -아랍어의 깊은 발음

세계의 언어 중 아랍어만큼 •(깊은소리)가 많이 쓰이는 나라도 없다. •은 '아래아'나 '하늘아'나 '가온아'가 아니다. 깊고 짧은 발음인 깊은 소리이다. 아랍어 표기에서는 '앗'는 '아'의 짧고 깊은 소리로, '갓'는 '가'의 짧고 깊은 소리로, '컷'는 '커'의 짧고 깊은소리로, '깟'는 '까'의 짧고 깊은 소리로 표기할 수 있다. 또 우리의 구령소리 '앞으로 ᄀ(가)' 등으로 쓸 수 있다.

아랍어 예)

카이로행 기차는 언제 떠납니까?

متى   يقوم القطار إلى القاهرة ؟

마타 야꾸믈 까따－르 알랄까－하라?

메타 야꾸－믈 끼따－롣 알랄깟－헤롸?

▶ ᅌ-일본어의 콧소리 (ん)

ᅌ의 명칭은 '옛이응'으로 통용되고 있으나 이것도 '여린ㄱ'으로 수정하여야 한다. ᅌ은 ㅇ과 달리 목구멍과 코로 소리의 기운이 동시에 나가는 콧소리이다.

일본어 예)

▶ 감사합니다

ありがとうございほす   아리ᅌᅡ또－ ᅌᅩ롸이마스.

아리가또-고자이마쓰

▶ ᄫ(ᄫᅳ)-몽골어의 순경음

앞의 r(롸)을 'ᄙᅡ'로 표기하였듯이 몽골어의 발음 ᄫ도 'ᄫᅳ'로 표기하였다. ᄫᅳ는 순경음(입술가벼운소리)이다. '으'가 음가이고 앞의 'ㅂ'은 아랫입술과 윗입술이 살짝 합하는 발음 준비기관의 모양을 나타낸 것이다. 즉 아랫입술과 윗입술을 살짝 합하면서 내는 '으' 발음이다.

몽골어 예)

▸ 아무 일도 없습니다. 편히 잘 있습니다.

Юмгүй дээ. Тай ван сай хан бай на.

읍구이데 타이왕 사이함 베인.

읍구이데- 태ㅽ 새훙 베엔.

▸ 얼마입니까?

Хэд вэ? 헤드-ꙥ?

헤드 웨?

4. 결론

없어진 글자와 초성의 합용 병서법을 원용한 <기능성 한글>은 결코 이해하기 어렵거나 복잡한 작업이 아니다. 다만 처음 보는 것이라 생소할 뿐이다. 그리고 이러한 글자를 사용할 수 있도록 자판을 개량해주면 바로 해결되는 문제이다. 합용병서의 어떠한 초, 중, 종성도 서로 결합될 수 있도록 완성형에서 조합형으로 자판을 개량해야 한다. 이것은 한글의 기능을 살리는 훈민정음 회복운동이다. 지금의 한글은 조선총독부의 언문철자법에 따라 기능이 쪼그라든 우리 국내용 문자이지만 <훈민정흠>은 만국어의 발음기호이기 때문이다. 오직 훈민정음만이 이러한 기능을 할 수 있는 문자이기 때문에 세계에서 가장 위대한 글자가 된 것이다.

조선총독부는 한일합방 직후인 1912년 보통학교용 언문철자
법을 제정하면서 자기네 글자보다 훨씬 적은 한글 24자와 종성
10자만 사용하게 하였다. 옛글자와 순경음과 초성의 합용병서법
을 모두 없애버렸다. 세계의 발음기호인 훈민정음의 우수성을 간
파하고 그 기능을 축소시켜 자기네 말만 표기할 수 있는 일본문
자 수준으로 격하시키기 위한 의도적인 작업이었다.

그 뒤 1930년 조선총독부는 경성제국대학 교수 오꾸라신뻬이,
다까하시도루와 조선총독부 통역관 다나까도꾸따로, 후지나미기
데이, 니시무라신따로 등 일본인 5명과 한국인 연희전문학교 교
수 최현배와 중앙고등 보통학교 교원 권덕규, 중동고등 보통학교
교원 정열모, 진명여자 고등보통학교 교사인 이세정, 경성사범
부속보통학교 훈도 심의린, 조선교육협회 이사 신명균, 조선어연
구회 회장 이완응 그리고 조선일보사 지방부장 장지영, 매일신보
사 편집국장 김상회 등 9명이 한글 24자와 종성 21자를 사용하
는 언문철자법을 다시 만들었다.

또 1933년 10월 29일 정인섭, 이극로, 이희승 등 한국인 18명
이 모여 한글 24자로 된 <한글 맞춤법 통일안>을 제정하였지만
앞의 조선총독부 언문철자법을 그대로 따라 '외국어표기에는 옛
글자를 쓰지 아니한다'라고 다시 대못을 박았다. 이것은 바로 훈
민정음으로 외국어 발음을 표기할 수 없도록 한 특별 조치였다.
이번에는 한국인만 참여하였지만 오꾸라신뻬이의 입김이 그대로
작용하였던 것이다. 그러자 1년 후인 1934년 7월 박승빈을 비롯
하여 윤치호, 최남선, 지석영, 이병도, 권병훈 등 112여명의 이
름으로 한글 24자로는 우리말과 글이 제 기능을 하지 못하므로
훈민정음 28자를 모두 써야한다는 '한글식 신 철자법 반대성명

서'를 내었다. 또 주시경, 어윤적, 지석영 등은 '옛글자와 순경음이 우리말에는 필요치 않더라도 외국어 표기에는 반드시 필요하다'라고 순종에게 건의하였다. 그러나 그 상소는 관철되지 못하였다.

해방 후 <u>1948년</u>에 최현배, 피천득, 언더우드 등 22명이 참여하여 '들온말 적는법'을 공표하였다. 그때 순경음 ᄫ, ᇢ 등 4자를 추가하였다. 그러나 '외국어 표기에는 한글 24자 외의 옛글자나 새 문자와 기호를 사용하지 않는다'는 1933년 10월 29일에 발표한 규정을 내세워 오꾸라신뻬이의 수제자로 알려진 이희승 등이 극렬하게 반대하여 또 폐기되고 말았다.

그 후부터 지금까지 사장된 글자와 초성의 합용병서법은 학계에서 공식적으로 거론된 적이 없다. 이 논의는 1948년 이후 70년 만에 그 불씨를 새로 살리는 작업이 될 것이다. 이 일은 세계의 발음기호로 사용하게 한 세종의 홍익정신의 뜻을 살리고 우리 민족의 자존심을 회복시키는 일이다. 아울러 이 작업은 일제가 반신불수로 만들어 놓은 훈민정음 광복운동이다. 우리는 아직도 우리가슴에 꽂아 놓고 간 일제의 비수를 뽑지 못하고 있다. 과연 우리에게 진정한 문자 광복이 있었는가! 田田

<한글과 천문, 반재원, 4334(2001)>
<한글세계화 이대로 좋은가! 반재원, 4335(2002)>
<한글창제원리와 옛글자 살려쓰기, 반재원·허정윤, 2007>
<21개 외국어 회화 표기예, 반재원·허정윤, 4341(2008)>
<훈민정흠 창제원리와 기능성 한글, 반재원·허정윤, 2018>

자방고전과 가림토문

　　지금까지의 내용과 더불어 『훈민정음』 해례본의 창제 이론이 처음부터 끝까지 전후 내용이 일목요연하게 서술되어 있음을 볼 때 한 개인이 일관성 있게 추진한 단독 작품임을 의심할 여지가 없다. 세종이 건강을 해쳐 청주로 요양을 떠나면서도 훈민정음에 관한 연구 자료를 챙겨 떠나는 것을 보고 최만리가

　　'모든 절차를 열에 아홉은 덜고 정무도 정부 부처에 다 맡겨버린 마당에 훈민정음 연구 자료는 눈병이 나서 요양을 하러 떠나는 행재소까지 한 보따리 싸 가지고 가시니, 그게 뭐라고 그 연구에만 골몰하십니까?'

하고 심히 안타깝게 생각했던 사실을 보더라도 세종이 한글 창제에 얼마나 몰두하였는지 엿볼 수 있는 장면이다. 나중에 지팡이를 짚어야 걸을 수 있을 만큼 체력과 시력이 나빠진 상태에서도 작업을 놓지 않은 것은 자신의 연구물이 아니고는 가질 수 없는 애착이다. 논문이나 책을 저술해 본 사람이라면 그 상황을 충분히 공감하고도 남음이 있을 것이다. 세종24년에는 극도로 건강이 나빠진 중에도 훈민정음 창제 작업을 계속하여 다음해인 세종 25년에 1차로 창제 작업을 완성하였다.

　　그리고 세종 25년 이전까지 집현전학사들이 훈민정음 창제에 관련되었다는 기록이 없다. 더구나 최만리가 그 당시 집현전의 실무책임자인 부제학의 위치에 있으면서도 자신이 주동이 되어 집현전 학사들과 반대 상소문을 올린 것은 집현전에서 한글창

제에 참여하지 않았음을 스스로 반증하는 일이다.

　그럼에도 불구하고 지금도 일부에서 훈민정음 창제가 집현전 학사들의 도움으로 창제된 줄로 알고 있다. 그리고 대부분의 연구자들이 세종의 작품이 아니라고 주장하는 근거는 다음과 같다. 바로 『세종실록』 103권과 『훈민정음』 해례본의 정인지 서문에 '글자는 옛 전자를 모방했다(字倣古篆)'라는 문구 때문이다. 그동안 '고전'을 한자의 옛 서체나 범어라고 주장하는 경우가 대부분이었다. 훈민정음 이전에 한자 이외의 글자가 있었다면 어떤 것들이 있었을까하는 의문은 학자들에게 끊임없이 제기된 과제였다. 신라시대에는 이두가 있었다. 더 거슬러 올라가면 3세 가륵 단군2년에 삼랑 을보륵이 만들었다는 가림토문이 있다.

　가림토문과 산수가림다문과 산스크리트어가 서로 별개의 것이 아니다. '가림다'는 원래 '산수가림다'였다. 『심당전서』와 『단기고사』와 『홍사한은』 3세 가륵 단군조에는 '산수가림다刪修加臨多'[88])로 기록되어 있는데 이것이 여진족의 발음으로 산수그림토가 되고 그것이 2000년 후에 인도로 넘어가면서 산수그리토→산스크리트로 변형된 것으로 본다. 세종의 훈민정음 창제도 바로 이 산수가림다문에 뿌리를 둔 것으로 보는 것이다. 그런데도 일부에서 산스크리트어나 아히루 문자를 본떴다고 주장하는 것은 그 연대를 보면 할아버지가 손자를 닮았다는 말과 같다. 또 반대를 무마하기 위하여 성리학의 논리를 도입하여 나중에 짜 맞춘 것이라느니, 그래서 한글과 음양사상의 대입이

---

88) 이고선, 『心堂全書』권5, 「단서대강」 제3편, 1950, 74쪽(143-2쪽).
　高契編修倍達留記稱曰刪修加臨多　是爲東洋史學之元祖也.
　대야발 저, 유태우, 정창모역 『단기고사』 음양맥진출판사, 1984, 56쪽.
　반재원, 『주해 홍사한은』, 도서출판 한배달, 4345(2012), 143쪽.

현대 어문학으로 보면 무리가 있다느니, 또는 징심록의 고문자를 취했다느니, 신미대사의 작품이라느니 운률을 잘 아는 박연의 작품이라느니 최항의 작품이라느니 하면서 자꾸만 세종의 창제가 아니라고 하는 주장은 이제 그만 두어야만 한다. 훈민정음 창제는 문종과 양녕대군, 정의공주 등 가족을 조교로 참여시킨 조용한 작업이었다. 한편의 논문을 쓰는 데에도 수많은 관련 자료를 참고하지 않으면 안 되는데 하물며 새로운 문자를 창제하는데 있어서랴! 창제과정에서 당연히 여러가지 고 문자를 참고할 수도 있고 다른 이의 도움을 받았을 수도 있었을 것이다. 그렇더라도 『훈민정음』의 전편을 흐르고 있는 <하도천문도>와 <낙서천문도>, 그리고 <28수천문도>와 훈민정음과의 뗄 수 없는 관계를 어떻게 설명할 것인가? 전체를 보지 못하는 근시안적인 주장일 뿐이다.

강신항 교수에 따르면 신숙주와 성삼문이 황찬을 만나러 요동을 왕복한 것도 창제 후 그 당시 국제공용어인 중국발음을 정확하게 알아서 우리글로 표기하기 위한 것이지 훈민정음을 창제하는데 자문을 구하기 위한 것이 아니었다. 왜냐하면 신숙주와 성삼문이 통역관 손수산과 함께 황찬을 처음 만난 것은 훈민정음이 다 만들어진 세종 25년인 단기3776년(1443년) 겨울(癸亥 冬)보다 1년 2개월 후인 1445년 1월 세종 27년이었기 때문이다. 또 신숙주가 집현전 학사로 들어온 시기가 그가 25세 때인 세종 23년(1441년)이었고 세종 25년(1443년) 2월 21일에 27세의 나이로 일본 통신사 변효문의 서장관書狀官으로 일본에 갔다가 8개월만인 10월 19일날 돌아오는 등, 그 시기에 훈민정음 제작에 참여할 시간이 없었다는 점이다.[89] 성삼문의 나이도 그때 아직 26세의 청년에 불과하였다. 따라서 신숙

---

89) 강신항, 한글날 특집 대담내용.

주는 세종의 명을 받아 이미 만들어놓은 한글로 언문 서적을 편찬하는 일에 참여하였을 뿐, 훈민정음 창제에 대한 전문지식은 없었던 것으로 보는 것이다. 그것은 1449년에 펴낸, 신숙주의 최고 업적 중 하나라고 할 수 있는 『동국정운』을 편찬할 때 세종이 일일이 신숙주의 번역 내용을 꼼꼼히 검토한 후 통과가 되어야 다음 내용을 번역할 수 있었던 것을 봐도 알 수 있는 일이다.

한글의 글자형태 기원설을 크게 대별하면 고전古篆기원설과 외국문자 기원설로 나눌 수 있다. 고전기원설은 주로 한자의 전자篆字 기원설을 들고 있다. 외국문자 기원설은 크게 산스크리트 문자 기원설, 파스파 문자 기원설이 있다. 그 외에도 테일러(Isaac Taylor)교수 등이 주장한 팔리(pali)문자 기원설, 에카르트(P.Andre s Eckardt) 교수가 주장한 창호窓戶기원설 등이 있었으나 『훈민정음』이 공개되어 발음기관 상형설이 밝혀짐으로써 이런 주장들은 모두 설득력을 잃게 된다.

그러나 고전 기원설은 『훈민정음』이 발견된 후에도 꾸준히 제기되어온 주장이다. 그 이유는 앞서 말한 『훈민정음』의 정인지 서문의 자방고전字倣古篆[90]이라는 기록 때문이다. 세종실록 25년 12월조에도 '이 달에 상께서 친히 언문 28자를 제작하였는데 글자는 옛 전자를 모방하였다'[91]라는 기록이 나온다. 또 '언문은 모두 옛 글자에 근본 하였으며 새로운 글자가 아니다. 언문은 전조前朝로부터 있었던 것을 빌어썼다'[92]라는 기록이

90)『훈민정음』, 정인지 서문, 65쪽 : 象形而字倣古篆.

91)『세종실록 권102』, 25년 12월 조(12월 30일) : 是月上親製諺文二十八字其 字倣古篆.

92)『세종실록』 26년 2월조(2월 20일) : 諺文皆本古字非新字也 借使諺文自前

있다. 세종 26년 2월 20일 집현전 부제학 최만리의 상소문에서도 '글자의 형태가 비록 옛 전문을 모방하고 글자가 합해져서 소리를 내지만 모두 옛것과 반대여서 실로 근거한 바가 없습니다. ~ 어찌 사대모화에 부끄럽지 않겠습니까'[93]라는 내용이 나온다.

신경준의 『언서운해』에도 '옛적에 통속으로 사용하던 문자가 있었으나 그 수가 불비하고 그 형태가 무법하여 제대로 글이 못되어 일반적으로 쓰이지 못하였는데, 우리 세종 임금께서 훈민정음을 만들었다'[94]라고 하였다. 『단기고사』에는 '황해도 백악 마한촌에 국문정음國文正音 비문이 있다.'[95]라고 하였다. 이상의 내용으로 볼 때 훈민정음의 글자 형태가 전혀 없는 곳에서 만들어진 것이 아닌 것은 분명하다.

여기서 고전을 전서체로 보는 견해로는 이덕무가 있다. 이덕무는 그의 『청장관전서』에서 '훈민정음의 초성과 종성에 통용되는 8자는 모두 고전古篆의 형상이다. ㄱ은 고문古文의 급及자에서 나왔으며, ㄹ은 전서篆書의 기근자이고 ㅅ은 전서의 인人자이다 또 ㅁ은 위圍자이다'[96]라고 하였다. 그러나 ㄹ과 한자

朝有之.

93)『세종실록』 26년 2월조(2월 20일) : 字形雖倣古之篆文用音合字盡反於古實無所據 ~ 豈不有愧於事大慕華.

94)신경준,『諺書韻解』, 東方 舊有俗用文字 而其數不備 其形無法 不趨以形一方不言 而備一方用也 ~我世宗大王 御製訓民正音.
(1712~1781년. 숙종 38년~정조 5년) 신숙주 막내 동생인 申末舟의 후손임. 조선 중기의 문신. 실학자. 『訓民正音 韻解』를 지어 한글의 과학적 연구의 초석을 놓았다.

95) 대야발 저, 고동영 역,『단기고사』, 흔뿌리, 1986, 40쪽.

의 ㄹ, ㅅ과 한자의 人이 서로 모양이 비슷하다고 해서 거기에
서 나왔다는 주장은 무리가 있다. 왜냐하면 외국문자 기원설
중에서 산스크리트어 문자나 파스파문자도 훈민정음과 비슷한
글자꼴이 많기 때문이다.

산스크리트어 문자 기원설도 조선시대 이래로 꾸준히 제기되
어왔다. 성현의 『용재총화』에는 '세종께서 언문청을 설치하여
신숙주와 성삼문에게 언문을 짓게 하니 초성과 종성이 8자, 중
성이 12자였다. 글자의 체는 범자梵字에 의하여 만들어졌다'[97]
라고 하였다. 이수광도 『지봉유설』에서 '우리나라의 언서는 글
자 모양이 모두 범자를 본떴다'[98]라고 하였다. 황윤석과 이능
화도 범자에 근원한 것으로 보고 '범자와 훈민정음은 글자꼴과
소리가 비슷하다.'[99] 라고 하였다.

96) 李德懋, 『淸莊館 全書』, 54권, 훈민정음 조.
   (1741~1793년. 영조17년-정조17년) 조선 후기의 실학자로서 호는 亭·靑莊
   館이다. 저서로는 『耳目口心書』, 『紀年兒覽』, 『淸脾錄』, 『入燕記』, 『禮記
   考』, 『寒竹堂隨筆』 등이 있다.

97) 成俔, 『용재총화』 제 7권, 민족문화 추진회편, 1997년, 200쪽.
   世宗設諺文廳 命申高靈成三問等製諺文 初終聲八字 中聲十二字 其自體依
   梵字爲之.
   (1439~1504), 조선 성종때의 학자, 호는 慵齋, 본관은 창녕, 예조판서, 대
   제학, 대사헌을 지냄.『慵齋叢靴』는 시, ·문학, ·서예에 관한 평론을 위시하
   여 인물평과· 역사이야기, 경험담 등 각 방면에 걸쳐 깊은 학식과 고증으
   로 엮어져있다. 신숙주와 성삼문은 훈민정음창제를 도운 것이 아니라 해
   례편찬과 동국정운편찬에 참여하였다.

76) 李睟光, 『芝峯類說』권18, 1614년. 我國諺書字樣全倣梵字.
   (조선 중기의 학자, 1563~1628),
   홍봉한외,『增補 文獻備考』중권, 명문당, 1985, 305쪽.

99) 황윤석,『韻學本源』(1729-1791)我訓民正音淵源~而終不出於梵字範圍矣.
   이능화, 『조선불교통사』(1869~1943년) 하편, 1918. 637쪽.

고종의 고문이었던 선교사 헐버르(r)트(Homer B. Hulbert)박사는 한글과 타밀어간의 서로 유사한 발음을 대응시켜 범어와의 유사성을 주장하였다. 그 예로 한국어의 5개 주요 모음인 a, o, u, i, e의 발음과 장단이 거의 같고 단어도 나, 너, 귀 등이 같거나 비슷한 것이 있음을 들었다.[100]

실제로 훈민정음 초성의 배열 순서와 산스크리트어의 배열이 비슷하며 모양도 비슷한 글자가 많다. 예를 들면 우리말의 초성 ㄱ, ㅋ, ㄲ, ㆁ 의 배열과 산스크리트어의 꺼, 커, 거, 어의 순서가 비슷하다. 훈민정음의 중성도 산스크리트어와 모양이 비슷하다. 특히 인도의 구자라트문의 글자꼴은 훈민정음과 닮은 부분이 많다.

자음

卡(꺼)	켜(커)	ㄱ(거)	ㅂ 저ㅎ	ㅎ	어
쳐(쩌)	ㅇ(쳐)	ㅈ(저)	ㅈ 저ㅎ	ㅋ	너

<산스크리트어>

એપનેટાયરને ઉત્તમ સાથી

<인도의 구자라트문>

---

100)헐버르(r)트,『한국어와 인도드라비디언 방언의 비교문법』, 1905. 3쪽.
　Homer B. Hulbert(1863~1949), A comparative grammar of The korean language and The Dravidian languages of India. 논문으로는 The Korean Repository Ⅰ,Ⅱ가 있다.
　배재학당 교사로서 주시경, 이승만 등을 가르쳤다. 한글로 쓴 우리나라 최초의 인문사회 교과서인『ᄉ민필지』가 있다.

또 유희와 이익 등 조선시대의 몇몇 실학자들은 파스파문자 기원설을 제기하였다.101) 유희의 『언문지』에는 '세종 조에 사신을 보내어 몽고문자 모양을 본뜨게 하고 명나라 학사 황찬에게 물어서 만들었다.'102)라고 하였다. 그러나 앞의 내용에서 보았듯이 이것은 와전이다. 미국 컬럼비아 대학 한국사 교수인 게러 레드야러(r)드(Gary Ledyard)도 문자의 모양과 역사적인 면에서 이 설에 동조하고 있다. 파스파문자와 훈민정음은 초성의 ㄱ, ㄲ, ㄹ, ㄷ, ㅌ, ㅁ, ㅂ, ㅈ 등이 비슷하다.

<파스파문자>

허웅은 '자방고전'이라는 말이 훈민정음이 곧바로 고전에서 왔다는 뜻이 아니라 그 상형한 것이 고전과 비슷한 모양이 되었다는 뜻으로 해석해야 한다'103)라고 주장하였다. 이렇듯 고전의 의미가 다양하게 해석되고 있다.

고전은 가림토문

필자는 여기에 나오는 자방고전의 '고전'이나 '전문篆文'이나

101)최현배, 『고친 한글갈』, 정음 문화사, 1982, 608쪽.

102)『경세훈민정음도설』 중 유희(1773-1837)의 「언문지」, 279 쪽-我 世宗朝 命詞臣 依蒙古字樣 質問明學士黃瓚 以制.

103)허웅, 『한글과 민족문화』, 세종대왕 기념사업회, 1999, 66쪽.

최만리가 말한 '전자篆字'를 모두 단군 때의 가림토문에서 찾고 자한다. 가림토문자 기원설은 단군 조선 때 문자가 있었다는 『단군세기』의 가림토 기록과 「단기고사」의 산수가림다 기록에 근거한다. 『단군세기』 3세 가륵 단군조에 '삼랑 을보륵이 정음 38자를 만드니 이를 가림토라고 한다.'104)라는 내용이 있다. 가림토문은 근세인 1911년에 계연수가 편찬한 『한단고기』에 들어있다는 점을 들어 학계에서는 존재 자체를 부정하고 있다. 필자의 박사학위 논문 심사에서도 이 내용이 단원 통째로 삭제 당하였다. 그러나 '고전'과 '가림토'의 연관성에 대한 견해에는 전혀 변함이 없다.

ㅇㅣ一ㅏㅣㄱ二ㅅ：ㅔㅣ二ㅍㅈㅋ

ㅇㄱㄴㅁㄴㅿㅈㅊㅿㅿㆆ∧M

ㅁㄹㅂㅐㅈㄱㅊㅅㄱㅍㅍㅍ

<단군세기, 태백일사, 단서대강의 가림토문>105)

가림토문이 학계에서 인정받지 못하는 또 하나의 이유가 있다. 그것은 문자의 발달은 상형문자의 단계를 거쳐서 표의문자나 표음문자로 발달하는 것이 원칙인데, 상형문자나 갑골문도

---

104)『한단고기』 중 「단군세기」 17쪽. 三郞乙普勒 譔正音 三十八字 是爲加臨土.
「소도경전 본훈 제5」. 단단학회. 광오이해사. 1979. 93쪽: 三郞乙普勒 譔正音 三十八字 是爲加臨多.

105)『한단고기』, 「단군세기」, 17쪽.
『한단고기』, 「태백일사」, 「소도경전본훈」, 93쪽.
이고선, 『心堂全書』 중 「단서대강」제3편, 74쪽.(143-2쪽, 刪修加臨多)
대야발 저, 유태우. 정창모 역, 『단기고사』, 56쪽.(國文正音)

나타나지 않았던 단군 조선 때 훈민정음과 유사한 가림토 문자
가 있었다는 것이 문자 발달사에 위배된다는 이유 때문이다.

그러나 그것은 가림토의 존재를 부정할 이유가 되지 못한다.
왜냐하면 가림토도 무無에서 갑자기 생겨난 것이 아니라 신시
때의 녹서와 산목, 치우때의 화서, 투전목, 부여의 서산, 자부
때의 우서, 복희때의 용서가 있었다.106)라는 기록으로 보아 그
이후에 가림토가 나왔으므로 문자 발달 순서에 위배된다고 보
지 않기 때문이다. 가림토문을 보면 중성 11자는 훈민정음 중
성 11자와 순서만 다를 뿐 글자꼴이 똑같다. 가림토라는 뜻은
가려내어 다듬어서 만들었다는 의미로 본다. '단군때에 신전神
篆이 있어 이러한 글자들은 흑수, 백산, 청구 등 구려지역에서
널리 쓰였다.'107)라는 내용으로 볼 때 신전을 가림토로 보는
것이다. 이 신전은 문자(한자)와 혼용되면서 제 역할을 하지 못
하고 토씨(吐)로 사용된 것으로 보인다.

---

106)『한단고기』중 「소도경전본훈」, 단단학회, 광오이해사, 1979, 93-94쪽. :
　神市有算木 蚩尤有鬪佃目 扶餘有書算 神市有鹿書 紫府有雨書 蚩尤有花書
　鬪佃文 伏羲有龍書.

　算木 - ㅣㅣ〣〤 ㄨㅏㅏㅐㅐ━ ━
　鬪佃目 - 〜 〜 〰 〜 〜 〜 〜 〜 〜
　加臨多 - ㆍ ㅡ ㅣ ㅗ ㅜ ㅓ ㅏ ㅕ ㅑ ㅠ ㅠ ㅑ ㅈ ㅁ ㅇ ㄱ ㄱ ㅁ ㄴ ◁ ㅋ ㅋ
　　　　　ㄷ ㄲ ㅍ ㅋ ㄴ ㅋ 〈〈 ㄷ ㅐ ㅐ ㅐ ◇ ◁ ㅔ 〈 ㅿ　(한단고기 正解)

---

107)『한단고기』중 「태백일사」「소도경전본훈」, 단단학회, 광오이해사, 1979,
　94쪽. : 檀君有神篆 此等字書 遍用於白山黑水靑邱 九黎之域. 일반적으로
　흑수는 흑룡강, 백산은 백두산으로 본다. 또 흑수와 백산사이는 지금의 산
　서성 중부 太原지역으로 보기도 한다. 왜냐하면 거기에도 백산과 흑수사
　이에 천지가 있기 때문이다. 아무튼 이 지역에서 한웅이 터전을 잡아 한
　반도, 일본, 가욕관, 돈황 등 중국 전역과 유럽까지 퍼져나간 것으로 보인
　다.

필자가 고전이 가림토를 가리키는 것이라고 주장하는 또 하나의 이유는 <정의공주유사>에 나오는 '토착吐着'이라는 문구 때문이다. 세종의 둘째 딸인 정의공주가 출가한 『죽산 안씨 족보』의 <정의공주유사>에 '세종이 방언이 문자와 서로 통하지 못함을 안타깝게 여겨 변음變音과 토착吐着을 여러 대군에게 풀어보게 하였으나 아무도 풀지 못하였다. 그래서 출가한 정의공주에게 보냈는데 곧 풀어 바쳤다. 이에 세종이 크게 기뻐하면서 칭찬하고 큰 상을 내렸다'[108]라는 내용이 있다. 그렇다면 여기에 나오는 '변음'과 '토착'이란 무엇을 뜻하는 것인가? 변음은 '이음異音'으로 사투리를 말하는 것으로 보인다. 그렇다면 토착은 무엇일까? 그 당시 대군들은 아무도 '토착'을 풀지 못하였는데 오직 공주만 홀로 '토착'을 풀어 바쳤다는 내용으로 보아 가림토가 그때까지 여인네들 사이에 전해져 내려왔던 것으로 볼 수 있다.

이것은 앞의 최만리가 '글자가 합해져 소리를 내는 것이 옛 것과 반대이다.'라는 말과 신경준이 '옛적 동방에 통속으로 사용하던 문자가 있었다.'라는 말은 한자를 말하는 것이 아니라 우리 고유의 옛글자인 가림토문을 지목하는 내용으로 보이기 때문이다. 또 가림토문이 실려 있는 행촌 이암(서기1297-1364년)의 『단군세기』 저술년도는 1363년이고 이맥(서기1455-1528년)의 『태백일사』의 저술 년도는 괴산의 귀양살이가 풀린 1520년경으로 보고 있다. 『훈민정음』을 펴낸 1446년을 기준으로 보면 『단군세기』는 불과 83년 전의 기록이고 『태백일사』는 74년

---

108) 貞懿公主遺事-世宗憫方言不能而文字相通 始製訓民正音 而變音吐着 猶未畢究 使諸大君解之皆未能 遂下于公主 公主卽解究而進 世宗大加稱賞. 18남 4녀 중 둘째 딸. 관찰사 안망지의 아들 안맹담의 아내가 되었다.

후의 기록이다. 말하자면 세종은 『단군세기』와 태백일사』의 중간지점에 있었던 인물이다. 새로운 문자를 만들면서 많은 국내외의 자료를 참고했을 세종이 불과 80여 년 전 고려 수문하시중(현 국무총리)이 쓴 『단군세기』의 가림토문을 보지 못했을 리가 없다. 가림토문 뿐만 아니라 『단군세기』의 단군 47세 역대기록들도 당연히 보았을 것이다. 따라서 필자는 『단군세기』에 실려 있는 가림토문이 단군 때의 문자인지 그 여부를 떠나서라도 세종이 이 글자를 분명히 참고 했을 것으로 보는 것이다.

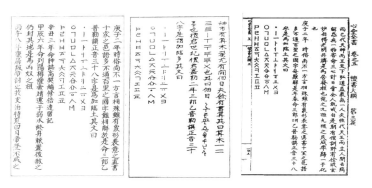

<「단군세기」 가림토><「태백일사」 가림다><「단서대강」 산수가림다>[109]

자방고전字倣古篆라 무소조술無所祖述

그런데 『훈민정음』 정인지 서문에는 '전대의 것을 본받은 바 없이 자연에서 이루었다'[110]라고 했는데 이 내용은 또 무엇이란 말인가! 이것은 앞의 자방고전의 뜻과 서로 상충되는 말이

---

109) 『단군세기』, 17쪽.『태백일사』,『소도경전본훈』, 93쪽.
　　이고선, 『心堂全書』 중 「단서대강」 제3편, 74쪽. 고동영 역주, 『단기고사』, 43쪽. 유태우, 정창모 역, 『단기고사』, 56쪽.(國文正音)

110) 『훈민정음』, 정인지 서문, 無所祖述 成於自然 .『세종실록』, 465쪽.

다. 이에 필자는 앞에서 말한대로 '자방고전'이라는 뜻은 글자의 모양을 가림토문에서 많이 취한 것이라는 의미로 보며 '무소조술'이라는 문구는 글자의 모양을 제외한 음양 오행원리와 천지인 삼재원리, 초성, 중성, 종성의 조합방법이나 글자의 가획방법, 그리고 초성과 중성의 배열 순서가 동양천문도인 <하도천문도>와 <낙서천문도>, <오행방위도>와 <오행방위낙서>, 그리고 <28수 천문도>에 이론적인 바탕을 두고 만든 것은 모두 세종의 독창적인 이론이라는 뜻으로 풀어 아무런 무리가 없다고 본다. 따라서 '자방고전'이라는 문구는 글자의 꼴은 가림토문을 참고하였다는 뜻이고 '무소조술'이라는 말은 글자꼴 이외에 천문도에 바탕을 둔 창제이론은 모두 세종의 독창적인 창작물이라는 뜻으로 보면 이러한 의문은 한꺼번에 풀려 버리고 마는 것이다. 또 문자 창제가 꾀와 재주로 한 것이 아니라 자연에 있는 것을 찾아서 만들었다는 '성어자연成於自然'의 의미도 우주 자연의 운행이치인 천문의 원리에 따랐다는 뜻이다. 그러므로 '자방고전'이라는 문구 하나로 인하여 세종의 창제가 아니라는 주장이 더 이상 제기되어서는 안 된다. 이러한 시각에서 본다면 '자방고전'이라는 문구와 '무소조술 성어자연'이라는 문구가 제각각 따로 세종의 분명한 의중을 전하고 있으므로 서로 혼동할 내용이 전혀 아님을 알 수 있다.

세종대왕은 세계적인 발명품인 해시계, 측우기, 물시계, 혼천의, 일성정시의, 간의대, 혼상, 규표, 정방안 등 30여종의 과학천문기구를 발명하고 인쇄술을 혁신한 뛰어난 과학자이면서 『향약집성방』 등을 발간한 의학자이자 원나라 이후 동양에서 가장 큰 첨성대를 세운 뛰어난 천문학자였다. 이와 같은 세종때의 발명품에는 한결같이 그것을 만든 실무자의 이름이 기록되어 있는데 오직 『훈민정음』만 유일하게 실무자의 이름이 없이 세종 혼자 만들었다고 기록되어있는 것으로 보아도 세종의 단독 작품이라 할 수 있는 또 하나의 근거가 되는 것이다. 또 그는 신기전이라는 최첨단 신무기를 개발하여 자주국방을 이룬 훌륭한 정치가이자 정간보, 아악 등을 완성한 음율과 청음의 절대음감에 뛰어난 음악가이며 인류사상 가장 뛰어난 문자를 창제하여 찬란한 문화를 열매 맺었던 언어학의 세계적인 대학 자였다. 정인지가 '무소조술 성어자연'이라고 입에 침이 마르도록 찬탄한 이유가 바로 여기에 있는 것이다. 말하자면 세종은 종합 만능 천재였다. 그런 경지에 있었기 때문에 후세에 함부로 바꿀 수 없는 영세불망의 문자를 만들 수 있었던 것이지 다만 훌륭한 정치가이기만 했다면 불가능한 일이었을 것이다.

산스크리트어와 가림토문

가림토는 원래 산수가림다라고 하였다. 『홍사한은』과 『심당전서』의 「단서대강」에는 산수가림다刪修加臨多[111]로 기록되어 있다. 산수刪修는 정리할산(刪), 닦을 수(修)이다. 즉 '불필요한 자구를 잘 다듬고 정리한다'라는 의미를 가지고 있다. 앞에서도 언급하였지만 산수가림다가 여진족의 발음으로 산수그리토로 변하고 몽고를 거쳐 인도로 건너가면서 산스크리트가 된 것으로 보는 것이다. 예를 들어 우리의 발음 '도서관'이 중국어는 '투수(sh)관(圖書館)'으로, 일본어는 '도쇼깡(としょかん)'으로 변하는 것과 같다. 따라서 언어의 변천과정으로 볼때 산스크리트어는 산수가림다가 그 뿌리인 것으로 보는 것이다. 산수가림다

---

111) 이고선, 『心堂全書』, 1950.「단서대강」제3편, 74쪽(143-2쪽).
　　高契編修倍達留記稱曰刪修加臨多 是爲東洋史學之元祖也.
　　대야발 저, 유태우, 정창모 역, 『단기고사』음양맥진출판사, 1984, 56쪽.
　　반재원, 『주해 홍사한은』, 도서출판 한배달, 4345(2012), 143쪽. 『홍사한은』의 剛修加臨多는 刪修加臨多의 오기로 보인다.

가 단군때의 문자라면 산스크리트어보다 수 천 년이나 앞서있다. 어느 쪽이 원조이겠는가!

『훈민정음』제자해 첫 줄에도 '우주의 원리는 오직 음양 오행의 이치로 운행될 뿐이다. ~ 정음 만듦에 있어서도 처음부터 재주와 꾀로 찾아낸 것이 아니라 다만 소리에 따라 그 이치를 다했을 뿐이니 어찌 우주의 운행원리인 천지귀신(天地鬼神- 천문, 우주의 섭리, 天理의 지극함)과 그 쓰임을 같이 하지 않겠는가!.'[112]라고 하였으며 제자해 요약 끝 부분에도 '뜻은 멀되 말 가까워 백성 깨우치기 쉬우니 하늘이 주심이라 어찌 꾀와 재주로 하였으리요!'라고 하였다. 또 정인지 서문에는 '천지자연의 소리가 있으면 반드시 천지자연의 성문聲紋[113]이 있는 법이니 ~ 후세사람이 함부로 바꿀 수 있는 글자가 아니다.'[114]라고 까지 하였다. 또 제자해 끝부분에 이르기를 '아! 훈민정음 창제원리 속에 천지만물의 이치가 모두 구비되었으니 참으로 신기하다. 이것은 필시 하나님이 세종의 마음에 계시를 내려 그 손을 빌린 것이리라.'[115]라고 감탄하고 있다.

그리고 정인지 서문 중간부분에 '우리나라의 예악과 문장이 중국에 비긴다.'[116]라고 하여 우리문화에 대한 자부심을 과시

---

112)天地之道一陰陽五行而已 ~ 今正音之作 初非智營而力索 但因其聲音而極其理而已 理旣不二 則何得不與天地鬼神同其用也.

113)天地自然之文-여기서 文을 '문자'나 '글자'로 해석하기 보다는 聲紋 즉 소리의 무늬, 소리의 자취, 소리의 그림자로 해석할 수 있다. 무늬, 자취, 그림자는 바로 소리를 내는 발성기관이며 우주의 섭리인 천문으로 보는 것이다. 또 '文'은 '문자'로, '字'는 '글자의 모양'으로 볼 수 있다.『설문해자』에는 文을 '낱글자 文'이라고 하였다.

114)有天地自然之聲 則必有天地自然之文 所以古人因聲制字 以通萬物之情 以載三才之道 以後世不能易也.

115)吁 正音作而天地萬物之理咸備 其神矣哉 是殆天啓聖心而假手焉者乎.

하고 있다. 또한 '자음은 일곱 가락에 들어맞으며 천지인 삼극의 뜻과 음양 오행 이기의 묘가 포함되지 않음이 없다.'[117]라고 우리 가락과 삼재사상과 복희의 태극이론을 들어 설명하고 있다. 또 정인지 서문 마지막 부분에 '전하께서는 하늘이 내린 성인으로 훈민정음 창제도 조술한 것이 아니라 자연에서 그 원리를 찾아내어 이루시니 이는 필시 사람의 힘으로 할 수 있는 사사로운 일이 아니다. 대저 동방에 나라 있은 지 오래지 아니됨이 아니지만 만물을 열어 놓고 일을 성취하는 큰 지혜는 오직 오늘을 기다렸음이라.'[118]라고 하였다.

여기서 우리나라가 오래되지 않음이 아니라고 한 말이나 우리나라 예악과 문장이 중국에 못지않다는 자부심의 표현도 세종이나 정인지가 가림토문 뿐 아니라 『단군세기』의 한국桓國과 배달국, 단군조선의 47내 역사를 꿰뚫고 있었다는 이야기가 된다. 더욱이 합자해 끝부분에 '하루아침에 지으시어 신의 조화같으니 거룩한 우리나라(大東) 영원히 백성들의 눈구멍을 뚫어 주었네.'[119]라고 까지 극찬해 마지않았던 것이다. 우리나라를 '대동'이라고 한 것도 한인桓因의 한국桓國과 한웅桓雄의 배달국과 왕검의 단군조선으로 이어지는 위대한 역사를 세종과 정인지 뿐 아니라 그 당시 선비들이라면 다 알고 있었기에 할 수 있는 표현으로 보는 것이다. 이것이 어찌 신하로서 임금에게 올리는 의례적인 찬사이겠는가!

---

116)吾東方禮樂文章 侔擬華夏.

117)因聲而音叶七調 三極之義 二氣之妙 莫不該之語.

118)殿下 天縱之聖 制度施爲超越百王 正音之作 無所祖述 而成於自然 豈以其至理之無所不在 而非人爲之私也 夫東方有國 不爲不久 而開物成務之大智 盖有待於今日也.

119)一朝 制作侔神工 大東千古 開矇矓.

이호중국

　또 훈민정음을 연구하는 학자라면 꼭 짚고 넘어 가야 할 것이 있으니 바로 '국지어음 이호중국國之語音 異乎中國'에 대한 번역이다. 중국이라는 말이 최근에 생긴 지명이라는 점을 들어 훈민정음에 나오는 <國之語音異乎中國>의 '중국'을 <나라말씀이 중국과 달라 ~ >로 번역하지 않고 국중國中으로 번역하여 <우리의 말이 나라안에서도 달라 ~ >라고 번역하면서 마치 지방마다 다른 사투리를 효과적으로 표기하기 위하여 한글을 만든 것으로 번역하는 경우가 있다. 훈민정음이 사투리를 효과적으로 표기하기 위한 부수적인 개신改新의 역할도 다소 있었다고 볼 수 있으나 그것은 어디까지나 부수적인 효과이지 창제의 근본 목적이 아니었으므로 번역 자체는 명백한 오류이다.

　건륭 황제 때 펴낸 『사고전서』에 의하면 '제왕의 도읍지를 중국이라고 한다.(帝王之都曰 中國)'라고 나와 있다. 이처럼 중국이라는 단어가 현재의 나라이름 이전에는 '도읍지'라는 뜻으로 쓰였다. 또 한웅 때의 나라 이름을 중국이라고 했다는 기록도 있다. 훈민정음 언해본의 중국中國의 풀이를 보면 <중국은 황제 계신 나라이니 우리나라에서 흔히 말하는 강남江南이라 하나니라>[120] 라고 분명히 기록되어 있다.

---

120) 「훈민정음 언해본」, 1쪽. : 中듕國귁은 皇황帝뎽겨신 나라히니 우리나랏 常쌍
　　談땀애 江강南남이라 ᄒᆞᄂᆞ니라. (강남은 흔히 삼월 삼짇날 제비가 날아온다는

또 세종이 <칠정산 내외편>을 완성한 후 명나라 역을 <중국역>으로, 우리 역을 <본국역>으로 구분한 것을 보아 중국이라는 명칭이 있었음을 알 수 있다. 따라서 훈민정음에 나오는 '중국中國'은 '중국'으로 풀어야지 '국중國中'으로 번역해서는 안 된다. 이는 훈민정음 내용의 전체 흐름을 파악하지 못하고 하나의 문장에만 매달린 결과 이런 실수를 하게 되는 것이다.

또 앞에서도 말했지만 훈민정음이 창제가 아니라 모방이라고 하는 설, 또 정제精制라고 하는 설, 심지어는 세종의 작품이 아니라는 설 등, 훈민정음 창제기원에 대한 제 각각의 이론異論들도 앞의 '중국'의 오역처럼 전체적이고도 깊은 연구가 아닌, 부분적이며 지엽적인 시각이라고 하겠다. 유네스코에 『훈민정음』이 세계 문화유산으로 등록되어 해마디 세종대왕상이 수여되고 있는 마당에 훈민정음 전체를 깎아 내리는 언사는 학문을 연구하는 학자로서 바람직한 자세가 아니며 한국인의 자세도 아니다. 특히 정제精制라는 얼토당토 않는 단어는 국어사전에도 실려 있지 않는 단어이다.　田田

　　　<한글과 천문, 반재원, 2001>
　　　<한글 세계화 이대로 좋은가! 반재원, 2002>
　　　<한글창제원리와 옛글자 살려쓰기, 반재원·허정윤, 2007>
　　　<국학신문, 2010>
　　　<한글 새소식 462호, 2011>
　　　<훈민정흠 창제원리와 기능성한글, 반재원·허정윤, 2018>

곳이다.)

'누이' 와 '잠' 의 어원

  '누이'와 '잠'이라는 단어는 우리가 하루도 빠지지 않고 사용하는 말이다. 그런데도 정확한 어원을 모르고 있다. 이들의 어원연구를 통하여 우리 조상의 정체와 풍속과 생활상을 알 수 있을 것이다.

누이

  '누이'를 국어사전에서 찾아보면 다음과 같다. '누이'는 남자쪽에서 보아 그와 항렬이 같은 여자를 말하며 경북지방이나 황해도 지방에서는 '누에'라고도 한다. 경상도사투리로 '누부'라고 한다. 또 '누에'의 경상도와 함경도의 사투리는 '누비'이며 누나의 함경도 사투리와 누이의 경남, 함경도 사투리도 '누비'이다. 또 누에의 경상도 사투리는 '뉘비'라고도 한다. 또 누에를 '누베'나 '뉘'라고도 한다. 누에의 준말은 '뉘'인데 누이의 준말도 '뉘'이다. 누이동생의 준말이 뉘동생이다. 즉, 누이의 준말인 「뉘」와 누에의 준말인 「뉘」는 같다. '뉘'란 중국 삼황오제시대부터 누에의 신神으로 추앙 받는 누조, 뉘조嫘祖[121]의 '누' '뉘'와 또한 발음이 같다. 뉘조嫘祖의 '뉘嫘'란 여자(女)가 밭(田)에

---

121) 嫘祖 - 삼황오제시대 중국의 시조 황제의 부인으로 누에의 신으로 추앙
    받고 있다. 뉘조의 상징은 누에, 그의 딸 상아는 누에나방의 모양으로 기
    록되어 있다. 황제의 다른 부인은 베틀을 고안하여 천을 짠 막모嫫母이다.
    김재섭,『금문신고』, 한국문자학회, 1998. <원저:駱賓基, 金文新攷』, 中國
    山西 人民出版社, 1987>. 한국 문자학회 김재섭, 김대성의 금문신고 강의
    초록.

서 실(糸)을 생산 해낸다는 뜻을 가지고 있다. 즉 밭에 뽕나무 을 가꾸어 그것으로 누에를 길러 비단실을 생산하는 여자를 '누에' '누이' 또는 '뉘'라고 했음을 짐작할 수 있다. 즉 누에의 신인 뉘조嫘祖가 '누이' '뉘'의 어원이 된 것으로 보는 것이다. 따라서 '누이'와 '누에'가 서로 같이 쓰이고 있음을 볼 때 누이 는 누에를 먹이는 여자를 뜻하는 것으로 보이며 '누에를 치는 여자'의 대명사로 쓰였던 것으로 생각된다. 뉘조는 막모嫫母와 함께 황제 헌원의 부인이다. 뉘조는 처음으로 누에를 길렀으며 막모는 처음으로 베틀로 천을 짰다고 한다. 그런데 누이는 우 리민족의 상용어이다. 중국은 '누이'를 '저저姐姐'라고 한다.

조선말까지만 해도 창덕궁 주합루에서 왕비가 해마다 직접 누에를 쳐서 백성들에게 권잠하였으며 제기동 선농단에 왕이 제사지내는 의례와 더불어 성북동의 선잠단에는 누에의 신인 뉘조에게 왕비가 직접 제사를 지내 왔었다. 황제도 호가 유웅 씨로 웅족 계열이며 신농과 더불어 소전의 방계자손으로 기록 되어 있다. 황제의 부인 뉘조도 어원으로 볼 때 이 또한 우리 의 조상이었다는 단서를 제공해 주고 있다. 즉 신농은 직계, 황제는 방계조상이다. 이것을 핑계로 삼아 신농을 자기네 조상 으로 가져가 버렸다. 중국은 방계자손이 직계조상을 가져감으 로써 종손집안이 되고자 하는 것이다.

잠

'잠'을 국어사전에서 찾아보면 다음과 같다.
'잠은 누에가 허물을 벗기 전에 몇 번씩 뽕잎을 먹지 않고 자 는 일, 또는 그 횟수의 단위를 말한다.' 잠박蠶箔은 누에채반이 며, 잠실蠶室은 누에를 치는 집이며, 누에잠은 누에가 뽕잎을 먹는 것을 중지하고 수면상태를 유지하는 것을 말하며 모두 4 회 잠을 자며 잘 때마다 허물을 벗는다. 또 잠란蠶卵은 누에의 알이며 잠종蠶種은 누에의 씨를 말하고 잠두蠶頭는 누에의 머리이며 잠농蠶農은 누에치는 일이다.

여기서 농農122)은 누에치는 잠박(曲)과 누에(辰)를 합한 이다. 농사의 '농農'이 벼농사가 아니라 원래는 잠박에 누에를 치던 것에서 비롯되었음을 알 수 있다. 잠누에는 허물을 벗고 있는 누에로 먹지도 움직이지도 아니하는 누에를 말하며 잠아蠶兒는 누에이고, 잠아蠶娥는 누에나방을 말한다.

'잠들다' 또는 '잠든다'는 단어는 잠(누에)이 머리를 드는 모양에서 유래된 것이다. 사람도 베개를 받쳐 머리를 몸보다 높이 하여 자는 것이 누에의 수면 모습과 유사하다. 누에가 머리를 들면 즉, 잠蠶이 머리를 들면(잠이 들면) 뽕잎을 그만 먹고 잠이 드는 것이다. 즉, 누에가 수면에 들어간다는 표현이 '잠이 들다'이다. 국어사전에도 수면제를 잠약蠶藥이라 하여 잠드는 것과 불가분의 연관성이 있음을 보여주고 있다. 또 사람이 죽는 것을 '고이 잠들다'라고 표현하는 것도 번데기가 되어 누에고치 속에서 이듬해 봄에 나방으로 변신하기 전까지 깊은 잠을 자는 것에 비유한 것이다. 사람도 누에고치처럼 생긴 옹관 속에 뉘어서 묻었던 것도 누에 번데기가 나방으로 다시 부활하듯이 사람도 누에고치 처럼 환생하는 뜻으로 본 것이리라. 잠이 많은 사람을 일러 '잠벌레(누에)'라고 하는 것도 여기서 나온 말이다. 중국은 '잠'을 '수睡'라고 한다. 이 역시 '잠'이라는 단어를 사용하고 있는 우리민족이 직계조상이라는 증거이다. 잠의 어원에서 우리민족의 사생관을 함께 엿볼 수 있다. 田田

<쥐뿔이야기, 반재원, 4336(2003)>

<씨아시말, 반재원, 4342(2009)>

122) 農 - 처음에는 농사의 農이 벼농사가 아니라 잠박에 누에를 치던 일에서 비롯되었음을 알 수 있다.

'저'와 '돈'의 어원

저

　'저'는 '나'의 낮춤말이다. '저거 집'은 '저희집'의 경상도 사투리이다. 필자가 어렸을 때만해도 남의 엄마를 호칭할 때 '저거엄마'라는 말을 사용하였다. '정철이 저거 엄마요 우리 집에 밥 묵으로 오이소'에서 '저거'의 '저'는 돼지 저猪이다. '제'는 '나'의 낮춤말인 '저'의 바뀜 꼴이다. 지금도 우리들이 '저는' '제가'라고 자신을 지칭하는 것은 저(猪-돼지)를 족표로 삼았던 백익과 연관이 있다. 백익伯益[123]은 산해경山海經을 쓴 저자로 전해지고 있는데 낙빈기의 『금문신고』에 의하면 삼황오제 시대의 마지막 왕이다. <4부 성과 씨의 연원에서 요순과 단주의 한, 모계사회의 마지막왕 백익 참조> 그 종족이 돼지(猪)를 족표로 삼았었다. 즉 '우리 돼지족은'이라는 말을 '저猪는'이라고 표현하거나 '제猪가'라고 표현했던 것으로 보인다. '제 각각'의 '제'도 또한 돼지 저猪에서 나온 말이니 예를 들면 돼지고기를 제육猪肉이라고 발음하고 있으며 볶은 돼지고기를 제육볶음, 보쌈 돼지고기를 제육보쌈이라고 하는 것으로 보아도 '저'와 '제'가 같이 쓰이고 있음을 알 수 있다.

---

123) 伯益 - 사마천의 오제본기에 하나라의 시조인 우禹의 사위로 기록되어 있는 인물로 산해경의 저자로 알려져 있다. 우임금의 사위로서 뒤를 이어 왕위에 올랐으나(기원전 2303~기원전 2298. 재위기간 6년) 우禹가 죽은지 2년 뒤에 자신의 처남인 우의 아들 계啓에게 무참히 학살당하였다. 계는 아버지 우를 시조로 하여 하 나라를 세우고 처음으로 부계사회를 출범시킨다. 『금문신고』, 한국 문자학회, 1998. <원저 : 駱賓基, 『金文新攷』, 外篇. 中國 山西人民出版社. 1987>.

따라서 '저가' '제가' '저희가' '저희들이' '저 놈이' '저 아이
는(쟤는)' '저이가' 등의 '저' '제' '저희' 등이 모두 돼지, '저猪'
에서 연유하였다고 보는 것이다. 이상李箱의 시 오감도에 나오
는 '아해兒孩'도 '돼지해亥'가 있어 아이, '돈아豚兒'와 같은 의
미가 있으며 '저희들'의 '저희'도 '저해猪孩'나 '저해猪亥'에서
온 말이다. 이것은 마치 맹호부대는 호랑이를 상징으로 삼았기
때문에 그 부대원들이 '우리 맹호들은' 이라고 자신들을 지칭
하는 것과 같은 맥락이라고 하겠다. 우리가 지금까지 자신을
지칭할 때 '저는' '제가'라는 말을 쓰고 있는 것은 백익의 후손
이라는 증거이다. 백익은 동이족의 수령으로 알려져 있다. 따
라서 어원으로 볼 때 우리 민족은 삼황오제의 혈통을 그대로
이은 대종손이다. 중국은 '저'를 '아我'라고 한다.

돈

돈의 정의는 일반인들이 사물의 값어치를 헤아리는 기준으로
삼고 어떤 사물의 댓가로 주고받을 수 있도록 나라에서 일정한
모양에 일정한 값을 표시해 만든 물건이다. 또 '돈'은 '돼지
(豚)'를 의미하며 화폐와 연결되어 있다. '돈'이라는 말은 '돈족
豚族'이 쓰던 화폐라는 뜻이다. 왜냐하면 백익의 이름이 돈(豕)
124) 이며 이 글자는 바로 화폐꾸러미를 뜻하는 돈붕(朋)字의
시원자始原字이기 때문이다.
자기 자식을 남에게 낮추어 부를 때에도 '우리 집 돈아豚兒',
또는 '우리집 가아家兒'라고 지칭하는 것도 이와 같은 연유이
다. 김영삼 대통령도 '우리집 돈아'라는 단어를 사용하였다. 집
(家)도 돼지가 사는 집을 이르는 것이 아니라 돼지(豕)를 족표로

---

124) 豕 - 백익의 이름으로 기록되어 있는데 이것은 바로 고대사회에서 화
폐(돈) 꾸러미를 나타낸 것이다. 『금문신고』화폐집. 한국 문자 학회,
1998.<원저:駱賓基, 『金文新攷』, 外篇. 中國 山西人民出版社. 1987>.

하는 종족이 사는 집(家)이라는 뜻이다. 파충류의 침입을 막기 위하여 집 아래에 돼지를 키우면서 한 공간에 거주하는 주거 형태였으므로 백익의 족표가 되었을 것이다. 지금도 경상도 사투리로 아이를 일컬을 때 '가아家兒'가~, 라고 한다.

『금문신고』에 의하면 삼황오제의 마지막왕인 백익 때부터 물물교환의 형태를 점차 벗어나면서 돈족豚族인 백익이 만든 화폐가 활발하게 유통되어 그 중요성이 획기적으로 인식되기 시작했던 것으로 보인다. 지금도 동전을 넣는 저금통의 대표적인 형상이 돼지저금통이며 돼지꿈은 바로 돈(豚)이나 재물 또는 복권 당첨 등으로 연결하는 것도 이러한 이유와 무관하지 않는 것 같다. 따라서 화폐의 유통역사는 생각 보다 훨씬 오래되었음을 알 수 있다. 인도네시아 자바에서 출토된 저금통은 집돼지가 아니라 멧돼지 모양이다. 요임금 때의 역사인 사기 <요전堯典>의 기록에 의하면 금작속형金作贖刑이란 단어가 나오는데 이것으로 보아 금속 즉 보석이나 돈으로 형벌을 속죄하는 일종의 보석금, 석방금 제도가 있었음을 알 수 있다.

낙빈기의 『금문신고』에는 요→순→우→백익의 순서로 요임금이 백익보다 그 연대가 54년이 더 빠르다. 또 요임금보다 160년 전인 신농神農때에도 신농의 화폐인 조패鋤貝 또는 신패神貝[125]가 있었다. 이 화폐는 청나라 황실에서 보관해오던 것인데 마지막 황제 부이가 실각하면서 지금은 중국 요령성 박물관에 보관되어 있다. 그러나 요, 순, 우 시대까지만 해도 화폐의 유통이 활발하지 못하다가 백익 때에 와서 비로소 화폐의 혁명

---

125) 鋤貝(神貝) - 이 화폐貨幣는 청나라 황실에서 보관해오던 것인데 마지막 황제 부이가 실각하면서 지금은 중국 요령성 박물관에 보관되어 있다. 조나라 화폐는 조패趙貝, 요나라 화폐는 요패堯貝이다.

이 일어났던 것으로 보인다. 따라서 그때부터 백익의 족표였던 '돈豚'이 화폐의 대명사가 되었다. 그것은 백익의 이름이 화폐 꾸러미를 나타내는 狋朋 (돈붕)이 된 것으로 보아도 알 수 있다. 중국은 '돈'을 '전錢'이라고 한다.

우리 민족이 이처럼 돼지와 밀접한 관계가 있는 단어인 '저' '제' '저희'라는 단어뿐 아니라 '돈'이라는 단어까지 하루도 거르지 않고 일상생활 용어로 사용하고 있는 점으로 미루어 볼 때 우리 민족의 뿌리는 삼황오제 시대 백익의 후손이라는 것을 알 수 있다. 중국의 동북공정 정책에 맞서 이러한 어원연구를 통하여 삼황 오제시대가 우리민족의 역사시대라는 것을 증거로 내세워야 할 것이다.

홍산 문화를 용 문화 기원지로 지목한 것은 1984년 랴오닝 성 고고연구소의 쑨쏘우 따오(孫守道, 守 쏘우-shou)라는 연구가 이다. 그는 처음에 홍산문화 옥기를 돼지 같이 생겼다고 하여 '옥저玉猪'라고 명명한 주인공이기도 하다. 초기에는 뭉툭한 코에 큰 눈, 기형적으로 큰 귀가 돼지를 연상케 한다 해서 '옥저玉猪'라고 일컬었는데 지금은 '옥저'라는 말은 슬그머니 사라지고 '옥룡'으로만 불리고 있다. 이것은 중국 문화에 기원하는 용 문화의 기원지로 굳히고 있는 작업이다. 그 이유는 우리민족이 쓰고 있는 '저猪' '제猪' '돈豚' '우리'의 어원과 돼지형상인 옥저玉猪가 서로 연관되어 있음을 주시한 중국의 의도적인 행위로 보이기 때문이다. 백익을 동이족의 수령으로 '돼지새끼들'이라고 불렀다. 고려대 홍윤희 교수에 의하면 용이 중국의 상징이 된 것은 1930년대 이후 중국의 신화학자 원이둬(聞一多)가 쓴 논문집 <복희고伏羲考>부터라고 한다. 명, 청시대 까지만 해도 용은 천자의 상징일 뿐 일반대중의 상징은 아니었다. 원이둬도 중국의 여러 소수민족과의 단합을 위하여 뱀과 물고기,

말, 사슴 등 여러 민족의 족표를 하나로 종합한 그림이 바로 용의 모습이라고 하였다.

'저''돈'의 상고사적인 어원 탐색은 중국의 동북공정에 맞서 하나라와 은나라는 물론이거니와 삼황오제 홍산 문화로까지 우리민족의 원류를 거슬러 올라가는 통로로 삼을 수 있는 또 하나의 확실한 도구가 될 수 있을 것이다. 하夏나라의 '하'가 '하다''많다'라는 우리말이기 때문에 우리의 역사라고 주장하는 것에서 더 나아가 우리의 일상용어인 '저''돈' 등에서 하나라와 은나라가 우리의 직계조상이라는 보다 더 확실한 증거를 찾을 수 있다. 은나라 터에서 지금의 한자가 발견되었다. 하나라와 은나라는 우리 조상인 백익의 뒤를 이은 동이족이 세운 나라이고 주나라는 서이족, 화족華族이 세운 나라이다. 그 후 한나라에 와서야 모든 문물제도가 기틀을 잡았으므로 문자文字를 한자漢字라고 한 것인데 시대가 흐르고 역사가 묻히면서 한족漢族의 글자로 굳어진 것이다. '저猪''돈豚'에서 보듯이 한자도 원래 우리 동이족의 문자이다.

홍산 문화유적에서 발굴된 돼지모양의 옥저도 오제시대 백익의 족표인 돼지와 깊은 연관이 있다. 유물이 땅속에 묻혀 있는 화석이라면 그 민족의 말은 입속에 살아있는 역사의 화석이다. 그렇다면 단군조선의 족표인 곰과의 연관성은 어떻게 풀어야 할 것인가? 그것은 백익보다 단군이 시대적으로 먼저이기 때문에 백익의 돼지 족표보다 단군의 곰 족표가 먼저 굳어진 것이므로 아무런 무리가 없다. 田田

<한국 어원학회 제 6회 학술 발표회에 발표, 2000년 11월>
<-'누이''잠''저''돈'에 대한 어원연구- 한국 어원학회 논총, 2001년 『어원연구』 제4집에 등재>

'우리'의 어원

　일상생활에서 입에 달고 사는 '우리'라는 말도 백익의 족표인 '돼지우리'의 '우리'와 필연적인 연관이 있다. 우리는 '우리'라는 말을 **빼**면 아예 언어생활이 안 되는 민족이다. 여기서 '우리 마누라' '우리 남편' '우리 아버지' '우리 어머니' 등 가족의 호칭에 대하여 좀 더 자세히 살펴보고자한다. 이 단어들은 일반적으로 상대방에게 자신의 가족을 소개할 때 쓰는 말이다. 그럼에도 '우리'에 대한 어원 연구가 충분하지 못한 상황이다.

　국어사전을 보면 '우리'는 짐승을 가두어 기르는 곳, 또는 말하는 이가 자기와 자기 동아리를 함께 일컬을 때 쓰는 말이다. 예를 들면 '우리나라' '우리동네' '우리친구' '우리동생' '우리학교' '우리집' '우리 집사람'등의 '우리'는 모두 '나'라는 뜻으로 쓰는 말이다. 모계사회 당시에는 지금처럼 남녀가 1명씩 혼인하는 것이 아니라 남자 2명 여자 2명이 1조가 되어 같이 혼인하는 푸나루아(공동부부) 제도였다. 말하자면 남편 2명과 아내 2명이 서로 공동 부부가 되어 한 울타리에서 살기 때문에 서로가 '우리 마누라' '우리 집사람'이고 '우리 남편' '우리 바깥양반'이 되는 셈이다.

　푸나루아(punalua) 제도 속에서 공동 부부로 살아가면서 평생 동안 많은 아이를 낳았을 것이다. 우리 어머니와 할머니 세대만 하더라도 보통 5~6남매, 많게는 10남매의 자녀를 낳았던 것으로 볼 때 그 옛날 공동 부부 속에서는 아마도 많게는 20명까지도 낳았을 것으로 추측된다. 그 아이들이 한 집안의 한 울타리 안에서 성장하다보니 자연히 한 울안에 있는 집이므로 그 집이 우리집이 되고 2명의 아버지는 모두 '우리 아버지' 2명의 어머니는 '우리 어머니'가 되었고 형들은 우리형, 동생들은 우리 동생이 되었던 것이다. 따라서 아이들의 입장에서 볼 때는 나이 많은 아버지(主夫)는 자연스럽게 '큰아버지'가 되고 나이가 젊은 차부次夫는 '작은 아버지'가 되었던 것이며 '큰어머니', '작은 어머니'의 경우도 마찬가지라 하겠다. 경상도 지역에서는 불과 50년전 만 하더라도 혼인 후에 첩을 들이지 않으면 밖에 나가서 행세를 못하는 것으로 여겼는데 이것도 공동부부의 유풍으로 보는 것이다.

지금도 친구들에게 흔히 '우리 집에 놀러가자'라든지 '우리 아버지께서~' '우리 엄마가~ '라는 호칭을 자연스럽게 쓰고 있는 것도 모계사회의 푸나루아 유풍이다. 그러므로 이러한 역사를 알면 '우리 마누라' '우리 집사람'이라고 말한다고 해서 펄쩍 뛸 일도 아니다. 다음의 '서방님과 도련님'의 어원을 보면 더욱 선명하게 이해가 될 것이다.

말은 단음절에서 다음절로, 폐음절에서 개음절로 변해왔다. 예를 들면 '맏'은 말>마을로, '걷'은 걷다>걸어>걸어가다로, '받'은 발>바리>로, 또 '바리'는 군바리 쪽바리 악바리 비바리로, 또 '받'은 밧>바시>바치>로, '바치'는 노릇바치 갖바치 점바치로, 물다(咬)는 멀>멃>로, '멃'은 먹다(食)로, 돌(石)은 돌>

돍>돌구>로, '돌구'는 돌맹이로, 날(刀 刃)은 날>낡>낙>낛(釣)으로, '낛'은 낙시나 낚시로 변하였다. '우리'도 처음에는 '울'이라는 단음절인 일인칭 단수였다가 나중에 '우리'라는 일인칭 복수로 변한 것이다. 앞에서 말했듯이 우리 민족이 돼지를 족표로 삼은 백익의 '돼지우리'의 '우리'와 연관성이 있는 것으로 보아 우리는 백익의 후손임을 다시금 확인할 수 있다.

소는 '외양간'이라 하고 말은 '마구간'이라 하고 새는 '새둥지'이며 닭은 '닭장'이라고 하는데 돼지는 '돼지우리'라고 부르고 있다. 그 '돼지우리'의 '우리'가 '우리'의 어원이 된 것으로 보는 것이다. 소나 말, 닭, 염소와 달리 돼지의 먹이는 사람이 먹는 음식과 같다. 돼지는 다른 동물과 달리 풀은 먹지 않지만 곡식과 국물을 먹는 것이 사람과 같다. 우리가 고사를 지낼 때 돼지머리를 사용하고 삽겹살을 그토록 좋아하는 것도 우연만은 아닌 것 같다. 냉장고가 보급된 지금 오천만의 삼겹살이 되었다. 중국은 '우리'를 '아문我們'이라고 한다. 田田

<한국 어원학회 제 7회 학술 발표회에 발표, 2001년 12월>
<한국 어원학회 논총, 『어원연구』 2002년 제 5집'에 등재>
<씨아시말, 반재원, 4342(2009)>

'서방님'과 '도련님'의 어원

'서방님'과 '도련님'이라는 단어는 일반적으로 결혼한 여자가 그의 남편이나 장가들지 않은 시동생에게 부르는 호칭으로 지금도 생생하게 살아있는 호칭이다. 이들 어원을 알게 됨으로써 우리 조상들의 혼인 풍습과 가족 제도를 아울러 알게 될 것이며 지금의 호칭에서 옛 혼인풍습의 흔적이 화석처럼 남아있음을 알게 될 것이다.

서방님

'서방書房'을 국어사전에서 찾아보면 손아래 친척 여자의 남편 성 뒤에 붙여서 김서방, 이서방 등으로 부르는 말이다. 또 서방書房은 고려 때 강화도 천도를 주도한 최이崔怡가 자기 집에 둔 임시 특별관청으로 문신 및 유학자들을 교대로 숙직시키며 국정을 의논하던 곳이기도 하다. 함경도에서는 장가가는 것을 '서방간다'라고 하였고 장가들이는 것을 '서방 보낸다'고 하였으며 신랑을 '서방재'라고 하였다. 이상에서 살펴 본 바와 같이 '서방'은 주로 혼인한 남자의 성 뒤에 붙여 일컫는 말이거나 장인, 장모 등 처가 집의 윗사람이 '사위'를 부를 때 쓰이는 말임을 알 수 있다. 또 '서방님'은 주로 남편을 일컫는 말로 쓰였으며 또한 혼인한 시동생을 높여 부르는 호칭임을 알 수 있다. 그러나 어휘가 나타내는 글방(書房)도련님의 뜻은 찾아볼 수 없다. 즉 '글 읽는 총각'이라든지 '글방훈장'이라든지 하는 뜻은 국어사전의 그 어디에도 나와 있지 않다.

여기서 '서방님'에 대한 이해를 돕기 위하여 '사위'에 대하여 잠깐 살펴보기로 하자. '사위'란 딸의 남편으로 직접 호칭은 '~서방' '여보게' 등이고 지칭은 '사위' '여서女婿' 등이다. 또 '동상東床'이라는 말이 '사위'의 뜻으로 쓰이며 '새사위'를 일컫는 말이라고 되어있다. 동상東牀은 왕희지王羲之 고사에서 온 말로 왕희지는 태위太尉(국무총리) 극감郄鑒의 동상(사위)이었다. 동상례東床禮는 혼례식이 끝난 뒤 신랑이 신부집에서 마을사람들에게 음식을 대접하는 신고식을 말한다.

위에서 보는 바와 같이 '동상'은 '사위'를 이르는 말이다. '동상례'란 '동쪽에 상을 차리는 예' 또는 '사위가 동쪽으로 장가 와서 상을 차리는 예'를 이르는 말이다. 그렇다면 그 말은 곧 그 사위가 서쪽에서 장가 왔다는 의미를 담고 있다. 즉 서쪽에서 동쪽으로 장가들었으므로 동쪽에 상을 차려 신고식을 하는 것이며 따라서 '서방'이라는 뜻은 '사위'가 살던 고향이 서방西方이라는 말이다. 그리하여 아내에게는 '서방에서 온 사람', '서방에서 온 님'이라는 뜻으로 '서방인西方人' '서방님西方任'이 된 것이다. 삼황오제 시대에 신농神農이 서쪽인 섬서성 서안西安에서 황제 집안인 동쪽 산동 곡부曲阜로 장가든 방향과 일치하기 때문이다.[126) 신농은 동이족이며 우리의 직계 조상이다. 그 당시에는 '인人'과 '임任'이 모두 사람이라는 뜻으로 함께 쓰였다.[127) 높임말이 아니었다.

---

126) 神農 : 김재섭,『금문신고』, 한국 문자학회, 1998.
　　　駱賓基,『金文新攷』, 中國 山西人民出版社, 1987.

127) 인人, 임任:人과 任은 중국어로는 다같이 '사람'이란 뜻이며 발음도 같다. 人은 2성, 任은 4성이다. 子, 巳, 私, 姒, 俟, 厶, 乙도 같은 뜻으로

지금도 중국 산동 지방에서는 사위(女婿)를 '동상東床'이라고 부르고 있으며 동상례도 '東牀禮'가 아니라 '東床禮'로 쓰고 있는 점으로 보아 왕희지 고사에 나오는 동상東牀보다 훨씬 이전에 쓰였던 말로 보인다.

또 '장가든다' '장가들인다' '장가보낸다'라는 말도 장가丈家 즉 장인 집으로 아들을 들여보낸다는 뜻이다. 그 당시는 모계사회였으므로 남자가 여자 집으로 장가들어 처가살이를 하던 시대였다. 처갓집 뒷편에 조그만 집을 짓고 살다가 자식이 태어나면 비로소 아내를 데리고 본가로 오는 것이다. 부계사회로 바뀐지가 4천여 년이나 되었지만 16세기 까지만 해도 대부분이 처가살이를 하는 유풍이 그대로 있었다. 신사임당이 그 좋은 예이다. 불과 50여 년 전 까지만 하더라도 경상도 지방에서는 여자 집에 가서 혼례를 치르고는 신부는 처가에 남겨 두고 수시로 왕래하다가 3개월, 6개월, 심지어 1년만에 신부를 데리고 오는 유풍이 남아 있었다.

그것은 비록 하나라 우임금의 아들인 계啓가 부계사회로 바꾸면서 여자가 남자 집으로 시집오게 되었지만 그 풍습이 단번에 변하지 않고 유구한 세월에 걸쳐 서서히 바뀌어 온 과정으로 보인다. 오늘날 택호宅號를 칠곡동이라는 친정동네의 이름을 따서 칠곡댁으로 부르고 남편도 처갓집의 마을 이름을 따라 칠곡 양반이라고 부르는 것도 모계사회의 유풍이다. 중국에는 서방님에 대한 마땅한 호칭이 없고 남편은 노공老公, 아내는 노파老婆, 부부를 서로 애인愛人이라고 통칭하고 있다.

쓰였다. 『금문신고』, 한국 문자학회. 1998. <駱賓基, 『金文新攷』, 中國 山西人民出版社, 1987.>

도련님

'도련님'을 국어사전에서 찾아보면 '도령'의 높임말, 형수가 장가가지 않은 시동생을 일컫는 말로 나와 있다. 또 '도령'은 총각을 대접하여 일컫는 말이라고 하였다. '도련님'은 흔히 '글 방도령'이라 하여 춘향전에 나오는 '이도령'처럼 쓰이는 경우를 본다. 그러나 '도련님'의 원래는 뜻을 장가 안든 시동생 항렬의 사내를 이르는 것인데 세월이 흐르면서 미혼의 총각을 통칭하는 뜻으로 쓰인 듯하다. 그런데 '도련님'을 경상도 방언으로는 '데렌님' '데련님' '데림'으로 부르고 있다. '데렌'은 '데리다', '데려오다'의 뜻이다. 즉 '데린인' '데렌님'은 '데려온 사람' '데려온 님'의 뜻이다. 데릴사위는 처가에서 데려온 사위를 말한다.

여기서 다시 삼황오제 시대의 혼인 풍습을 살펴보도록 하자. 그 당시에는 남자 2명 여자 2명이 1조가 되어 같이 혼인하는 푸나루아 제도로써 남자는 6~7세 된 어린 아우를 데리고 장가들고 여자는 반드시 5~6세 된 친정 질녀를 데리고 시집가는 혼인 제도였다. 그리하여 처음에는 신랑 신부가 부부생활을 하다가 아우와 질녀가 장성하면 남편은 처 질녀와, 아내는 시동생과 맞바꾸어 부부생활을 하게 된다. 말하자면 공동 부부가 되는 셈이다. 이때 첫 서방님이 장가올 때 데려온 아우를 '데려온 님' '데렌님'이라 하고 그 '데렌님'이 커서 새 남편 역할을 하게 되면 그때부터 '새 서방님' 또는 '서방님'이라는 칭호를 얻게 되는 것이다.

첫 남편이 나이가 많아지면 물러나서 가정의 대소사를 보아주는 기둥서방이 된다. 그 기둥서방이 요즘 기생의 기둥서방이다. 그러나 원래는 기둥서방을 주부主夫, 데련님 새서방은 아부亞夫, 차부次夫라고 하였다. 후대로 내려오면서 주부는 큰아버지, 차부는 작은아버지로 변하고 첫 부인인 주부主婦는 큰어머니, 둘째부인인 처질녀妻姪女, 차부次婦는 작은 어머니로 부르게 된다. 그 유풍으로 지금도 시동생이 혼인하게 되면 그 다음날로 '새 서방님' 또는 '서방님'으로 호칭하고 있는 것이다. 중국에서는 시동생을 '제제弟弟'라고 한다.

요즘도 혼례식 때 신랑 신부가 입장하기 전에 화동花童이라 하여 어린 사내아이와 계집아이가 꽃바구니를 들고 앞장서서 꽃잎을 뿌리면서 입장하는 경우를 보는데 바로 푸나루아의 유풍으로 보는 것이다. 그 화동 중 사내아이가 '데련님' '도련님'이자 장차 '새서방님'이 되는 것이다.

그런데 여성 가족부에서 이것을 과거 남존여비의 성차별 용어라고 하여 호칭을 바꾸는 작업에 들어갈 모양이다. 과대 해석이다. 우리의 옛 혼인풍습에서 연유한 용어일 뿐이다. 더구나 그때는 여성 상위시대인 모계사회였다. 이런 말을 없애는 것은 우리 조상으로 부터 이어져오고 있는 어원을 묻어버리는 일이므로 우리의 상고사를 지워 후손들에게 조상의 역사를 단절시키는 결과를 낳게 될 것이다. 田田

<한국 어원학회 제 7회 학술 발표회에 발표, 2001년 12월>
<한국 어원학회 논총, 『어원연구』 2002년 제 5집'에 등재>
<씨아시말, 반재원, 4342(2009)>

'묏밥' '계집아이' '가시나이'의 어원

묏밥

국어사전에 뫼는 사람의 무덤. 묘. 산소를 말하며 묏자리는 뫼를 쓸 자리, 또는 쓴 자리로 나와 있다. 또 '뫼'는 '뫼 드리다 (供飯)'처럼 높은 어른에게 올리는 끼니 음식을 말하기도 한다. '모시다'는 말도 '뫼시다'에서 나왔으니 원래는 어른에게 음식을 대접하는 일을 뜻한다. '모이다' '모임'도 음식을 먹는 일에서 나온 말이다. '모여라'도 같은 뜻이다. 뫼는 몯>못>모시>모이(닭모이)>뫼(음식)로 보며 묏밥은 제사 때 올리는 밥이다.

지금은 기제사를 모두 집에서 지내지만 옛날에는 묘소에 가서 지냈다. 지금은 시대의 변화에 따라 가을의 묘사 때에만 조상의 산소에 가서 지내는 것으로 정착되었다. 뫼가 제사나 묘사에 올리는 밥이라고 하는 근거는 삼황오제 시대에 종묘(사당)에 제사 지내는 역할을 맡았던 중부일계中父日癸의 이름에서 유래된 것으로 보기 때문이다. 중부일계 곤鯀은 비록 왕위에는 오르지 못한 인물이었으나 삼황오제 시대를 통털어 정치권의 중심에서 무소불위의 대권을 행사하였던 인물이다. 그의 딸인 간적簡狄이 그 당시 삼황오제 중의 한사람인 제곡고신帝嚳高辛 (재위 55년. 기원전 2420년-2366년)의 차비次妃요, 또 누이인 종규終葵가 제곡고신의 정비正妃였다.[128] 따라서 중부일계 곤은

---

[128] 푸나루아(punalua) 제도-중부일계 곤의 누이 종규가 제곡고신의 정비이고 자신의 딸 간적이 차비인 것은 푸나루아 결혼 풍습에서 차비는 정비의 친정 질녀가 되어야 하는 제도 때문이다.

왕의 장인어른이자 처남이었다. 그리고 딸 간적이 낳은 세 아들 지挚, 직稷, 우禹 중에서 지挚는 다음 왕위에 올랐으며, 우禹도 요와 순에 이어 순의 사위로서 왕위에 올랐으니 그들은 모두 중부일계 곤의 외손자들이었다.<4부 성과 씨의 연원에서 모계사회의 혼인제도 참조>

그런 관계로 곤은 제정 일치시대에 가장 중요한 종묘제례를 총괄하는 제례관의 직책을 맡아 종묘제례를 혁신하여 그 격식을 정립한 인물이다. 이 중부일계 곤鯀의 별명이 바로 계뫼(癸△, ✖ ⛰)이다.129) 즉, 뫼가 처음으로 제사 밥(그때는 쌀밥이 아니라 피밥이었다)을 올리던 풍습에 따라 후세 사람들이 그의 이름을 따서 뫼라고 하였으며, 무덤에 뫼를 올리는 일을 '뫼사' '묘사墓祀'라고 하고 무덤도 '뫼' '묘'라고 한 것이다. 묘사를 지금은 일반적으로 시제時祭라고 한다. 계뫼(癸△)의 '△'는 피라밋 모양으로 고구려 이전까지 우리민족의 무덤모양이기도 하다. 그래서 중국 서안의 고대 피라밋 무덤도 우리 조상의 무덤으로 보는 것이다.

중국 서안에는 100여개나 되는 피라밋 군락지가 있다. 이것은 1945년에 이곳을 비행하던 독일 주둔 미국 수송기 조종사의 항공사진 촬영에 의하여 처음 세상에 밝혀졌다. 중국은 처음에 이 사진이 조작된 것이라고 계속 발뺌하였으나 서구학자들의 발굴요구 및 케이블방송 보도 때문에 그 존재를 인정하기에 이르렀다. 그 후 1973년에 실시한 고고학계의 탄소 연대 측정법에 의하면 진시황 무덤보다 수천 년이 앞선 5~6 천 년 이전 것으로 확인되었다. 그러나 그들은 '아직 발굴기술과 유물

---

129) 駱賓基, 『金文新攷』, 中國 山西人民出版社, 1987.

보존 기술이 부족해서 다음 세대로 발굴을 연기하게 되었다'고 발표하였다. 중국 집안의 광개토대왕과 장수왕의 무덤도 피라밋 모양이다. 북한의 단군릉을 피라밋으로 복원한 것도 서안의 피라밋과 광개토 대왕과 장수왕의 무덤양식과 무관하지 않다. 원래 산山의 시원 글자가 ᎯᎯ이다. 또 ᎯᎯ은 사당대문의 솟을지붕의 모양이 되었다. 그래서 ᎯᎯ이 묘廟를 뜻하는 글자가 되었다.

　만약 산이 뫼라면 양사언의 '태산이 높다 하되 하늘 아래 뫼이로다. ~ '라는 시조에서 태산을 왜 태뫼라고 하지 않고 무덤만 '하늘아래 뫼'라고 표현 했을까 하는 의문이 남는다. 여기서 보듯이 산은 산이고 뫼는 묘로 구분한 사실을 알 수 있다. 태산이 높다하나 하늘에 비하면 하나의 작은 묘(무덤)라는 말이다. 산을 뫼로 하여 '태뫼가 높다하되 하늘아래 뫼이로다.'라고 해서는 문장이 성립되지 않는다.

　따라서 신기철. 신용철의 <새 우리말 큰사전>에 '뫼'를 '끼니음식'으로 본 것이나 서정범 교수의 <국어어원사전>에서 '뫼'를 '음식' 또는 '제사 때 드리는 밥'으로 본 것으로 미루어 보아도 묏밥은 뫼와 밥의 합성어로 '뫼'가 애초에는 산이라는 뜻보다는 제사 때에 무덤에 밥을 올린 곤의 이름인 '뫼'에서 유래된 것으로 보는 것이다. 또 절에서 부처님께 올리는 밥에서 연원하였다고 보는 이도 있으나 절에서는 묏밥이라는 말이 없고 '공양'이라고 부르는 것으로 보아 절에서 유래된 말은 아니다. 중국은 묏밥을 '제례반祭禮飯'이라고 한다. 이 역시 중부일계 곤은 우리 조상이라는 증거이다.

계집아이, 각씨, 가시나이

또 우리가 흔히 쓰고 있는 여자아이를 일컫는 말 중 '계집아이'는 바로 종묘제례의 전통을 확립한 계뫼(癸△, 𒀭𒁇) 즉, 계뫼의 아이, '계씨癸氏 집안의 귀한 아이'라는 말이 변하여 '계씨집 아이' '계집아이'가 된 것으로 보는 것이다. 또 계집이라는 단어가 '조강지처糟糠之妻'의 쌀겨인 '겨 강糠'에서 '겨집' '계집'이 나왔다고 보는 시각도 있으나 연대상으로 보아 쌀겨보다 피가 더 오래이므로 설득력이 떨어진다.

또 '각씨'나 '가시나이'는 '각씨角氏 집안의 아이'가 변하여 '각씨 아이' '가시나이' '가시네'가 된 것으로 보인다.130) 각씨집안도 계씨집안처럼 그 당시 왕족으로 세도가였으니 그 집안의 자식을 높여 부르던 것이 연원이 된 것으로 보는 것이다. '갓쓴아이'의 갓은 그 보다 수 천 년이 지난 조선시대에 생겨난 모자이므로 이 역시 설득력이 떨어진다. 계집아이를 중국에서는 '뉴妞'라고 한다. 이 역시 우리가 삼황오제의 대종손이라는 증거이다. 田田

<씨아시말, 반재원, 4342(2009)>

---

130) 駱賓基,『金文新攷』, 中國 山西人民出版社, 1987.(한국 문자학회)

'동洞'의 유래

집이라는 개념이 없던 원시 시대에는 인간들이 주로 천연 동굴에서 기거하였다. 한 동굴洞窟에서 같이 생활하는 무리가 서로 단합하여 자신들의 주거지를 확보하였으며 다른 동굴에 사는 무리와는 자연히 구분되었다. 지금의 동洞은 그때의 생활 주거지인 동굴洞窟에서 유래된 말이다. 동洞은 자연 동굴이므로 지붕이 따로 필요 없었으나 나중에 생긴 가<家>는 땅을 파고 지붕을 덮은 모양이다. 지금도 중국 광서성에 있는 복파산의 환주동굴, 첩채산의 태극동굴과 바람동굴, 호남성 천자산天子山의 황룡동굴이나 관암산冠岩山의 관암동굴의 입구 현판에는 모두 동洞으로 새겨져 있다.

그 옛날로 말하자면 지금의 대구 향촌동은 향촌동굴, 부산 광복동은 광복동굴, 서울 명동은 명동굴, 대치동은 대치동굴이 되는 셈이다. 또 동굴 중에서 특히 물이 좋은 곳을 '동천洞天'이라고 하였으나 후대로 내려오면서 풍광이 좋은 곳을 동천이라고 하였다. 물이 좋으면 풍광도 좋기 마련이다. 인산동천, 백운동천 등이 그 좋은 예이다. 그 후 동굴을 벗어나 산 아래에 자리를 잡고 모여 살게 되었지만 그 명칭은 동굴을 이어받은 동洞이었다. 식수는 계곡물이나 우물을 파서 같은 물을 먹으므로 그때부터 水+同=洞이 되었다는 설이 있으나 그것은 어디까지나 동굴생활을 벗어나 공동우물을 사용한 이후의 이야기이다. '동구밖 과수원길 아카시아 꽃이 활짝폈네'라는 가사도 '동굴밖에 핀 아카시아 꽃'이 되는 셈이다. 중국은 행정 지명의 최소 단위를 촌村으로 사용하고 있는데 비해 우리나라는 지금까지도 동洞을 그대로 사용하고 있다. 이것은 바로 그 동굴들이 있는 중국 대륙의 광서성과 호남성이 옛 우리 조상들이 살던 땅이었음을 증거하고 있는 것이다. '고을'도 굴에서 나온 말이니 이 고을, 저 고을은 이굴, 저굴이다. '고을군郡'도 '골군郡' '굴군郡'이다. 산골짜기도 산굴쪽, 산굴짜기이다. 굴의 이쪽과 굴의 저쪽이다.

이렇듯이 '누이' '잠' '저' '돈' '서방님' '도련님' '우리' '계집아이' '가시나이' '각씨' '동'과 같은 우리말의 어원이 모두 삼황오제시대에 뿌리를 박고 있는데도 우리는 눈치조차 채지 못하고 있다. 이러한 일상용어가 선조들의 숨결을 따라 말속에서 수 천 년을 이어 오고 있음을 볼 때 역시 말은 살아있는 역사의 화석이다. 말속에 역사가 살아있기 때문에 어원으로 우리 민족의 뿌리를 확실하게 판독해 낼 수 있는 것이다. 우리민족이 동방문화의 대종손大宗孫임이 어원으로 증명된 셈이다. 말의 힘이 이러하므로 어원에서 상고 역사를 복원해 낼 수 있는 것이다. 이러한 사실을 알고 그 불씨를 잘 보존하고 있어야 중국의 동북공정과 성씨공정에도 흔들림 없이 대처할 수 있을 것이며 언젠가 그 불꽃을 다시 활활 피울 수 있을 것이다. 田田

<쥐뿔 이야기, 반재원, 4336(2003)>
<씨아시말, 반재원, 4342(2009)>

'소도'라는 단어

구라파歐羅巴는 중국 발음으로는 '歐羅巴=유우럽'이다. 이것을 우리 발음대로 읽으니 '구라파'가 된 것이다. 유럽의 어원은 위도 상으로 해가 짧아 어두운 나라라는 의미이다. 기독교基督敎도 중국 발음으로는 '基督=그리스도'이다. 이것을 우리 발음으로 '기독교'라고 읽고 있다. 원래 '구라파'나 '기독교'라는 말은 존재하지 않는 것임을 알겠다. '가구가락可口可樂'도 중국어로는 '코카콜라'이다. 이것도 중국으로부터 들어 왔다면 아마 우리는 지금 '가구가락'이라 부르고 있을 것이다. '이마내리以馬內利'도 '하느님이 우리와 함께 계시다'라는 뜻인 '임마누엘(Immanuel)'의 중국어이다.

수두제단은 제천 수련하는 곳이다. '수두'를 중국어로 '蘇塗=수두'라고 표기한 것을 우리가 다시 읽는 과정에서 '소도蘇塗'가 되었다. 흙이나 돌을 수북하게 높게 쌓은 곳을 고야촌高耶村, 고허촌高墟村이라고도 부르는데 모두 높이 솟은 곳, 수북한곳, 수두라는 의미이다. 그런데 소도蘇塗는 '깨소(蘇)'와 '칠도(塗)'로서 '수련을 통하여 도를 깨치는 곳'이라는 의미로 해석할 수 있어서 수두의 뜻과 상통한다. 그런데 『부소보』에는 제사장인 소씨蘇氏가 머무는 곳이라고 하였다. 거기에는 44세 구물단군이 장당경으로 천도한 기록이 나온다. 수두는 북극성이 잘 비치는 지역에 정한다. 북극성의 기운을 받아 수련이 잘 되어 깨치기 위함이다. 수두와 소도, 묘한 여운을 남긴다.　田田

<씨아시말, 반재원, 4342(2009)>

일제가 남긴 땅이름

우리는 주기적으로 신문이나 방송에서 국어순화운동과 한글 전용에 대하여 많은 지면과 시간을 들여 그 중요함을 강조하는 것을 본다. 그러나 그러한 주장도 모닥불이 소나기에 사그라지듯이 식어버리고 어디를 가나 외국어 간판이 판을 친다. '큰 창자염'보다는 '대장염'으로, '허파병'보다는 '폐병'으로, '염통병'보다는 '심장병'으로, 수학시간에는 '두 변 같은 세모꼴'보다는 '이등변 삼각형'으로, 운동경기 중계방송에서는 '문지기'보다는 '골키퍼'로, '모서리차기'보다는 '코너킥'으로 하는 것이 더 세련되어 보이는 모양이다. 마치 모서리차기는 홑바지저고리를 입고 뛰는 어설픈 동작으로, 코너킥은 유니폼을 입고 뛰는 세련된 동작으로 느껴지는 것 같다. 대장염이나 위암은 사람이 앓는 병이고 창자염이나 밥통 암은 짐승들이 앓는 병쯤으로 생각되는 것은 어디까지나 느낌일 뿐, 우리말을 천시하는 언어의 습관에서 비롯된 것이다.

한 예로 '최고위원'이라고 하면 흡족해 하고 '으뜸위원'이라고 하면 왠지 조금 섭섭한 느낌이 든다든지 '집'보다는 '댁'이, '고맙습니다'보다는 '감사합니다'가 더 높임말로 잘못알고 있다. 한길이나 큰길이라는 우리말을 두고 하필이면 대로大路라는 이름을 붙여서 강동대로, 송파대로, 올림픽대로 등으로 부르는 것이 그 좋은 예이다. 그 많은 길 이름 중에서 우리말의 정취를 풍기는 이름은 아리랑 고개길, 노들길, 뚝섬길, 애오개길, 여의나루 등 전체의 약 2~3%에 불과하다. '웃긴내'(위에 있는 길다란 내란 뜻)를 '상장천上長川'으로, '여우내'(폭이 좁고 살찌지 않은 여윈 내)가 '여수麗水'로 변하였다.

그런데 우리말로 바꾸어 부르지 않으면 안 될 것이 있으니 그것은 일본인들이 일본식으로 지어 놓고 간 사람이름과 땅이름들이다. 일찍이 우리 문화를 섭취했던 일본 땅에는 우리말이 접붙여져 있는 경우가 흔하다. 일본 최고의 고전 시가집인 <만요슈万葉集>는 원래 우리말로 불린 노래라지만 일본의 영향을 받지 않았던 우리에게는 원래 일본식 사람 이름이나 땅 이름이 없었다. 그런데 일본식 이름들이 지금도 버젓이 쓰이고 있으니 그것은 바로 순자, 영자, 숙자, 옥자 등의 사람 이름과 중랑천, 중지도, 윤중제, 삼랑진 등의 땅이름들이다. 사람 이름은 그 동안 세월이 흘러 늙어 죽으니 점점 줄어들고, 한편에서는 한글세대 문화권이 형성됨에 따라 순수한 한글 이름이 매년 늘어나고 있으니 앞으로 시간이 해결해 주겠지만, 문제는 대다수의 사람들이 그런 줄도 모르고 쓰고 있는 일본식 땅이름들이다.

'중랑중학교'의 '중랑'은 초대 교장인 민범식 선생이 그 지역을 흐르고 있는 '중랑천中浪川'을 따서 지은 교명이다. 그 당시에는 서울의 지명과 하천 이름을 세심하게 살펴서 심사숙고하여 지은 이름이었다. '중랑中浪'은 조선 정조 때의 '중랑포계中浪浦契'라고 기록되어 있는 단 하나의 자료뿐이다. 그 밖의 지명은 명량, 노량 등 모두 량梁이다. 경남 거제의 가배량加背梁과 칠천량漆川梁, 경남 사천의 구라량仇羅梁, 충남 서천의 마량馬梁, 경남 남해 설천의 노량露梁 등의 지명에도 '랑浪'이라는 단어는 한곳도 찾아볼 수 없다.

중량中梁이 우리나라 지도에 중랑中浪으로 바뀌기 시작한 것은 일제가 제작한 지도 이후부터이므로 일본식 지명 변경의 잔재로 보아야 한다. 따라서 '중랑천'은 '중량천'으로, '중랑중학교'는 '중량中梁중학교'로 그 명칭을 고쳐야 한다. 아울러 삼랑진도 삼량진으로 고쳐 불러야한다. 원래 '량梁'은 좁은 물가나 바닷가의 물목이나 돌다리나 또는 물길을 막고 한군데만 터놓아 그곳에 고기 잡는 통발이나 발을 설치했던 곳을 나타내는 말이다. 『훈몽자회』에도 량梁을 '수교水橋, 수언水堰'이라고 하여 '다리' '물막이' '보' '방죽'을 뜻하고 있다. '량梁'은 들보나 다리를 의미하니 우리말의 '들' '돌' '달'의 한자 표음이다. 좋은 예로 서울 '노량'을 '노들'로, 이순신의 명량대첩의 '명량鳴梁'을 '울돌'로, 김포의 '손량孫梁'을 '손돌'로 부르고 있음을 볼 수 있다.

또 중지도라는 단어를 보자. 중지도中之島는 일본말 나카노시마(中之島)를 한자로 적은 한국음으로서 일본 오사카 북쪽 덴마가와(天滿川)와 요도가와(舊淀川)의 하류에 있는 도지마가와(當島川)와 도사보리가와(土佐堀川)의 사이에 생겨난 동서 35km의 길다란 섬과 가고시마현에 있는 화산섬, 그리고 시마네현의 도젠(島前)과 도고(島後)사이에 있는 섬의 이름들이다. 윤중제 역시 일본말 와주우테이(輪中堤)를 한자로 적은 한국음으로서 와주우(輪中)란 에도 시대(江戸時代 : 1603~1867년)에 홍수를 막기 위해 온 마을을 둑으로 둘러쌓아 물막이를 이룬 강의 내리막 어귀에 있는 마을들의 이름이다. 와주우테이의 '테이'는 와주우에 쌓은 둑이란 말로서 우리말의 강둑, 방천둑과 비슷한 것이다. 중지도와 윤중제라는 단어는 『동국여지승람』과 <대동여지도>(서기1861년)나, 신기철, 신용철이 지은 1974년도 판 『새우리말 큰사전』 등에도 없는 말이며, 1982년판 『우리말 국어사전』에 처음으로 등장하고 있다. 산 이름도 마찬가지이다. 인왕산仁王山을 인왕산仁旺山으로, 지리산 천왕봉天王峰을 천황봉天

皇峰으로 '왕旺'과 '황皇'으로 고친 것은 일제의 소행이다. 완도의 상황봉象皇峰도 일본 천황天皇의 '황皇'으로 바꾼 이름이다. 지금은 대부분 바루어졌지만 모두 일본 천황天皇의 산이라는 뜻이다.

2세들의 교육 장소인 중랑초등학교, 중랑중학교, 윤중초등학교, 윤중중학교의 이름이 일본말에서 기인된 것임을 알고서도 그대로 쓰고 있다는 것은 참으로 무신경한 일이 아닐 수 없다. 필자가 윤중중학교를 개명하기 위하여 여론을 일으켰을 때 교육 당국의 뜨뜻미지근한 반응도 문제였지만 한술 더 뜬 것은 학부모들의 반응이었다. 우리아이가 졸업한 후에 바꾸라는 것이었다. 그 말대로 기다린다면 신입생들이 계속 들어오니 영원히 바꿀 수 없게 되고 만다. '그런 줄 몰랐어요. 그렇다면 지금 당장이라도 바꾸어 우리 아이 졸업장에는 윤중이라는 일본식 이름이 들어가지 않게 해주세요'라고 해야 옳지 않은가! 어찌하여 우리 민족의 의식수준이 이 지경이 되었을까?

따지고 보면 '졸업卒業'이라는 말도 일본말에서 온 것이다. '필업畢業'이다. 군필軍畢이라고 하지 군졸軍卒이라고 하지 않는다. 10여 년 전에 유관순열사 후손에게 이화여고 명예졸업장을 드린 적이 있다. 아마 유관순의 영혼은 일본식의 '졸업장'을 받지 않았을 것이다. 어디 고쳐지지 않고 있는 일본식 단어가 이것뿐이랴! 계단, 경례, 간식, 노임, 다반사, 대결, 망년회, 역할, 입장, 축제, 택배 등 일상용어를 비롯하여 '물리' '화학' '삼각함수' 등의 수학이나 과학 분야의 전문 학술용어에 그대로 사용하고 있다. 지금 와서 일일이 우리말로 다 바꾸기가 어려운 경우도 있다. 그러나 중랑, 삼랑, 윤중제, 계단 등은 중량, 삼량, 방뚝, 층계 등으로 바꿀 수 있다.

또 우리말과 문체가 서구화된 경우도 많은데 예를들면 '존재가 사라질 위기에 처할까 두렵다'는 '없어질까 두렵다'로, '정확성에 방해를 초래할 수 있다'는 '정확하지 않을 수 있다'로,

'폭넓은 논의 가능성을 배제하지 않는다'는 '폭넓게 논의 할 수 있다'로 표현하면 될 것을 굳이 국적불명의 괴상한 문장으로 표현하고 있다. 또 '연관이 있다'를 '연관성을 가지고 있다'로, '정확하다'를 '정확성이 있다'로, '경향이 있다'를 '경향성이 있다'로, '정체를 밝혀라'를 '정체성을 밝혀라'라는 정체불명의 말도 많이 생기고 있다. 한글이름을 지어준다는 광고에 '에니멘토가 마케팅 시스템을 지원하여~'라는 말을 고집해야 하는가! '한글이름'이라는 말도 사실은 맞지 않다. 우리는 모두 이름을 한글로 쓰고 있다. 정확한 표현은 우리말 이름이다. 이상규 전 국립 국어원장이 지적한 대로 '한국형 메티클러스터 육성을 위해 홍릉 바이오 헬스클러스터를 조성하고 ~ 아이디어부터 마케팅까지 전 주기를 지원하는 바이오 헬스 비즈니스 코어센터를 운영한다.' 라는 식의 문장은 우리의 언어 소통을 막는다. 좋은 아침!, 좋은 하루! 라는 아침인사도 굿모닝의 다른 말이 아니다. 가랑비에 옷 젖는 줄 모르고 개구리가 미지근한 물에 편안해하다가 결국 죽어가듯이 이러한 것들이 우리의 사고를 서서히 외국 사고에 젖어버리게 한다. 아주 조금씩 조금씩 야금 야금 우리의 사고를 바꾸는 주도면밀한 숨은 세력이 있다는 의심을 하게 된다. 미국의 잉글하르트 교수의 말대로 '한국은 정신이 망한 민족이라고 할 수 밖에 없다.'라는 주장에 항변할 말이 없다. 예전의 『한국 문학전집』에 나오는 아름다운 우리 문체는 거의 사라져 버렸다.

우리는 외부의 요인보다 우리내부에 도사리고 있는 외국문화 숭배와 식민 사고로부터 먼저 벗어나는 자각 운동이 있어야 한다. 광복 70년이 지났는데도 역사광복이 안 되어 2세들의 교육기관인 학교의 이름 하나 제대로 고치지 못하고 있는 우리의 사고방식이 더 지탄받아야 할 일이다. 田田

<세계가 잃어버린 영혼·한국, 반재원·허정윤, 4340(2007)>

도로명 주소 유감

우리 땅이름의 역사는 그 뿌리가 깊다. 예를 들면 '주州'는 목사가 있던 곳이나 또는 왕비나 고승高僧이 배출되어 나중에 승격한 곳이다. '양주' '성주' '나주' 등은 목사가 있는 고을이며, '여주'나 '파주'는 왕비가 난 곳이다. 또 '서라벌'(경주), '달구벌'(대구), '비사벌'(창녕) 등의 '벌'은 신라의 고을이름이며, '미추홀(물고을-인천)' '메홀'(물골-수원) '달홀'(양양) '마홀'(포천)의 '홀'은 고구려의 고을이름이고, '온달부리'(전주) '모랑부리'(부안) '고랑부리'(고창) '소부리'(부여) 등의 '부리'는 백제의 고을이름이다.

'양원' '퇴계원' '사리원' '인덕원' 등의 '원院'은 쉬어가는 숙소와 주막이 있던 곳이며, '참站'은 역과 역 사이의 간이 휴게소가 있던 곳이다. 지금도 길을 물으면 '한참가야 된다'라는 '참'이 바로 그 뜻이다. 지금은 지하철이나 전철역의 한 구간이 이 '한참'이다. '선비마을' '정승골' '비석골' '효자동' 등은 그곳의 역사적인 유래를 담고 있다. '말죽거리' '마장동' '구파발' '역삼동' '역촌동' 등은 파발마가 있던 곳이다. 요즘으로 치면 시외버스터미널에 해당되는 교통과 관계가 깊은 지명이다. '비상리' '비하리'는 그 지역의 풍향과 관계가 있는 땅이름이며, '무너미(수유리)'는 눈으로는 분명히 높은 지역인데 물이 흘러 넘어가는 듯한 지형을 나타내고 있다. 또 온정리, 초정리 등은 온천이나 약수터이다. 서울 성동구 성수聖水동과 옥수玉水동은 궁중의 전용우물이 있던 곳이고 중구 약수藥水동은 약수터이다. 성씨의 본관도 밀양박씨, 김해허씨, 창녕조씨, 고성이씨, 전주이씨 등 모두 땅이름에 근원을 두고 있다. 역사가 200년 밖에 안 되는 미국은 원래 도심지가 바둑판처럼 되어 있어서 동 이름에 대한 인식이 없다. '월가 몇 번지'하면 바로 찾을 수 있으나 우리의 복잡한 도로사정은 이야기가 다르다. 우리의 주소 체계를 서구화해야 할 이유가 없다. 어찌하여 세계 문화유산 등재가치가 있는 우리 고유의 땅이름이 묻히고 세계화라는 이름으로 우리의 도로 사정과 맞지도 않는 외국의 주소체계를 따라가야 하는가? 우리의 전통이 사라지는 세계화가 무슨 의미가 있으며 무엇을 위한 세계화인지 묻고 싶다. 2014년 7월 16일 세계일보 기사에 따르면, 중구청에서는 신당 1동에서 7동으로 쓰고 있는 나열식 동명을 1동은 신당동, 2동은 다산동, 3동은 약수동, 4동은 청구동 등으로 환원하고 있는 좋은 사례도 있다.

도로병 주소를 보면 동네 이름이 없다. 예를 들면 경기도 가평군 청평면 경춘로 884-1이라는 도로번지만 적혀있다. 마을 이름이 사라져 버리고 집만 도로가 덩그러니 나앉은 꼴이 되었다. 도로명주소 시행은 우리 문화를 없애는 창씨개명과 같은 일이라고 욕을 먹어도 할 말이 없을 것이다. 올해 태어나는 아이들이 30세나 40세가 되었을 때 지금 우리가 불러주지 않는 동네 이름을 그들이 기억할리 만무하다. 지금도 종로 1가, 2가, 을지로 2가, 을지로3가라는 도로명에 묻혀 그곳에 있는 소격동, 관철동, 관서동, 저동, 산림동을 아는 이가 드물다.

국운이라는 것은 개인이 거스를 수는 없다. 그러나 요즘은

'길안내(네비게이션)'가 널리 보급되어 있어서 주소와 번지를 입력하면 산꼭대기 절이라도 목적지까지 정확하게 데려다 주는 시대가 되었다. 지금의 주소로도 길을 찾거나 우편배달에 아무런 불편이 없다. 그런데도 전국의 주소를 창씨 개명하는 식으로 생뚱맞게 모조리 갈아 치운 것은 결코 잘한 일이 아니다. 땅이름은 그곳의 역사를 지닌 문화의 화석이다.

그동안 <한국땅이름학회>에서는 도로명 주소를 되돌릴 수 없다면 동명이라도 추가해야 한다고 주장해왔다. 그 일은 하나도 어려운 일이 아니다. 동명을 추가해서 넣기만 하면 된다. 우편배달도 더 쉬워진다. 다행히 필자가 회장으로 활동하던 2014년에 전국의 시, 군, 구청 등 140여 곳의 행정기관에 보낸 <한국땅이름학회>의 동명병기에 관한 탄원서와 공문, 그리고 종각 4거리에 현수막을 걸어놓고 마이크로 벌인 6개월 동안의 길거리 탄원으로 여론을 환기시켰다. 우리나라의 전통으로 볼 때 오히려 마을이름을 더욱 보존하고 가꾸어나가야 할 것이다. 田田

(4350)2017. 3.

땅이름의 허와 실

알아야 면장

'알아야 면장'이라는 말이 있다. 그러나 이때의 면장은 군수郡守나 면장面長이라는 직함이 아니라 담장을 마주하듯 답답함을 면한다는 면장免墻이다. 이 말은 공자가 자기 아들 백어(자사의 아버지)에게 학문을 익혀야 담장을 마주한 것 같은 답답함에서 벗어날 수 있으므로 공부에 힘쓸 것을 당부한 말이다. 우리의 땅이름도 이처럼 서글(한자)로 바뀌는 과정에서, 또 세월의 흐름에 따른 발음변화로 인하여 원래 지니고 있던 고유의 의미와는 다른 뜻이 되어버린 경우가 많다. 이러한 관점에서 땅이름의 허실에 대하여 알아보고자 한다. 땅이름을 연구하고자 하는 이들에게는 길잡이가 될 것이고 일반 독자들에게는 재미있는 이야기 거리가 될 것이다. 그래서 주로 특색 있는 이름들을 대상으로 하였다. 읽고 나면 누구나 <땅이름 면장面長>쯤은 하게 될 것이다.

조령과 철령

옛 우리 땅 간도間島는 '사이섬' '새섬'이 변한 땅이름이다. 사이섬이 '간도間島'로, 새섬이 '조도鳥島'와 '신도新島'로 변하고 또 새섬이 쇠섬, 소섬으로 변하여 '금도金島'와 '우도牛島'로도 변하였다. 조령鳥嶺도 문경사이재, 문경 '새재'인데 '새'가 조鳥로 변한 이름이다. 철령도 사이령이 쇠령이 되어 철령鐵嶺이 되었다. 산과 산 사이에 있는 내인 '사이내'는 '새내'가 되어 '조천鳥川'이 되고 또 '쇠내'가 되어 '금천金川'이 되기도 한다. 철원도 '사이벌' '새벌'이 쇠벌이 되면서 철원鐵原이 되었다. 즉 철령이나 신령新嶺, 조령, 새령, 쇠령이 모두 같은 어원이다. 금곡도 샛골, 사이골인데 쇳골로 발음이 변하면서 금곡金谷이 되었다. 또 사이마을은 새마을이 되어 신촌新村이 되기도 한다. 새마을 사업도 신촌사업이 되는 셈이다. 또 새말은 급기야 샘말, 샘골이 되기도 한다. 심지어는 '사이'가 '사슴'이 되어 '녹도鹿島'가 된 경우도 있다. 태백시 추전역도 싸리재라고 하는데 싸리재는 사이재이다. 그것이 변하여 싸리나무 밭이 되고 싸리나무 추(杻)의 추전역杻田驛이 되었다. 해발 855m로 우리나라에서 가장 높은 곳에 있는 기차역이다.

'쇠령'은 또 '금령金嶺'이 된다. 용인의 경전철역 김량장金良場역도 바로 '사이령' '새령' '쇠령' '금령'에서 온 말이다. 일제 때 일본인들이 '금'이라는 발음과 '령'이라는 발음이 잘 안되어 '금령'을 '김량' '김랑'이라 하였다. 이 사이령에 있던 시장이 사이령장, 새이령장이며 지금의 '김량장'이다. 일본에 의하여 '금'이 '김으로, '령'이 '량' '랑'으로 바뀐 경우이다. 조선시대에 양재동 말죽거리에도 파발마를 띄우던 금령역이 있었다. 금포가 김포로, 금화가 김화로, 금해가 김해로, '중량교'가 '중랑교'로, '삼량진'이 '삼랑진'으로 된 것도 일본 발음의 영향이다. 김포는 '사이내'가 '새내'로, '새내'가 '쇠내'로, '쇠내'가 금포金浦로, 금포가 다시 김포金浦로 바뀌었다. 김포는 곰포, 검포로 큰 나루라는 뜻이다. 상도동과 봉천동 사이에 있는 고개도 사이재 또는 '살펴가시라'는 살피재인데 어감이 좋지 않다고 주민들이 건의를 하여 지금은 봉천고개로 바꾸었다. 그러나 우이동은 사이동, 쇠동, 소동이 아니라 맞은편의 인수봉, 만경대, 백운대가 겹쳐 보이는 것이 소의 귀를 닮아 '우이동牛耳洞'이 된 경우이다. 삽교挿橋는 '사이다리' '좁은 다리' '샅다리'이다. '사다리'도 좁은 다리이다. '사타구니' '사타리'도 '샅다리'에서 온 말이다. 삽시간도 좁은 시간, 짧은 시간이다.

달구벌라 반월성

대구의 달구벌은 닭벌의 변음이고 달성공원은 '닭구공원'이며, 월성도 '닭성' '달구성'이다. 월성과 달성은 같은 뜻이다. 원래 야생 닭들이 많이 살던 지역이었다. 닭은 '달욱達旭' '달구'이며 해를 돋아나게 하는 새이다. 김알지의 탄생지인 계림鷄林도 '닭벌' '달구벌'이다. 또 다른 설은 경주 월성이 초승달 같다하여 신월성이라 하고 반월성은 반달 같다고 하여 붙은 이름이다. 그밖에 포천에 고구려성인 반월산성이 있고 개성에는 고려성인 반월성이 있다. 포천은 고구려 때 '마홀馬忽'이다. '마'는 물이며 '물골'이다. 한내라는 큰 물길을 안고 있는 지역이다. 연천도 고구려 때 '마련현麻連縣'이다. 미추홀(인천), 메홀(수원), 마홀(포천)의 미, 메, 마가 모두 물이다. 여기저기 물길이 연결되는 곳이다.

서울라 쇠불

서울은 일반적으로 새로운 벌판, 새벌이 서벌, 서라벌, '서울'이 된 것으로 알려져 있다. 또 새울타리의 '새울'과 『택리지』의 눈 울타리의 '설울'에서 서울이 되었다고 한다. 또 백운대, 인수봉, 만경대의 삼각산의 '세뿔'에서 '세불' '서불' '서울'이 되었다고도 한다. 그런가하면 서라벌을 수리벌 즉 높은 벌판으로 해석하기도 한다. 1896년 4월 6일 독립신문 창간호에는 '조선 셔울'이라는 단어가 보인다. 고려 『서경별곡』에는 서경을 '서울'이라고 불렀다. 그러나 국가의 성립 조건 중에서 중요한 것이 쇠를 다루는 풀무 병기창의 설치이다. 쇠로 무기를 만드는 대규모 대장간 시설이 없으면 수도가 아니었다. 이 대장간이 '쇠를 다루는 불간 즉 '쇠불간'이다. 이 '쇠불'이 '쇠벌'이 되어 경주의 '금성金城'이 되었다. 즉 '쇠불'이 쇠벌, 서벌이 되어 서라벌이 되었고 그 '쇠불'이 서불, 서울이 되었다.

따라서 '서울'은 대장간인 대규모 쇠불 병기창이 설치되어 있는 곳이라는 뜻으로 이 말이 가장 설득력이 있어 보인다. 왜냐하면 농사에서 중요한 것이 농기구 제작이고 국방의 주요조건이 병장기의 제작이기 때문이다. 상고시대의 수도首都이름은 '부도符都'라고 하였다. 하늘의 뜻에 부합하는 곳이라는 의미이다. 그 당시는 제기 같은 그릇이 없었으므로 음식을 담을 도구가 없었다. 그저 두 팔을 벌려 하늘을 향해 천제를 지내던 시대였다.

그 후 도자기를 구워 제기로 사용한 시대의 수도 이름을 '도하陶河'라고 하였다. 흙 반죽을 하고 물레를 돌리려면 풍부한 물이 필수조건이므로 도요지는 원래 강을 끼어야 발달할 수 있다. '도하'는 도요지가 있는 곳이다. 여기서 '하'는 물을 말하는 것뿐만 아니라 넓은 벌판이라는 뜻이 있다. 백두산의 관문인 '이도백하二道白河'라는 말도 넓은 벌판이라는 말이다. 대규모 쇠불 대장간이 갖추어지면서 수도가 부도에서 도하로, 도하에서 쇠불, 셔벌, 서라벌, 서울로 바뀐 것으로 보인다.

대한문과 한강

덕수궁은 처음에는 인화문仁化門이 정문이었는데 동문을 내면서 국태민안國泰民安,보국안민輔國安民의 뜻을 따서 대안문大安門으로 지었다가 불에 탄 후 1906년에 다시 지을 때 은하수라는 뜻을 넣어 지금의 대한문大漢門이 되었다. 처음에는 지금의 시청 광장의 1/3지역을 차지하고 있어서 조선호텔의 원구단과 가까웠는데 도로확장 공사로 지금의 자리로 들여 지은 것이다. 그 당시 상량문의 내용에는 고종이 황제로서 하늘과 직접 통하는 천자의 의미를 담아서 은하수를 말하는 '은한銀漢'의 '한漢'으로 바꾸었다고 되어있다. 한나라에 기원한 사대주의 발상에서 나온 이름이 아니다. 덕수궁은 원래 성종의 형이자 연산군의 큰아버지인 월산대군의 집이었다가 임진왜란 이후 환도한 선조가 마땅히 거처할 곳이 없어서 임시로 사용하면서 경운궁慶運宮이 되고 고종 때 덕수궁이 되었다. 덕수德壽는 아들 순종이 고종에게 지어 바친 당호堂號이다. 건양建陽은 1896년 고종이 황제에 즉위하면서 청나라 연호年號를 버리고 제정한 우리의 연호이다. '입춘대길 건양다경立春大吉 建陽多慶'의 근원이다. 한강과 한의원도 은하수처럼 크다는 의미로 대수大水, 한수漢水, 한강漢江. 한의원漢醫院인데 한의원韓醫院으로 고쳤다. 의도는 좋으나 근원을 잘 모르고 한 일이다. 이러한 일은 도리어 우리의 상고역사를 축소시키는 일이다. 신중해야한다. 한라산漢拏山도 은하수를 손에 잡을 수 있는 산이라는 뜻이다.

한강은 태백 검룡소에서 내린 남한강이 두물머리에 이르러 금강산에서 내려온 북한강과 합수하여 비로소 큰 강이 된다. 한강은 경강京江, 서울강 이라고도 불렀다. 그러나 춘천지역을 흐르는 한강상류는 소양강, 평창지역은 평창강, 영월지역은 동강, 여주지역는 여강, 용산지역은 용산강, 마포지역은 서강, 김포와 통진지역은 조강祖江이라 불렀다. 조선시대에는 남산을 끼고 도는 한강진漢江津 주변의 강인 지금의 한남대교 지역을 흐르는 강줄기만 한강이라고 불렀다.

궁과 궐

조선시대에 지은 궁궐은 경복궁, 창덕궁, 창경궁, 경희궁, 덕수궁의 5대 궁궐이다. 경복궁은 태조 때에 지은 법궁法宮(정궁)이다. 창덕궁은 조선 태종 때 공조판서 박자청이 설계하여 지은 궁으로 초기에는 경복궁의 이궁離宮이었으나 임진왜란 때 경복궁이 불타 없어진 후부터 대원군 이하응이 경복궁을 다시 지을때까지 270여 년간 법궁이 되었다. 창경궁은 태종이 세종에게 왕위를 물려주면서 자신이 거처하기 위하여 지은 수강궁터에 나중에 성종이 지은 별궁이다. 창덕궁과 더불어 동궐이라고 하였다. 경희궁은 광해군이 지어 경덕궁이라 했는데 영조때 경희궁으로 바꾸었다. 궁궐은 궁宮과 궐闕이 합한 말이다. 궁궐의 정문 이름을 보자. 경복궁의 정문은 광화문光化門(光被四表 化及萬方)이다. 창덕궁은 돈화문敦化門, 창경궁은 홍화문弘化門, 덕수궁은 인화문仁化門, 경희궁은 흥화문興化門이 정문이다. 즉 광화, 돈화, 홍화, 인화, 흥화이다. 인화문은 사라지고 없다.

종각과 종로

종로는 종각鐘閣 즉 보신각 종루鐘樓가 있는 거리이다. 종鐘은 쇠북종으로 쓰이며 밖에서 치는 큰 종이고, 종鍾은 안에서 치는 작은 종이다. 따라서 종로鐘路이지 종로鍾路가 아니다. 그런데 서울의 중심가인 종각전철역은 종각역鐘閣驛이라고 하고 종로3가역과 종로5가역은 모두 종로鍾路3가역, 종로鍾路5가역으로 표기하고 있는 웃지 못 할 일이 벌어지고 있다. 대한민국의 얼굴인 서울의 중심가 종로에서 벌어지고 있는 도로 교통행정이다. 또 관청인 종로구청은 '종로鐘路구청'으로 바르게 쓰고있고 종로경찰서는 '종로鍾路경찰서'로 잘못 표기하고 있다. 차라리 한글로 쓰든지 아니면 종로鐘路로 통일해야 할 일이다. 한자교육 폐지의 결과이다. 종로소방서는 한글로 표기되어 있어서 시비대상에서 제외되었지만 한글전용이 최고의 선善은 아니다. 철학이나 역사나 한의학 등 학문의 분야에서는 한자가 반드시 필요하다. 세종도 한글 전용을 말하지는 않았다.

서글(한자)이 지금은 마치 학문의 방해자인 양 이단의 문자로 취급받고 있다. 그러나 청소년들이 한자를 배우지 않으므로 해서 우리말의 어원과 학술용어의 어원을 모르게 되어 학문의 또 다른 문맹자가 되어가고 있다. 한자어를 모르기 때문에 백열등白熱燈, 형광등螢光燈이라는 단어의 뜻을 따로 외워야 한다. 또 창령昌寧O씨와 창녕昌寧O씨, 김령金寧O씨와, 김녕金寧O씨를 헛갈려하고 전주全州O씨가 김주金州O씨, 김천金川O씨로 호적에 잘못 등재되는 일도 한자어를 모르기 때문에 벌어진 사건이다. 한자어가 암호처럼 되어버린 것이다. 젊은이들이 부모세대보다 학력과 지식 면에서는 월등하지만 이러한 내면을 들여다보면 속빈 강정이다. 어원문맹, 조상문맹, 역사문맹 세대가 되어가고 있다. 외국이민 1.5세들은 한국인도 아니고 외국인도 아니듯이 지금 대한민국 2세들의 가치관도 이와 비슷하다고 할 수 있다. 티쎄의 <진품명품>에 한자 작품만 나오면 주눅이 들어 쩔쩔 매는 장면은 그냥 웃고만 말일이 아니다. 이제 세종의 훈민정음 창제 목적은 훌륭히 달성되었다. 우리나라에 한글 문맹자는 사라졌다. 학습량에 무리가 가지 않게 일정한 분량을 정하여 기초단어는 개인적으로라도 배워야 할 것이다. 외국어도 배우지 않는가. 우리말을 담고 있는 그릇이 한글과 한자이기 때문이다. 한글전용을 하지말자는 것이 아니라 학문의 분야에서는 다르다는 이야기를 하는 것이다.

아사달과 불함산

　단군조선의 첫 도읍지인 아사달은 '안다'에서 온 말이다. '안다'의 '안'은 아니 불(不)의 '안'이며 '다'는 다함(咸)의 '다'이다. 따라서 '불함산不咸山'은 '안다산'이 되며 안다산이 '안달산' '완달산'으로 발음이 변한 것이다. 또 '안달'이 앗달로, '앗달'이 '아사달'로 변하였다. 앗달의 '앗'은 '아시' '아사'로 변했으니 아시는 초벌이라는 뜻이며 '아사달'은 첫 도읍지라는 뜻이다. '달'은 '땅'이다. 초벌 빨래를 '아시 빨래'라고 하는 이유이다. 또 구월산도 이두 표기로는 아사달이 된다. 아홉 구의 '구九'와 달월의 '월月'로 구월九月산이 되지만 한편으로는 '아홉'과 '달'에서 '아홉달' '아합달' '압달' '앗달' '아사달'이 된 것이다. 또 구월산 문화현文化縣의 문화가 '글월'이 되고 '글월'이 '구월'이 되었다고 한다. 『동사강목』에는 그 산에 궁궐이 있다고 궐산闕山이라 한 것이 구월산이 되었다고 하였다.

조선

　조선朝鮮의 조朝를 파자하면 일日 월月 성十 신十 이다. 날일(日) 위의 성十은 북극성이며 날일(日) 밑의 신十은 금성(계명성)이다. 뒤의 월月은 달이다. 따라서 조朝는 북극성, 해, 금성, 달이라는 천문으로 이루어진 글자이다. 선鮮은 해양족(魚)과 고산족(羊)이 통합한 의미이다.(魚+羊) 고산족은 신시 배달국이며 해양족은 바다연안에 거주하는 족들이다. 신시배달국은 그 당시 이미 천문이 정립된 나라였다. 즉 천문을 숭상한 나라(朝)가 해양족과 합쳐 다시 선 나라가 조선朝鮮이다. 배달국과 단군조선의 왕들은 모두 천문으로 나라를 다스린 뛰어난 천문학자들이었다. 그 기록들은 차고도 넘친다. <5부 중 '우리민족의 천문관' '천

문으로 푼 천부경' 참조> 햇빛이 고운 아침의 나라가 아니다. 아침 햇빛은 어디든지 다 곱다.

판문점과 판교

  판문점은 '널문리'이다. 넓은 들판이다. 그 들판을 가로 지르는 사천이라는 개천이 홍수 때에는 범람하여 넓은 들판이 물난리가 나서 널물리라 한 것인데 '널'은 널빤지, '물'은 문이 되어 판문점板門店이 되었다. 고려 때부터 불러온 지명이다. 구리시의 교문리는 포천시 영평면에서 흘러오는 왕숙천이 들판을 가로지르는 곳이다. 원래는 교문리橋門里, 다리물리, 들물리, 달문리였다. 지금은 교문리敎門里로 바뀌어 그 뜻을 더욱 알 수 없게 되고 말았다. 다리는 들이며 문門은 물이다. 구리시는 그 지형이 밖으로 튀어나온 곳이므로 곶지면이라 하였는데 한자로 구지면九旨面이 되었고 마을 이름도 구지리라고 하였다. 지금의 구리는 구지九旨와 망우리忘憂里를 따서 구리면, 구리읍, 구리시九里市가 되었다. 판교도 '너들이'이며 '너들이'는 '넓은들'이다. 그 너들이가 '너드리' '널다리'가 되고 널판지로 변하여 판교板橋가 되었다. 널판지 다리와 아무 관계가 없다. '넓은들'은 그만 토라져서 따로 광주廣州가 되고 말았다. 벌교도 물이 빠지면 꼬막을 캐는 '뻘들'인데 벌드리, 벌다리가 되어 벌교筏橋가 되었다. 다리와는 관계가 없다. 한편 그 지역의 특산물을 나타낸 지명도 있다. 울산 '방어진'은 방어가 많이 잡히던 곳, 방어마을이다. 장생포의 장생長生은 긴 생물, 고래를 의미하니 즉 장생포는 고래마을이다.

강화도와 월미도

강화도는 한강하구 지점에 있다. 원래는 김포와 붙어 있었는데 지대가 낮은 곳으로 물이 자꾸 유입되는 바람에 땅이 분리되어 좁은 바다길이 생기면서 강화도라는 섬이 되었다. 지형이 한강 하구의 바깥쪽으로 튀어 나와 있어서 '강곶' '강꽃'이라 불렀는데 강꽃이 강화江華가 되었다. 강화도는 원래 5개의 섬이었는데 사구에 의해서 이어지고 또 일부는 간척사업으로 메꾸어서 하나가 된 섬이다. 김포에도 월곶이 있고 강화도에도 월곶이 있다. 월곶은 땅의 튀어나온 지역이라는 뜻이다. '월月'은 다, 싸, 따, 땅이다. 달곶이 땅곶이자 월곶月串이다.

우리 조상들은 하늘의 달이 땅 인줄 이미 알고 있었다. 허공에 달려있다고 달이 된 것이 아니다. 월미도도 인천의 서쪽 끝 땅이다. '월月'은 땅이며 '미尾'는 끝이라는 뜻이다. 썰물 때는 육지와 다름없으므로 땅의 끝 '월미'이다. 그런데 월미가 '달의 꼬리'가 되어 근년에 들어서 월미도에 '달그림자'라는 운치 있는 식당이름도 생겨났다. 꼬리, 꽃, 겉, 거죽이 모두 끝부분이다. 끝녀, 말녀, 끝님이, 꽃녀 모두 막내, 끝이라는 말이다. 꽃도 끝에서 온 말이다. 꽃은 가지의 끝에 핀다. 끝녀, 끝내미, 끝필이, 꽃녀, 말녀가 같은 의미이다. 그러나 '월'이 모두 땅은 아니다. 월곡月谷동의 '월'은 땅이 아니라 다리이다. 다리골이 '달골'이 되고 월곡月谷이 되었다.

화전동과 고잔동

곶은 지형이 튀어나온 곳이다. 경기도 화전동은 곶의 바깥쪽 땅인 '곶밖'이다. 그것이 '꽃밭'이 되어 '화전花田동'이 되었다. 안산의 고잔동은 곶의 안쪽, '곶의 안' '곶안'이 '고잔'이 되어 '고잔古棧동'이 되었다. 또 꽃안, 꽃산이 되어 화산花山으로 변하기도 한다. 장산곶長山串은 동쪽으로 산줄기가 길게 뻗어 있어서 장산곶이다. 조선시대에는 '장미(메)곶'이었다. 그 후 '미'

가 '뫼' '산'으로 변하여 장산곶이 되었다.

포항의 호미곶虎尾串은 호랑이 꼬리부분에 해당되어 호미곶이다. 김포의 대곶은 김포반도의 큰 곶이라는 뜻이다. 간절곶은 곶의 모양이 난초 잎처럼 여러 가닥이 바다로 뻗어있어서 곶의 사이사이가 갈라진 것처럼 보여 간절곶間切串이 되었다. 또 곶의 모양이 간짓대(대나무 막대기)처럼 여러 가닥으로 길게 바다로 뻗어 나와 있어서 '간짓곶' 간절곶이 되었다. 간절곶의 대송리는 대륙동과 송정동 그리고 외남면의 평동을 통폐합한 지명이다.

모란봉과 모란시장

대동강 모란봉은 구부러진 강의 물 안쪽 지역이다. '물안의 봉우리'가 '물안봉' '무란봉' '모란봉'이 되었다. 대동강 바깥쪽은 곶밖이다.

성남시 5일장 모란시장은 모란봉이 고향인 북한 실향민들이 채소 장사를 하면서 생겨난 시장으로 고향의 이름을 따서 모란시장이 되었다. 모란꽃과는 관계가 없다.

고남도와 고망물

고남면도 곶의 남쪽으로 '곶남면'이다. 코도 곶이다, 귀도 곶, 좆도 곶의 변음이다. 몸에서 튀어나온 곳이 '곶'이다. 감기를 '곶불'이라고 하는 것은 코가 화끈거려서 불이 난 것에서 유래한다. 뺨은 비탈진 곳 '비얌'이 뺨이 된 것으로 보고 있다. 꽃지 해수욕장도 꼬지, 고지, 곶 해수욕장이다.

통영시 동항리의 욕지도欲知島는 부근의 연화도, 두미도, 세존도, 미륵도, 반야도라는 섬이 있어서 누군가에 의하여 기획된 지명으로 보인다. 이들 섬 이름들은 모두 불경 구절인 '욕

지연화장두미문어세존欲知蓮華藏頭尾問於世尊'에서 따온 것으로
보이기 때문이다. 울릉도 북면 바다와 더불어 우리나라에서 가
장 푸른바다를 자랑하는 욕지도의 풍광은 한 폭의 산수화이다.
마주 보이는 연화도는 이름 그대로 연꽃모양의 섬이다.

제주도 곶자왈의 곶은 제주도 방언으로 숲을 말하며 자왈은
자갈돌의 방언이라고 한다. 그러나 곶은 나온 지역으로 보인
다. 즉 곶자왈은 '자갈이 많은 곳'으로 보인다. '넙빌레'는 너럭
바위, '고망물'은 바위 밑에서 솟아나는 용천수라는 제주도 방
언이라고 한다. 뚝섬은 치우를 제사하던 사당이 있었다. 원래
는 지금의 잠실인 부리도浮里島와 압구정동 개발 때 사라진 저
자도가 나란히 있어 두섬이라 하였다. 뚝섬의 살곶이는 동대문
에서 4리 거리에 있는 곳이라서 4리곳, 살곶이가 된 것으로 본
다. 이성계가 아들 방원에게 화살을 쏘았다고 살곶이가 되었다
는 설은 그 후대의 이야기이다.

마리산과 마니산

강화도 마니산은 '머리산'이다. 『고려사 지리지』에 마리摩利
산에는 참성단이 있는데 바로 단군의 제천단이라는 기록이 보
인다. 10세기 『고려사절요』에도 마리摩利산이 나온다. 그러다가
고려말 14세기후반 『고려사』 82권에 마니摩尼산이라는 단어가
나타난다. 소 한 마리, 두 마리는 '한머리' '두머리'이다. 동물
의 수를 말할 때 '두수頭數'라는 말에서도 살아있다. '두수' 즉
'머리'가 '마리'가 되었다. 마니산은 머리산으로 불러야한다. 그
런데 예수의 어머니 마리아와 연관시켜 마리산, 마리아산으로
개명을 추진하는 단체가 있는 모양이다. 또 경북 청도군 이서
면의 '이서'를 이스라엘에서 온 민족이 살던 곳이라고 주장하
는 단체도 있는 것 같다. 소와 개가 서로 마주보고 웃을 일이

다. 팔은 원래 발이었다. 짐승의 '앞발' '뒷발'이 그것인데 사람만 앞발이 '팔'이 되었다. 지금도 새끼줄이나 밧줄의 길이를 잴 때 팔을 벌려 '한발' '두발' 하고 재는데 이것은 바로 옛날에는 '팔'이 '앞발'이었다는 증거이다.

장항과 석항

장항은 '넓다'라는 '넓은목' '너르목'인데 '노루목'으로 변하여 노루장獐과 목항項, '장항獐項'으로 변하였다. 남원시 산내면에 있다. 물이 돌아나가는 곳이나 길이 돌아나가는 모퉁이인 '돌목이'는 돌석(石), 목항(項)으로 '석항리石項里'가 되었다. 그러나 석정石井은 그대로 '돌샘'이다. 그 돌샘의 옛말이 독샘인데 돌의 옛말인 독이 옹기로 변하여 옹정甕井이 되기도 한다.

놀메와 황산벌 전투

황산벌은 '놀메'이다. 놀메는 '늘어메'로 죽 늘어진 넓은 벌판이다. 산이 늘어서서 주욱 연결되어 있는 지형이 연결군, 연산連山군이다. 느르메가 '누르뫼' '놀뫼'로 변하고 '놀'은 '노랗다'로, '뫼'는 '산'으로 변하여 '황산黃山'이 되고 말았다. 메, 뫼, 산이 같이 쓰인 경우이다. 계백장군의 황산벌전투는 '놀메 전투'인 셈이다.

계백장군의 결정적인 실수는 화랑 관창의 목을 말에 매달아 적진으로 보내어 신라군의 사기를 충천하게 한 일이다. 전쟁에 앞서 자신의 가족을 먼저 죽이고 출전한 그였지만 한 가닥 회한이 마음의 짐이 되었던 것일까? 논산도 느르메가 되고 놀메가 되어 누런뫼, 황산이 된다. 경북 청도군 화양읍의 '눌미리'도 '느르메' '느르목'은 넓은 지역을 말한다.

상도리와 윗장

논산군 상월면은 '상도上道'와 '월오月午'를 따서 '상월上月'이 되었다. 또 상도리는 원래 노성군 지역으로 상리와 수정리 일부를 병합한 것으로 노성천을 따라 내려오는 큰길을 기준으로 하여 길 위쪽을 상도上道라고 하고 길 아래쪽은 하도下道라고 한 것이다. 상갈上葛이 칡과는 관련이 없듯이 상도上道도 도를 닦는 것과는 연관이 없다. 상갈이 윗 갈래이듯이 상도는 윗길이다. 전남 순천시의 길 위쪽에 있는 시장을 웃장, 아래쪽의 시장을 아래장이라고 하는 것과 같은 지명이다. 연기군은 강을 따라 이름이 붙은 곳이다. 금강이 연결된 곳이라서 연결군, 연기군이 되었다. 연천도 임진강과 한탄강이 연결된 천이라서 연천이다. 평택의 황고지천(황구지천)도 '늘어진 천' '느린천'이 '누린천' '누런천'이 되어 '황구지천'이 되었다.

목포의 눈물과 나무개의 눈물

목포는 남쪽의 개펄이라는 '남의 개펄' '남개'가 '나무개'로 변하고 그것이 '나무 목木'과 '물가포浦'가 되어 목포木浦가 되었다. 남개는 앞개, 북개는 뒷개, 후포後浦이다. 유행가 '목포의 눈물'은 '나무개의 눈물'인 셈이다.

마당쇠와 돌쇠

사람 이름도 소돌이는 소돌小乭, 우석牛石, 말돌이는 말돌末乭, 마석馬石이 되며 자갈이는 소석小石, 돌이는 돌이乭伊, 마당쇠는 장금場金, 돌쇠는 석금石金, 길쇠는 도금道金이 된다. 장금, 석금은 수원 화성의 돌벽에 새겨져 있는 석공들의 한자이름이다. 실명제인 셈이다. 소인네가 '쇤네'로, 웅녀가 곰녀, 곰례로 변하기도 한다. 드라마의 주인공 대장금도 대장금大長今으로 키다리라는 뜻일 것이다. 또 밤나무 밑에서 낳으면 밤쇠, 명절에 태어나면 떡쇠, 3째라고 삼돌이, 막내라고 끝필이, 태어난 달을 따서 삼월이, 오월이, 유월이, 구월이. 시월이 등 향수 어린 말들도 모두 사라졌다. 대아지大兒只, 소아지小兒只, 마즐녀嗎叱女라는 이름도 있으니 큰애기, 작은애기, 맏딸이라는 뜻이다. 중아지中兒只는 '간데아' 즉 '가운데아기'이다. 작년에 광주 분원리 관요터에서 나온 '손맛소니'라는 도공의 이름은 '선머슴애' 또는 손씨 성으로 맛소니는 맏이, 장남이 아닌가 한다.

마당과 남태령

뚜껑은 두건頭巾이 변한 말이다. 마당은 마의 땅, 즉 남쪽에 있는 땅이라는 의미이다. 마는 남쪽이니, 남쪽의 땅인 '바땅'이 오늘날 '집 마당'이 되었다. '마땅하다'라는 말도 집이 남향하여 남쪽에 마당이 있는 것이 마땅한 것이다. 그렇지 않으면 '못마땅'한 것이다. 뒤뜰은 뒤의 땅, 북쪽의 땅이 뒤뜰이 되었다. 그러므로 '뒷마당'이라는 표현은 맞지 않다. 남태령도 남쪽의 고개, 앞 고개, 남 고개이다. 남살미고개도 남솔뫼 고개이다. 남쪽에 있는 작은 산 고개이다. '솔'은 좁다는 뜻이다. 봉울미 고개는 산봉우리 고개이며 큰덕미고개는 큰 언덕 고개이다.

차내미와 봉내미

경북 청도군 이서면 칠엽리의 '차내미고개'의 '차'는 수레 거車에서 온 말인데 수레는 수리이며 정수리, 꼭대기라는 말로 '차'는 '산꼭대기이며' '내미'는 '너머'라는 의미이다. 산꼭대기로 넘어가는 고개이다. 일반적으로 그 지역에서 높은 산을 수리봉이라고 부른다. 산시내미는 산너머이다. '산시'의 '시'는 사투리로 그냥 따라온 말이다. 붕내미 고개의 붕은 새붕鵬이다. 그러나 날아가는 새가 아니라 이산과 저산의 사이고개, 새고 개, 샛길이다. 병풍내미는 산이 병풍처럼 생긴 고개이다.

고모령라 맘보

경산시 고산면 고모동의 고모령은 형제봉이 모봉母峯을 돌아 보는 형국이다. '비내리는 고모령'이다. 지금은 대구직할시로 편입되었다. 곰배령은 지형이 떡을 치는 곰배처럼 생긴데 에서 유래한다. '맘보'는 쿠바 아이티 토착종교인 부두교의 여자사제 의 이름으로 '신과의 대화'라는 뜻이다.

안성마춤라 안타깝이

안성에서 만든 그릇을 '안성맞춤'이라고 한다. 지금의 표준어 이다. 그러나 '맞추다'는 어떤 목표물을 적중시키는 것이고 '마 추다'는 옷을 마추다, 신발을 맞추다 처럼 몸이나 발에 마추어 짓는 것으로 볼 때 '안성마춤'이 더 설득력이 있어 보인다. 임 거정이 나라의 우환이라 하여 임걱정이 되어 '걱정'이란 말이 생겨났고 조선 세종 때 안다갑이라는 여자 이름에서 '안타깝 다'라는 말이 생겨난 것으로 전해지고 있다. 세종이 궁녀 안다 갑이를 좋아했으나 이미 애인이 있었다. 세종은 그녀를 궁에서 내보내어 혼인하게 해 주었는데 그녀의 남편이 병으로 일찍 죽 었다. 그 소식을 들은 세종이 '그 참 안다갑이가~'라고 한 것이 '안타깝다'로 굳어진 것이라고 전한다.

빈대와 남이섬

중국을 다녀온 사신이 붓대롱에 조그마한 벌레를 넣어가지고 와서 성종임금에게 보였다. 성종이 대롱 속을 들여다봐도 벌레가 너무 작아 아무것도 안보이므로 '빈대 밖에 없구나'라고 한 것이 그 벌레를 '빈대'라는 이름이 되었다. 남이섬 역시 '남쪽의 섬'이라는 뜻으로 '남의 섬'인데 그것이 '남이섬'이 되어 엉뚱하게 남이장군이 전사한 곳이 되어 가짜무덤까지 만들어 놓았다. 남이섬은 원래 섬이 아니었으나 일제 때에 수력발전소를 만들기 위하여 댐을 막아서 물이 차올라 섬이 되었다. 춘천 쪽에서 바라보면 남쪽에 있는 섬이므로 '남의 섬' '남이섬'이 되었다.

남이장군의 무덤은 경기도 화성군 비봉면 남전 2리 산145번지에 있다. 남전2리 바로 뒷동산이다. 무덤이 경기도 화성시에 있는 것은 어머니가 남양홍씨라서 외가동네에 산소를 정한 것으로 보인다.

모래시계의 정동진

티쎄(TV) 연속극 모래시계의 촬영지 정동진은 원래 그곳 주민들이 마을의 정 동쪽에 있는 나루라는 뜻으로 붙인 이름이다. 서울의 정 동쪽에 있다고 해서 붙인 이름이 아니다. 옛날 그 지역 주민들에게 서울은 관심 밖의 일이었다. 땅이름의 주체는 그 지역 주민이다.

경산 남매지

경산 남매지도 남쪽에 있는 못이다. '남의 못' '남지南池'이다. '남지'가 '남못'이 되고 '남의 못'이 '남의지' '남에지' '남매지男妹池'가 되어 남매간의 슬픈 전설을 지닌 못으로 변하였다. 남이섬의 경우와 같다. 경산 용성면 고죽리에 살았던 해인海印이라는 도인道人의 예언에 의하면 남매지는 통일이 되어 세계

- 173 -

의 일꾼을 길러내는 홍익인간의 교육장으로 쓰이기 위하여 지금은 사람이 손을 못 대도록 못이 되어있다고 하였다.

그는 서울로 갈려고 할 것이 아니라 지금 자기가 사는 곳을 서울처럼 만들라는 말도 하였다. 또 그는 논이 바둑판처럼 반듯 반듯 해질 것이라는 농경지 정리를 예언하였고 들판이 서리내린 듯 하얗게 될 때 우리나라가 잘살게 된다는 비닐하우스 경작시대를 예언하였다. 또 아폴로가 달에 간다고 온 세상이 떠들썩할 때에도 '가봐야 가져올 것이라고는 돌멩이 몇 개밖에 없다'라고 하였다. 도를 통한 선지자였다.

웅진과 공주

웅진은 큰 나루라는 뜻인 '금나루' '검나루'인데 '곰나루'로 변하여 '웅진熊津'이 되었다. 지금 웅진나루에는 커다란 곰동상이 서있고 옛날에 곰이 많이 살았다는 전설의 고향이 되어있다. 공주도 큰 마을인 금(큰)주가 검주<곰주<공주로 변하였다. 금강도 금강<곰강<검강<금강이 되었다. 충청도 사투리로 '검'은 '금'으로 발음된다.

원효와 당항성

흔히 '원효당진'이라고 하여 충남 당진은 당나라로 가는 나루고, 한진은 한나라로 가는 나루로 알려져 있다. 그러나 송고승전宋高僧傳중에서 의상전義湘傳의 기록을 보면 원효가 당나라로 떠나고자 했던 나루는 경기도 화성시 서신면 상안리 산 32 당항성黨項城아래의 나루였다고 한다. 현재의 화성시 권역 안에는 고구려 점령시 당성군唐城郡과 매홀군買忽郡이 있었다. 화성에 염불산, 법동, 삼존리 금당리 등 불교와 관련된 지명이 많은 것도 원효와 의상의 당나라 유학길의 영향으로 보는 것이

- 174 -

다. 충남 '원효당진'의 유래는 경기도 '당항성(당주개) 해문리海門里'의 와전이다.

당진과 한진

충남 당진의 '당'은 닥, 단, 당으로 원래 산을 뜻한다고 한다. 그 '산'에 군대가 '진'을 친 곳이 산진, 당진이다. '한진'은 '큰 나루'이다. '한漢'은 '클 한'으로 크다는 뜻이지 한나라로 가는 나루터가 아니다. 당'이라는 지명은 연천의 당포성, 경남 고성의 당항포, 서천군, 창녕군, 해남, 여수 등의 당포 등이 있다. 당집은 산에 있는 집이다. 당산堂山은 부군당 등의 당집들이 있던 곳, 당 나무가 있던 산이다. 광희문밖에 있는 신당동은 신당神堂들이 있던 곳이다. 사당동은 남묘가 있는 곳이다. 원래 남묘는 지금의 남대문 경찰서 뒤쪽에 있었다. 지금의 사당동舍堂洞은 원래 사당동祠堂洞이었다. 김삿갓의 시에 사당동祠堂洞이라는 이름이 보인다. 울진은 울릉도로 가는 나루이다. 강릉은 강(남대천)과 삼왕릉이 합쳐진 이름이다.

가좌동과 가평

가좌동은 가장자리의 여울, 갓여울이 가여울, 가재울로 변하면서 가좌동이 되었다. 이것이 가재가 많은 곳으로 와전되면서 웅진의 곰 동상처럼 커다란 가재 동상을 세워 놓았다. 그것도 토종 가재가 아니라 킹크랩을 세워 놓았다. '가평' '가동' '각동' '각골' '갓골' '가리'가 모두 물 가장자리에 있는 동네이다. 기자촌은 1969년에 박정희대통령이 기자들을 위하여 만든 마을이다. 문화촌은 문화 예술인들의 마을이다. 해방촌은 북한 실향민 마을이다.

청평과 양평

청평은 가평과 마주보는 들판이므로 맞뜰, 막뜰인데 '막'이 '맑'이 되어 '맑들'이 되면서 맑은 들판, 청평淸平이 되었으니 원래의 뜻을 도저히 알 수 없게 되고 말았다. 마산도 창원, 진해와 마주 보이는 땅이므로 '맞산'이 '마산'이 된 것이다. 산은 산도 되지만 땅도 된다. 양평은 조선시대에 양근楊根군이라 하였는데 일제 항쟁시대에 지역을 통합하면서 양근군과 지평현을 합하여 '양평군'이 되었다. 또 양평이라는 단어만 보면 '벋은 들'이 '버드나무 들'이 되어 양평楊平이 되기도 한다.

지평리와 동락전투

지평군은 예로부터 지평막걸리로 유명하다. 지평 막걸리 공장이 6.25때 유엔군 사령부로 사용되었다. 그때 프랑스 대대의 전설적인 사령관 몽클라르 중장은 스스로 중령으로 강등한 계급장을 달고 유엔군 지휘관으로 지평리 전투를 이끌었다. 임신한 아내도 따라왔다. 그때 뱃속에 있던 딸이 3년 전에 지평리를 다녀갔다.

1950년 7월 6일 충북 충주시 신니면 동락초등학교에 휴식을 취하고 있던 인민군을 안심시킨 여교사 김재옥의 기지로 2186명의 인민군을 사살하는 대승을 거두었다. 이 전투가 인민군에 대한 국군의 최초의 승리라면, 1951년 2월 13일부터 3일 동안 5,0600명의 중공군을 5600명의 유엔군으로 막아낸 몽클라르 장군의 지평리 전투는 중공군에 대한 유엔군의 최초의 승리였다.

충주의 동락전투가 3일 동안 시간을 벌어 낙동강 방어선을 만들게 하였다면 지평리 3일 전투는 삼팔선을 회복하는 반격의 중요한 기점이 되었다. 그때 김재옥 선생을 따라가서 다급한

김에 논두렁에 엎드려 팔꿈치로 받치고 박격포를 쏘아 인민군
화약고를 명중시킨 주인공인 6사단 7연대 2대대 8중대장 육사
8기생 신용관 중위가 아직도 94세의 노병으로 살아있다. 그는
준장으로 제대하여 해양경찰대장을 지냈다.

지평이라는 땅이름은 숫돌이 많이 나는 곳이라 지평砥平이라
하고 동락은 그곳의 산이 동그랗게 생긴 동그락산에서 동락이
되었다. 몽클라르 중장, 영화<전쟁과 여선생>의 김재옥 선생,
신용관 장군, 우리가 기억해야 할 인물이다.

아우라지와 갈천

파주의 교하交河는 한강과 임진강의 교차지역으로 '어울메'
'어을메'이다. 즉 두 물이 어우러진다는 뜻이다. 아우라지도 정
선군 여랑면의 골지천과 송천이 합쳐져 어우러진다는 뜻이다.
양수리의 두물머리와 같은 경우이다. 갈산리는 갈메, 갈물이며
물이 갈라지는 곳이다. '가천'도 물이 갈라지는 곳이고 '갈천'도
물이 갈라지는 곳이다. 동강은 영월 동쪽으로 흐르는 강으로
조양강과 오대천이 만나는 곳에서 서강에 합쳐지는 지점까지의
강이다.

월정사와 비수구미

월정사의 월정月精은 불교 화엄사상과 유교, 도교, 무속이 융
합된 말이라고 한다. 6.25 후 복원하였으며 탄허스님이 머물던
절이다. 오대산은 자장율사가 공부하던 중국 산서성 오대산에
서 유래된 이름이며 동쪽의 만월봉, 남쪽의 기린봉, 서쪽의 장
령봉, 북쪽의 상왕봉, 중앙의 지로봉의 다섯 봉우리가 벌려져
있어서 붙인 이름이다. 월정리역의 월月은 달, 땅이다. 궁예의
성터 안에 있는 땅이며 그 안에 큰 우물이 있어 월정리月井里

이다. 신라와 고구려 때에는 땅을 '달'이라고 하였으며 조선시대 초기에는 '짜'라고 하였고 고종때에 와서 '따'라고 하였다.

화천의 파로호 위쪽 '비수구미'마을은 늘 안개가 많고 바람이 거센 골짜기여서 물바람이 휘날린다고 '비수飛水'이며 '구미'는 '후미 진 곳' '구석'이라는 뜻이다. '후미진 곳' '비수후미' '비수구미'이다. 그 곳이 북한강 언덕을 따라 낭떠러지가 험한 지역이라 '낭떠러지 천'이라는 뜻으로 '낭천'이라고 하였다.

화천 절구골은 비금사 절을 옮길 때 절구를 떨어뜨린 곳이고 청동벼래는 청동화로를 떨어뜨린 벼랑이라고 한다.

건지산과 영월

안성 금광면의 건지산은 금이 난다고하여 금광산인데 나중에 검강산이 되고 건지산이 되었다고 한다. 영월은 너무 오지라서 고개를 많이 넘어간다고 원래는 영월嶺越이었다는 설이 있고 단종이 편히 있으라는 의미로 영월寧越이라고도 전해온다. 소나기재, 눈물재도 단종의 귀양길에 소나기가 내렸고 고개가 너무 가팔라서 눈물을 흘렸다고 해서 붙은 지명으로 전해진다.

파로호와 쑥고개

화천 파로호는 6.25때 국군이 중공군 즉 팔로군 2만 4천명을 수장시킨 대첩을 이룬 곳이다. 혹 8만 명이었다고도 한다. 전사자가 너무 많아 물 반 시신반이라고 하였으며 길에 시체가 쌓여 행군을 할 수 없을 정도였다고 한다. 종전 후 군번목걸이만 수십 트럭이 나왔다는 곳이다. 원래 대붕호였는데 팔로군을 대파한 곳이라 하여 '파로호破虜湖'가 되었다. 이승만 대통령이 쓴 <破虜湖>라는 비석이 있다. 명필 중 명필이다.

대승 기념비는 김대중 정부 때 인적이 드문 곳으로 옮겨져 이제는 일부러 찾지 않으면 눈에 잘 뜨이지도 않는다. 화천은 가곡<비목>의 탄생지이다. 평화의 댐 옆이다. 쑥고개는 대체로 숯을 굽는 가마가 많이 있던 곳이다. '숯골' '숯고개'가 변하여 '쑥골' '쑥고개'가 되었다. 쑥은 어디에나 있다.

나비와 잔나비

신씨申氏의 신申을 흔히 '납신'이라고 한다. 그러나 이 뜻을 아는 이는 드물다. '납'은 '나비'이다. 날아다니는 나비이다. 원숭이를 '잔나비'라고 하는 것도 나무 위를 날아다니면서 잔재주를 잘 부린다는 '잔납'에서 온 말이다. 고양이를 '나비'라고 부르는 이유도 몸통을 거꾸로 뉘어 허공에 집어던져도 똑바로 착지着地하기 때문에 그 재주가 나비와 같다하여 붙여진 이름이다.

또 고양이를 경상도 말로 '살찌이'라고 하는 것은 살쾡이의 일종이기 때문에 붙여진 이름이다. '고양이' '괭이'도 살쾡이에서 온 말이다. 또 『동언고략』에 의하면 신라인이 고구려인의 독한 모습을 일러 '고양高樣'이라 하였다는 기록이 보인다.

춘천과 뱀내

춘천은 원래 소양강 물줄기가 뱀처럼 꼬불꼬불하여 '뱀내'라고 하였다 이 '뱀내'가 '봄내'가 되어 '춘천春川'이 되었다. 팔당댐을 막고부터는 꼬불꼬불한 흔적이 많이 없어졌다. 그러나 대사리大巳里는 큰 뱀이라는 뜻이 아니라 '큰 배미' '큰 논배미'에서 나온 말이다. 뱀사골은 배암사골이다. 배암사拜庵寺라는 절이 있는 골짜기이다. 뱀과는 아무 연관이 없다. 선사유적지인 서울 암사동은 바위 위에 절을 세워 '바위절' '암사岩寺'가 있던 곳이다. 원래 광주군 구천면이다.

할마시와 할배

지금부터 약 50년 전인 청나라 말 국민당 초기에 중국 하북성 보정保定 청원남향淸苑南鄉에서 출토된 삼병명三兵銘이라는 무기 3자루가 현재 요령성 박물관에 소장되어 있는데 구 역사학자 왕국유는 이것을 상商나라 때의 삼구병三句兵(갈고리처럼 휘어진 칼)이라고 주장하였다. 그러나 근세 학자인 곽말약에 의하여 칼(器)이 아닌 창(戈)이었음이 밝혀졌다. 곽말약은 상나라 때의 것이라고 할 수 있는 근거도 희박하며 칼이 아닌 창이라고 단정하므로써 왕국유의 주장을 뒤집었다. 더욱이 시대적으로 은, 상나라 보다 1000년 전인 삼황오제 시대의 인물인 제정옥계의 후세 자손의 병기였음을 밝혔다. 이 창날에 음각된 글자 중 일日은 족칭을 나타낸 것이며 신농의 손자인 정옥고양(서기전2467~서기전 2421년 재위47년)계열의 족보를 기록해둔 것으로 삼황오제시대의 것임이 드러남으로써 삼황오제가 명백한 역사 시대였다는 점과 아울러 정확한 연대까지 밝혀내었다. 필자는 이 병기가 진시황 때 사람의 목이나 말의 다리를 낚아채는 낚시 바늘모양인 미늘창의 원조일 것으로 본다.

그 창날에 새겨져 있는 족보에는 '조일을北日乙' '대조일기大北日己' 등의 기록이 보이는데 이것을 풀어보면 '조일을北日乙'은 할애비조의 '할'과 날일의 '날'과 새을의 '새'로 '할날새'가 되고 '할날시' '할아시' '할마시'가 되며 '대조일기大北日己'는 큰대(大)의 '큰'과 몸기(己)의 '몸'을 더하여 '큰할날몸' '큰할몸' '큰할멈'으로 읽을 수 있다. 또 '조일을北日乙'은 '조일사北日巳'로 보아 뱀사의 '뱀'이 합하여 '할날뱀' '할아뱀' '할아범' '할배'로 읽히고 '대조일기大北日己'는 '대조일사大北日巳'로 풀어 '큰할날뱀' '큰할아뱀' '큰할아범'으로 읽힌다. 여기서 기己와 을乙은 사巳와 그 음과 뜻이 서로 넘나드는 것으로 보았다. 따라서 삼황오제시대의 한자말이 바로 우리말이라는 주장이 가능해지고 신농과 정옥고양이 우리의 조상이라는 주장이 더욱더 설득력을 얻는다.

땅이름 연구와 마찬가지로 이러한 해석도 서글(한자)의 뜻에 속아서는 안 된다는 점이다. 고려시대까지만 해도 한문의 어순이 지금과 같았다. 정몽주의 단심가丹心歌를 보면 이 몸이 죽고 죽어 일백 번 고쳐 죽어(此身 死了 死了 一百番 更死了)의 어순이 우리말 어순과 같다.

아지뱀과 할아뱀

가장을 '아뱀'이라고 한다. 경상도 사투리로 '아주버님'을 '아지뱀', '할아버지'를 '할배'로 부르고 있음을 보아 홍산 문화의 삼황오제가 다름 아닌 우리의 조상임을 알 수 있다. 이것은 앞에서 언급한 <'누이' '잠' '저' '돈'의 어원>에서 보듯이 우리말이 삼황오제시대에 깊이 뿌리박혀 있는 사실과 더불어 우리의 상고사를 밝히는 귀중한 열쇠이다.

또 공자의 상서尙書 우하서虞夏書 순전舜傳의 기록에 순임금이 말하기를 '고요여 만이활하 하며 ~ '[131]라고 기록되어 있다. 즉 순임금이 고요에게 '야만인인 이夷족이 우리 하나라를 넘보고 도둑이 들끓어 소란케 하니 5가지 형벌을 정하여 밝게 잘 다스리라'는 내용이다. 이것은 춘추시대 말기에 태어난 공자(서기전 552~서기전 479년)가 상서商書를 쓰면서 순임금이 한 말로 기록해 놓은 내용이다.

그런데 여기서 '고요皐陶'는 순임금이 왕위에 오르기 전 바로

---

131)帝曰 皐陶여! 蠻夷猾夏하며 寇賊姦宄로다. 汝作士니 五刑有服하되 五三就하며, 五流有宅하되 五宅三居하며 惟明克允하라. 여기서 고요는 순임금의 윗대인 요임금의 3째 아들이다.

윗대 왕인 요임금의 세째 아들의 이름이다. 순이 아직 왕위에 오르지도 않았는데 윗대인 요임금의 3째 아들 고요에게 그런 말을 할 수 도 없으려니와 하나라는 요堯임금 → 순舜임금 → 우禹임금 → 백익伯益 다음에 우의 아들 계啓가 세운 나라이므로 순임금 당시에는 하나라가 생겨나지도 않았는데 어찌 '하나라를 넘보는 도둑'이라는 말이 있을 수 있겠는가! 그래서 이것은 비록 성인인 공자의 말이라 해도 거짓말이라고 할 수밖에 없는 것이다.

신사학新史學의 제창자인 양계초梁啓超(서기1873~1929년)도 이 기록을 들어 비판하였다. '이 말은 너무 심하게 속인 말이다. 순임금 때 아직 하나라가 생기지도 않았는데 어디를 근거로 하여 이런 말을 할 수 있었겠는가! 비록 공자라는 성인의 손에서 나와 경으로 정해졌더라도 우리들은 끝까지 가짜 역사라고 외치지 않을 수 없다.'라고 하였다.

동이와 오랑캐

또 중국인이 이夷라는 글자를 야만인 오랑캐라고 풀이한다면 자가당착이 이만저만이 아니다. 동이東夷는 『맹자』나 『설문해자』에 나와 있듯이 동쪽의 사람이라는 '동방지인야東方之人也'이다. 『맹자』 이루장구하에 말하기를 '순임금은 저풍에서 나시고 부하로 옮기시어 명조에서 돌아가시니 동이의 사람이며, 문왕은 기주에서 나시고, 필영에서 돌아가시니 서이의 사람이다.'[132]라고 하였다.

『맹자』에 나오는 이 문구는 여태까지의 선사시대를 역사시대로 바꿀 수 있는 중요한 근거를 제공해주는 내용이다. 공자

---

132) 『맹자』 離婁章句下, 孟子曰 舜生於諸馮 遷於負夏 卒於鳴條 東夷之人也. 文王生於岐周 卒於畢郢 西夷之人也.

가 주장하는 동이東夷는 그가 살고 있던 동쪽지방 사람이고, 서이西夷는 문왕이 살고 있던 지금의 섬서성 보계시寶鷄市가 있는 기산岐山 아래에 있던 서쪽지방의 사람이다. 그렇다면 하夏는 어디인가? 하의 수도는 지금의 하남성 안양安陽이다. 이곳은 바로 순임금이 살았던 동이의 고장이다. 순임금은 동이東夷의 사람이고 또 하나라 시조인 우임금의 이름이 바로 이夷이다. 따라서 앞의 문구 '만이활하蠻夷猾夏'는 이족夷族인 하나라가 이족夷族인 하를 침략했다는 졸작을 만들어내고 마는 셈이다. 금문金文에서 이夷는 다음의 제위를 물려받을 사람, 또는 위대한 사람, 대인을 뜻한다고 하였다.

중국을 통일한 동이족 혈통인 진시황제가 자기 선조를 오랑캐라고 한 공자의 「만이활하」라는 말을 듣고 어떤 태도로 나왔을 것이라는 것은 불을 보듯 뻔한 것이었다. 천하를 통일한 마당에 자기 선조를 오랑캐로 취급한 이들을 그냥 둘리가 있었겠는가. 분서갱유는 어떻게 보면 거쳐야 할 당연한 수순이었는지도 모른다.

서기전 2517년 신농에 의해 동쪽 곡부曲阜 땅에 세워진 삼황오제 시대는 219년 만에 하나라를 세운 우임금의 아들 계啓에게 망하고 그 후 서쪽 땅으로 옮겨가 살던 동이족은 그 맥을 이은 진나라가 일어서기까지 대략 1250년이 걸린다. 그곳이 바로 태백산이 있는 섬서성 서안을 중심으로 한 지역이다. 또 서역의 공자로 추앙받는 촉蜀의 양웅揚雄(서기전58~서기18년)의 법어法語에 '종이활하宗夷猾夏'라는 글귀가 나오는데 이 뜻은 '동이족의 종가집인 진시황(宗夷)이 하나라를 소란케 한다(猾夏).'라는 내용이다. 이 글귀는 바로 진시황이 동이족의 혈통임을 밝혀주는 내용이라 하겠다. 동이는 '둥이'이다. 쌍둥이, 삼둥이, 칠삭둥이, 바람둥이, 재간둥이, 효자둥이, 충성둥이, 문둥이, 막둥이의 '둥이'이다. 동이의 '이夷'는 활을 메고 있는 사람으로 알고 있으나 그 이전의 원래 의미는 빗자루로 마당을 쓰는 사람이라는 뜻으로 만들어진 글자이다. 아마 모계사회의 데릴사위 역할을 표현한 것일 것이다.

한漢라 한韓

이렇듯이 공자 같은 성인의 말이라고 해도 다 믿을 수 있는 것은 아니다. 일본 학자 아고 에요히꼬吾鄕淸彦도 '단군 조선이 중원中原을 지배했다는 것은 결코 이상한 일이 아니다. 사마천의 『사기』는 단군의 중원지배를 감추기 위한 힘겨운 역사 위조 작업이었다. 한민족漢民族이라는 이름도 한韓의 이름을 빌린 것에 불과한 것이다.'라고 하였다. 이 아고의 학설로 보아도 삼황오제 시대가 전설의 시대가 아닌 역사 실제 시대인 우리의 고대사임을 알겠고 '한민족漢民族'이라는 이름이 '한韓'의 음을 차용하였다는 것은 바로 인류 역사상 처음으로 모계에서 부계사회로 바꾸는 혁명을 시도한 순임금의 이름인 '한韓'에서 비롯한 것임을 알겠다.(<한국학 기본학습>. 김재섭 강의 초록)

크다는 의미를 지닌 한韓의 한韓소는 황소로, 한韓새는 황새로 변하였다. 순임금의 이름 '한韓'에서 보듯이 삼황오제 시대의 역사가 바로 우리 역사임을 알 수 있다. 따라서 우리의 8~9천년 역사 중에서 3~4천년은 아직도 고대사의 저편에 묻혀있다. 그러니 일반인들에게는 단군 왕검이란 존재만 전설의 주인공처럼 버티고 있을 뿐이다. 이제 비록 부분적이지만 이 삼황오제의 인물들이 우리 조상이었다는 사실이 밝혀지고 있다.

단군라 4서四書

『중용』, 『맹자』, 『논어』, 『대학』의 중요 내용들이 이미 그로부터 1500년 전의 단군조선에 뿌리를 박고 있다. 한 가지만 예로 들자면 대학의 3강령 8조목은 6세 달문단군(서기전2048년 卒)에게 올린 팔부루의 상소문에 다름 아니다. 팔부루八夫婁가 임금께 아뢰기를 '나라를 다스려 천하를 태평하게 하는 길은 첫째 명덕을 밝히는 데에 있고(在明明德), 둘째 백성을 새롭게 하는 데에 있고(在親民=在新民), 셋째 지극한 선에 이르게 하는 데에 있습니다(至於至善)'라고 하였다. 곧『대학』의 3강령이다.

담규覃達(서기30~101년)나 정현鄭玄(서기127~200년)과 정자程子(서기1032~1085년)는 『대학』은 공자가, 『중용』은 공자(서기전 552년)의 손자인 자사(기원전 483년?)가 지었다고 했으나 호적好適과 전목錢穆과 같은 근세 중국학자들은 그것을 부정하였다. 그들은 『대학』과 『중용』의 저자를 알 수 없다고 하여 그 뿌리가 단군조선이라는 사실에 힘을 실어주었고 다만 『주역』은 복희가 만든 것이라고 하였다. 태극도와 하도를 만든 복희도 5세 배달국 태우의 한웅의 막내 아들로서 엄연한 우리의 조상이다. 우리의 고대사는 세계 최고最古, 최상最上의 광맥을 보유하고 있으나 상고사부분은 아직 역사의 장막 속에 가려져 있다.

소양강과 소양정

소양강 근처에 소양정昭陽亭이 있다. 소양은 지형이 소의 양 부분에 해당하는 곳이라서 '소양'이 되었다고 한다. 소는 되새김질하는 동물이다. '양'은 첫 번째 위주머니, 두 번째가 '벌집' 세 번째가 '처녑' 네 번째가 '홍창' 즉 막창이다. '양껏 먹어라' 라는 말도 소의 첫 번째 위인 양에서 나온 말이다. 또 소양은 춘천시 북산면 물로리의 물로勿老와 관련된 말이라고 한다. '물로'는 '물'로 보고 있다. 그 주위의 계곡이 깊어 햇볕이 잘 들지 않는데 그곳은 햇볕이 잘 들어 주위 풍광이 물에 아름답게 비친다고 소양昭陽이라 하였다고도 한다.

　소양정은 봉의산 북쪽 자락에 있는 정자로써 신라 때부터 기록에 보이는 우리나라에서 가장 오랜 역사를 가진 정자인데 여러번 화재로 소실되었고 지금의 정자는 6.25후에 지은 것이다.

　봉의산은 중턱에 조선 중종 때 8도감사를 지낸 반석평潘碩枰의 시가 새겨져 있는 풍광이 수려한 산이다. 반석평의 시는 한림대학 뒤편 해발 275m 부근이며 등산로를 벗어난 한적한 곳에 있는 작은 바위에 새겨져 있다. 조선시대를 통털어 8도감사를 역임한 사람은 2명뿐인데 바로 양근陽根함씨 함부림咸傅霖 감사와 반감사이다. 반석평은 8도 관찰사 외에도 5도 병마절도사까지 지낸 유일한 인물이다. 반기문총장의 직계조상이다. 중도中島는 의암댐 건설로 생긴 섬이다. 고대유물이 출토되고 있어 비상한 관심을 불러일으키고 있다. 그런데 중도에 위락단지를 만드는 공사를 하고 있어 지탄의 대상이 되고 있다.

순천과 학여울

　순천은 '숲내'이다. 고흥군과 여수시 사이에 순천만이 있어서 썰물때 물이 빠지면 갈대밭사이로 갯골이 많이 나타나므로 '갈대숲의 내'라는 뜻인 '숲내'가 '순내'가 되고 한자로 표기하면서 '순천順天'이 되었다. 탄천도 갈대숲이 우거진 곳을 흐르는 냇물이다. 그것이 '숲내'가 되고 '숯내'가 되어 탄천炭川이 되었다. 숯과는 아무 관계가 없다. 분당의 '수내동'은 물의 안쪽 마을 즉 '물안마을' '물내동'이 수내水內동이 수내藪內가 되었다. 수서水西동은 물의 서쪽마을이다. 대치동의 학여울 탄천은 대동여지도에 학탄鶴灘으로 나와 있다. 그러나 지형상으로 볼 때 탄천灘川과 양재천이 만나는 곳으로 물이 여울져 합친다는 '합탄습灘'이 '학탄'이 되고 '학여울'이 된 것으로 보인다. 물결이 여울지는 곳이다. 그러나 여울지는 모습이 학과 닮았다는 기록과는 거리가 있어 보인다. 한탄강漢灘江도 물살이 크게 여울진다는 뜻이다.

몽촌과 을숙도

몽촌토성은 큰 마을, 혹은 굽은 마을이라는 뜻이다. 옛날에는 토성 앞으로 한강이 굽이쳐 흘렀다. 고려 말 충신 둔촌 이집이 살던 곳이라서 둔촌동이다. '검마을' '굽마을'이 큰마을, 꿈마을이 되어 급기야 '몽촌夢村'이 되고 말았다. 안내판에도 꿈 마을로 되어있다. 을숙도는 새가 하도 많아서 마치 새들이 장막을 치듯이 많이 서식히는 섬이라는 뜻으로 '새막섬'이라 했는데 '새을乙' '맑을숙淑'이 되어 '을숙도乙淑島'가 되었다.

얼굴과 염통

'얼굴'은 얼거울이다. 그 사람의 마음을 비추어주는 '얼의 거울'이 '얼굴'이다. 얼이 있는 굴이 아니다. 얼이 있는 굴이라고 한다면 콧구멍이나 머리통이 되어야 한다. 가장 무심할 때의 꾸미지 않은 표정, 잠자는 얼굴이 그 사람의 참 얼굴, 참 얼거울이다. 염통鹽筒은 '소금통'이다. 심장과 소장은 소금기가 많고 열이 많아서 암에 걸리지 않는 장부이다. 염소도 '소금(鹽) 소'이다. 소금 없이는 못사는 동물이다.

만리포와 먼대리

만리포 해수욕장은 멀리 있다고 '먼리포'라고 하였는데 이것이 만리포萬里浦가 되니 덩달아 천리포, 백리포, 십리포 해수욕장이라는 이름이 생겨나게 되었다. 완도 명사십리는 모래가 너무 고와서 밟을 때 마다 모래가 밀리면서 삐익 삐익 하고 운다고 명사鳴沙라고 하였다. 명사십리는 길이가 실제로 십리이다. 원산에 있는 명사십리 해수욕장도 십리이다. 왕십리는 서울 뿐 아니라 여수에도 있다. 여수에서 십리거리에 있다하여 생긴 지명인데 해방직후 동명을 바꿀 때 그곳의 둔덕재를 따서 둔덕동으로 바꾸었다. 둔덕은 거제도에도 있다.

만대리萬垈里해수욕장도 멀다고 해서 '먼대리'이다. 고파도해수욕장은 파도가 높은 곳이다. 통영의 매물도는 옛날에 군수품을 보관하던 곳이다. 통영은 삼도수군통제영이 있던 곳이라서 통영이라고 한다. 덕적도도 임진왜란 때 전진기지로 군량미와 군복 등 여러 물품을 보관했던 곳으로 덕물도라고 했는데 나중에 덕적도로 바뀌었다. 그 당시 중국 군대가 자주 출몰하던 곳이라서 군사적으로 중요한 기지역할을 했던 곳이다.

밥과 숭늉

밥은 복福에서 나온 말이라 한다. 옛날에 쌀밥을 먹는 것 보다 더 큰 복이 없었다. 주로 피밥을 먹었다. 쌀밥을 먹고 누룽지로 만든 숭늉까지 한 그릇 마시는 것은 더 없는 대접이었다. 숭늉을 마시는 것보다 더 늉숭한 대접은 없었기에 '융숭한 대접을 받았다'는 말이 생겨났다. 숭늉은 원래 냉수를 데운 물이라는 '숙냉熟冷'의 변음이라 한다. 『임원경제지』에는 숙수熟水라 하였고 『계림유사』에는 이근몰泥根沒 즉 '익은물'이라고 하였다. 숭늉은 활명수처럼 훌륭한 소화촉진제이다.

구례포와 이은돌

구례포 해수욕장은 바위가 양쪽으로 갈라진 곳으로 '갈래포'였는데 '구레포'가 되었다. 구름포 해수욕장은 구릉이 병풍처럼 둘러친 곳이라 '구릉포'인데 '구름포'가 되었다. 독산獨山해수욕장은 그 지역에 홀로 있는 산, '홀뫼' '홀산'에서 온 말이다. 파도리 해수욕장은 주위에 얕은 산이 둘러쳐있어 파도소리가 유난히 크게 들린다하여 '파도리'가 되었다.

어은돌 해수욕장은 조약돌이 많은 곳으로 조약돌의 사투리인 '애은돌' '어은돌'에서 온 말이다. 조약돌은 원래 '졸락돌'이다. '락'은 부스러기라는 말이다. 쌀 부스러기는 '쌀락'인데 '싸라기'가 되었다. 『계림유사』에는 '락'을 '확'으로 표기하였다. '졸'은 '작다'라는 뜻이다. 장기판의 '졸'이다. 작은 돌이 돌싸라기, 졸락돌, 조약돌이다. 비금도의 '하누넘해변'은 해넘이 해변의 변음으로 보인다.

광안리와 송도

광안리 해수욕장의 광안리는 주위가 병풍처럼 산에 빙 둘러싸여 있어 넓은 들판의 안쪽에 아늑하게 자리잡은 마을이므로 광안리廣安里라고 하였다.

송도해수욕장은 바다바람과 모래바람을 막기 위하여 소나무로 방풍림을 만들었기 때문인데 묘하게도 앞 뒤쪽으로 바다가 있어 마치 섬처럼 생겼기 때문에 송도松島라고 하였다. 수영해수욕장은 임진왜란 당시에 경상좌도 수군절도사영이 있었는데 그 '수군'과 '절도사영'에서 '수영水營'이라는 지명이 생겼다. 해운대해수욕장은 동백섬에 새겨놓은 최치원의 호 '해운海雲'을 딴 것이다. 천수만은淺水灣은 물이 잔잔하다고 해서 '잔수만'이라고 한 것이 천수만이 되었다.

여우고개와 도룡동

여우고개는 산길이 넓지 않고 좁은, 가늘고 여윈(살찌지 않은) 길이 나있는 작은 고개라는 뜻으로 '여윈고개'인데 '여우고개'가 되었다. 여우비도 마찬가지로 굵고 살찐 비가 아닌 '여윈비'가 '여우비'로 변한 것이지 여우와는 관계가 없다. 그런데 여우비가 올 때마다 여우는 팔자에도 없는 시집을 간다. 오솔길은 '외솔길'이다. 외따로 나있는 폭이 솔고 좁은 길이다. 여우고개와 비슷한 의미이다. 대전 유성구 도룡동은 탄동천이 갑천으로 하여 이 동네를 휘돌아서 금강으로 빠지므로 물이 돌아나가는 물돌이, 돌물, 돌미르가 도룡道龍으로 변한 것이다. 여우고개나 오솔길이 여우나 오소리의 전용도로가 아니듯이 도룡동도 옛 도룡룡 서식지가 아니다. 첨단 연구단지이다.

'토까이길'은 오솔길보다 더 좁은 토끼길이다. 여수麗水도 폭이 좁다는 뜻인 '여윈내'에서 유래된 것이다. 영주의 죽령은 원래 대(大)재 즉 큰재인데 '대'가 대나무로 변하여 신라 경덕왕 때 죽령竹嶺으로 바뀌었다. 경북 청도군 각남면 녹명리의 '죽바위'도 100명은 앉을 수 있는 큰 바위인데 그 대(大)바위가 죽바위가 되었다. 이효상 전 국회의장은 청도 죽바위가 독일의 로렐라이 언덕보다 훨씬 낫다고 하였다.

한티와 곰티

대치동의 치峙는 완만한 고개를 뜻한다. 거제도 연초면 덕치리와 익산시 함열읍 성매리 석티부락도 이와 같다. 대치는 한 티이다. 큰 고개는 '검티' '곰티'이다. 그러나 검룡소儉龍沼의 '용'은 물이 크게(검) 용솟음친다는 뜻이며 큰 용이 산다는 뜻이 아니다. 령嶺(재)은 대개 험하고 큰 고개이다. 대관령, 죽령, 조령, 팔조령 등이다. 대관령은 한번 넘어지면 데굴데굴 굴러 떨어지는 험한 고개이므로 데굴령이라고 한 것이 대관령이 되었다고 한다. 무슨 관문이 있던 곳이 아니다.

보문동과 쌍문동

보문동은 보문사가 있던 곳이며 쌍문동은 쌍 이문里門이 있던 곳이라고 한다. 이문은 동네 입구에 있는 경비초소에 해당된다. 또 효자문과 열녀문, 두 문이 있던 곳이라고도 한다. 상봉동은 상리와 봉황동을 딴 이름이다.

음성과 음죽

음성은 원래 음죽군陰竹郡이었다. 음지이면서 이곳에 대나무가 많이 나기 때문에 붙여진 이름이다. 음성陰城은 '응달말'이다. 성城이 있어서가 아니라 주위의 나지막한 산이 성처럼 둘러져 있어서 붙인 이름이다. 음죽군이 나중에 절반은 충청도로 편입되면서 '음죽'의 '음'은 음성陰城군이 되었고 절반은 경기도가 되어 '음죽'의 '죽'이 죽면이 되면서 일죽면, 이죽면으로 나누어졌다. 처음에는 죽일면, 죽이면으로 했다가 어감이 좋지 않아서 바꾼 것이다. '응달마을'은 '음달리陰達里'가 되었다.

길동과 진고개

길동은 길다란 동네이다. 오대산 진고개도 긴 고개이다. 지렁이나 지네라는 벌레도 길다, 질다에서 온 말이다. 그러나 서울 명동의 진고개는 비가 오면 유난히 땅이 질어 진고개이다.

메홀과 작전동

수원은 메홀이다. 메홀은 '물골'이다. 메탄동, 메산동의 '메'

가 모두 물마을, 물동네(무우=물=메=미)라는 뜻이다. 동대문구 용두동龍頭洞은 물머리, 미르머리, 용머리이다. 두 물이 만나는 곳이지 용머리와 아무런 관계가 없다. 물머리가 미르, 머리, 용의 머리로 변한 것이다. 동두천은 동쪽으로 흐르는 개천이라는 의미이다. 미아리의 미도 물이며, '아리'는 작다는 뜻으로 작은 물고개이다. 미앳길의 '미'도 물이며, '앳'은 작다, 어리다, 옛띠다는 뜻이다. 즉 작은 물길이 미아리이다. 김포의 알미골도 '아미골'로 작은 물길이 이어진 곳이다. 찬우물 삼거리와 연결되어있다.

인천 부평구의 작전동鵲田洞도 까치밭 즉 작은 밭때기들이 있던 곳이다. 까치설날이라고 하는 것도 작은 설날이다. 애, 아리, 알, 아이, 까치 등은 모두 작다, 어리다, 낮은 곳이라는 의미를 지니고 있다. 치악산稚岳山은 꿩과 상원사의 전설이 얽힌 곳이다. 까치와는 관계가 없다.

무창포와 문막

무창포는 해변가에 있는 창고 즉 소금창고와 절인 생선창고가 많았던 포구이다. 무창포의 '무'도 물의 옛말이다. 염창동도 소금창고들이 있던 곳이다. 경주 중문단지도 원래 중물단지이며 그 근처에서 수도하던 중이 물을 마시러 내려오던 곳이다. 경주 보문단지는 보문사가 있던 곳이다. 신라초기에는 물을 '미' '메'라고 하였다. 고려때는 '무'라고 하였다. 조선때는 '문'이라고 하여 '물막이'를 '문막'이라고 하였다. 문산도 한강과 임진강이 있어 물 마을이다. 그것이 물메로 변하여 문산이 되었다. 문, 미, 마, 미르, 미리가 모두 물이라는 뜻이다. 심지어 물이 '머리'로 변하는 경우도 있다.

운천리와 댕바위

운천리는 포천시 영북면으로 원래 큰 우물이 있었다. 큰 우물이 크누물, 구루물이 되고 '구루'는 구름 운雲이 되고 '물'은 샘 천泉이 되어 '운천리雲泉里'가 되었다. 땅이름의 변천이 이러하다. 야당역의 야당리野塘里는 들 가운데 못이 있어서 '들못' '들모시'라고 하였는데 그것이 야당野塘이 되었다.

'댕바위'는 경주 월성의 문무대왕릉 '대왕바위'이다. 울산에도 댕바위가 있다. 왕비도 죽은 후에 동해의 용신이 되어 지금의 울산 동구에 있는 울기공원 앞바다에 내려왔다고 전해지고 있다. 월성의 대왕암은 알아도 울기공원 앞 바다의 댕바위를 아는 이는 드물다. 월성의 대왕바위와 한쌍을 이룬다.

하조대와 두마리

양양의 하조대는 조선 개국공신인 하륜과 조준이 늘그막에 벼슬을 내어 놓고 여생을 보내던 넓적 바위이다. 지금의 정자는 그 후손들이 나중에 지은 것이다. 포항 '두마리' 마을은 둔덕에 있는 마을이다. 둔들마, 두들마, 두마가 지금의 죽장면 두마리가 되었다. 구한말 때까지는 청하군 죽남면이었다. 계룡시 두마면도 역시 같은 의미이다.

백령도와 연평도

인천 옹진군은 원래 황해도 옹진이다. 옹기를 엎어놓은 것처럼 생겨서 붙여진 이름이라고 한다. 고구려 때는 옹천홀이라고 불렀다. 백령도는 황해도 해주목에 속한 벽성마을의 부자들과 강령마을의 보부상들이 중국을 왕래하던 곳으로 두 마을의 이름을 따서 '벽령도'라고 한 것이 나중에 백령도가 되었다. 대청도는 백령도의 남쪽 섬이므로 '마녁 섬'이 맑은 섬, 청도淸島가 되어 큰 섬은 대청도, 작은 섬은 소청도가 되었다. 대청도는 고려때 원나라의 귀양지였다. 6.25후 북한에서 우리 관할로 넘어오면서 백령도, 소청도와 함께 경기도 옹진군으로 재편되었다. 연평도는 황해도 연백군 송림면에 딸린 섬이다. 연백평야의 부자들이 이 섬으로 많이 놀러오면서 연평도라 하였다.

제부도와 대부도

제부도는 지형이 젖꼭지처럼 생겨서 젖부리라고 한 것이 젯부리가 되고 제부도濟扶島가 되었다. 또 어린아이는 업고 노인들은 부축하여 건넌다는 뜻인 '제약부경濟弱扶傾'에서 '제부'가 나왔다는 설도 있다. 그러나 지명은 인위적인 작명보다는 자연발생적인 경우가 대부분이다. 원래 남양군 신리면이었다. 오이도는 조선 초기에 오즐애흠吡哀, 오즐이도흠吡耳島로 불리다가 정조 때 오이도烏耳島가 되었다. 짐작컨대 외딴섬인 외도, 외섬, 오이섬이 오이도가 된 것으로 보인다. 참오이는 참외, 물오이는 물외로 '외'와 '오이'가 서로 넘나드는 이치와 같다고 하겠다. 1980년 시화간척사업으로 대부도와 연결되어 지금은 육지가 되었다. 대부도는 화성시에서 바라보면 큰 솥처럼 생겼다. 흉년에는 더욱 그렇게 보였다고 한다. 그래서 큰 솥섬, 대부도大釜島였는데 지금은 대부도大阜島로 바뀌었다.

돗섬과 해도

돗마을은 돗단배의 돗모양으로 생긴 마을이다. 돗을 단 배라서 돗단배, 빼고 닫는다고 해서 빼닫이, 열고 닫는다고 여닫이, 밀고 닫는다고 미닫이이다. '돗'이 변하여 '돈豚'마을이 되기도 한다. 마산에 있는 돗섬도 '돼지돈豚'으로 변하여 돈豚섬이 되고 돈섬이 '돼지해'의 해도亥島가 되었다. 해안면亥安面은 해도의 안쪽지역을 말한다. '안安'은 안쪽이라는 뜻이다. 경북 의성의 도직골은 도적, 산적이 출몰하던 곳이며 문경의 돌마래미는 길을 빙 돌아간다는 의미이다. 대부분 돼지와 무관하다. 그러나 경남 창원의 돝섬은 섬이 돼지 모양을 닮았기 때문이며 삼척의 돗밭골은 맷돼지와 연관이 있다. 돼지를 '돗' '돝' '돈'이라고 하는 것은 맷돼지의 털이 거칠어 가시처럼 돋혀 있는 것과 연관이 있는 것으로 보인다.

안동과 문경

서울 안국동의 '안동安洞'은 '안골'이다. 경북 안동安東은 고려 공민왕이 몽진장소로 택할 정도로 많은 병란에도 안전한 고장이었다. 또 이곳에서 왕건과 견훤이 싸울 때 삼태사가 왕건을 도와 동쪽을 평정했다고 하여 안동이라 하고 삼태사는 각각 안동김씨, 안동장씨, 안동권씨라는 성을 하사받았다고 전한다.

원래는 지금의 풍천면 하회마을이 안동이었다. 예안의 동쪽 '안어대동安於大東'의 안동이라고도 전한다. 인구의 증가로 지금은 안동역 지역이 안동의 중심이 되었다. 옛날에는 양반고을로 철도가 지나가는 것을 반대하여 비껴서 놓았는데 세월이 흐름에 따라 기차역 주변이 교통의 요지가 되었다. 경북 청도역도 동헌이 있는 화양읍을 비껴서 철로를 놓은 것인데 화양은 구석진 곳으로 변하였으며 지금의 청도역 부근이 군청소재지가 되었다. 문경은 공민왕이 홍건적이 토벌되었다는 경사스러운 소식을 들은 곳이라 하여 문경聞慶이 되었다고 한다. 그러나 문경은 물경이며 물이 좋은 곳이다. 문막은 물막이며 당진 석문산의 석문은 돌물이며 물이 돌아 나가는 곳이다. 석은 돌, 문은 물, 즉 '돌물'이다.

신안군과 흑산도

신안은 1969년에 무안군에서 새로 분리된 신무안이 신안군 新安郡이 되었다. 1000개 이상의 섬으로만 구성된 군郡으로 <섬들의 고향>이다. 하의도荷衣島는 지형이 연꽃모양이라고 전한다. 고이도古耳島는 지형이 고양이(고이) 모양이라서 붙여진 이름이라 한다. 비금도飛禽島는 지형이 나는 새의 모양을 한 비금산에서 유래하였다고 한다. 그러나 비금도는 '날새도' '널새도'로 볼 수 있으므로 사이가 넓은 섬으로도 볼 수 있다. 또 '금'은 쇠, 새, 사이이므로 '사이섬'으로 보고 있다. 시금치와 천일염으로 유명하며 바둑왕 이세돌의 고향이다. 다리로 서로 연결된 도초도都草島는 초목이 유난히 무성하여 목마지牧馬地로 이용되었고 지형이 고슴도치를 닮아 도치도라고도 한다. 또 도초의 '도'는 길(道)이며 '초'는 풀, 펄, 벌로 흑산도로 갈려면 반드시 거쳐야 하는 길목에 있는 풀밭섬에서 온 이름으로 알려져 있다.

흑산도는 바닷물이 유난히 검푸른 빛이 돌아 멀리서 보면 산과 바다가 모두 검게 보인다고 흑산도라고 한다. 또 '흑'은 '검다'에서 나온 말로 '검산' '큰산'이라는 뜻이 있다. 흑산 진영이 있던 곳이다.

풍광이 아름다운 옹진군 이작도伊作島는 원래 새처럼 생겼다고 하여 이작도二雀島인데 지금의 이름으로 바뀌었다. 또 고려 말 왜구들의 근거지라서 이적夷賊이라 한 것이 이작도가 되었다고 한다. 이작도는 작도가 2개라는 말이며 두 섬이 서로 마주 보고 있어서 운하같이 사이 물길을 이루고 있어서 사이도, 새도가 작도雀島가 된 것으로도 본다. 지금은 이작도伊作島가 되어 소이작도 대이작도라 하고 있다.

어청도와 거문도

어청도於靑島는 한고조에게 패한 항우가 자결하자 항우에게 의지하였던 재상 전횡이 서해로 탈출할 때 안개 속에서 나타난 푸른 섬이라는 역사적인 유래가 있다. 지금도 전횡의 사당인 차동묘가 있다. 거문도巨文島는 대문장가 귤은선생이 여기에 살았던 것에 유래하였다고 한다.

지금의 완도 장보고의 청해진 유적지는 30년전 청해초등학교 어느 교사의 헌신적인 발굴 공로이다. 진도의 서망항은 섬안쪽의 만, '섬안항'의 변음이다.

묵동과 별내면

동대문구 묵동은 옛 양주군이다. '묵'은 '먹'이며 묵동은 먹을 만들던 곳이다. 벼루돌을 캐내던 곳을 '벼루내'라 하였는데 그것이 '별내'가 되었다. 지금의 양주군 별내면이다. 고운별이 비치는 개울이 아니다. 서울 노원구 월계동의 연촌硯村도 벼루 마을이다. 또 '벌판의 안쪽'인 '벌내'가 별내로 변한 경우도 있다. 과천 별양동은 볕양, 양지바른 땅이다. 별과는 관계가 없다. 원래 과천시 문원동에 속했는데 1982년에 분리 되었다.

목동과 오목교

목동은 '못골'이다. 장마가 지면 지대가 낮아 여기저기 웅덩이가 수없이 생겨 작은 연못이 많다고 하여 '못골'이었다. 오목교는 '우묵다리'이다. 오목한 지형에 놓여진 다리이다. 공덕동 孔德洞은 '큰고개' '꿍덕고개' '궁덕고개'의 변음이다. 공자의 덕과는 관계가 없다.

여의도와 마라도

여의도는 원래 고양군 용강면이었다. 원래 넓은섬, 너벌섬이다. 너나 가져라는 섬이 아니다. 잉화도仍火島라고도 하였는데 지역이 낮아 홍수로 한강물이 넘어 들어가서 물에 잠기면 섬이 안 보이다가 물이 빠지면 보이는 섬이라는 뜻을 지닌 '여磯'와 '서嶼'를 따서 '여도磯島' '여서도磯嶼'라고 한 것이 '여의도'가 된 것으로 보인다.

서嶼는 대개 사람이 살지 않는 조그마한 섬을 말하며 여磯는 바닷물 속에 있는 암초나 바위섬이 썰물 때는 모습을 드러내고 밀물 때는 물속에 잠겨 보이지 않는 섬으로 마라도 서남쪽에 있는 이어도도 '여도磯島'에서 온 것으로 보고 있다. 가파도는 섬모양이 가오리(가퍼)처럼 생겼으며 마라도는 말도末島, 끝섬이다. 갚아도 좋고 말아도 좋은 섬이 아니다.

애오개와 배오개

뜸말은 듬성듬성 흩어져 있는 마을이다. 듬마을이 뜸마을이 되었다. 그것이 음뜸말, 양뜸말, 갓뜸말, 논뜸말이 되었다. 들말은 들마을로 들에 있는 마을이다. 부평의 벌고개는 벌판에 있는 고개인데 나중에 '별고개'가 되어 '성현星峴'이 되었다.

공능동은 공덕리孔德里와 능골 즉 태능泰陵이 있는 곳이다. 배오개는 '바닥고개' '바오개' '배오개'이다. 바닥고개는 경사가 완만한 고개라는 의미이다. 또 배처럼 생겼다는 설과 배나무가 많았다는 설도 있다. 애오개는 '작은 고개' '아이고개'가 마포구 아현동阿峴洞이 되었다. 서대문구 대현동大峴洞은 큰 고개이다. 서대문구 현저동峴底洞은 고개아래 마을, 재 아래 마을, 잿마을이다. 경북 영주도 원래 죽령의 영주嶺州, 잿고을인데 영주英州로 바뀌었다.

애기봉과 곰배마을

연말에 불을 밝혔던 경기도 김포시 월곶면의 애기봉愛妓峰은 작은 봉우리가 아니라 병자호란 때 평양감사가 애첩愛妾을 떼어놓고 온 곳이다. 잔다리는 '작은 달'이며 달은 땅, 들로 '작은 들'이다. 곰배마을의 곰배는 큰바위, 검바위, 곰바위이다.

후암동과 진또배기

후암厚岩동은 두텁바위, 즉 큰 넓적 바위가 있는 곳이다. 진또배기는 '진토백이' '진짜토박이'라는 말이다.

오리정과 푸주간

김포의 오리정은 현감이 부임해 올 때 5리 밖에서 관복을 갈아입던 곳이다. 푸주간은 15세기부터 쓰였다. 고기만 판매하는 오늘날의 정육점의 개념과는 다른 소나 돼지를 잡아 요리하는 곳이라는 포괄적인 의미였다. 포주佈廚, 푸주, 푸줏간은 일제 때 까지 쓰이다가 해방 후부터 점점 사라졌다.

소래포구와 솔고개

솔모루는 좁은 모퉁이 마을이다. 소매가 좁은 것을 '소매가 솔다'라고 한다. 소래포구도 '솔포구'가 '소래포구'가 되었다. 폭이 솔고 좁은 포구를 말한 것이다. 소나무와 관계가 없는 곳이다. 소서노가 온 포구는 더욱 아니다. 송파도 솔고개, 목이 좁은 고개, 즉 작은 언덕, 오솔길이라는 뜻이다. 경복궁옆의 송현松峴동도 폭이 솔고 좁은 고개인데 소나무가 많은 고개로 와전되었다. 송도라는 지명도 여러 곳에 있는데 바닷바람을 막기 위해 방풍림으로 소나무를 심어서 송도라고도 하며 좁은 섬인

솔섬이라는 뜻으로 붙여진 이름도 있다. 그러나 이 역시 소나무와 관계가 없는 곳이 대부분이다.

벽골제와 화곡동

김제시 금구면은 김일성의 선조산소가 있는 곳으로 원래는 금제시 금구면이다. 금포가 김포로, 금화가 김화로, 금해가 김해로 변한 것은 일제 잔재로 보인다. 김제는 일제 때에 제방을 쌓아 간척사업을 하였고 그때 사금이 많이 나서 '금제'라 하였다. 벽골제의 '벽골'은 쌀의 주생산지인 만경평야의 '볏골'의 변음이다. 그러나 서울의 화곡동禾谷洞의 볏골은 유래가 다르다. 비탈골, 벼랑골, 빗골이 볏골로 변하여 화곡동禾谷洞이 되었다. 벼와는 관계가 없다. 개화산은 갯마을과 화곡동을 한 글자씩 따서 개화산이 되었다.

영등포와 영동

영등포는 김포에서 등촌동, 목동, 신림동, 봉천동의 산등성이가 길게 연결되어 이어지므로 영등포永登浦가 된 것이다. 영등할미와는 관련이 없다. 강남의 영동은 영등포의 동쪽이라는 뜻이다. 가요 '비내리는 영동교'나 '영등포의 밤'은 모두 이별의 궂은비가 내린다. 거제도에도 영등포가 있다. 서울 경동시장의 '경동京東'은 서울의 동쪽이라는 뜻이다.

성산대교와 투금강

독특한 조형미를 갖춘 성산대교 부근의 공암나루 앞의 한강을 투금탄投金灘이라고 불렀다. 고려말 충렬왕과 충혜왕때 대제학을 지낸 매운당梅雲堂 이조년과(서기1269~1343년)과 이억년 형제가 한양으로 가는 길에 금덩이 두 개를 주워 하나씩 나누어 가지고 공암나루에서 배를 타고 가다가 형제간의 우애에 금이 가는 것을 염려하여 아우가 먼저 금덩어리를 강물에 던지니 형도 뒤이어 던져버렸다는 곳이다. 그래서 투금탄이 되었다. 그의 형제들은 모두 장원급제 하였다는데 형제들의 이름이 백년, 천년, 만년, 억년, 조년이다. 다음은 이조년의 다정가이다. <이화에 월백하고 은한은 삼경인데 일지춘심을 자규야 알랴마는 다정도 병인 양하여 잠 못 들어 하노라> 700년 전의 시조가 그저께 신춘문예 당선작 같다.

한국천문연구원의 고천문학자인 양홍진 박사가 컴퓨터로 천문 궤적을 되돌려 이 시조에 나오는 배꽃 핀 보름날밤과 은하수와 삼경三更을 천문학으로 고증한바 있다. 그의 설명에 따르면 이 시조는 이조년이 36세 때인 <서기1305년 4월 11일 밤 0시 30분에 개성의 배꽃 핀 밤풍경>을 읊은 시조라고 정확하게 짚어내었다. 1305년이면 충렬왕31년 단기3638년이다. 세종의 훈민정음이 있었기에 이처럼 주옥같은 가사문학으로 거듭날 수 있었다. 김포의 검단동黔丹洞은 신령에게 제사하던 제단이 있던 곳으로 보인다. 임진강 이남은 '금金'을 '김'으로 발음하는데 검단의'검'은 금의 변음으로 보인다.

일산라 대화

일산은 한메. 큰 산이라는 뜻이다. 고양시는 일산 고봉산의 '고'와 행주산성 덕양산의 '양'을 따서 고양시가 되었다. 대화는 한강의 '큰곶'이어서 '대곶'이라고 하였다. 그것이 '큰꽃' 즉 '대꽃'이 대화大花가 되었다. 현재는 대화大化로 바뀌었다. 지금은 직강直江공사로 '곶'도 없어졌지만 처음의 땅이름은 쉽게 바뀌지 않고 그대로 남는다.

부산과 금정산

부산은 가마솥부(釜), 뫼산(山)이다. 부산에 증산이라는 지명은 있지만 가마솥처럼 생기지 않았다. 원래의 부산은 감만항구 일대를 일컬었기 때문에 '감물' '감메' 즉 '큰물마을'이었다. 감메의 '감'이 가마가 되고 '메'는 뫼산으로 변하여 '가마산'이 되어 부산釜山이 되었다. '메'는 물이다. 혹자는 이순신장군이 마을 뒷산에 큰 가마솥처럼 돌무더기를 쌓아 왜군의 눈을 속였다고 하여 부산이 되었다고도 하지만 부산이라는 땅이름은 이미 그전부터 썼으므로 설득력이 없다. 금정산金井山은 산 계곡에 금색 나는 샘이 있어 붙인 이름이라고 전한다.

부곡과 석촌

창녕군 부곡은 가마솥처럼 생겨서 '가마울' '가마골' 부곡釜谷이 되었다고 한다. 또 부곡면은 골짜기가 길어 한골이었는데 한골, 큰골이 감골, 가마골이 되어 부곡釜谷이 되었다고도 한다. 석촌호수는 직강直江공사로 이루어진 호수이다. 물이 돌아 흐른다는 뜻인 '돌마을'이 '석촌石村'이 되었다. 일제시대 직강공사를 하기 이전 까지만 해도 그 일대와 잠실은 강북지역이었다. 예전에는 여의도도 샛강이 주류였으므로 강북 지역에 속하였다. 주엽은 일산지역의 지형이 연잎처럼 생겨서 '주엽골'이라고 한 것이 지금은 주엽注葉이 되었다. '광나루'는 광주로 건너가는 나루이다.

아차산과 황금정

아차산은 '작은산' '아이산' '앗산'이 아차산으로 변하였다. 장한평은 '장안동의 큰 평야' 즉 장안동의 넓은 들판이다. 을지로 2가의 구리개는 땅이 질고 구질구질해서 구리개인데 누런 구리로 잘 못 알고 일제가 황금정이라고 지었다.

삼개나루와 새우고개

삼개나루의 '삼개'는 섬개이다. 여의도는 고양군 용강면으로 마포와 가까이 붙어 있어 물류 이동이 활발하였다. 한강의 직강공사로 여의도의 섬개나루 없어지면서 삼개가 되고 마포麻浦가 되었다. 삼밭나루는 삼전도三田渡가 되었다. 삼밭 나루는 원래 잠실 즉 부리도浮鯉島의 바깥에 있어 섬밖, 섬밭, 삼밭이 삼전도가 된 것이다. 갓뫼는 관악산冠岳山, 우마니는 우면동牛眠洞, 달이내는 주천走川, 날뫼는 비산飛山, 당뫼는 당산堂山으로 변하였다. 중랑구 신내新內동은 작고 꼬불꼬불하여 새우처럼 생겨 새우고개라 불렀는데 그것이 새고개가 되고 새고개(新峴)와 안골(內谷)을 합하여 신내新內동이 되었다. 아파트가 들어서기 전까지는 봄이면 온통 배꽃으로 뒤 덮혀 정말 이화에 월백하던 곳이었다. 지금 대한민국은 온 천지가 아파트공화국이다. 개벽이 언제 오려나 궁금해 하지만 하늘 빼고는 이미 모두 개벽이 되었다.

도봉산과 북한산

도봉산은 봉우리가 통째로 돌로 되어있다고 하여 '돌봉우리산' '돌봉산' 도봉산道峰山이 된 것으로 보인다. 또 봉우리 밑으로 길이 빙 둘러져 있어서 도봉道峰이 된 것으로 보고 있다. 또 이성계가 여기서 창업의 길을 닦았다고 하여 도봉산이 되었다는 설이 있다. 수락산과 도봉산을 끼고 있는 사패산賜牌山은 조선 선조의 여섯째딸인 막내딸 정휘옹주가 시집갈 때 하사받은 산이다. 인왕산은 세종 때 경복궁 서쪽 산에 인왕사를 지으면서 인왕산이 되었다. 인왕仁王이란 금강신金剛神을 말한다. 중종때에는 필운산 이라고도 하였다. 경복궁을 보필한다는 뜻이다. 북악산은 경복궁의 북쪽산이다. 서울의 주산이다. 백악산이라고도 한다. 동쪽은 낙타산이다. 낙타의 등처럼 생긴 산으로 낙산駱山이라고 한다.

남쪽은 목멱木覓산이다. 목은 '마' '남', 멱은 '뫼'로 '마뫼' '남뫼' 즉 남산이다. 삼국시대에는 목木을 '마'로 발음했고 남쪽이라는 뜻이다. 곰을 공목功木으로 적고 '고마'라고 읽은 것과 같다. 삼각산은 북 한산北 漢山이며 인수봉, 만경대 백운대의 세 봉우리이다. 한산漢山은 높고 큰 산이라는 말로 북 한산, 남 한산이다. 북한 산, 남한 산이 아니다. 한산은 서울의 옛 이름이다. 인수봉의 북쪽이 어린아이를 업은 형상이라 하여 삼국시대에는 부아악負兒岳이라고 하였다. 조선시대에는 화산華山이라고도 하였다. 악岳은 하늘과 소통되는 산이라는 뜻이다.

외암리와 발안리

아산 외암리는 조선 인종때 장사랑 이연이 와서 살았고 그 6세손 이간의 호 외암을 따서 외암리라 하였다. 외암사당이 있다. 원래는 온양군 남하면 지역으로 조선시대에 시흥역말이 있을 때는 말을 거두어 먹이던 곳으로 외양골 이라고도 하였다. 안산은 곶의 안쪽마을인 고잔(곶안)보다 더 안쪽마을이라서 안산이 되었다. 지금의 안산전철역은 송도와 수원의 한 중간지점인 옛 협괘열차 수인선의 일리一里역 자리이다. 수인선은 수원과 인천 송도까지의 철도이다. 맞은편에 앉은 사람과 무릎이 닿을 정도로 폭이 좁은 장난감 같은 열차이다. 벼가 누렇게 익은 넓은 들판을 뾰옥~ 뾱~ 하고 황금들판을 젖히면서 달려 나아가고 열차바닥에는 누렁이 호박이 뒹굴고 아낙네들의 왁자지

껄한 웃음꽃이 피던 정경이 떠오른다. 열차 안에서 산 길쭉한 누렁호박을 집에까지 들고 오면서 후회 막급했던 40년 전의 기억이 남아있는 것을 보면 어지간히 무거웠던 모양이다.

발안리는 벌판의 안쪽인 '벌안'이다. 발산동은 원래 경기도 양주군 가곡면에 속해 있었으나 1963년에 영등포구로 편입되었다가 다시 강서구로 재편입 되었다. 그곳에는 역말이 있었고 수명산壽命山이 있는데 그 모양이 주발처럼 생겨서 주발산마을 이라고 한 것이 발산마을, 발산동이 되고 외발산동, 내발산동으로 나누어졌다.

수양버들과 능수버들

수양버들은 천안삼거리에 있던 '수양'이라는 기생집의 버드나무였으며. 능수버들은 그 건너편에 있던 '능수'라는 기생집의 버드나무였다. 치열한 호객으로 길손들을 즐겁게 했으니 능수 기생집이 더 술맛과 흥을 돋우었다. 그래서 천안 삼거리 흥~흥~ 능수네 버들이 축 늘어졌구나 라는 노래가 생겼다. 주막집의 정취가 눈에 보이는 듯하다. 그 곳 이방이 능수에게 빠져서 관아의 곡식을 축내다가 사또에게 곤장을 맞고 파직된 일도 있다. 이러한 내용은 구전으로 전해오는 이야기로 땅이름 답사가 아니고는 알아낼 수 없는 이야기들이다. 기록물로는 이 책이 처음이다.

현재 천안삼거리 초등학교 부근이다. 지금은 새 길이 생겨서 4거리가 되어 옛 삼거리는 흔적만 남아있다. 수양버들은 잔가지가 약간 적갈색이며 능수버들은 잔가지가 녹황색으로 굳이 구분하지만 실은 같은 나무이다. 그 구분은 학술적인 면보다 수양기생과 능수기생에서 유래된 것으로 보는 것이 훨씬 운치가 있다.

수양버들과 능수버들의 연유를 아는 이도 없지만 옛 이방은 의상만 다를 뿐 곤장도 맞지 않고 지금도 도처에 살고 있다. 여름 내내 농사지은 참깨 한 자루를 마나님 몰래 경운기에 싣고 면소재지의 다방 마담을 만나러간다. 양구楊口는 선조 때 새로 부임한 감사가 이 길목 입구를 지나가다가 오래된 수양버드나무숲(垂楊樹林)을 보고 양구楊口라고 하였다고 하는데, 여기에 수양垂楊이라는 단어가 보인다. 옛날에는 식사 후 버들가지로 이를 후볐으므로 지금도 양지질楊枝, 양치질이라고 한다. 버드나무 잔가지에는 잇몸을 보호하는 성분이 있기 때문이다. 양양은 양주와 양야도를 합하여 양양이라 하였다.

회초리와 깨복쟁이

짙은 녹색인 회화나무 잔가지는 독특한 향이 뇌를 각성시켜주므로 교육용 회초리로 사용하였다. 회화나무 초리가 '회초리'이다. 전라도 말에 '깨복쟁이'라는 말은 개벽장開闢長의 변음이다. 엿쟁이, 점쟁이, 침쟁이의 쟁이는 장長이다.

박달과 금봉이

박달재는 조선중기까지 이등령이라고 하였다. '이등'은 천등산과 지등산을 말한다. 이 두 고개를 이은 산마루가 이등령이다. 이곳에는 인등산도 있는데 옛 부터 천제를 올리던 곳이다. 박달재는 다듬이 방망이를 만드는 박달나무가 많은 곳이다. 지방공연으로 차를 타고 지나가다가 박달재에서 어느 신혼부부의 애틋한 이별 장면을 목격하고 시상이 떠올라 즉석에서 지은 반야월 작사 김교성 작곡 박재홍의 '울고넘는 박달재'는 방송횟수 전국1위의 노래가 되었다. 박달과 금봉이라고 이름붙인 작사가 반야월(가수 진방남, 본명 박창오)도 사실은 두 사람이 누구인지 이름을 모른다. 더구나 그 두 사람은 자기들을 두고 지은 노래인지도 모른다. 그래서 더 애틋한 노래가 되었던가!

오동동라 오동도

오동동타령은 '오동추야梧桐秋夜 달이 밝아~'라는 내용으로 보아 오동잎 떨어지는 가을밤을 노래한 것이지만 사실은 마산 오동동午東洞의 권번에서 배출된 요정기생들의 애환을 담은 노래로써 오동나무와는 관계가 없다. 마산 오동동午東洞은 오산동과 동성동이 통합된 동명으로 4.19혁명의 도화선이 된 3.15부정선거 의거 발원지이다. 가사의 '동동'은 아리랑동동, 쓰리랑동동, 아리아리동동, 쓰리쓰리동동, 아주까리동동 등으로 장구소리 북소리, 가야금소리이다. <신라의 달밤>은 경주의 대표적인 술 이름이 되었다. 문경에서는 <박달주>나 <금봉이주>로, 마산에서는 <오동동 타령주>라는 상표로 지역특화주로 개발해 봄직하다. 여수 오동도梧桐島는 동백나무 군락지이지만 섬의 모양이 오동잎을 닮아서 붙여진 이름이다.

운현궁라 인사동

일제는 편의상 두개의 동을 하나로 하여 행정지명을 만들었으니 경행방慶幸坊과 운현궁雲峴宮을 합하여 '경운동'으로, 운현궁과 니동泥洞을 '운니동'으로, 옥동玉洞과 인왕동仁王洞을 '옥인동'으로, 관인방寬仁坊과 사동寺洞을 '인사동', 수동壽洞과 송현松峴을 '수송동', 경청방과 수진방을 청진동으로 바꾸어 우리 고유의 옥골, 인왕골, 절골, 안골이 사라지고 말았다. 살림살이는 절살이, 사찰살이, 산림山林살이이다.

성씨의 본관이 된 땅이름의 변천

성씨의 관향은 왕에게 품계를 받은 곳이다. 과거에 합격 후 전주로 발령이 나서 세거世居를 하면 전주가 관향이 되어 전주 ○씨가 된다. 관향이 없는 성씨는 벼슬을 못했다는 뜻이므로 가짜로 만들어낸 뿌리없는 성씨이다. 지명이 사라지면 성씨의 관향도 영향을 받는다. 인동 장씨의 본관이 된 구미의 옛 인동현은 지금의 경북 구미시 인의동이며, 순흥안씨의 영주 순흥현은 경북 영주시 순흥면이 되었다. 문화유씨의 황해도 문화현은 신천군 문화면이 되었다. 연안이씨는 원래 백이숙제의 고향인 산서성 요서군의 롱서 이씨에서 나왔다. 성주이씨도 롱서이씨를 뿌리로 삼고 있다. 지금의 감숙성 롱서현은 만리장성의 길이를 늘이기 위하여 산서성의 롱서현을 감숙성으로 옮긴 지명이다. 만리장성은 원래 산서성 요서군 백이숙제 고향인 롱서현에서 출발한다. <4부 성과 씨의 연원> 중 '본관의 변천' 참조.

황해도 연안은 백천과 통합되어 연백군이 되었다. 배천조씨 趙氏는 황해도 백천白川이다. 백白은 중국발음으로 '배'이다. 김녕김씨의 김녕(금령)은 고려말에 고친 경남 김해의 옛 지명이다. 분성배씨의 분성도 김해의 고려때 지명으로 김해 분성산의 분성산성을 말한다. 이 경우는 김해면에서 김해읍, 김해시로 확장된 경우이다. 파평 윤씨의 본관인 파평도 경기도 파주시로 개명, 확장되었다. 파주의 파평산만 개명이 안 되고 그대로 남아있다. 진양강씨의 진양晉陽은 진주지역의 옛 지명이고, 무송유씨의 무송은 전북 고창의 무송현과 장사현이 합쳐져서 무장현이 되었고 고창군 성송면 무송리가 되었다. 반남박씨의 반남현은 지금의 나주시 반남면이다. 여산송씨의 여산은 전북 익산으로 변하였고 은진송씨의 은진은 논산시 은진면이다.

여흥민씨의 여흥은 경기도 여주이며, 전의이씨는 연기군 전의면인데 지금의 세종시 전의면이다. 양천허씨의 양천은 서울 양천구이며, 현풍곽씨의 현풍은 경북 달성군 도동서원이 있는 현풍으로 지금은 대구광역시가 되어 엄청난 농공단지로 개발되고 있다. 또 포산곽씨의 포산苞山은 현풍玄風의 옛 이름이다. 밀성박씨의 밀성은 지금의 밀양이다. 풍양조씨의 풍양은 경기도 양주의 옛 이름이며, 기계유씨의 기계杞溪는 포항의 옛 이름이며, 풍천임씨의 풍천은 황해도 송화의 옛 이름이고, 여양진씨의 여양驪陽은 충남 홍성군 장곡면(옛 여양현)이며, 청풍김씨의 청풍淸風은 충북 제천시에 속했던 옛 이름이며, 초계 정鄭씨의 초계草溪는 경남 합천의 옛 이름이며, 벽진이씨의 벽진碧珍은 경북 성주지역의 옛 이름인데 지금은 성주군 벽진면으로 축소되었다.

영산신씨의 영산靈山은 경남 창녕 지역의 옛 이름이며, 탐진안씨의 탐진耽津은 전남 강진康津의 옛 이름이다. 탐진은 강진의 남포나루이다. 상산김씨의 상산은 경북 상주의 옛 이름이며, 연주이씨의 연주延州는 평북 영변의 옛 이름이며, 평해황씨의 평해는 울진군의 옛 이름이며, 교하노씨의 교하交河읍은 경기도 파주에 있었으나 2011년 파주시에 통합되었으며, 성산배씨의 성산은 성주이며, 한산이씨의 한산韓山은 충남 서천군 한산면이다. 월성김씨는 월성, 목천돈씨는 목천, 동래정씨는 동래, 남평문씨는 나주시 남평읍이다. 묘금도 유劉씨는 강릉 유씨이고 인월도 유兪씨는 포항 기계 유씨이다. 호중은 옛 충청도 지역의 땅이름이며, 고려때 경산부京山府는 지금의 성주이며, 덕수장씨의 덕수는 황해도 개풍군이다. 개풍은 개성군과 풍덕군이 합병되어 개풍군이 된다. 의흥예씨의 의흥은 경북 군위이

며 철성은 경남 고성의 옛 이름이다. 도주道州는 경북 청도의
옛 이름이다.

옛 이름을 잃어버린 땅이름

땅이름 중에는 전혀 다른 지명으로 바뀐 경우도 많으니 예를
들면 송파구 거여동은 거암리와 잔버드리골, 개통리골, 뒷말을
통합한 것이고, 종로구 관수동은 갓전골, 벙거지골, 웃잣골이
통합된 것이고, 종로구 예지동은 배오개골, 웃내골, 찰방골, 옥
방골이 합해진 것이고, 송파구 마천동은 돌무더기골, 가운데마
을, 아랫마을의 통합이며, 장지동은 잔버들이골과 주막거리, 샛
말, 웃말이 통합된 마을 이름이다. 용인시 수지구는 의상儀上,
의하儀下, 상리上里, 하리下里, 덕동德洞의 5개리를 병합하고
수진면과 지내리를 따서 수지라고 하였다. 그 외에도 수많은
동이 옛 이름을 잃었다.

돈암동과 월송면

돈암동은 되놈들이 넘어 쳐들어온 고개로 되놈동이 돈암동이
되었다. 북촌도 되놈들(청나라군대)이 넘어온 고개였다. 또 '되넘
이'는 '도남리道南里'가 되기도 하였다. 울진 월송면은 이여송이
넘어온 곳이라서 월송越松면이 되었다.

홍제동과 홍은동

홍제동은 조선시대 중국 사신이 유숙하던 국립호텔 홍제원弘
濟院이 있던 데에서 유래되었다. 또 병자호란 때 청나라로 끌
려가서 홍등가에 있던 여인들이 송환될 때 나라에서 홍제천에
몸을 씻고 도성으로 들어오게 했던 곳이다. 그때 조국으로 돌

아온 여인들을 환향녀還鄕女라고 한 것이 화냥년이 되었다. 생
각해보면 나라가 약해서 백성을 지켜주지 못한 것이 안타까운
일이지 그들에게 무슨 죄가 있는가! 홍은동은 경기도 은평면
홍제외리 지역이 서울시로 편입되면서 홍제외리의 '홍'과 은평
면의 '은'이 합하여 홍은동이 되었다. 원(院)은 서쪽의 홍제원을
비롯하여 동쪽은 퇴계원, 남쪽은 인덕원, 일원, 양재원이 있었
고 북쪽에는 장수원이 있었다.

죽서루와 오십천

　관동팔경의 삼척 죽서루竹西樓는 죽장사 절의 서쪽에 있는
누각이라서 죽서루라고 하였다. 보물 213호이다. 관동팔경 중
유일하게 바다가 아닌 강을 끼고 있으며 팔경 중 가장 큰 누각
이다. 죽서루의 오십천은 강의 물굽이가 50구비라서 지은 이름
이다.

여주와 대천

　영주, 여주, 파주, 광주의 주州는 천川보다 큰 곳이며 따라서
마을도 많이 형성되어 있는 곳이다. 여주驪州는 넓고 큰 고을
이라는 뜻이다. 여주의 '여驪'는 능서면의 마래리, 말마당, 마감
산馬甘山, 마암馬巖 등에서 유래된 것으로 보이며 '마'는 '크다'
라는 뜻이다. 충남 대천大川은 대천시내에 개천이 흐르고 있어
'한내'라고 했는데, 그것이 대천이 되었다. 주州보다 작은 곳은
춘천, 화천 등이 있다.

안목항과 댕목항

　강릉의 안목항의 '안목'은 바닷물이 육지의 안쪽으로 파고

들어와서 생긴 이름이다. 그런데 이런 경우 퇴적현상이 오래되면 입구가 좁아지고 결국은 막혀서 독립된 호수가 된다. 대표적인 것이 강릉의 경포호, 속초의 청초호, 고성의 광포호, 삼일포, 화진포, 함경북도 청진시 아래쪽에 있는 경성군鏡城郡의 장연호 그리고 송지호, 영광호, 매호, 향호 등이 그렇게 생긴 호수이다. 이렇게 생긴 호수들을 석호潟湖라고 한다. 동해안의 석호는 주로 담수호이며 서해안의 석호는 조수간만의 차이로 조류가 활발하게 드나들고 있어 해수호이다.

대표적인 해수호가 서해안 가로림만이다. 3면이 막혀있고 북쪽이 트여있어 호리병 모양과 같다. 많은 해수가 드나들고 있어서 석호의 전 단계모습이다. 세계적인 천연항만의 조건을 갖추고 있어서 개발하면 홍콩을 앞서는 국제 항만이 될 수 있다.

박정희 대통령이 이 가로림만을 국제항구로 개발 하려고 계획하던 중에 별세하고 말았다. 장례식후에 책상에 덩그러니 놓여있던 것이 가로림만 개발 계획 결재서류였다. 한 사람이 이렇게 물줄기를 바꾸어 놓았다. 그 후 군데군데 분할되어 절호의 개발 기회를 놓쳤으나 지금이라도 이 가로림만을 국책사업으로 잘 개발하면 세계적인 국제항만의 역할을 할 수 있기 때문에 우리니라의 경제를 엄청나게 활성화시켜 국민경제와 삶의 질을 한 단계 뛰어넘을 수 있는 천혜의 자원이다. '가로림加露林'은 가로막혀 있다는 의미이다. '이슬 숲'이 아니다. 서산과 태안을 가로 막고 있다.

풀안 해수욕장의 '풀안'은 '벌안'이다. 벌판의 안쪽이다. 큰 풀안 해수욕장은 큰 벌안이고 작은 풀안 해수욕장은 작은 벌안이다. 팽목항은 오래된 팽나무가 있어서 생긴 이름이다.

장충단 공원

서울 중구 장충동의 장충단獎忠壇 공원은 슬픈 역사를 간직하고 있는 곳이다. 원래 조선의 어영청御營廳의 분영分營인 군사주둔지 남소영南小營이 있던 자리이다. 버티고개(배터고개-배를 타는 곳) 너머에는 수군이 주둔하던 한강진漢江鎭(순천향병원 앞 한남 전철역부근)이 있었다. 1895년 명성황후 시해 때 일본 낭인을 맞아 싸우다가 전사한 궁내부 대신 이경직과 시위대장 홍계훈 등의 영혼을 기리고자 1900년 11월에 이곳에 장충단이라는 제단을 세웠다. 그러나 일본은 여기에 의도적으로 이등박문(이토오 히로부미)의 이름을 딴 박문사博文寺라는 절을 세우고 경희궁의 정문인 흥화문을 뜯어 와서 절의 정문을 만들고 1919년에 장충단을 공원으로 만들어 버렸다. 그리고 경희궁자리는 일제의 귀족학교 경성고등학교(서울고교)를 세웠다. 고종 때 세운 제단은 6.25때 불타버렸으며 지금은 순종의 친필인 장충단비만 남아 있으나 사람들은 알지 못한다.

용인 신갈과 기흥

신갈新葛은 물이 갈라지는 곳으로 원래 갈리, 갈동이다. 경안천으로 흘러 들어간다. 신갈은 새 갈래이다. 하갈은 아랫 갈래이며, 구갈은 옛 갈래이며, 상갈은 윗 갈래이다. 모두 칡과는 관계가 없다. 전북 이리는 2개의 마을 즉 이리二里가 이리裡里로 변하였다. 용인 보정寶亭동은 '보수원'과 '독정'의 이름을 딴 것이다. 보라洑羅동은 보평洑坪동(보뜰마을, 보구리=바구니처럼 생긴 들판)과 나곡羅谷동이 합한 이름이다.

용인은 조선 태종14년(서기1414년)에 용구龍駒와 처인處仁을 합쳐 부른 지명이다. 처인성 전투는 역사에 기록 되어있다. 기흥구는 사기막골(지곡리)의 이름을 따서 '기곡면'이라하였는데 그 후 '기곡'과 '구흥'의 이름을 따서 기흥면이 되었다. 용인의 통미 마을도 원래는 따로 떨어진 돌메마을로 보인다.

앞에서 언급했듯이 용인시 수지구는 의상儀上, 의하儀下, 상리上里, 하리下里, 덕동德洞의 5개리를 병합하고 수진면과 지내리를 따서 수지라고 하였다. 고기리古基里는 고분재와 손기동을 딴 것이다. 고분재는 산등성이와 언덕이 구부러진 굽은재이다. 수원 영통지구는 수원 영덕리와 통미마을을 따서 영통이라고 하였다. 수원 장안구 이목梨木동은 옛 수원군 형석면의 배나무 골이다. 이 곳은 배나무가 많았던 곳이다.

보령과 보성

충남 보령시保寧市도 바다를 제외하고는 사방이 산줄기로 둘러싸여 있고 들판의 모양이 우묵하게 보구니(바구니)처럼 생겼다고 하여 '보령'이라 하였다. 보성군寶城郡도 산이 보구니 즉 바구니처럼 오목하게 성처럼 둘러싸고 있어서 붙은 이름이다.

죽전과 야탑동

용인 죽전동은 옛날에 큰 연못이 있어서 '대지大池'라 한 것이 나중에 못이 메워지고 넓은 평지가 되어 '대전大田'이 되었고 '대전'의 '대'가 '대나무 죽'으로 변하면서 '죽전竹田'이 되었다. 지금의 경기도 분당선 죽전역이다. 결국 죽전이나 대전이나 같은 뜻이다. 상미마을은 상갈과 통미에서 상미가 된 것으로 보인다. 야탑동은 원래 돌마면인데 돌마면의 '오야소梧野所' 마을과 300년전의 상탑, 하탑의 '탑골마을'을 따서 야탑野塔동이 되었다. 분당선 야탑역이다. 오야소는 '오야실'로 오동나무가 많은 동네라는 뜻이다. 분당은 '분점盆店'과 '당모루'를 딴 이름이다.

아산과 울산바위

충남 '아산'의 '아'는 '아이'이고 산은 '메'이다. '아이산' '작은 산'이라는 말이다. 또 메는 물도 되니 적은 물이라는 의미인데 '메'가 '뫼(山)'로 변하여 아산이 되었다. 울산바위는 '울메'이다. 천둥이 울고 파도가 심하게 치면 산이 울려 우웅~ 우웅~ 하고 운다고 해서 '우는 산' '울산'이 되어 '울산바위'가 되었다. 또 천둥이 치면 하늘과 함께 우는 산이라 하여 천후산天吼山이라고도 한다. 또 뾰족하게 솟은 여섯 무더기의 큰 바위들이 길이 200m가 넘게 병풍처럼 울타리를 치듯이 빙 둘러싸고 있다고 하여 울타리 산, 울산바위가 되었다는 설이다. 그런데 호사가들이 울산에서 올라오다가 멈추었다는 전설을 만들어 놓았다. 울산, 울진, 울릉도도 같은 어원으로 보며 울진은 울릉도로 가는 나루이다.

증산과 소태산, 설악과 권금성

증산甑山은 시루봉이며 소태산小泰山은 솥산, '솥에산'의 변음이라 한다. 설악산은 동해안지역에서 가장 높은 산으로 제일 먼저 새벽을 밝힌다고 하여 새벽산, 새벽악인데 그것이 '새악' '서악' '설악'이 된 것이라 한다. 『동국여지승람』에는 하지가 되어야 산 꼭대의 눈이 녹는다하여 설악이라 한다는 기록이 보인다. 또 바위가 희다고 설악이라는 설도 있다. 권금성은 몽고병이 쳐들어 왔을 때 권장군과 금장군이 쌓았다고 하는데 지금은 문 자리만 남아있다.

봉정암과 백담사

자장율사가 당나라에서 부처의 뇌 사리를 가져와서 봉안할

자리를 찾고 있는데 봉황새가 그를 인도하여 따라가 보니 봉황처럼 생긴 바위아래였다. 그곳에 암자를 세우고 봉정암이라 하였다고 한다. 설악산 봉정암은 양산 통도사, 오대산 상원사, 태백산 정암사, 사자산 법흥사와 더불어 5대 적멸보궁의 하나로 백담사의 부속 암자이다. 오색약수도 자장율사를 인도한 오색찬란한 봉황새에서 유래하였다고 한다, 내설악 백담사는 신라 진덕여왕 원년(서기647년)에 자장율사가 지어 한계사라고 하였는데 그 후 여러 번 이름이 바뀌어 영취사로 부르다가 백담사가 되었다. 유독 화재가 자주 나서 일곱 차례나 사방 몇 십리씩 여기저기로 옮겨지었다. 청봉에서 웅덩이가 100번째 되는 곳에 절을 지으라는 현몽을 받아 다시 짓고부터 불이 나지 않았다고 한다. 백담사는 남한의 금강산 3봉 밑에 있는 신흥사의 말사이다. 만해 한용운이 머물면서 <님의 침묵>을 썼던 곳이다. 전두환 대통령 부부가 머물다간 후에 수심교의 나무다리가 돌다리로 바뀌었고 좁은 오솔길이 확장, 포장되어 버스가 절 입구까지 드나들게 되었다. 백담사에는 전두환 대통령 부부가 거처하던 방이 그대로 본존되어 있다.

한계산과 대청봉

양양과 속초 사람들은 설악산이라고 하지만 인제, 양구사람들은 한계산이라고 한다. 옛날 신선들이 노닐던 곳이다. 삼척 도계읍은 큰길가에 있어 '길가말' '도거리'라고 하다가 '도변촌道邊村' '도계리道溪里'가 되었다. 6.25이후 광산이 번창하면서 도계읍으로 승격되었다. 청봉은 정상에 오르면 동해바다의 푸른 물결이 눈앞에 있는듯하다고 하여 푸를청(靑)을 넣어 청봉이라고 했다고 한다. 대청봉, 소청봉이다. 귀때기 청봉은 청봉의 옆면, 옆때기, 뺨때기, 즉 구석때기청봉이라는 의미일 것이다.

한계령과 미시령

한계령寒溪嶺은 계곡이 깊어 큰고개, 한고개, 한계곡으로 부르다가 한계령이 되었다. 미시령彌矢嶺은 『신증동국여지승람』에 미시파령彌矢坡嶺이라고 하였다. 대동여지도에는 연수파령連水坡嶺, 택리지에는 연수령延壽嶺, 관동읍지에는 미시령彌矢嶺으로 나와 있다. 미시령은 인제군과 고성군 사이에 있는 험준한 고개로 너무 가팔라서 오르기가 힘들고 길을 잃어 미아가 되는 경우가 많아서 폐도 시켰다가 조선 성종 때 다시 길을 열고 미시령이라고 불렀다고 기록되어 있다. 지금은 터널이 뚫렸다.

<彌矢嶺>이라는 비석은 해방 후 이승만대통령이 쓴 것이다. <破虜湖> 비석처럼 명필이다. 미시령과 진부령이 개통되기 전에는 새이령을 이용하였다.

새이령은 진부령과 미시령 사이에 있는 고개라하여 '사이령'인데 주민들은 샛령이라고 부른다. 새령, 조령, 쇠령, 철령이 모두 같은 말 뿌리이다. 전남 여수의 미시령은 미시재라고 한다. 미평동과 시전동 사이에 있다고 하여 미시재라고 부른다.

오세암

신흥사는 금강산 1,2000봉 중 남한에 속한 3봉 밑에 있다. 오세암도 봉정암과 함께 백담사에 딸린 암자이다. 신라 선덕여왕 때 지은 것으로 처음에는 관음암이라 하였는데 조선 인조 때 다시 지어 오세암으로 고쳤다. 오세암은 5세 신동 김시습과의 연관이 있다고 말하기도 하고 또 5세된 동자승이 도를 통한 곳이라고도 전한다.

피맛골과 피아골

피맛골은 대감 행차 때 번거로움을 피하던 골목길 피마避馬 길이다. 피아골은 피밭골이며 피를 재배하던 밭이 있던 곳이다. 보은군의 피반령고개도 피밭령이며 피밭이 많았던 고개이다. 달궁은 마한이 진한의 난을 피하기 위하여 서기전 84년경에 궁성을 짓고 황장군과 정장군으로 하여금 지키도록 하였다고 한다. 황장군은 황령을 수비하고 정장군은 정령을 지키게 하였다. 성이 구불구불하여 도는 고개 즉 '돌고개'라고 하였으며 궁이 있다고 하여 '돌궁'이었는데 훗날 '달궁'으로 변하였다.

곤지암과 촉석루

곤지암昆池岩은 신립장군의 무덤과 얽힌 지명이다. 신립은 일본군 사령관 고니시유끼나가가 그렇게 두려워했던 철통요새인 문경새재를 버리고 탄금대 달천변 평지에 배수진을 쳤다가 8000명의 정예부대원이 몰살당하고 자신도 탄금대에 투신하였다. 전해오는 이야기로는 신립이 새재를 버리고 평지에 진을 친 것은 자신을 첩으로라도 거두어 달라고 애원하다가 한을 품고 죽은 여인이 나타나서 탄금대에 배수진을 치면 반드시 이긴다는 꿈 때문이었다고 한다. 여인이 한을 품으면 오뉴월에도 서리가 내린다는 옛말처럼 아마도 신립을 데려가기 위한 짓이었으리라. 연못 옆에 있는 갈라진 바위틈에는 400년 된 향나무가 있다. 교통의 요충지이다.

촉석루矗石樓의 촉석은 모난 돌이다. 남강아래 석축에 각이 진 돌이 많은데서 생긴 이름이다. 진주성의 남쪽 지휘소이므로 남장대南將臺라고 한다. 부벽루, 영남루와 함께 조선 3대 누각이다. 촉석루공원의 조경은 논개가 끌어안고 남강에 빠져죽은 왜장의 후손이 한 것이다. 그 후손은 논개를 자기 할머니라고 하였다. 희한한 족보이다. 그 후손은 촉석루공원을 온통 희귀한 약초나무로 조경하였다. 약초를 아는 사람의 눈에는 그것이 보인다. 왜장의 후손에 의하여 국내유일의 약초공원이 되었다.

청도와 새월

경북 청도군은 산천이 맑고 수려하며 교통이 사방으로 통한다는 산천청려山川淸麗 대도사통大道四通에서 따온 말이라고 전한다. 그러나 땅이름의 형성 과정에서 바라보는 시각은 다르다. 청도는 화양읍 범곡리의 맑은 계곡, 맑골, 막골과 각남면(옛 각초면) 화리, 일곡리(나실), 구곡리(구실)로 나뉘어져 흘러내리는 청도의 진산鎭山인 화악산의 맑은 계곡물에서 따온 '맑은골' '맑골' '막골' 즉 청淸골과 청도읍 신도리의 '도道곡'에서 온 말이다. 청淸골과 도道곡의 청도淸道이다. '청도'는 물이 맑고 풍부한 고장이라는 뜻이다.

예병주 청도군 향우회장의 설명에 따르면 청도는 분지로 되어 있어서 북쪽에 있는 삼성산 정상에서 빗방울이 북쪽으로 떨어지면 달성군으로 가게 되고 남쪽으로 떨어지면 대곡천을 거쳐 청도천으로 흐른다. 서쪽 비슬산 정상에서 빗방울이 서쪽으로 떨어지면 달성군 현풍의 물이 되고 동쪽으로 떨어지면 오산천을 거쳐 청도천으로 흐르고, 동쪽에 있는 운문산 정상에서 동쪽으로 떨어지면 울산의 물이 되고 서쪽으로 떨어지면 동창천을 거쳐 청도천으로 흐르고, 남쪽에 있는 화악산 정상에서 남쪽으로 떨어지면 밀양의 물이 되고 북쪽으로 떨어지면 부곡천을 거쳐 청도천으로 흐른다고 하였다. 이처럼 사방이 산으로 둘러싸여 있기 때문에 외부의 물은 단 한 방울도 흘러 들어오지 않는다. 내부의 물은 모두 청도천으로 모여들어 대지를 적시고 낙동강으로 흘러간다. 그래서 청도는 물이 맑은 고장이라고 하였다.

도곡은 돌곡이며 '도천'은 신도리를 돌아 흐르는 천 즉 '돌천' '돌곡' 도곡이다. 지형상으로 '도곡道谷'은 돌곡 즉 물이 돌아 흘러나가는 곳이다. 즉 화악산 계곡에서 흘러내리는 맑은 물이 마을을 끼고 돌아 흐른다는 뜻인 돌골, 돌곡이다.

신도리는 옛 하남면 지역이었는데 1914년 행정구역 통폐합에 따라 신거동과 도곡동을 병합하여 신도동이라고 하고 대성면(현 청도읍)에 편입되었다. 신거는 신기동과 거연리를 합한 이름이다. 신도리는 화악산의 물이 마을 사이를 돌아 흘러내리는 '사이돌이'가 새-돌이, 신도리가 되었다. 새마을운동의 발상지이다. 청도의 옛 이름은 이서, 구도, 오야산, 도주, 경산, 오례산, 가산, 대성 등으로 불렸다.

화양읍 범곡리도 범실의 '범'과 맑골의 '골'이 합하여 범골, 범곡리가 되었다. 각남면 화리의 '막골(안마실, 바깥마실)'도 원래 '맑골' '맑은골'이다. 그러니까 화양읍 범골의 맑골, 각남면 화리의 맑골, 나실과 구실의 맑골, 즉 청淸골과 신도리의 도道가 합하여 청도淸道가 된 것이다.

경기도 과천의 막계(막개)동은 과천 서울대공원지역이다. 막계는 청계산淸溪山계곡의 맑은 계곡이다. 따라서 마곡, 막골, 마-실, 막계, 청계, 청도가 모두 맑은 물에서 나온 같은 말 뿌리이다. 지명 연구에서 가장 유의해야 할 것은 한자지명에 속지 말아야 하고 그 지방의 지형과 사투리에 밝아야 한다는 점이다.

　이서면은 이서伊西 또는 이서尼西로 쓰인 것으로 보인다. 신라 이전의 금성 즉 이사금의 서쪽에 있다고 해서 '이서尼西' '이서伊西'가 된 것으로 보는 것이다. 그런데 최근에 '이서'가 '이스라엘'에서 연유한 지명이라는 주장이 있는 모양인데 개가 웃을 일이다. 또 강화도 마라산을 마리아가 온 산으로 굳히려고 하는 단체도 있는 모양인데 소가 웃을 일이다. 이서면의 면소재지 학산리는 1914년 행정구역 개편 때 학암리와 모산리를 합하여 학산이라고 하였다. 학암鶴巖은 학을 닮은 바위가 있어서 붙여진 지명인데 조암鳥巖이라고도 부른다. 모산의 '산'은 원래 뫼, 물, 못이라는 뜻이다.
　또 못의 안쪽이 '못안' '모산'으로 변한 것으로 보인다. 청도 복숭아 시배지로 알려진 화양읍　홍두꼴은 홍도紅桃나무가 있던 홍도동이다. 앵두나무가 있는 곳은 앵도정, 은행나무가 있는 곳은 은행정이다. 부산, 군산 마산, 울산, 문산, 서산 등의 '산'은 모두 물가나 바닷가의 땅이다. 구실은 아홉 동네를 일컫는 말이다. 큰마을, 탑골, 시찌매기, 강변, 주막거리, 삼거리, 장등밑, 권정자, 구터이다. 또는 굴처럼 깊이 쑥 들어간 골짜기 마을, 굴실이다. 나실은 들판에 나앉은 마을이며 가실은 가장자리 마을이고 개실은 개울가의 마을이다. 오복실은 오목하게 들어간 마을이며 가마실은 감실, 큰 마을 또는 가마솥처럼 생긴 마을을 의미한다. 범실은 범이 출몰하는 골이 깊은 마을이다. 버드실은 길게 벋은 마을이다. 유달산도 길게 벋은 산이다. 지금은 유달산儒達山으로 쓰이지만 원래 버들유(柳)를 쓴 것은 산등성이가 길게 벋었다는 뜻이다. 나막실은 나막신처럼 생긴 동네이다. 나막신은 나무로 만든 신발로 비가 올 때 신는 신발이다. '새월'은 '새달'이며 '달'은 땅이므로 새땅 즉 새터이다. '새달'의 '달'이 월月이 되어 '새월'이 되고 '신촌新村'이 되었다. '새터' '새월' '신기新基' '신촌新村' '신월新月'이 모두 새땅이라는 다 같은 뜻이다. 씨 없는 청도 감나무의 시배지始培地이다. 청도는 씨 없는 감의 고장이다. 씨가 있는 감을 심어두면 세월이 지나면서 씨가 없어진다. 현재도 진행 중이다.

고철과 오금이

고철은 옛날에 군대의 창고가 있던 곳으로 고창古倉이 변한 말이다. 둔직屯直이는 창고를 지키던 군졸이 주둔駐屯하여 지키던 곳이다. 아마도 산 너머 이서국의 수도 백곡리와 가까운 거리에 있어 이서국과 연관된 지명으로 본다. 가금은 가촌과 오금이다. 가촌은 가장자리 마을이며 오금은 오목한 곳을 의미한다. 금촌은 검실, 검촌으로 큰 마을이다. 또 금촌金村은 사이말, 새말, 쇠말의 변음이기도 하다.

풍각과 구라리

청도군 풍각은 풍각쟁이들이 살던 마을이다. 또 풍각豊角은 풍요로운 들판이라는 뜻이다. 뿔각(角)의 '뿔'은 '벌' '벌판'이라는 뜻이다. 해마다 풍각면의 여러 마을과 고개 너머 창녕군의 농악대가 참가하는 천왕기 농악 대회가 열리는데 지금도 차산리의 풍물놀이는 전국에 알려져 있다. 지방 무형문화재 4호인 차산리 농악대는 경상북도 대표로 전국 민속 예술 경연대회에 3번이나 출전할 만큼 유명하다. 풍각을 기준으로 하여 풍각의 북쪽은 '각북'이고 풍각의 남쪽은 '각남'이 되었다.

이서면 구라리는 들판이 넓은 마을이다. '라'는 벌판을 뜻한다. 구라리의 200년 전 옛 지명인 늑평勒坪은 말의 굴레 늑勒

에서 유래한다. 이서국이 금성(신라)에게 패망할 때 이서국의 장수가 가야로 피신하다가 말이 지치자 동네 뒷산에 말안장을 벗겨서 묻었다고 해서 늘평이 되었다고 한다. 또 '구라'라는 지명이 말안장(鞍) 같다는 일본발음과 같은 것도 우연의 일치만은 아닐런지도 모르겠다. 또 동네 앞산이 9폭 비단 병풍처럼 되어 있다고 '구라九羅'라고 한다. 구라동의 관내菅內 들판은 그 구역의 안쪽 지역이라는 뜻이지만 천지개벽한 까마득한 그 옛날에는 바다가 보였다고 해서 '관해觀海'라고 하였다는 이야기와 '섬내들'이 섬 안쪽에 있는 들이라는 뜻인 '도내島內'에서 왔다는 설이 함께 어울려 전설 같은 이야기를 만들어 낸다.

섬내들과 몽능개

그러나 섬내들은 들판이 도랑으로 빙 둘러싸여 있어 섬처럼 되어있다고 붙인 이름으로 보인다. 또 물길이 좋아서 아무리 더운 여름에도 가뭄을 타지 않고 수확량이 많아 가마니가 아닌 섬으로 수확하는 '섬 도가리'라는 뜻도 된다. 도가리는 논이다. 칼치처럼 길쭉하게 생긴 논을 '칼치도가리' 냇가에 있는 것을 '거렁(강)도가리' 바위가 있는 것을 '바우도가리'라고 한다. 몽능개도 '몽령蒙嶺' 즉 아이몽, 고개령으로 '아이고개' '낮은고개'이다. 애오개도 '몽령'이다. '몽령'이 '몽능개'가 되었다. 몽능개의 '개'는 애오개와 마찬가지로 '몽령고개'라는 말이다.

감밭들과 구마이

몽령고개 넘어 '감밭들'은 '감나무가 많은 들판'이 아니라 '검벋들' '큰밭들' 즉 넓은 들판이라는 말이다. 자지고개는 한쪽으로 기울어져 잦아진 고개이다. 정순왕후가 자주물을 들이던 우물도 자지동천紫芝洞泉이다. 창포가 '경상도 사투리로 '쟁피

'가 되고 천궁川芎의 다른 말인 '궁궁이'가 '궁갱이'가 되고 청도의 '은왕봉'이 '어랑봉'이 되고 은행정은 '어능지이'가 되고 향인촌은 '행촌' '샌촌'이 되는 이치와 같다. 각남면 '구마이'는 임진왜란 때 만명의 피난민을 구했다고 해서 구만동救萬洞이 되었다고 전해지고 있다. 그러나 땅이름의 측면에서 보면 안쪽 구석에 들어앉은 구석마을이라는 의미를 가지고 있다.

또 구마이는 '굽안마을' '굽안이' 즉 말발굽처럼 지형이 굽은 마을을 가리키기도 한다. 두마이는 두메산골이다. 또 '구석말'이 '구만리九萬里'가 되기도 한다. 좋은 예로 홍천군 북방면 구만 리가 바로 구석마을의 변음이다. 지금도 그 동네 주민들은 '구석말'이라고 부른다. 구성리九星里도 '구석리' '구석마을'의 변음이다. 구억리九億里의 '구억'도 '구석'의 변음이다. 구억리는 구엉리, 겅리가 되고 심지어는 꿩말, 꽁말이 되어 꿩이 많이 살던 곳으로 변하기도 한다. 도랑건너에 있는 마을이라 하여 '저건너'라는 마을 이름도 있다. 충남 예산군 오가면에 있다. 그곳에는 큰말, 한벌, 아랫말, 세집매 등 우리말 이름이 많다.

마술사의 우리말은 얼른 감춘다고 하여 얼른쇠, 농악의 우두머리는 꼭두쇠, 대드는 이를 드잡이, 주례는 예잡이이다.

시찌매기와 높은지이

청도 각남면 시찌매기는 '세집막이'로 3가구만 있는 동네이다. 또 이것이 '삼당리'로 변하기도 한다. 풍각면 '높은지이'는 '높은 언덕에 있는 집'이다. 청도군 이서면의 양원陽院은 대구로 넘나들던 교통의 요충지로 고려때 원院이 있던 곳으로 샛별 장터가 있었던 곳이다. 샛별은 '새벌' '새벌판'이다. 퇴계원, 사리원, 인덕원과 같은 유래이다. 그러나 조치원은 조천이다. 조천은 사이천, 새천, 조천鳥川이다. 조천이 조치원으로 발음이 변한 것이지 원院이 있어서 조치원鳥致院이 된 것은 아니다.

비슬산과 털북숭이

청도군 각북면 '비슬산'은 '비둘산' '비둘기산'이다. 천지가 개벽하던 옛날에 큰 홍수가 났을 때 물에 다 잠기고 산꼭대기에 비둘기가 앉아 있었다는 데에서 유래한다. 청도 곰티재에는 매 한마리가 앉아 있었고 이서면 칠곡동의 제일 안쪽 못 안에 있는 산에는 참새가 한 마리 앉아 있었다. 그때 칠곡동 뒷산에 몇 사람이 살아남았는데 그들은 홍수 때문에 오래도록 된장을 먹지 못해 몸이 털복숭이가 되었다. 그 털북숭이가 대를 이었다는 구전이 칠곡동과 구라동에 전해온다. 흡사 노아의 방주 이야기를 듣는 듯하다. 칠곡동에서 구라동으로 시집온 백동댁의 큰며느리 칠곡댁으로부터 직접 들은 전설 같은 이야기이다.

내곡동은 안골이다. 안으로 쏘옥 들어간 마을인데 '안내(內)' '골짜기곡(谷)'이 되어 '내곡內谷동'이 되고 또 '안골'이 '안미골' '암미골'이 되기도 한다.

갈월동과 갈산리

용산구 갈월동은 서울역 만리동에서 흘러 내려오는 만초천 (욱천)이 수도여고 앞 사거리에서 남영동 삼거리로 물이 갈라지는 곳이므로 물이 갈라지는 땅(달) 즉 '갈달'인데 '달'이 '월月'로 변하여 '갈월동'이 되었다. 지금은 복개가 되어 알 수 없게 되었다. 또 갈월도사가 살던 곳으로도 전해지고 있으나 상고하기 어렵다. 갈현동은 물이 남북으로 갈라지는 고개(峴), 즉 분수령이다. 갈산리도 갈메, 갈물리이며 물이 갈라지는 곳이다. 갈월동, 갈현동, 갈산동, 가락동, 가천이 모두 물길이 갈라진다는 같은 말 뿌리이다. 구로동도 갈래동이다. 물과 길이 갈라지는 곳이다. 구로九老 즉 아홉 노인이 살던 곳이 아니다. 가리봉동 역시 물과 길이 갈라지는 곳이다.

땅콩과 옥수수

땅콩은 '달콩'이다. '달'은 땅이며 공은 콩이다. 땅속에 있는 공, 달콩이 '땅공' '땅콩'이 되었다. 옥수수는 '옥수의 머리숫'이다. 옥수는 옥서玉黍이며 옥수수의 알맹이가 마치 옥구슬 같기 때문이다. 옥수수 수염이라는 말은 잘못된 말이다. 수염이 아니라 꼭대기에 나 있으므로 옥서의 머리숫이다. 즉 '옥서의 머리숫'이 '옥서숫' '옥수수'가 되었다. 옥수수 수염차는 옥수수의 머리숫차가 된다. 따라서 바늘귀도 바늘의 항문이라야 맞는 표현이다. 불과 한 세대전만 하더라도 옥수수 알을 다 먹은 몸체에 싸리나무 막대를 끼워서 등긁개 '효자손'으로 많이 사용하였다. 또 옥수수의 몸체는 '이가탄'이나 '인사돌'의 주재료이다. 옥수수를 먹고 남은 몸체를 달인 물로 양치질을 하면 잇몸이 몰라보게 좋아진다. 길거리에 흔한 질경이, 차전자車前子는 변비약 '아락실'의 주재료이다.

방배동과 대방동

서울 서초구 방배동方背洞은 풍수지리상으로 소가 등지고 앉아있는 곳이라 한다. 우면산은 소머리 부분이고 내방은 소의 배 안쪽이다. 서울 동작구 대방동大方洞은 공주의 궁이 있던 곳이었다. 궁 안에 연못이 있고 대번당과 소번당이 있었다. 이 '대번'이 '대방'이 되었다는 설이다. 또 대나무가 많아 대골, 참대골이라고 했는데 그것이 대방이 되었다고 한다. 또 옛날 보부상의 우두머리를 대방어른이라고 하였다. 수산시장이 보부상의 근거지였으므로 그래서 대방동이 된 것으로도 보고있다. 그렇게 볼 수 있는 것은 방幇이 패거리, 동향인이라는 뜻으로 같은 이윤을 목적으로 하는 결속력이 대단한 조직을 이르는 말이었다. 나중에는 짐꾼, 행상, 도붓장수들이 합류한 것을 방幇이라 하였다. 길드(guild)조직과 비슷한 것으로 보인다. 幇과 方은 다르지만 '대방동'도 거기서 파생된 것으로 본다.

찌개와 선지국

'찌개'는 지게의 변음이다. 지게꾼이 일하다가 잠깐 길가에서 지게를 지고 선채로 간단하게 요기로 사먹던 음식이었다. 즉 지게꾼이 먹던 음식이 찌개로 변한 것이다. 선지국도 지게꾼이 서서 간단히 요기를 하던 음식이라 '선지게국'에서 나온 말이다. 울진의 12령 고개를 넘어 지게로 짐을 나르던 이들을 선지게꾼, 선질꾼이라고 하였다. 선질꾼들이 일을 하다가 간단히 요기를 하던 음식이 선지국이 된 것이다.

감자탕과 우거지

감자탕은 겸자탕의 와전이다. 감자탕은 돼지의 허리와 엉치뼈 부근의 고기로 만드는데 그 엉치 뼈 부위를 허구리 또는 겸자膁子라고 한다. 겸자탕에 감자를 넣어서 조리를 하니 더욱 알 수 없게 되고 말았다. 우거지는 '웃겉이'이다. '거지'라는 말도 알맹이가 아닌 껍데기 '겉이'이다. 거짓말도 참이 아닌 '겉이말' '거지말'이다.

동네방네와 계모임

동네방네는 동洞과 방坊이다. '동네방네 소문났네'라는 말은 동내洞內와 방내坊內에 모두 소문이 났다는 말이다. 조선 태조5

년(1396년)에 한양은 5부 52방을 설치하였다.

5부는 동부, 서부, 남부, 북부, 중부이며 지금의 동대문구, 서대문구, 강남구, 강북구, 중구 등과 비슷하다. 각 부에는 10개정도의 방이 있었다. 수진방, 관훈방 등이다. 방밑에는 다시 계契를 두었고 계 밑에 40가구 전후의 동을 두었다. 따라서 지금까지 쓰이는 계모임이나 곗돈놀이는 계 단위로 하던 모임이나 돈놀이에서 나온 말이다. 지금의 서울 신설동은 새로 생긴 신설계였다. 지금은 서울에 25개 자치구와 424개의 행정동이 있다.

창신동과 숭인동

서울 종로구 창신동昌信洞은 1914년에 '인창방仁昌坊'과 '숭신방崇信坊'을 따서 지은 동명이다. 숭인동崇仁洞도 동명 개정 때 '숭신방崇信坊'과 '인창방仁昌坊'의 첫 글자를 따서 지은 것이다. 그러니까 인창방을 절반씩 나누고 숭신방도 절반씩 나누어 다시 헤쳐모여서 인창방의 절반과 숭신방의 절반을 합쳐서 창신동으로 하고 나머지 인창방과 나머지 숭신방을 또 합쳐서 숭인동으로 만든 매우 특이한 경우이다. 숭인동의 비우당은 『지봉유설』의 이수광이 살던 집이다. 원래는 태조 때부터 세종 때 까지 35년 동안 정승을 지낸 그의 외 5대조인 청백리 류관柳寬의 집 비우당庇雨堂이다. 비우는 겨우 비를 피할 수 있는 집이라는 뜻이다. 장마 때 지붕이 새면 방안에서 우산을 받쳐 들고 있었다는 집이다. 그래서 이 동네를 우산각골 이라고 하였다.

봉俸은 매달 지급되지만 녹祿은 3개월마다 나온다. 봉은 쌀, 보리, 콩 등이며 녹은 옷감이나 생선 등의 축산물이다. 요즘으로 보면 봉은 월급이며 녹은 상여금이다. 류관은 그 녹봉으로 동네 입구에 다리를 놓거나 길을 넓히는데 쓰고 동네 아이들의 붓과 먹값으로 썼다고 한다. 본인은 뜻이 높고 좋아서 하는 일이겠지만 부인과 자식들의 고생은 어떠했을까! 조정에서는 청백리로 기록되었지만 가장으로서는 실격이 아니었을까? 요즘 같으면 붙어 살 여자가 있겠나 싶다.

또 숭인동은 노비가 된 단종의 비 정순왕후 송씨가 평생동안 자줏물을 들이며 생계를 잇고 살았던 서울시 유형 문화재 5호인 정업원淨業院과 자지동천紫芝洞泉이 있는 곳이며 그의 명복을 비는 청룡사가 있다. 청룡사 우화루는 단종이 영월로 떠나면서 정순왕후와 마지막 하루 밤을 보낸 집이다. 청룡사는 낙타산인 좌청룡 언덕에 있다고 지은 이름이다. '정업원구기淨業院舊基'라는 비석과 <전봉후암어천만년前峯後巖於千萬年>이라는 현판은 나중에 영조가 눈물을 흘리면서 쓴 글이다. 정순왕후가 매일 올라가 영월을 바라보았던 동망봉은 지금은 공원이 되어 있다. 또 아래쪽 건너편 동묘 4거리의 골목은 정순왕후에게 채소를 대어주던 여인시장이 있던 곳이다.

동묘는 관우의 사당이다. 전해오는 이야기로는 임진왜란을 당한 선조의 전생은 장비였고 그 당시 만력제의 전생이 유비였는데 아직 태어나지 못한 관우의 혼령이 명나라 황제인 만력제의 꿈에 세 번이나 나타나서 전생의 아우인 장비를 도와달라는 현몽이 있었다고 한다. 그런 꿈을 꾼지 3일후에 조선에서 이덕형이 사신으로 와서 원병을 청하므로 전격적으로 이여송을 파견하였으며 나중에 관우를 기리기 위하여 명나라에서 내탕금 4000냥과 <현령소덕왕 관공지묘>라는 친필을 보내와서 지은 것이 동묘라고 한다.

이 이야기는 살았을 때의 약속이 사후에 얼마나 큰 염원으로 작용하는지를 보여주는 교훈적인 이야기라 하겠다. 그때 정순왕후에게 채소를 대어주던 동묘 앞 여인시장이 지금은 중고품시장으로 변하여 그 때의 역사를 뒤로 한 체 성업 중이다. 중고품시장을 지나면 정순왕후가 단종을 배웅하며 영원히 떠나보낸 청계천 영도교永渡橋가 있다. 젊은이들이 서로 팔짱을 끼고 무심히 다리밑을 거닐고 있다. 정순왕후는 시삼촌인 세조의 죽음과 사촌 시동생인 예종과 조카인 성종과 손자인 연산군의 죽음과 단종을 죽음으로 몰아넣은 한명회의 부관참시를 모두 지켜보았으며 단종의 묘에 봉분이 세워지고 5년 후인 81세에 세상을 떠난다. 그 당시 80세는 지금의 100세이다. 5년 전 만해도 여인시장이라는 표지석이 옛 숭신초등학교 동쪽담장 옆에 있었는데 구청에서 철거하였다.

필동라 소공동

'중부골'은 '부골' '붓골'이 되어 '필동筆洞'이 되었다. 붓과는 관계가 없다. 소공동은 1946년에 '작은 공주골'을 '소공동小公洞'으로 바꾼 동명이다. 조선호텔 자리에 태종의 작은 딸인 경정공주慶貞公主의 남편인 조대림의 집이 있었으므로 그 일대를 소공주골 이라고 하였다.

용산라 삼호정

용산은 용물, 용메이다. 한강물의 삼각지 지역이다. 『동국여지승람』에 양화나루의 동쪽 언덕이 용의 머리로서 한강물을 마시는 형국이라고 하였다. 원효로 4가와 마포구 도화동 사이에 동그랗게 솟아있는 산이다. 지금은 아파트가 들어차서 그 모습이 많이 없어졌다. 지금의 용산성당 자리가 용산의 산마루이다. 서울역 만리재는 용의 머리에 속한다. 용산의 삼호정은 샛 강언덕에 있는 정자인데 '샛강'이 새강, 삼강, 3강, '삼호三湖' 가 되어 '샛강정자'가 '삼호정三湖亭'이 되었다. 그 주위가 풍광 이 좋아 정자도 많았으나 지금은 용산문화원 옆에 심원정 하나 만 남아있다. 용은 원래 대부분 미르, 물이라는 뜻으로 쓰였다. 용두레는 물두레박이며 용정은 깊은 우물이다. 용두동도 물이 만나는 머리 지역으로 두물머리와 같은 의미이다. 용소龍沼도 물이 깊은 못이지 용이 살던 못이 아니다. 용과 관계도 없다.

성지물고개와 똥골동네

원효로 3가에서 4가로 넘어가는 고개 즉 성심여고 정문 앞 쪽 언덕을 '성지물고개'라고 하는데 '성지'는 '형제'의 변음이 다. 형님을 성님이라고 하는 것과 같다. 이 고개마을에 크고 작은 우물이 2개가 있어서 '형제우물고개'라고 한 것에서 유래 하였다. 그러나 지금은 흔적도 없어지고 연립주택이 들어서 있 다. 경기도지방에서는 향교를 '생교'라고 발음하고 경상도 지방 에서는 향촌을 샌촌이라고 한다. 또 보옥리가 뽀래기, 둘레솔 이 도래솔, 솟은대가 솟대, 긴대가 김대, 진대가 짐대, 긴벌령 이 진벌령, 진부령으로 변한다. 똥골동네는 동네의 골목이 구 부러져 빙 돌아간다고 하여 붙여진 '돈골동네'의 변음이다. 또 이곳은 강바람이 세어 '바람 맞이고개'라고 하였다. 이것이 '바 람모지고개'가 되었다. 서울 강동구의 풍납동風納洞도 한강 바 람이 세어 '바람모지' '바람들이동'이다.

삼각지와 으악새

삼각지 로타리는 억새풀이 많았던 곳인데 그 억새풀이 '새 풀'이 되고 '새풀'이 '새뿔'로 변하여 '삼각三角'이 되어 배호의

<돌아가는 삼각지>가 되었다. 이제 삼각지는 천지개벽이 되어 옛 정취는 찾을 수 없으나 삼각지 역구내에 배호의 노래가 흘러나오는 기념관이 있다. 그러나 골목안의 구멍가게는 아직도 남아있어서 보광동에서 지낸 50년 전의 추웠던 겨울을 떠올리게 한다. 으악새는 새가 아니다. '억새'이다. '으악새 슬피우는 소리'는 억새풀이 가을바람에 흔들리면서 서걱대는 소리이다.

서초동과 방산동

서울 서초동의 '서초'도 억새풀의 '억새초草'인데 이 '억새초'가 '새초'가 되고 새초가 '서초瑞草'가 되어 상서로운 풀이 자라는 곳으로 변하였다. 서울 을지로의 방산시장도 청개천의 흙을 퍼올릴 때 마다 악취가 나서 그 냄새를 없애기 위하여 주위에 꽃을 많이 심어 꽃동산을 만든 것이 '방산동芳山洞'이 되었다. 장마철에는 청개천의 오간수문까지 흙이 차서 악취를 풍기자 영조가 말년에 마음먹고 벌인 큰 공사였다. 지금도 그때 흙을 퍼올려 조성된 언덕받이 위에 건물들이 들어서 있다.

새남터와 합정동

새남터도 한강변에 억새와 잡목이 무성한곳이라서 '억새나무터'였다. 이것이 '새나무터' '새남터'가 되었다. 서글(한자)로는 '사남기沙南基'이다. 합정동蛤井洞의 합정蛤井은 원래 작은 우물이다. 작은 우물이 자개우물, 조개우물로 변하여 조개합(蛤), 합정蛤井이 되었다. 지금은 합정合井으로 표기하고 있다. 합정은 절두산 순교기념관 옆에 있었는데 천주교 신자를 처형한 후 칼을 씻던 우물이다. 지금은 도로 확장공사로 강변도로 한가운데에 묻혀있다.

녹번동과 녹반석

서울 은평구 녹번동은 푸른색 바위가 많은 동네로서 녹반석 綠礬石이 나는 곳이다. 노년층이 주류를 이루고 있는 정이 많고 쾌적한 마을이다. 녹반석은 골절, 치통, 신경통에 좋다는 산골 山骨이다.

돌곶이와 석모도

석石은 '돌'이며 물이 돌아나가는 '돌곶이'에서 나온 말이다. '돌곶이'는 물이 도는 곳으로 '돌물'이며 돌물이 돌문이 되고 '석문石門'이 된다. 석문의 '문門'은 '물'이 변한 것이다. 당진 석문면도 역시 물이 돌아나가는 곳이다. 서울 석관동도 물이 돌아나가는 곳, '돌곶이'가 석관石串동이 되었다. 여수의 돌산 갓김치의 '돌산'도 물이 돌아 나가는 곳이다. 강화 석모도도 바닷물이 섬 모퉁이를 돌아나가므로 '돌모루'라고 한 것이 석모도가 되었다. 석모도 앞의 작은 섬은 섬돌모루이다.

도림동도 도림천과 관련된 땅이름이다. 도림은 물이 돌아 흐른다는 뜻이다. 뫼는 '모이다' '물이 모인다'라 는 뜻도 있다. 물의 발원지가 산이므로 물도 메, 뫼, 미라고 하고 산도 메, 뫼, 미라고 하는 것이다. 메향리나 매향리도 침향을 묻은 곳일 수 도 있으나 물의 근원지을 말한다. 고깔은 곳갈이다. 곳은 뾰족하게 튀어나온 곳이며 갈은 깔대기 모양을 말한다.

수유리와 신림동

수유리水踰里는 물이 넘어가는 '무너미' '물넘이'이다. 고덕동은 조선시대 지명인 고다지高多只동에서 유래하였다는 설과 고려 말 이양중이라는 덕이 높은 사람이 숨어 살았던 곳이라고 하여 '고덕동高德洞'이 되었다는 설이 있다. 신림동은 '신이문동'의 변음이다. 신이문新里門이 있던 곳이 신림동이 되었다.

이문里門은 검문소, 지금의 방범초소와 비슷한 곳이다. 중림동은 '중이문동'으로 중간 이문이 있던 곳이다. 염곡동은 지형이 소의 염통처럼 생긴 것에서 유래한다.

노량진과 신탄진

노량진(津)은 일반 나루이다. 노들나루의 '노들'는 '너들이' '늘어진 땅'으로 넓은 들에 있는 나루라는 설과 '물살이 꺾어져 물결이 세게 돌아나가므로 '노돌'이 노량이 되었다는 설이다. 손돌량, 손돌목도 물목이 솔고 좁아 물이 세게 굽이쳐 돌아 흐르는 곳이지 '손돌'이라는 사람이 빠져죽은 곳이 아니다. 이순신의 명량도 울돌목으로 물살이 거센 곳이다. 신탄진은 대청호가 생기기 전에는 물이 많지 않아 나루가 형성되지 않았는데 대청호로 인하여 물길이 풍부해져 새물길이 생겼다고 신틴진新灘津, 새나루가 되었다. 신탄진읍은 대전광역시 대덕구로 편입되었다.

삼랑진과 중랑천

삼랑진역은 삼랑리라는 동네이름을 따서 지었으며 그 역 이름을 따서 원래 면소재지였던 하동면이 삼랑진면으로 바뀐 특이한 지명이다. 삼랑진은 교통의 요충지로 영조때 국가 물류창고가 있었다. 낙동강 좌우로 밀양강과 3곳이 합치는 곳이라 하여 삼랑진이다. 그러나 중랑천이 '중량천'이듯이 삼랑진도 '삼량진'으로 부르는 것이 옳은 발음이다. 일본인들이 '량'이라는 발음이 잘 안 되므로 '랑'으로 고친 또 하나의 사례이다.

물금과 섬진강

물살이 거세어 홍수 때에 강물이 넘치는 것을 금(禁)하는 제방을 쌓은 곳이 물금勿禁이다. 낙동강은 가락의 동쪽을 흐르는 강이라는 의미이다. 『동국여지승람』에는 낙수, 『택리지』에는 낙동강으로 나온다. 섬진강의 섬진蟾津은 고려 우왕 때 왜구가 침입하였는데 두꺼비들이 울었다는 데에서 유래하였다는 기록이 있다. 역사에 기록되어 있는 사실을 무시할 수는 없으나 그곳에 큰 두꺼비바위가 있어서 섬거리蟾巨里라고 한 땅이름에서 유래된 것으로 보인다. 두꺼비 바위는 지금도 그대로 있다.

탐진강과 임진강

탐진강耽津江은 탐라국의 고씨 형제가 조공을 바치러 올 때 배를 대던 강진의 남포나루이다. 탐라와 강진의 한 글자씩을 따서 '탐진耽津'이라고 하였다. 제주도를 오가려면 강진나루를 거쳐야만 하였다. 임진강의 임진臨津은 앞 나루이다. '임'은 우리말의 '이마'이다. 남풍을 마파람이라고 하듯이 이마도 '남쪽' '앞'이라는 뜻이다. 즉 개성에서 서울로 건너오는 남쪽나루, 앞나루가 임진나루이다. 임진왜란이 끝나고 선조가 한양으로 돌아 올때 제사를 지낸 일과는 연관이 없다. 그전부터 임진강이었다. 신안군 임자도荏子島의 '임'도 이마, 앞, 앞섬이다.

양화진과 곰달내

서울 마포구 양화진楊花津은 베뗄(th), 언더우드, 헐버ㄹ(r)트, 아펜젤(z)러와 그의 가족 등 450명의 외국인 선교사의 묘지가 있는 곳이다. 한강진漢江鎭은 군사 주둔용 나루이며 검문소가 있었다. 양천구 신월동의 곰달내의 '곰달'은 '검달'로써 큰 땅, 넓은 들이라는 뜻이다. 넓은 들판을 가로 질러 흐르는 강이다. 고운달이 비치는 강이 아니다. '월인천강月印千江'이라 했는데 달이 곱게 비치는 곳이 어디 그 곳 뿐이던가!

무진주와 법성포

전남 광주를 고려 때는 무진주라고 불렀다. 무진주는 물이 진 곳, 물진 곳이다. 바닷물이 들어와서 영산강 물골과 광주천, 극락천이 흘러 넘쳐 땅이 질퍽한 곳이었다. 무진주가 무주로 변하고 조선 초에 광산, 광주로 변하였다. 신라 때에도 광주라 부른 적은 있다. 광산光山은 햇빛에 산 그림자가 물에 비쳐 산이 물위에 떠있는 것처럼 보인다는 '물뫼'에서 유래된 이름이다. 빛 고을이 아니다. 빛 고을은 나중에 광산의 변음이다. 신라 때 당나라 스님이 불법을 전하러 와서 법을 설한 곳을 법성포法盛浦라 하였고 법성포에서 동쪽을 향해 빛(불법)이 있을 것이라고 해서 영광靈光과 광양光陽이라는 지명이 되었다고 한다. 지금 광양 제철소는 1년 내내 쇠불을 내뿜고 있다.

무등산과 모악산

무등산은 물이 질퍽한 들판에 있다고 하여 생긴 '물들뫼'에서 온 말이다. 또 산등성이가 뾰족하지 않고 두리뭉실해서 무등산이 되었다고도 한다. 모악산은 으뜸산, 높은산 이라는 뜻인 '엄뫼' '무악산'인데 '어미'로 와전되어 모악母岳산이 되었다. 『금산사지』에는 엄뫼 즉 '큰 산'이라 하였다.

오도재와 도촌리

함양 오도재悟道嶺는 도솔암에서 수도하던 서산대사의 제자인오조사印悟祖師가 깨우침을 얻기 위해 이 고개를 수없이 오르내렸다고 하여 오름재라고 한 것이 나중에 오도재가 되었다. 함양 지곡면 도촌리는 물이 이 마을을 돌아 나가므로 지형이 섬처럼 보여 섬말이라고 한 것이 도촌리島村里가 되었다.

추풍령과 갈재

추풍령은 물이 갈라지는 고개 즉 갈고개, 갈령, 가을령이 '추풍령'이 된 것으로 보고 있다. 추풍령역 옆 저수지부근에 갈령 고개가 있다. 추풍령천과 황근천이 만나 금강을 이룬다. 가파른 고개의 '가파랑'이 '가을바람'으로 변하여 추풍령이 되었다는 설은 신빙성이 떨어진다. 갈령, 가을령은 물이 갈라지는 고개라는 뜻이다. 물이 갈라지는 갈 고개가 가을고개가 된 것이다. 경주 토함산 갈재도 '가을재' '추령'이다. 추자도도 해류가 갈라지는 곳이라서 갈도, 갈래도인데 가래나무 추(楸)를 써서 추도, 추자도楸子島가 되었다.

수분리와 양수리

전라도 장수長水는 물이 섬진강과 금강이 길게 흘러간다는 뜻이다. 수분리水分里는 섬진강과 금강이 나누어지는 곳이고 양수리兩水里는 물이 합하는 지점이다. 장수의 '물뿌랭이'도 '물뿌리' 수분리이다. 개성의 두문동 72현의 두문동도 두물머리이다.

아우라지와 영천

아우라지는 두 강이 어우러지는 곳이다. 아우내도 물이 어우러지는 병천竝川이다. 영천은 '이수천'의 잘못이다. 이수천二水泉을 종서縱書로 써놓은 '二水泉'을 잘못 읽어 '영천永泉'이 되었다. 영천靈泉과는 다르다.

상계동과 납대울

납때울은 상계동의 옛 이름이다. 납대納大울은 곡식을 거두어 보관하는 큰 창고들이 있던 마을이다. 상계동에 한천이 있고 한들이 있어 곡식을 많이 수확하였으므로 곡식을 저장하는 큰 창고들이 있었다.

신심과 신발

신身은 그릇이다. 신발의 '신'은 발을 담는 그릇이며 신심의 '신'은 마음을 담는 그릇이다.

도시락과 도솔가

도시락은 도솔가에서 나온 말이다. 그것이 '도슬가' '도슬악' '도시락'으로 변하였다. 『삼국유사』에 의하면 신라 유리왕이 길거리에서 추위와 굶주림으로 죽어가던 노파에게 옷을 덮어주고 바구니에 밥을 담아오게 하여 먹게 하고는 자신의 부덕을 자책하였다. 이에 백성들이 왕의 덕을 칭송하여 부른 도솔가에서 유래하였다. 후대 경덕왕 때의 도솔가는 반란군을 진압하는 상징적인 내용으로 앞의 도솔가와는 전혀 관계가 없다.

흥청망청과 고주망태

'흥청망청'이라는 말은 연산군 때 생긴 말이다. 그 당시 민가에서 강제로 대궐로 뽑혀온 여인들을 '흥청興淸'이라 했는데 이 흥청놀음과 폭정暴政때문에 연산군이 쫓겨나자 흥청때문에 망했다는 뜻으로 '흥청망청興淸亡淸'이라는 말이 생겨났다. '고주망태'라는 말의 '고주'는 술 거르는 틀을 말하고 '망태'는 술을 거를 때 고주위에 얹어 놓는 망태기이다. 고주와 망태는 항상 술에 젖어 있으므로 술에 절은 사람을 고주망태라고 한다.

미주알 고주알

'미주알고주알'의 '미주알'은 똥구멍 속을 말하고 여기의 '고주알'은 여성의 자궁 즉 염불을 말하는 것으로 보인다. '미주알고주알 캐묻는다'라는 말은 가장 은밀한 곳까지 다 뒤지는 모양을 말한다.

고자질과 합천

'고자질'은 고자(내시)들의 속삭임을 빗댄 말이다. 경남 합천은 원래는 좁은 계곡물이 흘러내리는 황강의 폭이 좁아 '협천陝川'이었는데 그 후 3개 고을을 합쳤으므로 합천陝川이라고 발음하게 되었다. '폭정暴政'도 원래는 사나울 포暴의 '포정暴政'이 된 소리로 변한 말이다. 폭우도 원래 사나운 비 '포우暴雨'이다. 소주가 '쐬주'로, 소고기가 '쇠고기'로 변한 것과 같다. 그러나 포악暴惡은 '폭악'이라고 하지 않는다.

『조선왕조실록』에서 호우豪雨를 찾아보면 『순종부록』16권(1925. 7. 20)에 처음이자 마지막으로 나오는 단어이다. 이『순종부록』은 일본의 입김아래 쓰인 것이다.『조선왕조실록』을 통털어 『순종부록』에 단 한번 나오는 이 '호우豪雨'도 우리말이 아니다. 우리는 큰비라는 뜻인 '대우大雨'라고 하였다. 대우를 『조선왕조실록』에서 찾아보면 무려 950여 차례나 기록되어 있다고 한다. '호우'란 순종이 죽으니 비가 호기롭게도 내렸다는 비아냥거림이 섞여있는 표현이다. 그런데 지금의 일기예보에 하나같이 '대우 주의보'나 '큰비주의보'대신 일제 잔재인 '호우주의보'라는 말을 쓰고 있다.

부루단지와 부루단군

한 세대전만 해도 시골에는 부루 단지라 하여 가을에 나락을 수확하면 그 중 좋은 것을 골라 옹기에 담아 보관하였다. 여름에는 보리를 수확하여 보관하였다. 부루단지는 2세 단군 부루에서 연원하여 부루단지扶婁壇地라고 한다. 그 의미는 다음해는 더욱 풍년이 들어 곡식이 불어나서 살림이 나아지기를 염원하는 행위였다. 부루단군이 백성을 가르쳐 가색稼穡(곡식농사를 부흥시킴)하게 하였기 때문이다.

나락과 나물

오늘날의 벼를 '나락'이라고 하는 것은 원래 신라의 벼를 이른 '신라의 록祿'이 '라록' '라락' '나락'이 되었다. '나물'도 '라물羅物'이며 신라의 물物이다. 수목을 '나무'라고 한 것도 신라의 목, 즉 '라목羅木'이다. '목'은 중국어로 '무'이다. '그릇'도 '기라器羅' '기르' '그릇'이다. 신라의 기器라는 뜻이다.

고구려와 고구리

신라가 고구려를 싫어하여 이무기를 뜻하는 '구려句麗' '구리'라고 하였다. 중국어로 '려'는 '리'이다. '구리'는 사람, 무리, 패거리라는 뜻이다. 즉 고구리는 고씨의 무리, 고씨의 나라라는 말이다. 고구려를 고구리라고 불러야 한다는 주장은 일리가 있지만 신라가 고구려를 낮추어 부른 말이므로 고구려의 입장에서 보면 좋은 뜻은 아니다.

산너구리와 마당너구리

산견山犬을 '산노구려山獹句麗'라고 하였는데 그것이 '산너구리'가 되었고, 축견畜犬을 '마당노구려馬塘獹句麗' '마당너구리'라고 하였다. 마당너구리는 개이다. 또 견犬은 다리가 길고 몸집이 큰 개이고 구狗는 다리가 짧은 작은개를 말한다. 동물의 미尾를 '꼬리'라고 한 것도 '고구려' '고구리' '구리'에서 '꼬리'가 되었다. 두꺼비를 '마구려蟆句麗' '머구리', 독수리는 '조구려鵰句麗' '조구리', 미꾸라지를 '미구려尾句麗' '미구리'라고 하였다. 『당서唐書』와 『양서梁書』의 자전에도 麗는 '나라이름 리'라고 기록되어있다. 너구리, 조구리, 미구리가 모두 신라가 고구려를 낮추어 빗댄 말들이다.

버들고리와 고린내

버드나무로 만든 상자를 '버들고리'라고 한 것도 고리 즉 고구려사람이 만든 상자라는 말이다. 또 풀이나 곡식을 끌어 모으는 '각구리'는 '각고려角高麗'에서 '깍구리'가 되었다. '고린내' '구린내'도 '고구려인의 냄새'이다. '내'는 '연기' 또는 '냄새'이다. 동북 3성에서는 재중 동포들이 굴뚝을 '내굴'이라고 한다. 연기가 나는 굴이라는 뜻이다. 고구려인이 추운 지방에 살면서 육식을 좋아하되 목욕을 싫어하여 나는 냄새이다. '냄새가 고약하다'는 '고약高若'이라는 말도 고구려인의 냄새와 같다는 말이다. 조선 세종 때 신하 고약해高若海라는 이름에서 연유한 것이라는 설이 있으나 그것은 훨씬 후대의 이야기이다.

주전부리와 고동어

'주전부리'는 '조선부올朝鮮附兀'이며 고구려의 도읍지가 죠선지朝鮮地이니 고구려인이 음식 해먹기를 좋아하여 생긴 '조선부올'이 '주전부리'가 되었다. '부올附兀'은 초목화草木花의 '꽃부리'와 같은 말이다. 고구려의 성씨가 고씨高氏였다. 소라를 '고동高同'이라 하여 고씨와 같다고 한 것도 소라는 그 어미를 잡아먹기 때문에 고씨의 골육상잔에 빗댄 뜻이다. 또 비린내가 많이 나는 생선을 고씨의 냄새와 같다고 '고동어高同魚'라고 하였다.

콩고물라 고시라

콩고물은 고씨를 콩가루로 만든다는 '고몰高沒'이며 고기도 '고기高嗜'이며 고씨를 잡아먹는다는 의미이다. 귀신을 쫓을때 '고시라'라고 외치는 것도 '고씨라高氏羅'이니 악귀를 고씨에게 보내고자 하는 뜻이다. '고시례'와는 다른 말이다.

난장이와 노인

삼국시대에 고구려는 강성하고 신라는 약하여 고구려인이 신라를 낮추어 보아 '나져'라고 했으니 바로 '라저羅低' '낮다'이다. '난장이'도 신라의 '낮은 사람'에서 온 말이다. 『역어유해』에는 '난자'로 나와 있다. 반면 고구려는 자신들을 '고高' '놉다', '높다'라고 하고 '놉사람' '놉인'이라 하였는데 '놉인'이 나중에 '노인老人'이 되었다.

닛금라 한가위

신라 유리왕 때는 임금을 니사금이라 했으니 니사금은 이빨이 많은 사람, 니금(齒理)이며 '닛금' '임금'이 되었다. 남해왕때 '차차웅次次雄'은 무당을 말한 것이고 눌지때의 '마립간麻立干'

은 '머리간'이다. 한가위는 '가배嘉俳'가 '가위'로 변한 것이다. 가배는 신라 때 술과 음식으로 가무歌舞하는 것을 '가배연嘉俳宴'이라하니 그 발음이 '가우절嘉優節'에서 '가위' '한가위'로 변하였다고 한다.

년과 놈

현재 우리가 비속어로 쓰고 있는 '년'은 '여인女人'의 준말 '연'이고 '놈'은 '남인男人' 준말 '남' '놈'이다. 원래 비속어가 아니다. '쥐뿔도 모르면서 아는 체 한다'라는 말은 우리에게 많은 점을 생각하게 한다.

쥐뿔과 개새끼

'쥐뿔'은 '지뿌리' '제뿌리' 즉 '자신의 조상'이다. 나아가서는 인간의 원래 '본성'을 의미한다. 쥐에 무슨 뿔이 있던가? 우리 민족은 참새, 참나무, 참꽃, 참나리, 참죽나무, 참말 등 '참'이라는 단어를 참 많이 쓴다. '가죽 나무'는 가짜 죽나무이다. 가짜 나리는 '가나리'인데 '개나리'가 되었으며 개꿈도 개가 꾸는 꿈이 아니라 가짜 꿈이 '가꿈' '개꿈'으로 변한 것이다. '불순물'을 뜻하는 '객물'도 '가물' '개물'의 변음이다. 마찬가지로 '개자식'도 참 자식이 아닌 가짜 자식인 '가자식'이 '개자식'으로, '개새끼'도 가짜 새끼인 '가새끼'가 '개새끼'로 변한 것이다.

3.1운동 민족대표 33인들이 하나 둘 친일파로 변하자 임꺽정을 쓴 홍명희가 심우장의 만해 한용운을 찾아와서 분을 삭이지 못하고 '아니 그런 개 같은 놈들이 있나!'라고 흥분하자 만해가 '개도 주인은 배신하지 않는데 개보다 못한 놈들이지!'라고 하였다. 홍명희가 심우장 축담에서 꼬리를 흔들면서 듣고 있던 만해의 개에게 사과하였다.

개판 오분전라 야단법석

'개판 오분전'의 '개판'은 '개반開飯'이다. '솥뚜껑을 연다'라는 말이다. 즉 솥뚜껑을 열기 5분전이라는 말이다. 부산피난시절에 피난민들에게 밥을 배식하기 전에 '개반 5분전이오 ~ '하고 외치면 사람들이 몰려들어 아수라장이 되는 광경을 일러 '개판 오분전'이라는 말이 생겼다. 강아지에게는 아무런 혐의가 없다.

야단법석野壇法席도 마당에 연단을 설치하여 고승이 법문을 하는 자리를 만든 것인데 서로 법문을 들으려고 몰려들어 북새통을 이루는 것을 말한 것이다.

좆라 좋다

'좆도 모르면서 까분다'의 '좆'은 '조祖' '조상' 즉 뿌리도 모르면서 까분다는 뜻이다. '개좆'도 '가좆' '가조상' '가짜조상'이라는 뜻이다. 이러한 깊은 뜻을 담고 있는 우리말인데도 신문이나 텔레비전에는 개새끼, 년, 놈 등을 비속어로 취급 하여 ○○○이나 ×××으로 자막처리를 하고 있다. 우리말 천대의 현주소이다. 그러나 '좋다'라는 단어는 '조祖하다' '좆다'에서 온줄 눈치 채이지 않아 용케도 비속어에서 빠졌다. '얼씨구 좋다'라는 말은 좆에서 얼, 즉 정자가 방출되니 좋다라는 뜻이다.

좆은 생명 창조의 원천이라는 의미로 중국의 한 지방 박물관에는 그 형상을 진흙으로 빚어 놓고 [祖]라는 설명을 붙여 전시해 놓았다. 네팔의 많은 사원에서 숭배하는 남성 성기모양의 린감(lingam)은 우리의 영감쓹監과 발음이 유사하다. 신체부위의 명칭인 코나 귀나 좆은 모두 튀어나온 부분을 뜻하는 '곶'에서 온 말이다. 감기를 '곶불'이라 하는 것은 코에서 불이 난다는 뜻이다. 국운이 오르면 회복되어야 할 말들이다.

죽었다와 뒈졌다

'죽었다' '죽어간다'라는 말은 '주었다' '주고간다'라는 말이다. 우리민족은 자식들에게 재산을 물려주는 관습이 남다르다. 농사짓는 소를 팔아서라도 자식 공부를 시키는 민족이다. '다 죽어간다'는 것은 '다 주고간다'라는 의미이다. '돌아가셨다'라는 말은 원래 온 곳으로 도로 갔다는 말이며 '도로 갔다'의 '도로'는 '도道로'갔다 라는 의미이다. '뒈졌다'라는 말도 원래대로 '되어졌다'는 우리 민족의 도어道語인데 우리말은 비속어이고 '서거하였다'라는 한자어는 높임말이라고 한다. 우리말들이 비속어에서 벗어날 때 우리의 국혼도 살아날 것이다.

진안리와 월류봉

진안리陳雁里는 진陳을 친 안雁쪽 땅이다. 들의 안쪽은 '들안리'이다. '들'이 '달' '돌'로 변하고 이것이 '월月' '석石'으로 변하기도 한다. 안쪽은 '안安' '안雁'으로 변하였다. 땅이름에 '달'이 많은 것은 달이 '땅'이나 '들'을 뜻하기 때문이다. 월안리月雁里나 석안리石雁里로 변해 버리면 참으로 알아내기 어렵다.

충북 영동의 송시열 고택의 월류봉月留峰은 달이 머무는 봉우리라는 낭만적이고도 시적인 의미를 담고 있다. 그러나 '월月'은 땅이며 '류留'는 버들유柳로 산봉우리가 죽 벋어 내린 곳이라는 뜻이다. 산등성이가 죽 벋어 내렸다는 월류봉月柳峰이 월류봉月留峰으로 변하여 전혀 다른 뜻이 된 사례이다. 참으로 운치 있는 이름이지만 달이 머무는 곳이 어디 있겠는가.

황계리와 느름재

때로는 '달'이 '달비' '댕기'가 되고 댕기는 길게 땋아 이어가므로 '새끼'가 되고 '자식'이 된다. 황계리黃鷄里는 느릅재 밑의 마을이다. 지세가 늘어진 지역이라 느릅재인데 '늘어지다'가 '누렇다'로 바뀌어 '누루황黃'이 되었다. 닭(鷄)은 '달'에서 온 말로 '땅'을 가리킨다. 즉 '늘어진 땅'이 '황계'가 되었다. 즉 죽 늘어선 산 밑에 있는 마을이 '느릅재 마을' '황계리'이다. 누런 장닭과는 아무 관계가 없다. 이것 또한 원래의 의미와 너무나 거리가 멀어진 경우이다.

밝다와 어둡다

'명明'을 '밝'이라 함은 빛이 나온다는 '발광發光'의 '발'이다. '혼昏'을 '어둡' '어답'이라 함은 '어대於代'이며 밝음의 대가 된다는 뜻이다. '지地'를 땅이라 한 것은 '따' '짜' '다多'이며 많다는 뜻이다. '짜'는 『훈민정음』 합자해에 나온다.

물라 불라 쇠

'수水'를 물이라 함은 '몰沒'이니 물의 속성이 잠기는 것이므로 '몰沒'이라 한다. '화火'를 '불'이라함은 불은 위로 오르므로 '부을浮乙'이다. '금金'을 '쇠'라 함은 금의 성질이 '조燥'하므로 '조'가 변하여 '소' '쇠'가 되었다. 술(酒)은 '수불'이다. 물이면서 불이라는 뜻이다. '수'의 'ㅅ'과 '불'의 '굴'이 합하여 '술'이 된 것이다.

논라 밭

'야野'를 '들'이라고 하는 것은 이랑을 만들어 등분等分하여 세금을 매기므로 등분의 '등等'이 '들'이 된 것이다. '전田'을 '밭'이라하는 것은 '발'이니 흙을 파서(發) 만든다고 '발發' '밭'

이 되었으며 '수전水田'을 '논'이라 한 것은 '로澇'이니 벼가 물에서 자라므로 물을 뜻하는 '로澇'에서 '논'이 되었다.

마을과 동막골

'리里'와 '촌村'을 '마을'이라 함은 '막을寞乙'이니 '촌村'입구에 초소(寞)를 세운 때문이다. 즉 '막을'이 마을이다. 또 '독막'이라 하여 독을 짓는 막 즉 독을 굽는 가마터인 '독막골'이 '동막골'이 되었다.

재미와 교미

'재미있다'의 '재미'는 자미字微에서 왔으니 '자字'는 원래 시집 장가보내는 뜻이며 '미微'는 교미하는 뜻이니 동물이나 사람이나 암수가 서로 교미하는 것이 제일 '재미있는 일'이라는 뜻이다.

상투와 백구

상투는 죽음을 관장하는 우리민족의 북두칠성 신앙의 상징이다. 상투를 틀기 위해서는 상투를 묶을 자리 주위의 머리카락을 깨끗하게 잘라내야 하는데 그 자리가 머리 정수리의 백회혈이므로 '백회를 친다'라는 말이 스님의 머리처럼 면도기로 완전히 밀어버리는 것으로 와전되어 '백회친다' '백호친다' '백구친다'로 굳어진 것이다.

옛날 일본인들에게는 우리보다 더 뒷 꼭지에 상투를 틀게 하고는 그 이름을 좆마개라고 일러주었다. 지금도 일본은 그 말을 그대로 '쫀마개' '촘마개'로 부르고 있다. 이규보에 의하면 중국사신으로 갈 때 우리나라 사신은 중국의 대신과 나란히 들어가서 황제를 만나지만 태국, 월남, 라오스 사신은 뜰에서 알현하고 일본 사신은 뜰 밑의 마당에서 알현하였다고 한다. 월남전에서 맹호부대가 철수할 때 월남 아가씨들이 부두에 나와서 '사랑한다는 말을 무엇이라고 하나요?' 하고 묻자 한 병사가 '웃기네!' 라고 한 것이 배가 멀어질 때 까지 손을 흔들면서 '웃기네~, 웃기네~. 라고 하였다고 한다. 그러나 상투를 좆마개라고 일러준 것은 잘 한 처사는 아니다.

붕어와 송아지

『훈민정음』 용자례를 보면 겨울철에 창문에 끼인 성에를 서에(流澌)로, 너구리를 러울(獺), 씨앗을 골라내는 잉아를 이아(綜)라 하고 갈대를 굴(蘆), 겉벼를 우케(未舂稻), 누에고치를 고티(繭), 노루는 노로(獐), 원숭이는 납(猿), 팔은 블(臂), 파리는 풀(蠅), 새우는 사비(蝦), 뒤웅박은 드븨(瓠), 종이는 죠히(紙), 부엉이는 부헝(鵂鶹), 병아리는 비육(鷄雛), 아우는 아ᅀᆞ(弟), 발뒤꿈치를 발측(跟), 기러기를 그력(鴈), 두레박을 드레(汲器), 절은 뎔(佛寺)이라고 하였다.

그런데 그때나 지금이나 같은 발음이 있으니 감(柿), 콩(大豆), 벌(蜂), 마(薯蕷), 자(尺), 손(手), 피(稷), 키(箕), 톱(鉅), 엿(飴餹), 별(星) 등이다.

또 고어古語에 붕어를 부어(鮒魚)로, 숭어가 수어(秀魚)로, 황소를 한쇼로 표기하였다. 따라서 황소는 큰 소라는 뜻이지 누런 소가 아니다. 또 송아지를 소아지, 망아지를 마아지, 강아지를 가아지로 표기하여 어린 새끼를 '아지'로 표기하였다.

아비와 어미

'부父'는 '아부阿父' '아부지' '아비'가 되었고 '모母'는 '어모於母'라 하여 '어미'가 되었다. '조부祖父'는 '할부' '할부지' '할배'가 되고 '한아부韓阿父'는 '할아부' '할아부지'가 되었다고 한다. 개천절 노래가사에는 '한아바님'으로 나온다. '조모祖母'는 '할모' '할매', '한어모韓於母'는 '한어미' 할머니가 되었다. 한韓은 크다는 의미이다. 백숙부伯叔父는 '아제부' '아제비'이며 '아제부阿諸父'에서 나왔고 백숙모伯叔母'는 '아제모' 아지매'이며 '아제모阿諸母'에서 나왔다고 한다.

처妻를 '아내'라고 하는 것은 '아내阿內'이니 '내조內助'하는 사람이라는 뜻이다. '내인內人'을 '나인'이라고 하니 혼인한 여자 즉 '아내'를 '아낙' '아낙네'라고도 한다. 부夫는 '지아비'이며 '지아부支阿父'라고 한다. 그러나 『계림유사』의 이러한 단어들은 한자 단어에서 나온 것이라기보다는 우리말을 한자 발음으로 표기하는 과정에서 생겨난 것으로 본다.

손님과 나그네

손님은 선仙님에서 왔으며 선님에서 스님, 스승님이 나온 것으로 본다. 나그네는 나간이, 나그니에서 온 것으로 보인다.

주전자와 대접

주전자는 술을 데우는 '주전자酒煎子'이다. 도마는 '도판刀版'의 와전이니 칼로 고기를 자르는 뜻이다. 식기食器를 '바라'라고 하는 것은 '발아鉢兒'이며 작은 것은 '종발' 즉 '중발中鉢'이며 큰 것은 '대접大楪'이다.

까마귀와 뻐꾸기

까마귀는 '감악귀監惡鬼'이니 능히 귀신을 본다는 뜻이다. 또 '지미枝尾'는 지비에서 제비로, '포곡布穀'은 뽀곡이에서 뻐꾸기로, '공貢'은 꽁, 꿩으로, '건작乾鵲'에서 까치로 변하였다. 우리말을 중국어로 적는 과정에서 아기는 아기阿其, 번개는 번개翻開, 돌은 돌突, 안개는 안개眼開로 표기하였듯이 앞에서 본 『역어유해』나 『계림유사』의 이런 말들도 우리말이 모두 서글(한자)에서 온 것이 아니며 많은 부분이 우리말을 서글(한자)로 표기하는 과정에서 생긴 산물로 보아야 할 것이다.

해모수와 해인

해모수는 '해모습'이다. 해인海印과 뜻이 통한다. 해인은 깨친 이의 영성이 밝은 모습, 해모습이다. '해머슴'이라는 풀이와는 격이 다르다. 해부루는 해를 부리는 사람이다. 상고사에 나오는 해모수는 3명이 있다. 한명은 북부여의 시조 해모수이다. 삼국유사에 나오는 북부여를 세우고 해부루를 낳았다는 해모수이다, 또 유화부인이 낳은 주몽의 아버지 해모수이다. 그리고 구도舊都의 해모수이다. 즉 해부루가 떠난 그 터에 나라를 세운 해모수이다, 여기서는 해부루가 해모수의 아들이나 동생이 아니라는 말이다.

그러므로 해모수는 고유 명사라기 보다는 '해같이 밝은이'라는 의미로 본다. 하백은 관찰사, 도지사라는 직책이지 물귀신의 이름이 아닌 것과 같다.

백제와 온조

백제나 온조는 같은 말이다. '온'은 '백百'이고 '조'는 '재'

'제'와 발음이 넘나든다. 따라서 백제나 온조는 동의이음同意異音이다. 부여에서 갈라진 민족이 러시아 브리야트 공화국의 브리야트 족으로 보인다. 왜냐하면 그들은 부여가 자신들의 역사라고 말하고 있기 때문이다. 대도大刀를 '흔칼'이라고 하였다. 대大는 이두로 '흑근黑根'이다. '흑'의 'ㅎ'과 '근'의 'ㄴ'이 합한 것이 '흔'이고 도기는 '칼'이다. 그래서 '흔칼'이라 하였고 그것이 큰칼이 되었다. '흔'은 크다, 많다, 흔하다는 뜻이다. 배달은 '밝은 달' '밝은 땅' '밝달' '박달'이다. 광개토대왕 비문에 나오는 안라인安羅人은 신라 수비병이라는 뜻으로 보인다.

다말라 다물

동이족의 고대 공통어는 '다말'이었다고 한다. 이씨, 김씨, 박씨, 정씨, 고씨, 손씨 등의 성씨는 물론 신라라는 나라이름이나 '단군'이나 '하늘'도 옛 발음이 모두 다말이었다고 한다. 이李는 이아익爾雅翼에 '이목지다자자李木之多子者'라 하였다. 그 중에서 '다자多子'의 '다多'는 발음이 '다'이다. '자子'는 옥편에서 '지명支名'인데 '지支'는 '종宗'이다. '종'은 마루이며 마루는 '말'이다. 곧 '다자多子'는 '다말'이 된다. 따라서 '이씨李氏'의 고훈古訓은 '다말'이다.

정鄭은 설문해자에 '정정야鄭町也 지다평地多平 정정연町町然'이라고 하였다. 그 중 '다평多平'의 '다多'는 발음이 '다'이다. '평平'은 이아석지爾雅釋地에서 '야野'이며 '야野'는 장자소요유壯者逍遙遊에서 '마馬'로 보므로 '마馬'는 '말'이다. 곧 '다평多平'은 '다말'이 된다. 따라서 '정씨鄭氏'의 고훈古訓은 '다말'이다.

손孫은 전한천문지前漢天文志에 '직녀왈천제손織女曰天帝孫'이라고 하였다. '천제天帝'에서 '천天'의 반훈半訓이 '다'이다. '제帝'는 이아석화爾雅釋話에 '군君'이며 '군君'은 풍속통의에 '종終'으로 나온다. '종終'은 '말'이니 '천제天帝'는 '다말'이 된다. 따라서 '손씨孫氏'의 고훈古訓은 '다말'이다. 그밖에 최씨, 배씨, 설씨, 석씨 등이 모두 옛 발음이 '다말'이다.

신라와 다말

나라이름도 마찬가지이다. 신라의 신新은 서윤정書胤征에 '함여유신咸與維新'이라고 하였다. 함咸은 '다함'으로 '다'이다. 라羅는 양자방언揚子方言에 '나위지리羅謂之離'라고 하였고, '이離'는 전한前漢 양웅전揚雄傳 반리소주反離騷註에 '응소왈이유조應劭曰離猶遭'라고 하였다. 여기서 조遭의 반훈半訓이 '말'이므로 신라는 '다말'이 된다.

단군과 다말

단군壇君의 단壇의 반음半音이 '다'이다. 풍속통의에 '군종통君宗通'이라 하여 군君은 종宗과 서로 통한다고 하였다. 종宗의 훈이 '마루' '말'이므로 단군도 '다말'이 된다.

하늘과 다말

태을太乙의 태太는 '큰', '한'이다. 을乙과 합하여 '한을'이 된다. '한을'은 하늘이다. 여씨성경呂氏星經에 종남산終南山을 태을산太乙山이라고 하였다. 집어集語에 마칠종(終)은 다할진(盡)이니 종終의 훈訓은 '다'이다. 옥편에 남南은 오방午方이니 오午는 운회韻會에 '마속오馬屬午'이다. 즉 남南은 오午이며 오午는 '마馬'이다. '마馬'의 훈訓이 '말'이다. 따라서 종남산은 '다말'이

된다. 종남산을 태을산이라고 했으니 태을, 한을, 하늘도 '다말'
이 된다.

탐라와 다말

　이러한 연장선상에서 볼때 취음取音은 다르지만 다말은 다물
과 발음이 상통함을 알 수 있다. 삼국사(기)에 '고구려 말로 옛
땅을 다시 찾는 것을 다물多勿이라 한다'라고 하였다. 물勿은
그 훈訓이 '말'이므로 다물은 다말이다. 다물은 백제가 망한 후
'담로' '다무로'로 변하였다. 제주도를 탐라라고 한 것도 담라,
담로, 다물의 변음이 아닌가한다. 그렇게 볼 때 탐라도 원래
백제 땅이었을 가능성이 있다. 해남의 땅끝 마을은 토말土末이
다. 토말도 도말, 다말, 다물의 변음으로 보인다. 백제가 망하
고 신라가 통일해도 백제유민들이 그곳으로 몰려가서 살았을
수 있으며 그래서 실지회복失地回復의 염원으로 다물이라고 한
것이 토말이 되어 땅끝 마을로 와전이 된 것으로 보는 것이다.
해남만이 땅끝은 아니기 때문이다.

　이것 또한 원래의 의미와 너무나 거리가 멀어진 경우이다.
머리가 아파진다. 그만 하기로 하자. 이렇게 자꾸 욕심을 내다
가 보니 책도 이처럼 두꺼워지고 말았다. 田田

<땅이름의 허와 실>은 『동이고사 연구의 초점』, 『동언고략』, 『계림유
사』, 『역어유해』, 『금문신고』 등을 참고하였으며 한국땅이름학회 이사
들의 자체연수 자료와 학술발표내용과 땅이름 답사 자료 등에서 인용
하였다. 특히 한국 땅이름학회 이대성 부회장의 자문에 힘입은 바 컸
음을 밝혀둔다.>

일제쇠말뚝과 임석대 이야기

  일제가 박아놓은 쇠말뚝을 처음 뽑기 시작한 사람은 박정희 대통령이었다. 그것은 2차 대전 말기에 단재 신채호의 집안 종조부 뻘 되는 신세우가 일본 남방군 총사령관 야마시타 도모유키(山下奉文)대장으로부터 건네받은 자료에 의하여 이루어진 작업이었다. 신세우는 단재가 독립운동을 하는 바람에 집안이 풍비박산이 나서 고향인 청주를 떠나 영국에서 살고 있었는데 일본이 곧 패망한다는 소문을 듣고 귀국했다가 징용으로 붙잡혀 필리핀으로 끌려가서 야마시타 도모유키의 영어통역관이 된 사람이다. 1945년 해방이 되자 신세우는 야마시타 도모유키와 함께 미군에 체포되어 같은 감방에 수감되었고 야마시타는 전범재판에서 총살형이 언도되었다. 그런데 그는 신세우에게 유언이라고 할 수 있는 부탁을 해왔다. 그것은 다름 아닌 총살형 대신 교수형으로 변경해 달라는 청이었다. '<身體髮膚 受之父母 不敢毁傷 孝之始也>라 했으니 나의 신체는 부모로부터 받은 것이므로 훼손하지 않는 것이 효도의 기본이라는 말은 당신도 조선인이므로 잘 알고 있지 않는가. 죽음을 맞이하여 마지막 효도라도 하고 싶으니 미군에게 잘 말해달라.'통역관 신세우는 미군에게 애원하다시피 부탁하였다.
  이 말을 전해들은 미군 사령관은 처음에는 무슨 말인지 이해하지 못하다가 나중에 감명을 받고 그 청을 들어주었다고 한다. 이에 야마시타 도모유키는 신세우에게 고마움의 표시로 2

차 대전 때 침몰한 보물선의 좌표와 일제가 조선의 정기를 끊고자 박아놓은 쇠말뚝의 위치를 노트에 하나하나 그림으로 그려서 전해주었다고 한다. '당신은 조선으로 돌아갈 것이니 귀국하게 되면 우리가 단맥斷脈(일본인들의 용어)한 혈침을 뽑으시오. 그리고 혈침을 뽑는 경비가 많이 들것이니 미군의 폭격으로 침몰된 일본 보물선을 인양하여 경비로 쓰시오.' 광복을 맞아 귀국한 신세우는 이승만대통령에게 보물선의 위치와 쇠말뚝의 위치를 상세히 기록하여 전했으나 이승만은 무반응이었다.

그 후 그 지도는 신세우의 아들인 신동식에 의하여 박정희 장군에게 전해진다. 신동식은 신규식과 같은 항렬로 신규식의 집안 동생뻘이며 단재는 항렬로 따지면 자신의 집안 조카뻘이 된다고 하였다. 신동식은 자신을 소개할 때면 아버지 신세우가 영국에서 돌아왔다가 징용으로 필리핀으로 끌려가기 직전에 잠시 어머니와 만났을 때 생겨난 아들이라고 하였다. 그는 그 당시 먹고 살길이 막막하여 청주 용화사에서 행자승으로 자라면서 노스님으로부터 지압치료법을 배우게 된다. 어느 날 노스님의 명에 따라 속리산 복천암으로 가게 되고 그곳에 와서 기도중인 어느 보살님을 정성껏 시봉하였다. 5.16혁명이 난후 서울에서 그 보살이 또 지압을 좀 해달라고 연락이 와서 서울 집으로 찾아갔더니 그가 바로 나중의 육영수 여사였다. 그러한 인연으로 아버지에게 전해 받은 야마시타의 쇠말뚝자료를 국가재건 최고회의 부의장이었던 박정희에게 전달하게 된다. 최고회의 의장이 된 박정희는 1962년 부산 금정산 미륵암 원효굴 옆의 나무 말뚝부터 뽑기 시작하였다.

일제가 박은 말뚝 가운데는 나무 말뚝과 시멘트 말뚝과 돌말뚝도 있었다. 박정희는 대통령이 된 후에도 지속적으로 이 작업을 진행하였다. 새 정부가 출범하게 되자 김종필 중앙정보부장에게 이 일을 맡겼다. 김 부장은 국군보안대의 조력으로 별동대를 만들어 헬리콥터까지 동원하여 군사작전처럼 쇠말뚝을 뽑아 나갔다. 그때는 신세우와 신동식 부자도 함께 그 작업에 참여하였다. 그때 뽑은 쇠말뚝은 모두 중앙정보부 창고로 가져갔다고 한다.

그 후에도 암암리에 제거작업이 계속되었다. 신동식은 1995년에도 창덕궁에 박혀있는 12개의 돌 말뚝을 뽑았다. 충남 서산의 시멘트 말뚝은 서산시의 독립공원에 기증하였다. 신세우는 1988년에 세상을 떠났다. 월남전에 참전했던 아들 신동식은 민족정기선양위원회 소윤하 위원장에게 백도 쇠말뚝 자료를 건네준 1998년에도 강남역 부근에서 <동양 양생원>이라는 간판을 걸고 지압치료를 하면서 생계를 유지하고 있었다. 지금 그는 고엽제 환자로 고생하고 있다.

이 글의 본격적인 사연은 소윤하 위원장의 속리산 입석대의 쇠말뚝 뽑기 작업으로부터 시작된다. 소위원장은 젊은 시절부터 이 일을 평생의 사명으로 삼고 살아온 사람이다. 그는 평생동안 전국을 다니면서 390여개의 쇠말뚝을 뽑아낸 사람이다. 신동식이 뽑은 시멘트 말뚝과 돌 말뚝은 주로 땅에 박힌 것이라면 소위원장이 뽑은 쇠말뚝은 모두 바위에 박힌 것들이다. 신동식의 주장에 따르면 시멘트 말뚝과 돌 말뚝은 내침內針이고 쇠말뚝은 외침外針이라는 것이다.

소윤하는 서기 2000년 초봄에 상주출신 이재훈 변호사로부터 속리산 문장대와 입석대의 쇠말뚝 정보를 입수한다. 늘 그러하듯이 군사 훈련용인지 확인하기 위하여 그 부근 군부대에 공문을 보내고 회신을 기다리는 동안 속리산 아랫마을 촌로들에게 정보를 얻는 등, 몇 달에 걸친 확인과 준비 작업을 거쳐 쇠말뚝 제거작업을 진행하였다. 이번 작업은 여수시가 보관하고 있는 2001년에 뽑은 남해 백도의 26개의 쇠말뚝 제거작업 못지않게 일이 까다로웠다. 야마시타 도모유키가 신세우에게 전한 말에 의하면 백도의 쇠말뚝은 청일전쟁이 한창인 1894년에 일본군 여단장 가또마루(加藤丸)가 일본에서 바로 백도로 건너와서 1차로 박았고 다음해인 1895년에 명성황후가 시해 당하였다. 일본은 무슨 큰일을 벌일 때는 반드시 쇠말뚝부터 박은 후에 일을 저지른다는 것이다. 그 후 1936년 야마시타가 서울 용산 주둔 일본군 본부에서 별 하나를 달고 있을 때 상부의 지시를 받고 2차로 백도에 가서 직접 쇠말뚝을 박았다. 그 다음해인 1937년에 일본은 지나사변(중일전쟁)을 일으켰다. 따라서 백도의 혈침은 명성황후시해와 지나사변과 뗄 수 없는 관계가 있다는 것이다.

일본은 1867년 병자수호조약인 강화도 조약 때부터 해변가의 측량권을 빌미로 쇠말뚝을 박기 시작하였다고 한다. 그 후 임오군란과 갑신정변을 거쳐 명성황후 시해사건이 일어날 동안 우리나라 전역에 지속적으로 쇠말뚝을 박아왔다고 한다. 경북 청도읍 덕암리의 용맥龍脈에도 임진왜란이 일어나기 전에 이 고장에 큰 인물이 나는 것을 막기 위해 산 정상에 쇠말뚝을 박았다는 이야기가 전해오고 있는 것을 보면 일제 쇠말뚝 작업은 일제 항쟁기 시대만의 일이 아님을 알 수 있다.

그러니까 야마시타는 백도에 직접 혈침을 박은 인물이므로 신세우에게 자세한 내용을 그려줄 수 있었던 것이다. 그러나 지금 신동식에게는 야마시타가 보물선과 쇠말뚝의 위치를 그려준 노트가 없다. 10.26 사건이후 박정희 대통령의 이발사 박수웅씨가 보물을 찾겠다고 가져갔기 때문이다.

입석대는 바위의 높이만 25m나 되고 지름이 10m가 넘는다. 밑에서 올려다보면 바위의 밑둥보다 윗둥이 더 굵어 보인다.

꼭대기에 오르기 위해서는 쇠파이프로 얼개를 설치한 후에 다시 사닥다리를 만들어야 한다. 쉬운 일이 아니었다. 소위원장은 입석대 한참 아래에 있는 관음암에서 숙식을 하면서 속리산 국립공원의 소개를 받은 업자에게 도급으로 작업에 들어갔다. 입석대 몸통에 수류탄 안전핀과 같은 것이 북두칠성 형태로 박혔있던 것을 모두 뽑고 맨 나중에 제일 높은 입석대에 박힌 1개의 쇠말뚝과 작은 입석대에 박힌 1개, 모두 2개를 뽑았는데 이 쇠말뚝의 모양이 특이했다. 쇠말뚝의 머리가 마치 한옥의 문고리처럼 동그랗게 만들어졌는데 그것을 다시 완전히 구부려서 쇠말뚝 몸체에 붙여 놓았다. 이유는 알 수 없다. 인건비를 비롯한 전체비용 1200만원은 소윤하 위원장 개인이 전액 부담하였다.

그는 작업을 끝내고 집에 와서 쉬고 있는데 국립공원 관리소장의 전화를 받는다. 내용인 즉 등산객 중에는 별의별 사람이 다 있어서 겁 없이 사다리를 올라가는 사람들이 있기 때문에 만약 사고라도 나면 자신뿐 아니라 소위원장도 곤경에 처할 수 있으므로 사닥다리를 철거해 달라는 이야기였다. 부랴부랴 과천 집에서 속리산으로 가서 인부 3명을 데리고 사다리를 타고 올라갔다. 여느 때와 마찬가지로 쇠말뚝을 뽑아낸 구멍을 돌가루로 메우고 정안제正案祭를 지내기 위해서이다. 그런데 막상 올라가 보니 구멍을 찾을 수가 없었다. 인부들에게도 잘 찾아보라고 했으나 허탕이었다. 뽑기 전에 찍어 놓는 사진을 보고서야 겨우 그 흔적을 찾을 수 있었다. 저절로 상처가 아문, 여태까지 없었던 기이한 현상이었다. 정으로 그 부위를 탁탁 때려보아도 단단한 바위였다. 쇠말뚝을 뽑은 날이 6월 25일이었고 그 때가 7월 1일이었으니 뽑은 지 일주일 만에 저절로 구멍이 없어진 것이다.

함께 쇠말뚝을 뽑았던 인부들도 벌어진 입을 다물지 못하였다. 할 일이 없어진 인부들은 마침 그 기간에만 나는 신선초나 따야겠다고 사닥다리를 내려가고 소 위원장은 참으로 희한한 일이라고 생각하면서 입석대 꼭대기에서도 가장 위쪽에 있는 오목한 웅덩이의 물을 살펴보았다. 직경이 60cm, 물의 깊이가 25cm 쯤 되는 웅덩이를 손가락으로 더듬어 보니 일정한 간격으로 2개의 구멍이 있는데 놀랍게도 검지손가락이 쑤욱 들어가는 것이었다. 비가 와서 고인 물이 아니라 샘물이었다. 바위 꼭대기에 샘물이라니! 그것도 그중에서 제일 높은 곳에······

더운 날씨라 가지고 간 물통을 비우고 그 물을 담고 얼굴도 닦았다. 머리가 혼란스러운 그는 뭉게구름이 떠가는 꼭대기에 벌렁 드러누웠다. 한 20명쯤은 누울 수 있는 넓은 면적이다. 그는 그동안 일제가 전국에 박아놓은 쇠말뚝을 뽑아낸 덕분에 우리의 산천이 회복되어 오늘날 우리나라가 이만큼이나 잘 살게 되지 않았나하는 생각을 하였다. 앞으로는 북녘 땅에 박혀 있는 일제쇠말뚝을 뽑을 수 있는 방법이 없을까하는 생각을 하면서 눈을 감았다. 잠이 사르르 오는 찰나에 입석대 밑에서 인부들의 자지러질 듯한 비명소리가 들렸다. 조금 있으려니까 또다시 고함소리가 들려왔다. '회장니임~ 빨리 내려오세요!!!' 그는 인부들이 약초를 캐다가 다쳤거나 뱀에 물린 것으로 알고 급히 사다리를 내려왔다.

인부들의 말은 소위원장이 위에 있는 동안 입석대 바위 전체가 크게 3번이나 좌우로 흔들렸다는 것이다. 그래서 그는 웃으면서 '야 이 사람들아! 이렇게 큰 바위가 어떻게 흔들릴 수가 있나. 나는 전혀 못 느꼈는데 혹시 뭉게구름이 흘러가니 그렇게 보인 것이 아닌가?'라고 했더니 인부들이 하는 말이 '구름이 한번 흘러가면 그만이지 그 구름이 왔다 갔다 합니까? 혼자

본 것도 아니고 여기 김영태씨와 우리 셋이 같이 보았단 말입니다! 회장님이 굴러 떨어질까 봐 놀라서 빨리 내려오시라고 고함을 지른 것입니다.' 그는 산 아래 음식점에서 거기에 모인 다른 10여명의 국립공원 인부들에게 이구동성으로 '이 사람들은 그런 걸 가지고 거짓말을 칠 사람들이 아닙니다'라고 항의 아닌 항의를 들었다.

그 후 그는 2004년 강화도 마리산 참성단 아래에 박힌 3개의 쇠말뚝을 뽑을 때에도 쇠말뚝이 오랜 세월동안 밑에서 무엇인가에 떠밀려 솟구쳐 올라와 있는 기이한 현상을 본 일이 있었고 그래서 비교적 쉽게 뽑아낸 적이 있었다. 오랜 세월동안 구멍 밑에서 어떤 물질이 저절로 차올라오는 과정에서 쇠말뚝을 조금씩 밀어올린 것이라 여겨졌다. 그 부근에는 47개의 빈 구멍이 있었는데 그 구멍도 같이 메꾸기 위하여 구멍 밑까지 청소를 하고 돌을 빻아서 채우고 다지는 작업을 했는데 어느 빈 구멍 속에서 끈적거리는 물질이 청소 끌개에 딸려 올라왔다. 그 끈적한 물질을 손으로 조물조물 뭉쳐서 옆에 두었는데 금새 돌처럼 딱딱하게 굳어져버린 경험이 있었다고 한다.

미국 에너지부 지하 과학연구팀이 2017년에 발표한 내용에 따르면 땅속 2800m 지열 75℃의 암흑세계에도 박테리아와 같은 생명체가 살고 있으며 신기한 것은 유기물을 함유하지 않은 화성암 층에도 미생물이 살고 있다고 한다. 더 신기한 것은 그 박테리아의 배설물을 먹고 사는 또 다른 박테리아가 존재한다는 것이다.

필자도 금방 애써 찾아 옆에 놓아둔 책이 눈을 돌리는 순간에 감쪽같이 사라진 경험을 한일이 있으며, 아무것도 놓아두지 않은 방의 모서리에서 오옴~ 오옴~ 하는 소리가 1분쯤 녹음기처럼 반복하여 들린 경험이 있다. 또 제작년에 발목이 골절되어 오랫동안 고생하고 있을 때 어떤 이가 오더니 검지 손가락만한 바짝 마른 딱딱한 나무막대기를 내 발목에 대고 손바닥으로 살살 문지르는데 마치 젤리처럼 발목에 녹아 스며들어 버리는 것이 아닌가? 하도 이상한 꿈이라서 그 이튿날 아내와 함께 병원에 가서 엑스레이를 찍어 보았다. 그때까지 의사도 난색을 표시하면서 재수술을 고려하던, 그래서 필자는 홍화씨를 부지런히 먹고는 1개월마다 얼마나 붙었나하고 엑스레이로 확인하던, 그렇게도 붙지 않고 애를 먹이던 발목뼈가 완전히 붙었다는 것이다. 물론 의사도 놀라면서 매우 신기하게 여겼으나 꿈 이야기를 하지는 않았다. 앞의 책과 녹음기 소리는 나 혼자의 경험이 아니라 아내와 같이 경험한 것이고 발목치료에 대한 경험은 아내와 의사, 필자, 셋이서 엑스레이로 같이 경험한 불가사의한 일이다.

현대판 전설의 고향을 듣고 있던 필자는 자연도 다 같은 생명체이므로 혈침을 뽑아 통증을 치료해준 이에게 고마움을 느낄 수는 있겠지만 어떻게 그 큰 바위가 사람이 머리를 흔들듯이 스스로 흔들어 행동으로 나타낼 수 있을까! 이런 이야기에 솔깃해하고 또 경험한 바도 있어서 긍정적인 사고를 가진 필자도 입석대 이야기는 혼란스럽기만 하였다.

그날 저녁 소위원장은 인부들이 뜯어온 신선초와 삼겹살을 안주로 하여 대취하였다고 한다. 편의점 밖 의자에 앉아 술잔을 기울이며 그 사연을 듣던 필자도 소위원장이 그런 것을 가지고 거짓말을 칠 사람이 아니기에, 간단하게 한잔만 하자고 안주도 없이 벌인 술자리에서 만취하여 새벽녘에야 집에 들어갔다. 田田

4351(2018). 7. 8.

3부. 아버지와 하모니카

아버지와 하모니카

내가 다룰 수 있는 유일한 악기는 하모니카이다. 우리 아이들이 국민 학교에 다닐 때는 음악시간에 손풍금이나 단소를 배우는 것을 보았지만 우리 때만 해도 그런 것이 없었고 더구나 시골학교에서는 음악시간에만 개방하는 풍금이 우리가 만져볼 수 있는 유일한 악기였다. 내가 하모니카를 처음 만져 본 것은 국민학교 4학년 2학기 초로 기억하고 있다. 아버지가 승진하여 부임하는 학교로 가족이 모두 이사를 했는데 그때 이사짐에서 나온 아버지의 하모니카가 첫 인연이었다.

일제강점기 때 아버지가 서울로 유학할 당시 외로움을 달래기 위해 배웠다는 <야마반드 옥토버>라고 적혀있는 하모니카는 서울 흑석동 하숙집에서 기차가 지나가는 소리가 들리면 고향이 그리워 이불을 뒤집어쓰고 울면서 불던 하모니카라고 하였다. 겉판이 노랗게 변색이 되어 아이들의 눈을 끌지 못할 골동품에 가까운 하모니카였지만 나에게는 신기한 물건이었다. 그때부터 이 하모니카는 내손에서 떠난 적이 없었던 것 같다. 음계를 모르니 당연히 악보를 볼 줄 몰랐다. 무조건 삐익 삑 하고 들숨과 날숨으로만 불었다. 그렇게 2년을 부니까 내가 아는 노래가 대부분 익혀졌다. 따로 가르쳐주는 이 없이 오로지 혼자 불었다. 반주를 넣는 것이 그렇게도 안 되더니 3년이 지나니까 절로 반주가 되었다. 그런 식으로 배웠기 때문에 지금도 나는 내가 아는 노래는 악보 없이 저절로 연주가 되지만 모르는 노래는 전혀 불지 못한다.

나이 40이 넘어 우리 것에 관심을 가지면서 대금을 배워 보았지만 현기증이 나서 그만 두고 말았다. 거문고나 시조창을 배워보고도 싶었으나 그저 마음뿐이었다. 붓글씨도 배워 보았지만 속에 화톳증이 나서 그만둔 일을 생각하면 역시 배우는 것은 때가 있다고 하던 옛 어른들의 말이 생각난다. 요즘 해금을 가끔 켜보지만 환상적인 소리에 비하면 그런 원시적인 악기도 없는 것 같다. 대단한 인내력이 없이는 배울 수 없는 악기라 해금연주자를 보면 존경스러운 마음이 든다. 아내가 오카리나를 불면 어쩌다가 합주를 해 보는데 악보도 안보고 어떻게 그렇게 많은 곡을 외우느냐고 남의 사정도 모르고 놀라워한다. 이 낡은 하모니커는 내가 고등학교 시절에 물려받았던 아버지의 제도기와 나이 50이 다 되었을 때 물려받은 아버지가 아끼시던 순금으로 된 삼극三極 목걸이와 더불어 소중히 간직하고 있는 유품이다. 빼닫이 속에 넣어둔 누런 하모니커를 꺼내어 불다보면 어린 시절의 기억들이 새록새록 솟아난다.

지금 생각해도 이상한 일은 아버지가 갓 마추어 온 구두에 오줌을 눈 사건이다. 나는 아무리 생각해도 어제 밤에 구두에 오줌을 눈 기억이 없었다. 그래서 나는 절대로 그런 일이 없었다고 하였다. 동생도 극구 자기는 아니라고 했다. 아버지는 얼러다가 달래다가 결국 유야무야로 넘어갔으나 아무래도 나를 범인으로 짐작하시는 것 같았다. 그러나 나는 결코 거짓말을 한 것이 아니므로 떳떳했다. 밤새 오줌에 퉁퉁 불은, 한 번도 신지 않은 새 구두를 1주일 내내 그늘에 말리던 아버지는 비에 젖은 것과 달라서 구두의 모양도 뒤틀어 졌을 뿐 아니라 오줌의 소금기가 베어 가죽이 졸아들어 신을 수 없다고 말씀하셨다.

　오줌을 눈 기억이 떠오른 것은 그로부터 4년 뒤인 중학교 2학년 때였다. 시험공부에 지쳐 잠시 누워 있는데 불현듯 구두 뒤축을 쥐고 오줌을 누는 나의 모습이 떠오르는 것이다. 오줌이 구두에 찰찰 넘치려고 했다. 잠결에도 쏟지 않으려고 아주 조심스럽게 벽장문턱에 구두를 올려놓는 장면이었다. 낮에 너무 뛰어놀아 비몽사몽간에 움직이는 몽유병자와 같은 행동이었다. 마치 기억상실증이 풀어지면서 떠오르는 그런 현상이라고나 할까. 왜 그때서야 그 일이 떠오른 것일까? 나는 아버지가 돌아가실 때 까지 끝내 그 말씀을 드리지 못하고 말았다.

　또 하나는 지금도 창피스러운 생각이 드는 국화빵 사건이다. 어머니의 핸드백에 돈을 꺼내어 하교 후 이서 장날에 국화빵을 사서 바지 주머니에 잔뜩 넣고 가다가 큰 아버지와 시장 골목에서 딱 마주친 일이다. 큰 아버지는 날 주시려고 국화빵을 봉지에 사서 들고 계셨다. 주머니 마다 불룩한 것이 모두 국화빵임을 아시고 아무 말씀도 없이 내손에다 쥐어주셨다. 친구들과 나누어 먹으면서도 맛을 몰랐다. 얻어먹는 친구들도 적잖이 걱정스러운 눈치였다. 나는 이튿날 아버지에게 눈에서 불이 번쩍나게 뺨을 얻어맞고 우리 집 부엌 옆에 걸린 거울 밑에 두 팔을 들고 벌을 받았다. 또 하나는 동네 또래 아이들과 '언덕 뛰어내리기' 장난을 하다가 동생이 팔이 부러진 일이다. 아버지는 다른 아이들이 동생위에 뛰어내리면 못하게 말려야지 형이 더 분위기를 조장 했다면서 크게 혼이 났다. 깁스를 하고 다니던 동생은 한 달 내내 시무룩하였다. 학교생활도 예외는 아니었다. 선생님이 들어간 변소 문을 밖에서 잠겄다가 발각되어 2

주일간 화장실 청소를 한 일, 비싼 뿔 필통을 내가 부셔놓고 집에 가서 야단맞을 일이 무서워 짝궁인 반장에게 씌워 벌을 받게 했던 일, 동무들과 한 줄로 서서 학교 우물에 오줌을 눈 일, 운동장 조회 때 교장선생님이 '자수하는 어린이는 착한 어린이니까 상을 주겠다'고 하는 바람에 제일 먼저 달려 나가 조회대 위에서 큰 소리로 친구들을 일일이 불러내던 일, 재대야, 손호야, 재국아, 정철아, 재금아, 영근아, 영주야~. 운동장을 뒤흔들던 함성과 웃음소리, 우리 학교 선생님이었던 아버지의 심정은 헤아리지도 못했다. 교무실의 벽시계 밑에 주욱 꿇어앉아 벌을 받던 일들이 60년이 지나도 기억은 그대로이다.

그런 중에도 자랑거리가 하나 있다면 내가 국민학교 2학년 때 '불조심'이라는 노래를 잘 부른 것이 전순자 담임선생님의 눈에 띄어 졸업 할 때까지 학예회의 단골 출연자가 되었던 일이다. 어린 시절 내가 그렇게 악착같이 하모니커를 끼고 살았던 것도 지나고 보니 예능에 끼가 있었던 모양이다. 대학시절 동아방송에서 주최한 전국 방송 콩쿨대회에서 최우수 연기상을 받은 것도 그 연장선이었던 것 같다. 방학 때 고향 뒷산에 올라 산 너머 밭에서 내가 좋아하던 분수네 가족이 일하고 있는 줄도 모르고 아들 역할, 아버지 역할, 할아버지의 쉰 목소리를 고래고래 고함치며 대사 연습을 했던 일은 고향 동갑내기 모임에서 그 이야기가 나오면 지금도 쭈글스럽다. 내가 졸업한 국민학교 동창생 중에 대학을 다닌 이가 2명뿐인데 급장을 하던 친구는 대구에서, 나는 서울에서 둘 다 선생 노릇을 하였다. 막걸리를 마시면서 그 친구는 날 보고 촌놈이 서울 가서 출세했다고 한다. 나는 자네 말이 맞다면서 웃는다.

파카만년필이 내 것이 된 사연이 있다. 국민학교 6학년 어느 날 아버지는 우리 형제들을 불러놓고 마루에 만년필을 죽 늘어놓으셨다. 그중 끝이 비스듬하게 잘린 만년필을 집으시더니 제일 좋은 만년필이니 형이 가져야 한다면서 주셨다. 의례히 나보다 공부를 잘하는 남동생이나 여동생에게 줄줄 알았던 나는 뜻밖의 선물을 받은 것이다. 나의 꼬인 성격을 풀어주려고 그러셨던 것이다. 내가 동생보다 키가 컸던 시기는 대학 1학년 때부터였다. 어릴 때 작은 키 때문에 친구들에게 놀림을 많이 받았던 나는 공부나 신체적인 면에서 많은 열등감을 가진 아이였다. 학교 등교 길에는 아버지의 자전거에 자주 얹혀 다녔다. 동생은 뒤에 타고 동생보다 몸무게가 가벼운 나는 늘 핸들 앞 파이프에 걸터앉아 타고 다녔다. 핸들에 매달리다시피 하여 앞바퀴가 돌맹이를 넘어갈 때 엉덩이가 아픈 것도 불편하였고 따르릉, 따르릉 하면서 등교하던 친구들이 비켜나는 길을 달려 나아가는 것도 영 마음이 편치 않았다.

그런데 어느 날 밤에 도둑이 들어 자전거를 잃어버렸다. 얼마 뒤에 학교 운동회 준비로 대구 대신동 서문시장에 가서 동료 선생님과 상품을 사서 시외버스에 올랐는데 무심코 창밖을 보니 길옆 자전거 점포에 아버지의 자전거가 있더라고 했다. 그러나 복잡한 시외버스인데다가 아버지의 무릎위에 운동회 물품이 잔뜩 얹힌 상태에서 버스가 출발하는 바람에 어찌해볼 도리가 없었다고 한다. 운동회가 끝나고 다시 갔더니 이미 팔려버리고 없었다고 한다. 허전한 마음에 어린이 자전거와 토마토를 한 자루 사오셨다. 나는 토마토는 도저히 먹을 수가 없었다. 동생이 목이 쉴 때면 어머니가 날계란을 주셨는데 나도 그 날계란을 한번 먹어보고 싶어 뒷산에 올라가 고함을 지르고 내려와서 목쉰 시늉을 해서 얻어 먹어본 그 맛보다 더 먹기가 거북했다. 그러나 자전거는 많이도 자랑하면서 타고 다녔다.

중 고등학교 시절에 소풍을 갈 때면 어김없이 하모니커를 챙겨갔다. 장기자랑 시간에 한번 나서볼까 해서인데 추천해주는 사람도 없고 스스로 나서지도 못하는 성격이라서 집에 와서야 불어보곤 하였다. 나이 60이 넘어서 동문회장을 하면서 벙거지 모자에 긴 수염으로 변장을 하고 한바탕 하모니커를 불어 소원을 풀었다. 그 자리에는 내가 하모니커를 부는 줄 처음 알았다는 동창들이 대부분이었다. 개구쟁이로 자랐으나 내성적인 성격이었다. 그 후 2014년 유엔 방문시 뉴욕에서 반기문 유엔 사무총장 내외분이 참석한 대종회 만찬자리에서 아내의 해금연주에 맞추어 애국가와 아리랑을 합주하는 기회도 가졌다.

　칠순을 맞은 나이에 생각해보니 형이나 오빠로서 동생들을 보호하고 이끌어주는 의젓한 행동 보다는 오히려 불만과 변명으로 나를 방어하는 자세로 어린 시절을 보냈던 것 같다. 집에 누워있기를 고집하는 아버지를 설득하여 금강산 여행을 하게 되었다. 우리부부는 눈이 시리다는 어머니를 위하여 물안경을 준비하고 출가한 여동생은 시집갈 때 혼수로 가져간 요강을 준비하였다. 아내와 여동생이 구룡폭포와 선녀탕을 다녀오는 동안 어머니와 아버지는 내가 구해온 작은 라면박스를 깔고 계곡 옆에 누워있어야만 했다. 부모를 위한다고 나선 나의 욕심이 결국은 고행이 되고 말았다. 아버지가 돌아가신 지도 벌써 10년이 지났다. 2008년 10월 3일 개천절 날 이른 아침에 돌아가셨는데 4년이 지난 2012년 12월 19일날 밤에 아버지가 꿈에 나타나서 어느 마당 같은 곳에서 나한테 큰절을 하시고 여러 사람과 어딘가로 떠나는 꿈을 꾼 적이 있다. 두고두고 생각을 해도 지금도 풀리지 않는 꿈이다. 돌아가신지 3년이 가까워지던 2011년 7월 18일부터 10월 25일까지 명복을 비는 때늦은

100일 기도를 집에서 혼자 올린 적이 있는데 혹 그 일과 어떤 연관이 있는지..... 도무지 알 수 없는 일이다. 다음해 가을에 아버지가 생전에 심은 고향집 대문 안의 밤나무에 첫 밤이 열렸는데 모두 하나씩만 들어있는 동그란 알밤들 뿐 이었다. 하도 신기해서 모아두었다가 제사상에 올린 기억이 난다. 부모님에 대한 그리움은 해가 갈수록 더하다. 아무리 효자라고 한들 부모의 은혜를 만분의 일이나 갚을 수 있을지..... 나는 자식 둘을 공부시키는 것도 너무 힘에 겨웠는데 6남매를 모두 대학까지 보내고 위로 3남매는 대학원까지 졸업시켰다.

미수米壽를 맞은 어머니께서 2017년 봄 4월 초파일날 돌아가셨다. 그때 뼈저리게 느낀 것은 부모가 아무리 오래 살아도 자식에게 호상好喪이란 없다는 사실이었다. 더 잘 해드리지 못한 것만 후회막급일 뿐이다. 나이가 들어갈수록 부모님과 동생들에게 장남과 형과 오빠로서 후회스러운 일들이 희미해지기는커녕 더욱 또렷해져온다.

봄이면 뒤뜰에 꽈리며 난초며 해당화, 백매화가 활짝 피어나고 앞 화단에는 맨드라미, 분꽃, 봉숭아꽃 피어나던 고향집 양지쪽 장독대에 꽃삽 들고 채송화 옮겨 심으시던 아버지 옆에 우산 쓰고 쪼그리고 앉아 있던 어린 시절로 다시 한 번 돌아가 보고 싶다. 이번 초파일날에 온 가족이 아버지와 어머니 산소를 찾을 것이다. 이번에는 잊지 말고 하모니커를 챙겨 가야겠다. 田田

<단군과 교웅, 초판, 반재원, 4350(2017)>
<4352(2019). 1.>

숫 돌

점점 가까워져 오는 시원한 계곡 물소리를 들으면서 산길을 오르니 길을 몰라 헤매던 일은 어느새 사라지고 머리가 상쾌해진다. 이렇게 높은 산꼭대기까지 큰 차가 오르내릴 만큼 넓은 길이 나있는 것이 신기하게 생각될 즈음 올망졸망 들어앉은 초가집들이 나타난다. 경남 울주군 삼동면 조일리. 법정지명에 관계없이 나는 이 마을을 '뽕마을'이라고 부른다. 이 마을은 해발 500미터가 넘는 고지대에 자리 잡고 있어서 6.25 때 인민군이 모르고 그냥 지나쳐 전쟁을 모르고 넘어간 외진 마을로 「뽕」이라는 영화를 촬영한 무대가 되었던 곳이다. 그 뒤에도 영화 <씨받이>를 비롯하여 6~7편이 촬영되었다고 한다. <뽕>이라는 작품은 <벙어리 삼룡이> <물레방아>와 더불어 나도향의 3대 대표작이다. 이것을 흥행에 맞게 재구성하여 이두용 감독이 제작한 것이 영화 「뽕」이다.

내가 가장 애정과 연민을 느낀 인물은 그 영화의 전편을 시종일관 감칠 맛나게 이끌어 가는 감초 역할의 머슴 삼돌이다. 삼돌이는 주인공인 안협댁을 여간 좋아하지 않는다. 땔감이 떨어지기가 무섭게 장작을 패다주고 누에치는 일도 거들어준다. 뽕잎을 딸 때도 한 짐은 주인집으로 한 짐은 몰래 안협댁으로 뽕 지게가 들어간다. 안협댁의 남편 삼보는 일제 항쟁기 때 뜻을 숨기고 사는 우국지사로 묘사되지만 늘 노름판을 떠돌면서 가정은 전혀 돌보지 않는 위인이다. 안협댁은 남의 집 방아도 찢어주고 누에도 치면서 살아가지만 일거리가 늘 있는 것도 아니어서 인근의 뭇 남정네와 잠자리를 같이하고 받는 곡식과 물품으로 겨우 생계를 꾸려나간다. 무더운 여름 한낮, 느티나무 아래에서 동네 사람들이 들돌을 들어 올리는 힘자랑이 벌어지고 삼돌이는 천하장사의 힘을 과시한다. 푸짐한 막걸리 판이 벌어지고 안협댁이 화제에 오른다. 삼돌이는 더꺼머리 총각에서부터 강 건너 들 마을에 사는 홀애비 폐병환자에 이르기까지 안협댁과 잠자리를 안 해본 사람이 없음을 알게 된다. 몇몇 날을 가슴앓이를 하던 삼돌이는 그 동안 모아둔 돈을 톡톡 털어 비단 한 필을 구해다가 안협댁에게 내놓으면서 소원풀이 한번 해달라고 사정을 한다. 안협댁은 비단은 탐내면서도 어쩐 일인지 삼돌이에게 만은 매몰차게 거절한다.

삼보가 노름판을 떠돌다가 몇 달 만에 돌아온 날이다. 술이 거나하게 취한 삼돌이는 삼보에게 시비를 건다. 그 동안에 있었던 안협댁의 행실을 모조리 폭로하면서 들으란 듯이 큰소리로 고래고래 화풀이를 해댄다. 왜소한 몸매를 얕본 천하장사 삼돌이에게 삼보는 뜻밖의 강적이었다. 한바탕 난투극이 벌어지고 읍내 의원이 왕진가방을 들고 사라진 후에야 삼돌이는 의식을 되찾는다. 한편 언제 그런 일이 있었냐는 듯이 안협댁과 알콩 달콩한 하룻밤을 보낸 삼보는 그 동안 주머니에 똘똘 말아 장롱 속에 모아둔 안협댁의 쌈짓돈을 알궈 가지고는 다시 노름판으로 길을 떠난다. 나는 이 영화를 대 여섯 번 정도 본 것으로 기억하고 있다. 서발 장대 거칠 것 없이 살아가는 삼보의 인생을 달관한 듯한 그 모습도 일품이었지만 그에 못지않게 머슴 삼돌이에 대한 어떤 야릇한 연민이 나를 그 영화속으로 빨려 들어가게 하였고 결국은 대구에 사는 막내처남의 차로 집사람과 함께 촬영무대가 되었던 뽕마을 까지 가보게 된 것이다. 영화속의 무대였던 안협댁의 초가는 비워 둔지가 꽤 오래 되었는지 지붕 한쪽이 약간 기울어져 있었다. 먼지를 대충 닦아내고 마루에 앉아본다. 그리고 가져간 막걸리를 꺼낸다. 그런데 저만치 울타리 밑에 놓여있는 숫돌이 눈에 들어왔다. 아! 삼돌이의 숫돌이 아닌가? 삼돌이 역을 맡은 이대근이 영화의 소품으로 쓰고는 버려둔 것이리라. 삼돌이가 안협댁을 따라 뽕을 따러 갈 때면 더없이 신이 나서 콧노래를 흥얼거리며 낫을 갈던 그 숫돌이다. 그런데 그 순간 옛날 우리 집 머슴이 숫돌에 낫을 갈던 모습이 떠오른다.

어렸을 적에 우리 집에 김상이라는 홀애비 머슴이 있었다. 일제시대의 영향이 아직 많이 남아 있던 때라 김씨를 김상이라고 불렀다. 먼 산에 눈이 채 녹지도 않은 이른 봄 숫돌에 낫을 벅벅 갈아 짚신을 신긴 소를 몰고 나무를 해 올 때면 참꽃 한 다발을 나뭇짐에 얹어 와서 내 손에 덥석 쥐어주곤 하던 기억이 새롭다. 참꽃다발을 받을 때에는 마치 푸릇푸릇한 먼 산이 내 품에 덥석 안기는 듯한 느낌이었다. 나는 6.25전쟁으로 홀로된 젊은 숙모 수천 아지매와, 같이 살던 할머니에게 참꽃다발을 들고 가서 자랑하곤 하였다.

김상이 장날에 막걸리를 과하게 마시고 오는 날이면 온 동네가 떠나간다. 길바닥에 드러누워 그 큰 체구를 뒹굴며 '오마니~ 오마니~'하면서 어린애가 세발자전거를 타듯이 다리를 마구 휘젓는다. 술기운으로 벌겋게 상기된 얼굴과 눈망울은 더 우락부락하여 미친 것 같이 보였으며 울부짖는 소리는 마치 짐승의 울음소리 같았다. 또 아무 집에나 들어가서 장가들여 달라고 떼를 쓴다. 젊은 여자가 있으면 그 집 딸이든 며느리든 가리지 않고 끌어안고 얼굴을 부벼댄다. 지게 작대기로 등짝을 얻어맞아도 꿈쩍도 않는다. 술이 깨기 전에는 아무도 어찌할 수가 없었다. 아버지는 김상에게 막걸리 석잔 값 이상 주지 않는 것을 불문율로 삼고 있었음에도 어김없이 만취가 된 상태로 돌아와서는 술이 깰 때 까지 동네를 휘젓고 다녔고 이튿날 술이 깨고 나면 또 사과하러 온 동네를 돌았다.

장작을 패거나 할 때면 나는 김상 옆에 쪼그리고 앉아서 무용담을 자주 들었다. 6.25때 인민군의 부서진 탱크 밑에서 닷새를 굶고 버티다가 손으로 모래를 집어먹으면서 후퇴하던 일이며, 그때 그 모래 맛이 콩고물보다 더 맛이 있었다는 이야기며, 어머니가 맺어준 색시 이야기로 끝을 맺었다. 그때는 어려서 몰랐지만 지금 생각해보면 말귀도 못 알아듣는 어린아이 앞에서 토해내는 고향에 대한 절절한 그리움과 맺지 못한 사랑에 대한 한 맺힌 절규였다.

백발이 성성한 어느 오누이의 금강산 이산가족 상봉 후기를 본적이 있다. 매월 보름달이 뜨면 서울에서는 동생이, 평양에서는 누나가 정해진 시간에 같이 1시간씩 그 달을 쳐다보기로 했노라고..... 그리고 차라리 만나지 않은 것만 못하다고 한 말이 생각난다. 영화 <국제시장>이 아니더라도 창자가 끊어지는 고통이 이보다 더한 것이 있을까싶다. 살아있다면 아흔에 가까운 노인이 되었을 것이다. 만날 수 있다면 막걸리라도 한 번 풍성하게 대접해 드리고 싶다. 우리 집 베란다 구석에 놓여 있는 뽕마을에서 가져온 숫돌을 보면서 나 또한 돌아가신 부모 형제와 이산가족이 된 나이가 되었구나 하고 생각해 본다. 삼돌이의 숫돌은 김상 아저씨의 숫돌이 되어 어린 시절을 떠올리게 한다. 고향에 가면 이 숫돌에 낫을 갈아 나무 한 짐 해서 지게에 지고 내려오고 싶다. 田田

<한국수필 등단작품 4332(1999). 12.>

우정

　우리는 88올림픽을 세계 올림픽 사상 유래가 드문 성공적인 행사로 기억하고 있다. 지금도 올림픽 공원은 훌륭한 조각 작품들, 드넓은 잔디밭, 토성, 연못 등이 있어서 많은 사람들의 휴식처와 명소로 널리 이용되고 있다. 바로 그 올림픽 공원이 자리 잡고 있는 곳이 서울 강동구 둔촌동인데 이 곳을 둔촌동이라고 이름 짓게 된 사연 또한 세계에서 그 유래를 찾아보기 어려울 정도로 듣는 이로 하여금 가슴 뭉클한 사연을 간직하고 있는 곳이다. 둔촌동이라는 땅 이름이 생긴 사연은 서기 1365년경 고려 공민왕 때로 거슬러 올라간다. 그 당시 공민왕의 왕사인 보우 국사를 속리산에 가두어 놓고 신돈이 세도를 부릴 때의 이야기이다.

　경상북도 영천 고을에 최원도라는 선비가 살고 있었다. 그런데 그 집에서 이상한 일이 벌어졌다. 집주인 최원도가 어느 날 갑자기 선비의 체면도 내팽개치고 허기져 미친 사람처럼 끼니 때마다 밥을 세 그릇씩이나 퍼먹고 방안에서 대변과 소변을 보는가 하면 똥을 손으로 주무르는 등, 노망난 늙은이 짓을 하기 시작하였다. 그 집에는 제비라고 하는 고운 이름을 가진 종이 있었다. 남편의 갑작스런 행동을 수상쩍게 생각한 주인마님이 제비를 시켜서 은밀히 염탐하게 하였다. 그런데 천만 뜻밖에도 사랑방 벽장 속에 낯선 사람들을 숨겨놓고는 식사 때마다 같이 밥을 먹는 것이었다. 바로 그 두 사람의 대소변을 자기의 대변인 것처럼 속이기 위하여 가짜 미치광이 행세를 하고 있었음이 드러난 것이다. 그러한 사실이 집 밖에는 물론 집안 식구들에게도 알려지지 않게 위장하기 위함이었다. 벽장 속에 숨어 지내는 두 사람은 다름 아닌 고려의 충신 정몽주, 이색, 이숭인과 함께 나라에서 바른말하기로 소문난 경기도 광주에 사는 이집이라는 선비와 그의 늙은 아버지 이당이라는 사람이었다. 이집은 신돈의 횡포에 거센 항의를 했다가 비위를 거스르게 되었고, 마침내 전국에 체포 사살령이 내리게 되자 아버지를 업고 삼엄한 검문을 용케 피하여 아버지의 친구인 최원도를 찾아서 경상도 영천 땅까지 천리 길을 걸어 피신을 온 것이었다.

그들은 그 후 2년 동안이나 벽장 속에 숨어 살았으며 최원도는 그의 부인에게까지 비밀을 유지하기 위하여 계속해서 미치광이짓을 하면서 살았다. 만약에 이 일이 밖으로 알려지기라도 하는 날에는 대역 죄인을 숨겨준 죄로 최원도와 그의 가족까지 처참한 죽음을 각오해야 하는 실로 목숨을 건 우정어린 행동이었다. 뿐만 아니라, 주인마님도 대단한 분이었다. 처음에는 그러한 사정을 모르고 제비를 시켜서 염탐케 하였으나 기막힌 사실을 알고부터는 남편에게도 전혀 모른 체 했으며 제비에게도 특별히 말조심을 시켜 놓았다. 그러나 행여 제비가 자기도 모르는 사이에 이웃에게 말을 해버리거나, 또는 나중에 포졸들의 고문을 이기지 못하고 그 사실을 털어놓아 버릴까봐 하루하루가 불안하였다. 염탐을 시킨 것이 도리어 후회막급이었다. 충직하기 이를 데 없는 제비는 주인마님의 그러한 걱정을 눈치채고 자기에게 사약을 내려 비밀을 유지 해달라고 간청하였다. 그러나 차마 할 수 없는 일이라면서 듣지 않았으나 거듭되는 제비의 간청에 마님은 결국 피눈물을 흘리면서 돌아앉아서 사약을 내렸고, 제비 역시 울면서 마님께 큰절을 올린 후 사약을 마셨다. 제비 또한 주인마님 못지않게 의로운 마음을 가진 여인이었다.

친구 최원도의 우정과 목숨을 끊은 제비의 희생으로 살아난 이집은 그 후 경기도 광주로 가서 망해가는 고려 말에 의리와 절개의 정신적 기둥으로서 백성들의 크나큰 본보기가 되었다. 원래 이집李集은 이고李皐, 조견趙狷과 더불어 고려 3학사로 명망이 높았으며 소를 타고 서로 왕래하면서 친하게 지냈다. 바로 이 이집의 호가 둔촌遁村이며, 그의 호가 그가 살던 지역의 이름이 되었으니, 그곳이 지금의 올림픽 공원이 있는 둔촌동이다. 조선 시대 말까지만 해도 둔촌을 모신 구암서원龜巖書院이 어디엔가 있었다고 하나 올림픽 공원이 꾸며지고 몽촌토성이 재정비되면서 지금은 그 위치를 더욱 모르게 되고 말았다. 이집은 세종대왕 영릉 부근에 잠들어 있다.

올림픽 공원 몽촌토성 입구에는 <꿈 마을>이라는 안내판이 서있다. 어느 해 가을 가죽나무 씨앗을 따러 갔다가 내려오는 길에 그 간판의 내용을 읽어보았다. 꿈마을의 유래에 대한 설명이었는데 꿈마을이 몽촌으로 변했다는 내용이었다. 아무래도 유래에 대한 설명이 부족해보였다. 왜냐하면 '꿈 마을'의 어원은 '굽마을' '검마을'에서 유래된 것으로 보이기 때문이다. 굽마을은 마을 모양이 말안장처럼 굽은 형태라는 뜻이고 검마을의 '검'은 큰마을이라는 의미를 지니고 있다. 단군 왕검의 '검'이나 하나님을 뜻하는 '검님'의 '검'도 그러한 뜻이 들어 있다. '검마을'이 바로 둔촌 이집과 같은 큰 인물이 살았던 동네를 가리킨 것이 아니었을까? 그 굽마을, 검마을이 언어의 변천과 더불어 원래의 뜻과는 전혀 다른 '꿈마을'이 되었다가 '몽촌夢村'이 된 것이리라. 그야말로 꿈같은 이야기이다.

　'낙화유의 수류수落花有意隨流水 유수무심 송낙화流水無心送落花'라고 하였던가! 떨어진 꽃잎은 뜻이 있어 흐르는 물을 따라가지만 흐르는 물은 무심히 그 꽃잎을 흘려보낼 뿐이듯이 세월 따라 이렇게 무상하게 변하는 것이 땅이름이다. 그러나 그 변천 과정을 살펴보면 인간이 살아온 진솔한 역사를 함축하고 있는 것이 또한 땅 이름이다. '꿈마을'이라는 안내판을 바라보면서 이집, 최원도, 제비의 일생은 모두 각자의 삶을 살았으니 그저 꿈같은 인생사라! 田田

<주 인용처를 잊어버림>
<아름아리, 1993. 2월호>
<문예비전, 2003. 23호>

쇼핑백의 오골계

　서른 초반부터 토종 약초를 재배하면서 토종 식물과 동물을 찾는 일에 몰두해 왔다. 토종오이, 토종고추, 자주감자를 비롯하여 토당귀, 토작약, 홍화씨 등 멸종위기의 토종약초와 토종닭, 흰 오골계, 토종 오리를 키우는 일에도 열심이었다. 아파트 베란다 한 구석에 닭장을 짓고 흰 오골계와 토종오리를 키웠다. 오리새끼를 키워보면 재미가 있다. 먹이를 주면 어미인줄 알고 졸졸 따라다닌다. 마루는 물론이고 안방까지 따라 들어온다. 때로는 왜 밥을 안주나하고 문지방 앞에 쪼그리고 앉아서 기다리기도 한다. 그럴 때에는 샛노란 주둥이를 꼭 깨물어 주고 싶을 만큼 귀엽다. 토종오리는 새끼를 스스로 부화시킨다. 보통오리는 닭장에 오리 알을 넣어 부화시키지만 토종오리는 거의 40일이라는 기간 동안 알을 품으면서 끈질기게 견딘다. 그 좋은 먹성을 포기하고 바짝 야윈 채 알을 품고 있는 모습을 보면 경이로움을 느낀다.

　오리와 달리 닭은 병아리 때부터 사람을 피하기부터 한다. 짐이 쌓여있는 베란다 구석에 가서 숨어버리면 그걸 잡아내기란 여간 힘든 일이 아니다. 닭은 시간을 알리는 동물이다. 곤히 잠든 밤중에 꼭 한바탕씩 울어 재낀다. 장닭이 되기 직전의 울음소리는 마치 변성기의 중학생 목소리 같다. 그런데 요즘의 닭들은 시도 때도 없이 우는 것 같다. 한 번 울기 시작하면 십분이고 이십분이고 그칠 줄 모른다. 새벽녘이 되면 또 울어댄다. 마치 주인이 일어날 때까지 울어주는 것이 자신의 임무인 것처럼 줄기차게 울어재낀다. 가만히 보고 있다가 목을 빼 늘이기 시작하면 막대기로 잽싸게 목을 탁 쳐본다. 그런데 신기한 것은 이미 목을 빼기 시작했을 때에는 막대기로 쳐도 한번 뺀 목이 다시 움추려 들지도 않으려니와 울음도 결코 중단하는 일이 없다는 점이다. 끝까지 울고 나서야 그치는 것이다.

처음에는 이웃에서도 싫은 반응이 아니었다. 얼마 만에 들어보는 닭소리냐며 신기해 하기도 하였으나 나중에는 항의가 들어오기 시작하였다. 가족들의 성화도 줄기차다. 돼지를 키우는 것보다 이웃에서 더 눈총을 받는다는 것이다. 궁리 끝에 철사를 구해다가 닭의 부리에 맞추어 소의 찌거리처럼 마스크를 만들어 보았다. 울더라도 입을 못 벌리면 소리가 나오지 않을 것이라는 계산에서였다. 나는 만들면서도 묘안이라고 생각했다. 그런데 그날 밤도 어김없이 닭이 울었다. 아침에 나가보니 벼슬이 찢겨져 피가 엉겨 붙어 있었다. 다음 날은 자지 않고 지켜보기로 했다. 자정이 한참 지나고 울 시간이 되었다. 그런데 두어 바퀴 맴을 돌더니 갑자기 부리를 땅에 확 부비면서 머리를 세차게 흔들어 버리는 것이 아닌가! 심혈을 기울여 만든 찌거리가 닭 벼슬에 감아 놓은 철사와 함께 탱~ 하고 튕겨져 날아가 버리고 말았다. 그리고는 결국은 울어 제끼고야 마는 것이다. 그 와중에 닭 벼슬이 찢어지면서 상처를 입는 것이었다. 이웃의 원성을 피해보자고 한 일이었는데 난감했다.

그래서 이번에는 닭소리가 밖으로 새어나가지 않게 하려고 저녁에는 비닐 쇼핑백에 넣어 안방 벽에 걸어 두고 잤다. 다리가 허공에 떠 있으니까 발가락을 연신 꼼지락거린다. 다리가 불편해서 그런지 울지 않았다. 이제야 좋은 해결책을 찾았다면서 저녁이 되면 쇼핑백에 나누어 담아 안방 벽에 걸어두고 모처럼 편한 잠을 잘 수 있었다. 그런데 며칠이 지나자 자세가 숙달이 되었는지 또 다시 울기 시작하는 것이다. 베란다에서 우는 소리와는 또 달랐다. 마치 아내와 내가 닭장 속에 들어와 있는 느낌이었다. 그래서 궁리 끝에 목욕탕에 걸어 두기로 했다. 밀폐된 공간이라 방음이 잘 되어 울어도 소리가 거의 들리지 않을 것 같았다. 예상대로 먼곳에서 우는 닭소리처럼 은은한 것이 운치도 느낄 수 있어 견딜만하였다. 그런데 그것이 더 큰 화근이 될 줄이야...... 며칠이 지나자 우리 통로에 있는 사람들로부터 이게 무슨 일인가 하고 항의가 들어오기 시작하였다. 목욕탕 환기구멍을 통해 한밤중에 울려 펴지는 닭소리 때문에 1층에서 14층까지 열 네 가구가 잠을 설친다는 것이다.

동네 동물병원에 문의를 했다. 성대수술을 하기 위해서였다. 그런데 그것도 쉬운 일이 아니었다. 수의사의 말이 사람과 똑같이 전신마취를 해야 하며 네 마리 모두 성공한다고 장담할 수 없다고 했다. 수술비도 생각보다 많은 액수이기도 하려니와 목을 빼 늘이고 우는데 소리가 안 나오는 모습을 보는 것도 할 짓이 아닌 것 같아 그만두었다. 아파트 베란다의 닭장은 좁은 공간이라서 잘 크다가도 별다른 이유도 없이 병들어 죽는 일이 흔하다. 닭은 다른 동물과는 달리 한번 병이 들면 치료가 안 된다. 전염 속도도 매우 빠르다. 병든 닭이 생기면 재빨리 격리시켜야 하는데 처음에는 경험 부족으로 여러 마리를 잃었다. 눈이 많이 내린 겨울밤이었다. 병든 닭을 아파트 화단에 내려놓았다. 그 동안의 경험으로 보건데 오늘을 넘기지 못할 것 같아서였다. 시간에 쫓기어 아침 출근길에는 들여다보지도 못했

다. 밤늦게 퇴근하는 길에 쓰레기장에 버리려고 무심코 날개
죽지를 집어 드는데 꺄악 하고 소리를 지르면서 꿈틀했다. 죽
었으려니 했던 나는 너무나 놀라서 내던지다시피 하고 올라왔
다. 병에 걸려 그 추운 겨울밤을 지냈는데도 살아있었다. 그
뒤로 하루 밤이 더 지난 후에 숨이 끊어졌다.

그날 밤 나는 많은 생각을 했다. 나 좋아서 하는 토종보존이
가족과 이웃에게 많은 불편을 주었고 토종애호가가 아니라 가
해자라는 생각이 들었다. 쇼핑백이며 철사마스크며 또 성대 수
술까지 생각했으니 고문 아닌 고문으로 도리어 학대를 일삼은
결과가 되었다. 닭뿐만 아니라 오리도 많이 희생시켰다. 유황
오리를 키운답시고 그 독한 유황을 사다가 좁은 베란다에서 보
리밥에 버무려 먹이며 법석을 떨기도 했다. 그 추운 날 내다버
림을 받고도 얼어 죽지 않고 꿈틀대던 그 때의 손의 촉감이 잊
혀지지 않았다. 그 동안 주위의 눈총을 받으면서도 무슨 선구
자인양 아랑곳하지 않았던 행동을 되돌아보는 계기가 되었다.

또 한 번은 추사고택을 방문하였다가 근처 소나무에서 장수
하늘소를 한 쌍 발견하고는 우리 고향 선산에 번식시킬 요량으
로 보물처럼 가져오다가 그만 버스에 두고 내리는 바람에 잃어
버린 적이 있다. 종이컵에 넣어 입구를 눌러놓았기 때문에 청
소부의 쓰레기통에 버려졌을 것이다. 서식지에 그냥 둘 걸 괜
한 욕심을 부렸다고 몇 달을 두고 자탄한 적이 있었다. 어느
스님이 한겨울에 도토리 굴을 발견하고는 한 소쿠리 캐내어서
묵을 해먹었는데 이튿날 아침에 보니 다람쥐 부부가 새끼들을
끌고 와 축담에 벗어놓은 고무신 뒤축을 물고 죽어 있더라는
글을 읽은 적이 있다. 그 스님은 나중에 다람쥐 가족을 위해

천도제를 지냈다지만 나는 그럴 사정도 아니었다. 아무리 하찮은 동물일지라도 키울 수 있는 조건과 생명에 대한 경외심이 없고서는 토종보호는 애당초 할 수 있는 일이 아니었다.

삽살개를 더 이상 아파트에 키울 수 없어서 고향 동생 집에 데려다 주었다. 내려갈 때마다 꼬리를 흔들며 반가워하였다. 나는 정을 떼려고 짐짓 싸늘하게 외면했더니 그 후부터는 자기가 먼저 나를 모른 체 하였다. 동물은 유정有情하여 나중에 이별의 아픔이 남는다. 특히 기르던 개가 수명을 다하고 죽을 때의 아픔은 크다. 해외여행에서도 나한테 가장 무서운 것이 그곳에서 사귄 사람들이다. 잊는 과정에서 오는 정신적인 후유증 때문이다. <나는 자연인이다>라는 방송을 보노라면 수십 명의 카메라 촬영자들이 며칠 동안 북적이다가 떠난 후에 다시 홀로 남는 사람의 마음을 생각해본다.

그러나 식물은 좀 다르다. 근무지를 옮길 때 마다 산사나무, 느릅나무, 호깨나무 묘목을 비롯하여 1년생인 홍화와 토종오이, 수선화 같은 꽃들도 심었는데 지금도 어쩌다 근처를 지나는 길이면 들러서 몰라보게 자란 나무들을 올려다보며 잠시 회상에 잠긴다. 일찍 꽃봉오리가 터지는 수선화는 봄이 오면 일부러 시간을 내어 보러가기도 한다. 심을 때는 여남은 포기에 불과했던 것이 10여년이 지난 지금은 뿌리가 많이 벌어서 국기 게양대 밑에 조그마한 집성촌을 이루고 있다. 자기를 심었던 주인이 와서 퇴비를 주고 만져보는데도 무심 그 자체이다. 비료도 무정無情한 것이고 식물도 무정한 것이지만 서로 만나면 소출을 낸다고 한 명언이 새삼 생각이 난다.

그런데 최근 캐나다 맥매스터ㄹ(Mcmaster)대학의 수잔 더들리교수는 <친족을 알아보는 식물>이라는 논문에서 서로 관련이 없는 식물을 함께 심어 두면 뿌리를 상대방 쪽으로 뻗어 영양분 섭취경쟁을 벌이지만 친족끼리 심어 놓으면 그 공간을 서로 양보해준다고 한다. 스위스 로잔대학 연구진도 친족들과 같이 자라면 꽃도 더 많이 피워 벌 나비가 많이 찾아 후손을 더 많이 퍼뜨리게 한다는 것이다. 또 아르헨띠나(Argentina, 스뻬인어를 쓰므로 r은 르, ge는 헤, t는 뜨.)의 부에노스 아이레스(Buenos Aires) 대학의 호르제 카쌀(Horeuge Kajal, 브라질어의 jal-쌀) 교수팀이 2017년 미국 국립 과학원 회보(PANS)에 발표한 논문에서 해바라기만 소복하게 심어두면 곧게 자라는 해바라기도 햇빛을 가리지 않도록 서로 어긋나게 자라며 해바라기 기름 생산량도 47%나 증가하였다고 한다. 새로운 발견이다. 올봄에 수선화를 보러 갈 때는 과거와는 다른 마음으로 퇴비를 줄 것 같다. 그러나 다시 생각해보면 유정무정이 결국은 모두 허망虛妄이라.

불과 한 세대 전만 해도 흔하디 흔했던 토종들이 거의 사라졌다. 여우나 늑대는 물론 땅강아지나 물방개, 토종민들레, 토종오이도 멸종되다시피 하였다. 식물과 동물뿐만이 아니다. 사람도 마찬가지일 것이다. 외래문화가 주인노릇을 하고 있는 지금 한국인임을 자처하면서도 우리 문화를 지켜가고 있는 토종 한국인이 과연 얼마나 될까? 다문화가정도 점점 늘어나고 있다. 국제결혼이 10만명을 넘어섰다고 한다. 그동안 토종 보존에 몰두해온 나를 되돌아보곤 한다. 田田

<한국 수필 등단 작품, 1999. 12.>
<쇼핑백의 오골계, 반씨문집 창간호, 2007.>

상록 국민학교와 심훈

　심훈(서기1901~1936년)이 쓴 『상록수』라는 소설은 서기 1935년 동아일보 창간 15주년 기념 현상 소설에 당선된 작품으로 유명하다. 여주인공의 숭고한 봉사 정신과 애틋한 사랑 이야기를 농촌 운동을 통해 묘사한 명작으로 80년이 지난 오늘날에도 널리 읽히고 있으며 1981년에는 일본에까지 번역 출판되어 좋은 반응을 얻었던 소설이기도하다. 이 소설의 내용은 주인공 채영신과 박동혁이 어느 신문사가 주최한 농촌 운동에 참가했던 것이 인연이 되어 사랑하는 사이가 되면서부터 시작된다. 학교를 졸업하자 채영신은 청석골로, 박동혁은 한곡리로 내려가서 농촌 잘 살기 운동을 펼치게 된다. 그러나 연약한 여자의 몸으로 일제의 탄압과 주위의 온갖 시련에 대항하다가 병을 얻은 채영신은 사랑하는 남자 박동혁을 애타게 부르다가 숨을 거두고, 애인을 목놓아 부르던 박동혁은 죽는 날 까지 채영신이 못다한 일을 기필코 이룰 것을 다짐하면서 한곡리로 돌아온다는 농촌 계몽 소설이다.

　이 소설을 쓴 곳과 무대가 되었던 곳은 충남 당진이다. 당진은 예로부터 자랑거리가 많은 고장이다. 대표적인 민속놀이로는 굵기가 1m, 길이가 200m 짜리 줄다리기가 있다. 또 당진에서 빼놓을 수 없는 곳이 송악면 부곡리에 있는 필경사이다. 이 조그마한 건물이 앞에 말한 소설 『상록수』가 탄생된 곳이다. 그 옆에 심훈이 직접 상록학원을 짓고 상록수를 심었다. 그는 동아일보에 연재하던 자신의 글 위쪽 칸에 실린 농촌 계몽운동가 최용신의 사망기사를 우연히 보고 감명을 받아 부곡리에서 농촌 운동에 뜻을 품고 살아가고 있는 조카 심재영을 남자 주인공의 모델로 삼고(또는 김황산씨 라고도 함) 경기도 안산시 단원구 사동에 있는 루씨 상록학원을 지어 농촌 계몽 운동에 앞장섰던 최용신(서기1909~1935년)을 여자 주인공으로 삼아서 이 소설을 써나갔다. 그러니까 여자주인공의 실제 인물인 최용신과 심훈의 조카인 심재영과는 전혀 모르는 사이이다. 일면식도 없는 심훈에 의하여 최용신이 소설로 부활한 것을 보면 학문이나 예능보유자들이 후계자가 없다고 하여 상심할 일도 아닌 것 같다.

최용신은 원래 함경남도 덕원군에서 태어났으며 고학으로 루씨 여자 고등학교를 수석으로 졸업하였다. 그 후 감리교 신학교인 협성 여자 신학교에 진학했으나 3학년 초 학교 예배 시간 중에 눈을 뜨고 선교사로 부임한 교장선생님을 쳐다본 것이 화근이 되어 제적당하였다. 기도 중에 눈을 뜨고 살피는 학생은 믿을 수 없다는 것이 제적 사유였다. 제적당한 1931년에 경기도 화성군 샘골, 즉 지금의 안산시 본오동 샘골 마을에 내려와서 농촌 활동을 시작하였다. 그는 안산에 상록학원을 직접 지어 완고하고 배타적인 시골 사람들의 계몽운동에 앞장섰고 야학에 모여드는 아이들에게 '아는 것이 힘이다. 배워야 산다'라고 외치면서 매일같이 10리 길을 걸어 다니면서 어린이들을 모아놓고 가르쳤다.

최용신이 샘골에 온 지도 어언 4년이 흘렀다. 이제부터 오래전에 실제 약혼한 김학준(서기1912~1975년)과 같이 일하자고 다짐했으나 그 동안 너무 과로한 탓과 잠깐 동안의 일본 유학 생활 중에 얻은 병이 악화되어 수원 도립 병원에서 장염으로 그의 불꽃같았던 열정은 27세의 젊은 나이에 꺼져버리고 말았다.

그의 죽음을 애석하게 여긴 지방 유지들이 힘을 모아 사회장으로 장례를 치러주었다. 김학준은 자신의 코트를 벗어 관에 덮어주었다. 오로지 일제 암흑기에 힘없는 농민들을 위해 살다 간 최용신의 묘는 그의 유언에 따라 지금의 경기도 안산시에 있는 루씨 상록학원 옆에 묻혀있다. 원래는 반대편 일리—里 공동묘지에 있었는데 도로가 나면서 지금의 위치로 이장하였다가 나중에 김학준과 나란히 묻혔다. 그의 열정이 비록 열매를 맺지 못하였지만 그 정신은 횃불처럼 빛나고 그가 뿌린 씨앗은 제자와 후배들로 이어졌다. 유관순, 김활란과 더불어 우리나라 3대 여성 항일 운동가이다. 한국 여성 단체 협의회에서도 그의 뜻을 기려 해마다 '용신 봉사상'을 시상하고 있다. 그의 실제 약혼자였던 김학준은 그 후 조선어학회 사건으로 일제 강점기 때 감옥살이를 하였으며 해방 후에는 고려대학교 교수로서 교육에 힘쓰다가 1975년 64세로 세상을 떠났다. 그는 살아생전에 부인과 함께 최용신의 묘를 자주 찾았으며 그가 죽자 그의 아내 길 여사는 남편의 유언에 따라 옛 약혼자인 인간 상록수 최용신의 묘 옆에 묻어주었다. 그리고 묘비석에 '장로 김학준의 묘'라고 적고 옆면에는 '상록수 약혼자'라고 새겨주었다. 절로 머리가 숙여지는 숭고한 사랑과 양보의 아름다운 모습이다. 그러나 막상 나의 일이 되면 어떠하겠는가. 아마 그렇게 가슴 미어지는 삶을 살고 싶지 않을 것이다. 그들에게는 형벌과도 같은 삶이었을 것이다. 그래서 더욱 숙연해진다. 몇 년 전 최용신의 묘를 찾았을 때 안내자에게 길여사의 소식을 물었다. 김학준이 죽은 후 미국으로 이민을 갔는데 90고령인데 아직 생존해 계시다고 하였다.

이러한 사연이 숨어 있는 소설 『상록수』가 신문사 현상 모집에 당선되자 심훈은 그 때 받은 상금 500원으로 당진 부곡리

필경사 옆에 상록 학원을 지어 농촌 계몽 운동에 정성을 다하였다. 그는 상록학원을 운영하면서 낮에는 그의 조카 심재영이 이끌고 있던 '공동 경작회'의 회원들과 어울려 일을 도와주었으며 밤에는 야간 학교를 운영하면서 틈틈이 소설을 쓰고 문맹 퇴치에 열정을 쏟았다. 심훈은 학생 신분으로 3.1 만세 운동에 참가했다가 옥고를 치렀으며, 상해에 유학 후 귀국하여 동아일보와 조선일보에서 기자로 활동하면서 시와 소설을 쓰기 시작하였다. 그는 영화 작가와 감독 활동도 했으나 소설 『상록수』때문에 크게 유명해졌다. 그러나 공교롭게도 여주인공 채영신의 실존 인물인 최용신이 죽은 이듬해인 1936년 36세의 젊은 나이에 같은 장염으로 세상을 떠나고 말았다. 당진에서는 심훈의 뜻을 기리어 해마다 10월이면 백일장과 사생대회 등 상록문화제를 열어서 그의 정신을 기리고 있다. 또 그 때의 상록학원의 정신을 본받아 상록학원 옆에는 상록 초등학교가 세워져 있어 찾는 이로 하여금 감회를 자아내게 한다.

어느 초겨울, 필경사를 찾았을 때 심훈이 심었다는 상록수는 그늘을 드리우고 있었고 문이 잠겨져 있는 건물 안에는 그 옛날 야학을 열어 글을 가르치던 칠판과 책상들이 먼지를 덮어쓴 채 고스란히 쌓여있었다. 조금 떨어져있는 심재영씨 집 필경사에는 심재영씨의 부인이 나그네를 맞아주었다. 고인이 된 조카 심재영씨 사랑방에는 삼촌 심훈이 소설 『상록수』를 쓰던 책상과 의자. 책꽂이, 돗자리 방석, 심지어 쓰다만 몽당연필까지 그대로 놓여 있었다. 마당 한구석에는 찾아온 나그네를 반기는 듯 동백나무가 빨간 열매를 달고 푸르게 웃고 있었다. 田田

<아름아리, 1993, 8월호>
<문예비전, 2003, 23호>

잔소리

흔히 인력으로 되지 않는 것이 자식교육이라고들 한다. 그것은 세상에서 그 일보다 더 어렵고 힘든 것이 없다는 말일 것이다. 나이를 먹어가고 자식이 커갈수록 실감나는 말이기도 하다. 부모의 가장 큰 희망은 누구를 막론하고 아이들이 잘 자라주는 것이다. 한번도 회초리를 들지 않고, 잔소리를 않고서도 인격적으로 올바르게 키울 수도 있을 것이다. 그러나 현실은 대부분 그렇지 못하다. 매 한번 대지 않고 키웠다는 것은 자식을 화초로 키우려면 몰라도 큰 자랑거리는 아닌 것 같다. 가정에서는 또 그럴 수 있으나 학교나 군대, 직장 등 단체생활을 해야 하는 곳에서는 그것이 통하지 않는 때가 많다. 욕망을 자제할 수 있는 힘과 약속을 지키는 정신, 검소한 생활 등은 어려서부터 익혀야 한다.

나무도 묘목일 때 잘 돌봐주어야 모양 좋은 나무로 자란다. 밀식한 채로 방치해 둔 나무는 커서 생장조건을 잘 갖춰주어도 묘목 때 생겨나지 못한 곁가지는 새로 나오지 않는다. 햇볕이 쨍쨍 내리쬐는 한낮에 물도 주지 않고 심은 가지가 커서 열매를 많이 맺고, 한창 뻗어 나가는 호박 줄기를 살짝 잡아당겨 뿌리가 끊어지는 고통을 받은 것이 늦게까지 많은 호박을 맺는 것처럼 어린 시절에 고통을 겪어보지 못한 아이는 커서도 나약한 어른일 수밖에 없다. 싫은 소리나 욕을 먹으면 이겨내지 못한다. 젊을 때 고생은 사서도 한다는 말이 그래서 생긴 말이다. 흔히 교육을 말할 때 교편敎鞭을 잡는다고 하는 말도 한손에 회초리를 들고 가르친다는 말에서 연유한 것이다. 심한 체벌은 당연히 금해야 하지만 어릴 때 회초리로 손바닥을 치는 정도는 필요하다.

원래 회초리의 '회'는 회화나무를 말하며 '초리'는 잔가지를 말한다. 회화나무의 잔가지가 회초리이다. 회화나무 가지를 사용한 것은 나무의 강한 향이 뇌를 각성시키기 때문이다. 또 회화나무는 학자와 정승의 나무이다. 훌륭한 사람으로 교육시킨다는 의미를 담고 있다. 회초리를 쓰지 않는 것이 서양의 문화라면 회초리 교육은 우리의 문화이다. 동양과 서양의 문화의 차이이다. 두발과 염색 자유화 토론에서도 미국은 다 하는데 우리는 왜 그것이 문제가 되느냐고 열변을 토한다. 여기는 동양의 대한민국이다.

교직자의 명예퇴직이 급증하고 있다. 2017년 봄에 3600명, 2018년 4600명. 2019년 봄에는 6000명으로 늘어났다. 학생의 인권만 강조하고 교사의 수업권과 생활지도권의 상실로 인한 교권추락이 큰 원인이라 한다. 참다 참다 머리라도 툭툭 치면 체벌교사가 된다. 훈계라도 하면 대어들기 일쑤라고 한다. 교사직 만족도가 OECD 27개국 중 22위이다. 학생들이 얼마나 교과서를 팽개쳐 두었으면 교사가 책을 다 불살랐겠는가. 오죽하면 중학교 교사가 수업 진행이 안 된다며 아이들을 경찰서에 고발했겠는가. 학교가 황폐해지면 그 나라의 장래는 몇십년 안에 끝장이 난다.

옛 말에 어릴 때의 호강은 개 팔자라 하였고 젊어 고생은 사서도 한다고 하였다. 유년기부터 검소하고 엄하게 키워야 한다. 갖고 싶은 물건이 있어도 절제하고 참을 줄 아는 정신을 길러 주어야 한다. 또 아들과 딸은 구분해서 키워야 한다. 요즘 같은 우주시대에 여태 원시인이 살아 있었느냐고 할지 모르겠으나 서구의 자식교육도 우리처럼 방임하지는 않는다. 스스로 사리를 판단할 수 있는 시기까지는 엄하고 절도 있게 키우고 있다. 남녀평등은 인간 평등이고 남녀유별은 어디까지나 구별이지 차별이 아니다. 아무리 인간평등이라 해도 품수 받은 능력과 맡은 일이 각기 다르다. 여자가 정자를 생산할 수 없고 남자가 아기를 밸 수 없다. 남녀대결은 남녀평등과는 다르다.

인내야말로 어려서부터 길들여지지 않으면 안 된다. 기차나 전철 안에서 아이들이 뛰고 떠들어도 가만히 내버려 두는 부모들, 학부모가 자식이 있는 자리에서 교사에게 폭언이나 폭력을 휘두르는 일이나 학생이 선생님에게 대어들고 폭력을 휘두르는 일이 이제 충격적인 뉴스도 아니게 되었다. 생일잔치를 해주는 부모의 고마움도 일깨워 주어야 한다. 자식은 자기 생일날 직장 동료들을 초대하여 마시며 놀고 늙은 어머니는 생일상 차리고 설거지하느라 고생하는 것을 보면 천하에 후레자식을 많이도 키워 놨구나 싶은 생각이 든다. 어릴 때는 부모로부터 생일 축하를 받고 성년이 되면 부모님에게 감사를 드리고 늙어서는 다시 자식들에게 축하를 받을 일이다. 늙어서는 돈주머니를 열어야 자식 며느리가 자주 문안 온다고 하지만 그런 자식 문안 받아서 뭐하겠는가. 돈 없는 부모는 부모가 아니던가. 기죽이지 않게 키운다고 하지만 무슨 특공대나 투사로 내보낼 것이 아니라면 결국 부모에게도 기죽지 않는 자식을 키워서 뭐하겠는가. 어른들의 책임이 크다.

사우디로 인력 수출이 한창이던 1984년 이후 엄청난 달러가 들어오면서 부터 버스나 전철에서 어른에게 자리를 양보하지 않는 현상이 나타났으며, 올림픽이 열린 1988년 이후부터 기침이나 하품을 할 때 입에 손을 가리지 않는 현상이 나타났다. 1992년 문민정부가 들어서고부터 회식 모임에서 전체적인 대화가 안 되고 삼삼오오 각자 떠드는 현상이 나타났다. 4년 주기로 일어난 가치관의 숨 가쁜 변화이다. 인터넷이 대중화되기 시작한 1998년 이후부터 아이들이 난폭해지면서 학생이 교사를 폭행하는 하극상 현상이 나타나기 시작하였다. '개구장이라도 좋다. 튼튼하게만 자라다오'라는 광고가 나오고부터 그때까지 유지되고 있던 교육의 근본 틀이 어긋나는 분기점이 되었다. 옛 드라마 <전원 일기>를 보노라면 지금 젊은이들에게는 <전설의 일기>가 되었다.

<2012년 유엔 세계 행복보고서>에 의하면 우리나라의 행복지수는 OECD 34개국 중에서 32위이며 2018년에는 맨 꼴찌라고 한다. 이혼율과 자살율은 세계 1위이다. 남녀평등이 아닌 양보를 모르는 남녀대결 교육의 결과물이다. 세계적인 경제 발전이 무색하다. 우리민족은 세계에서 머리가 제일 좋아 모래알과 같아서 오히려 접착제인 일정한 규제가 필요한 민족이다. 『격몽요결』, 『소학』, 『명심보감』 등을 지금의 초, 중등학교 교육에 알맞게 잘 접목한 인성교육의 온고지신이 절실한 시기이다. 젊은이들의 체격과 얼굴은 많이 향상되었지만 삶에 임하는 각오와 패기가 약하다. 일자리가 없다고? 국내의 수많은 외국인 노동자들의 일자리는 다 뭔가? 대학 졸업자라서 그런 일들을 못한다고 하지만 사고의 전환이 필요하다. 대졸 학력자가 없는 곳에서 열심히 일하다 보면 더 성공할 수 있다. 대학을 졸업할 나이가 되면 부모에게도 국가에도 의지하지 말고 맨땅에 머리박는 각오로 홀로서기를 해야 한다. 정부에서는 학벌위주의 교육정책에서 과감히 벗어나 모든 것을 자격증 위주의 사회로 바꾸어 주어야 한다.

호주제 폐지로 우리민족의 전통 가족제도가 허물어졌다. 가족 제도의 3대 원칙이었던 '부계 계승의 원칙' '동성동본 금혼

의 원칙' '가족공동체의 원칙'이 무너졌다. 이로 인해 서기1308년에 공표된 동성동본 혼인 금지 이후 700년 전통에 혼란이 빚어지고 동성동본은 물론 8촌끼리도 결혼이 가능해졌으며 자녀의 성과 본을 바꿀 수 있게 되었다. 호주제 폐지 소송은 당시 한 이혼모가 자녀를 자신에게 입적하고자 관할 호적 관청에 입적신고를 하였으나 거절당한 사건이 계기가 되었다. 호적법 제114조의 호주신고원칙에 의하여 호주만이 전적신청을 할 수 있으므로 이혼하기 전 호주였던 전 남편의 동의가 없으면 자녀의 성과 호적을 마음대로 바꿀 수 없기 때문이었다. 따라서 위헌신청을 하려면 민법이 아니라 호적법 제114조가 위헌임을 밝히고 이혼 후 자녀의 실질 보호자가 된 어머니에 의한 전적신고에 관한 조문(예컨대 제114조 제3항 신설)을 신설하면 해결될 문제였다. 그러나 과격 여성단체들이 중심이 된 호주제 폐지론자들이 의도적으로 이 문제를 민법(제778, 제781, 제826조)에 걸어 헌법소송을 확대하여 여론몰이를 하고 정부와 정치권을 움직여 결국 호주제가 폐지되었다. 전통 가족제도의 3대원칙이 무너진 것이다. 미국의 잉글하르트(Inglehart) 교수의 말처럼 한국은 가치관이 몰락한 나라라고 한 말에 이의를 달수 없게 되어버렸다. 조촐하게 음식대접하면서 치룰 수 있었던 우리의 혼인풍습 대신 축의금 받아서 웨딩홀에 다 주고 조의금 받아서 장례식장에 부조하는 시대가 되었다.

우리의 정서와 역사를 단절하고 전통을 말살시키는 총칼 없는 쿠테타가 바로 가족법 개정이었다. 우리 역사에서 왕조가 수없이 바뀌고 역성혁명이 일어나도 혈통주의를 허물지는 않았다. 그러나 노무현의 참여정부는 그들이 나서지 않으면서 과격한 여성단체를 이용하여 혈통을 허물어버리고 말았다. 전후좌우 하나도 돌아보지 않고 남녀평등이 아닌 남녀 대결에만 매달리는 일부 초급진적인 여성들의 주장을 시대가 요구하는 대세인 것처럼, 모든 여성들의 주장을 적극 반영하는 것처럼 여론을 조장하여 그것을 정부 정책으로 삼아 가족법을 개정해버렸다. 급진 여성 운동가를 여성부 장관에 앉혀 놓고 <호주제 폐지 특별 기획단>을 구성하여 국가가 조직적으로 호주제 폐지의 당위성을 홍보한 결과였다.

과거 호주를 규정한 민법 제 778조, 자녀의 입적과 성과 본을 규정한 민법 제 781조, 부부간의 의무를 규정한 민법 제 826조 등은 남성의 가부장적 우위권을 규정한 것은 아니며, 양성 불평등의 근거도 될 수 없다. 다만 이 규정은 가족과 가정의 뿌리와 질서를 밝혀 가족 공동체가 공유해야 할 혈통의 정체를 밝힌 것으로 이는 마땅히 복원되어야한다. 쉽게 말해 남편과 아버지를 호주라고 규정한 것뿐이지 호주만이 할 수 있다고 규정한 것은 아니다. 전처의 소생과 현재의 아내가 데리고 온 자식과 성이 다른 갈등 문제는 얼마든지 헌법이 아닌 호적법 개정을 통하여 해결할 수 있는 문제였다. 이혼 가정 자녀의 전적과 변성變姓 문제는 친부모의 동의를 담보하는 특별 예외조항을 두어 피해가 가지 않도록 하면 될 일이었다.

법은 문서상으로 성씨를 바꿀 수는 있어도 혈통을 지울 수는 없다. 오죽하면 피는 못 속인다는 말이 있지 않은가. 수 천 년이 지나도 DNA는 바뀌지 않음이 의학적으로 증명되고 있다. 사람이 약속을 저버리지 않음을 강조하는 최고의 담보가 '성을 갈겠다'라는 말이다. 우리민족의 전통 중 하나인 혈통을 이렇게 허물고서도 나중에 부작용이 없겠는가. 가족관계법을 이대로 두면 심각한 사회현상이 일어날 수도 있을 것이다. 2009년

6월 26일자 일간 신문에 조선 왕조의 왕릉이 세계 문화유산으로 지정 되었다는 기사가 일제히 실렸다. 한 세대 전만 하더라도 생각도 할 수 없던 일이다. 불과 10년전 까지만 해도 외국인에게 기피 음식이던 김치가 어느덧 세계의 선호식품이 되어가는 것을 보면서 조상과 후손을 잇는 우리의 전통을 잘 유지시켜 나갈 때 족보보첩도 또한 세계 문화유산이 될 수 있을 것이다.

2008년 3월 21일자 조선일보가 발표한 '2008년 3월 13일 현재 친양자 입양과 성·본 변경 처리현황'내용에 따르면 전국적으로 9353건이 법원에 접수되어 3017건이 처리되었고 그 중 91%에 달하는 2756건이 받아들여졌다고 한다. 또 대법원에 따르면 같은 해 7월 8일 현재 자녀의 성과 본을 바꿔달라는 청구가 1,2000여건이 접수되어 8000여명이 성을 바꾼 것으로 집계되었다. 특히 유명 연예인들이 자녀의 성 변경신청을 했다는 사실이 알려지면서 부쩍 관심이 커지고 있다. 일반인들도 유명 연예인이 한다고 해서 앞뒤 안 가리고 그 분위기를 타고 있는 것이다. 친 아버지는 박씨이고 새 아버지는 이씨일 때 아이의 씨氏는 이씨가 된다. 그러면 친부모와 각각 나누어진 친형제는 서로 씨가 바뀌어져 남남이 되어버린다. 그 후손 중에 4촌, 6촌, 8촌끼리 혼인이 가능하게 된 것이다.

또 모계 우월사회의 혼인풍습에서 생겨난 서방西方에서 처가로 장가 온 사람이라는 서방인과 처가살이 할 때 데려온 사람이라는 데련인이 서방님과 데련님, 도련님이 된 것인데 남성 우월주의 호칭으로 잘못알고 여성가족부에서 호칭개정 움직임이 있는 모양이다. 2부의 <서방님과 도련님>의 어원을 보면 오히려 그 반대로 모계 우월시대의 산물임을 알 것이다. 이혼으로 인한 성姓 갈등 문제는 지금이라도 얼마든지 특별 예외 조항을 두어 피해가 가지 않도록 호적법을 개정하면 해결할 수 있는 문제이다. 다시 조정되어야 할 가족법이다.

요즘 여성들의 옷차림을 보면 내복 같은 쫄바지를 입거나 팬티 같은 바지를 입고 다닌다. 예전이면 안방이나 해수욕장 옷차림들이다. 하의下衣 실종시대이다. 자유가 아니라 방임에 가깝다. 눈 둘 곳이 없는데 쳐다보면 성희롱이라고 한다. 외국 관광객들이 처음 한국에 와서 여성들의 지나친 화장과 옷차림을 보고 왠 콜걸이 왜 이렇게도 많은가하고 생각할 정도라고 한다. 전 주한 외신기자 클럽 회장인 영국의 마이클 브ㄹ에인(Michael Breen)은 한국 여성들은 외모와 신체에 너무 천박할 정도로 신경을 쓴다고 꼬집었다. 우리의 전통 가치관이 쉬지 않고 야금야금 침범 당하는 현상을 보면 우리의 고유문화를 소리없이 말살시키는 보이지 않는 주도면밀한 세력이 있지 않나 하는 의심을 하게 한다. 더욱 기막힌 일은 몇 년 전에 오바마 대통령은 정신 질환자들의 동성연애 법안이 통과된 것을 미국의 위대한 승리라고 하였다. 아들이 동성연애자와 결혼하면 남자 며느리가 생기고 딸이 동성연애자와 결혼하면 여자사위가 생긴다. 남자 며느리와 여자 사위가 도대체 무슨 귀신 봄보리 까먹는 소리인가! 사계절은 철따라 변해도 사계절이 변하는 그 자체는 변하지 말아야 한다. 10년 후에는 DNA도 간단하게 조작하여 맞춤형 아기를 생산할 수 있다고? 머지않아 인공자궁이 나올텐데 걱정도 팔자라고! 세상이 다 변했으니 당신만 변하면 된다고? 자신의 정체를 잃으면 뿌리가 썩어 결국은 죽게 된다. 듣기에 좋으면 덕담이요, 귀에 거슬리면 잔소리이다.   田田

<시사춘추 반재원, 1991, 5월호>
<호주제 폐지내용은 성씨 총연합회 여성분과 성귀옥 위원장의 '참여정부 최악의 실패는 가족법 개정'에서 인용하였다.>

안수정등 岸樹井藤

　몇 년 전 까지 우리에게 신선한 충격으로 다가오던 생명과학 늬우스 중 복제와 인공장기개발에 대한 정보가 이제는 일상화 되다시피 하였다. 장기臟器 개발 늬우스('뉴스'보다 더 정확한 표기이다)를 보면 수년 안에 현실화될 것처럼 보인다. 배아줄기 세포에 대한 연구가 전 세계적으로 치열한 경쟁을 벌이고 있다. 이 기술이 개발되면 특정질환으로 고통을 겪고 있는 이들에게 큰 도움을 줄 수 있다고 한다. 아직은 희귀병치료가 시급한 부자나라의 연구처럼 보이지만 본격적으로 3D프린트 시대가 오면 순식간에 대중화될 수 있을 것이다. 그런 시대가 오면 오히려 구차스러운 이야기가 되고 말 수도 있을 것이다.

　식량해결을 위한 '유전자 조작 식품'에서부터 눈을 즐겁게 하기위한 '형광 관상어'까지 등장했으며 동물을 이용한 '인공장기'를 만들어 동물의 복제는 물론 '인간복제'마저 시간문제인 것처럼 거론되고 있는 상황이다. 유전자 조작 콩이나 옥수수 뿐 아니라 좋은 우유를 얻기 위해 유방염에 안 걸리는 젖소도 이미 만들어져 있어서 앞으로 식물성 유전자 조작 식품의 안전성 논란에 더하여 동물성 식품 안정성 문제도 심각하게 대두될 전망이다.

　우리는 세균에 민감한 시대에 살고 있다. 면역학으로 한 사람이 1백조개 이상의 세균을 지니고 산다고 알려져 있으며 지구상에는 1양개(10의 28승)이상의 세균이 존재한다고 추정하고 있다. 얼마 전 한국소비자보호원이 버스나 지하철 손잡이, 공중 화장실 문고리, 가게 쇼핑 수레 손잡이, PC방 마우스 등을 수거해 세균 검사를 한 결과 120개의 샘플 중 95%에 해당하는 114개의 물건에서 일반 세균이 10제곱 센티 당 최고 1,7000CFU(Colony Forming Unit)가 검출돼 화제가 되었다. 세균이 가장 많이 검출된 것은 쇼핑 수레 손잡이로 평균 1100CFU였으며, PC방의 마우스 690CFU, 버스의 손잡이 380CFU, 화장실 손잡이 340CFU, 지하철 손잡이 86CFU였다. CFU란 작은 세균이 서로 뒤엉켜 현미경으로 보일 정도로 크게 군락을 이룬 세균 밀도지수라고 한다. 한 군락의 세균 수는 일정치 않지만 어찌됐든 10제곱 센티 당 수억 내지 수십억 마리의 세균이 바글거린다고 보면 될 것 같다.

이 보도를 접한 사람들은 "세균에게 포위돼 산다"며 호들갑을 부린다. 그러나 세균의 입장에서 보면 이 세상은 당연히 세균의 세상이다. 지구의 토양과 물과 공기는 물론이고 우리가 만지는 모든 물건, 사람의 손과 얼굴, 심지어 내장까지 세균이 점령하고 있다. 알고 보면 세균에 포위돼 산다는 것은 어제 오늘의 일이 아니며 놀랄 일도 아니다.

그러나 그 세균 중에서 우리에게 질병을 일으키는 것은 아주 극소수에 해당한다고 한다. 위생 시설이 낙후되어 많은 세균에 노출된 시골 어린이보다 위생시설이 잘된 도시 어린이들이 질병에 대한 저항력이 더 약하고 아토피성 피부염 등의 면역 질환도 더 많이 발생하는 사실은 잘 알려진 사실이다. 충치의 경우도 시골 어린이보다 치아관리에 더 신경을 쓰는 도시 어린이들이 더 형편없는 경우를 보더라도 세균에 신경을 너무 곤두세울 일이 아님을 알 수 있다. 문제는 면역력이다.

우리의 밥상에는 언제나 벌레 먹지 않은 채소와 과일이 올라

오고 있다. 어려운 계층이 없지 않지만 과거 못살던 시절에 비하면 우리의 형편이 나아진 덕분이라고 해야겠다. 그러나 나중에 닥쳐올 결과는 어떨까. 벌레의 흔적이 없는 야채와 과일에서 독한 농약성분을 느낄 수 있으며 각종 양식 해산물과 육류에 항생제가 진하게 섞여있는데도 우리는 풍요의 달콤함에 젖어 그것을 외면하고 있다. 소비자가 좋아하는 옅은 색 고기를 만들기 위하여 빈혈환자 소로 키우고 있으며 도살되기 직전의 돼지 중 70%가 폐렴환자 돼지이며 도살되기 직전의 닭 중 90%가 백혈병 환자 닭이며 한 달 이상 신선도가 지속되는 썩지 않는 계란의 비밀은 항생제 모이와 항생제 주사 때문이다. 또 그렇게 키울 수밖에 없는 이유는 바로 벌레 먹은 채소를 기피하고 보드라운 고기만 선호하는 소비자에게 더 큰 책임이 있음을 알아야 할 것이다. 광우병도 채식동물인 소에게 병아리와 양고기와 소의 내장과 뼈를 갈아 만든 육식 사료로 키운, 자연을 거스른 업보에 다름 아니다. 이러한 현실을 정부 차원에서 언론매체를 통하여 대대적인 홍보를 한다면 소비자의 인식이 변할 것이며 농약의 소비량도 크게 줄일 수 있을 것이다.

올해 주말 농장을 가꾸면서 많이 힘들었다. 그것은 육체적인 부담이 아니었다. 서울을 떠나 한갓진 곳으로 이사를 와서 다소 들뜬 마음으로 상추와 쑥갓, 토마토, 가지, 무우, 배추, 취, 고추를 비롯하여 토종오이, 돼지감자, 토종홍화, 토종당귀 같은 약초도 골고루 심었다. 열심히 가꾼 덕분에 상추와 쑥갓 풋고추를 푸짐하게 먹을 수 있었다. 고추와 가지는 늦가을 까지 또 얼마나 많이 열리는지! 그러나 무공해 재배를 하다보니 벌레가 생기지 않을 수 없었다. 특히 홍화는 원래 진딧물을 달고 크는 약초이다. 같은 울타리의 이웃 밭 주인들이 병충해가 옮아온다고 초비상을 걸어 혐오의 대상이 되었다. 무공해 진딧물 약을 만들어 뿌려도 그 효과가 느리고 또 완전히 없어지지 않으니 처음 주말농장을 분양받은 우리는 터줏대감들에게 농사의 초보자로 지탄의 대상이 되었다. 토종약초 재배 전문가가 농사기술 미숙자로 분류되는 바람에 농장 관리인이 우리 부부를 불러다 놓고 초보자를 위한 농업 지도에 나섰다.

벌레가 갉아먹거나 까치가 쪼아 먹은 과일이 더 맛있다는 것은 과수원 주인은 다 아는 상식이다. 벌레들은 맛있는 채소나 과일을 귀신같이 알고 시식을 하기 때문이다. 김치공장의 광고 내용도 '우리 회사 김치는 벌레 먹은 배추가 무려 10%나 들어 있습니다. 따지지도 말고 묻지도 말고 믿고 구입 하세요'라는 광고를 들어보는 날은 없을까? 소비자가 벌레 먹은 야채를 사 갈때 농약 소비량이 저절로 줄어들 것이다. 채소나 과일 뿐 아니라 육류소비에도 큰 변화가 일어날 것이다. 그러나 생명 과학자들은 멈출 줄 모르고 그 일에 심혈을 기울이고 있다. 엄청난 부의 창출에 목을 매달고 있기 때문에 마치 당장 입에 떨어지는 꿀의 단맛에 취하여 자신이 매달려 있는 외줄이 쥐에게 시시각각 갉아 먹히고 있는 줄을 모르는 '안수정등岸樹井藤'이야기에 비유될 수 있을 것이다.

10여 년 전 세계 식품학술대회를 마치고 외국의 식품학자들이 한국을 떠나면서 '이제 한국은 끝났다.'라고 하였다. 그 이유는 한국의 가정에 장독대가 사라졌기 때문이라는 것이었다. 한 세대전만 하더라도 아토피가 있었는가? 田田

4344(2011). 12.

독도와 대마도

독도 문제로 온 나라가 조용할 날이 없다. 원래 '독도'는 '독섬'이다. '독섬'은 '돌섬'이라는 뜻이다. '독샘이 들'은 '돌샘이 있는 들'이라는 말이며 '독'은 '돌'의 옛말이다. 서글(한자)로 표기하는 과정에서 홀로독(獨) 섬도(島)가 되어 '독도'가 되었다. '독'은 일본 발음으로 '도꾸' '다께'가 되고, '섬'은 '서미' '시마'로 변하여 독도를 '다께시마(竹島)'라 하고 있으니 이것은 바로 우리말 '독도'에 다름 아니다. 이렇듯이 땅이름은 그곳의 역사를 간단명료하게 밝혀 준다는 점에서, 또 그 곳의 변천과정을 간직하고 있다는 점에서 중요한 의미를 지니고 있다.

그 이전에는 일본이 독도를 마쓰시마(松島)라고 하였는데 송도松島도 솔섬에서 비롯한 우리말이다. 송도의 '솔'은 '좁다'라는 뜻이다. 즉 좁은 섬(솔섬), 작은 섬이다. '소매가 좁다'라는 말을 '소매가 솔다'라고 한다. 이것이 일본이 마쓰시마(松島)로 부르게 된 이유이다. 따라서 다께시마(竹島)나 마쓰시마(松島)의 어원이 우리 땅이라는 것을 반증해주고 있다. 또 홀로 있다고 하여 홀섬이 된다. 보령의 독산獨山 해수욕장도 마찬가지이다. 그 지역에 홀로 있는 산이 '홀뫼(獨山)'이며 홀로 있는 섬이 홀섬(獨島)이다.

조선시대에 만들어진 3000여종의 지도에도 한결같이 독도는 물론 대마도까지 우리 땅으로 나와 있음을 볼 수 있다. 일본을 대표하는 지리학자 하야시 시헤이가 1700년대 말에 제작한 <삼국통람여지로 정전도>에도 울릉도와 독도가 조선 땅으로 되어 있다. 1700년대 말과 1878년에 만들어진 <일본총회>와 <대일본 분견신도>에도 역시 독도를 우리 땅으로 표기하고 있으며 더구나 <일본총회>는 독도옆에 '조선의 것'이라는 글씨까지 기록되어 있다. 19세기에 만들어진 <여지도>에도 독도와 대마도는 물론 녹둔도까지 분명히 우리 영토로 표기되어있다.

대마도를 쓰시마라고 한다. 한국과 일본의 사이에 있다고 하여 '사이섬' '새섬'이었는데 그 '새섬'이 '새서미', '쓰시마'로 변한 것이다. 또 대마도對馬島는 '두 개의 섬이 서로 마주보는 섬'이라는 우리말이다. 대마도는 원래 상도와 하도 두개로 되어 있었다. 3개처럼 된 것은 2차 대전 때 군함을 숨기기 위하여 섬을 파내었기 때문이다. 『조대기』에 '구주와 대마도는 삼한이 나누어 다스리던 땅이니 본래 왜인이 살던 땅이 아니다.'133)라고 한 것이나 『한단고기』「고구려국 본기」의 '임나는 대마도를 이르는 말이다'라는 기록이 보인다. 18세기 영조 때 목판본으로 제작된 것으로 보이는 청주의 이대성씨 고지도(2008년 7월에 공개)에도 독도는 물론 대마도가 우리영토로 표시되어 있다. 그 외에도 대마도가 우리 땅이라는 역사적 자료는 많이 있다. 삼국시대에 신라가 대마도에서 말을 길렀고 고려 때에는 대마도주에게 관직을 내리는 등 실질적인 지배사실이 기록으로 남아있다. 조선 초기까지만 하더라도 대마도주를 우리가 임명했다. 조선시대의 인문지리서인 『신증동국여지승람(서기1530)』의 첫 권에 포함된 <팔도총도>에는 울릉도와 독도와 대마도가 우리 영토로 표기되어 있다. 또 1592년 풍신수길(도요토미 히데

133) 『朝代記』. 九州對馬島 三韓分治之國 非倭人之世居也.

요시)의 명으로 일본인 '구기'가 그린 <조선팔도총도>에도 대마도가 경상도 땅으로 그려져 있다. 또 1830년 일본에서 만든 <조선국도>에도 울릉도, 독도, 대마도가 조선영토로 그려져 있다. 13세기말에 편찬된 일본의 <진대塵袋>에는 대마도가 옛날 신라국과 같은 곳이고 사람이나 토산물이 신라와 같다는 기록이 나온다. 일본이 독도를 자신의 영토라고 주장하는 근거는 러일전쟁을 승리로 이끌기 위한 1905년 2월 22일자 시내마현의 편입고시 때문이다. 일본정부는 '다케시마를 본현의 소관아래 편입한다'라고 고시하고 이 내용을 대한제국에 통보하였다. 독도가 일본의 고유영토이며, 자신들이 선점했다는 주장도 여기에 근거하고 있다. 그러나 그때에는 이미 외교권을 박탈당한 상태였기 때문에 우리로서는 항변조차 할 수 없는 상황이었다. 원래 자기 땅이었다면 새삼스럽게 편입은 왜 하며 우리에게 통보는 왜 하는가. 이는 자기 땅이 아니었다는 반증이다.

이에 앞서 17세기 말 안용복이 독도에서 불법 어로를 하던 왜선단은 쫓아내고 국토침입 사실을 시인 받았다. 그러나 일본은 도꾸가와 막부시대부터 자신들이 독도를 경영해 왔다면서 안용복이 자신들을 강제 퇴거 시켰다고 거짓 주장하고 있다. 울릉도 북면 산 정상에 있는 안용복 기념관에 가보면 역사적인 증거들이 상세하게 전시되어 있다. 일본은 1970년대 후반부터 총리와 외무장관 등 당국자가 나서서 공식 비공식 발언을 통하여 독도영유권을 본격적으로 주장하기 시작하였다. 그러나 독도가 우리 땅 이었다는 고문서는 그 후로도 계속 발견되었다. 2007년 6월에도 독도가 한국영토임을 증명하는 문건이 일본에서 2건이나 새로 발견되었다. 하나는 일본의 국립 공문서관에 보관되어 있던 <공문록 내무성의부1>과 <태정류전>에 기록되어 있는 내용도 독도가 한국 땅 이라는 관련 결정문이며, 또 하나는 일본 문부 과학성 산하 국제일본문화 연구소 고지도 문서실에서 발견된 일본의 유명한 불교학자이자 지도 제작자인 이시가와 유센이 1691년에 제작한 <해산조륙도海山潮陸圖>이다. 여기에는 울릉도와 함께 독도를 임진왜란 이후 우리나라를 지칭하던 '한당韓唐'으로 표기하고 있다. 그런데 1267년(고려 원종 8년) 8월 기거사인起居舍人(지금의 민정수석) 반부潘阜가 일본과 통상화친을 요구하기 위하여 일본으로 가지고 간 몽골의 국서와 고려의 국서에도 한당이라는 단어가 나온다. <일본은 고려의 이웃 나라이고 그 법률과 정치는 제법 훌륭합니다. 한당 이후 여러 번 중국에 사신을 파견하기도 하였으므로 특별히 국서를 보내어 가게 하는 것이니 풍랑이 험해서 가지 못한다는 말을 하지 말라고 하였습니다.> 이로 미루어 보아 한당이라는 말은 이미 고려 때 사용된 단어이다.

또 진주 경상대 명예교수 허종화 교수는 2008년 7월 15일 서울 세종로에 있는 교육과학기술부에서 일제강점기에 일본의 도쿄학습사가 발간한 천연색판 <소학국사회도小學國史繪圖>라는 책을 공개하였다. 이 책은 일본의 옛 '역사부도'라고 할 수 있는데 본문 40쪽에 울릉도와 독도가 한국령으로 표기되어 있으며 아래쪽의 <일본해 해전도>에도 같은 그림이 있다. 허 교수는 '이 교과서는 일본이 발간한 책으로 일본은 물론이고 그 당시 조선과 만주의 학생들에게도 모두 가르친 책'이라고 하였다. 80쪽 분량의 이 책은 1928년에 초판을 발행한 이후 수차례의 수정을 거쳐 1939년에 발행된 수정판으로 당시 소학교 5학년부터 고등학교 2학년 학생들까지 배웠으며 도쿄제국대학 교수가 감수까지 한 책이다.

또한 2006년 11월에는 1877년 3월, 메이지 정부가 일본 내

무성과 시네마현에 지시한 '독도와 울릉도는 일본영토와 관계가 없으니 명심하라'라고 기록된 구체적인 공문서인 <태정관지령문>이 공개되었고 2009년 1월 3일 한국해양 수산 개발원은 1951년 2월 13일 공포된 일본 <대장성령大藏省令 4호>와 1951년 6월 6일 공포된 <총리 부령府令 24호>에서 '독도와 울릉도와 제주도를 일본의 부속도서에서 제외 한다'라고 명시한 법령을 찾아내어 조선일보를 통하여 만천하에 밝힘으로써 그동안 호언장담하던 일본의 코가 석자나 빠지는 단서가 되었다.

독도는 해발 90.7m의 동도와 167.9m인 서도를 중심으로 주변에 60여 개의 바위들과 동굴이 있는 5만평 넓이의 섬이다 비록 울릉도 면적의 400분에 1밖에 안 되지만 바다속 대륙붕의 규모는 오히려 울릉도의 2배에 달한다. 울릉도의 해저 기반은 너비가 25km이지만 독도는 쌍둥이 화산 폭발로 만들어졌고 해저 기반이 무려 50km이다. 울릉도의 첫 이주민은 1870년에 울릉도의 천부로 가서 거주한 강릉김씨와 남양홍씨외 1명 모두 3가구였다고 한다. 독도해저에는 우리나라가 앞으로 30년 동안 사용할 수 있는 6억 톤의 차세대 연료인 하이드레이트가 매장되어 있다고 한다. 어장뿐 아니라 안보와 자원적인 측면에서도 매우 귀중한 섬이라 하겠다. 이제부터라도 형식적인 주민거주정책에서 벗어나 독도에 연립주택을 만들어서 어업에 종사하는 사람들이 살 수 있도록 대책을 세워야 한다. 그것은 독도주민 편부경씨와 김성도씨의 간절한 호소이기도 하다.

또 한민족 문화연구원 강동민 원장은 독도에 관광호텔을 세워서 국내외 관광객이 즐길 수 있도록 하자는 제안을 한 바 있다. 참으로 좋은 제안이다. 평소에는 잊어버리고 있다가 문제가 터지면 와글와글하는 규탄대회도 문제이다. 비록 독도뿐 아니라 우리의 네 땅 끝인 마라도, 이어도, 그리고 이순신장군의 첫 부임지였던 녹둔도도 예외가 아니다. 온 국민이 독도 사수 死守에 한 목소리를 내고 있을 때 김대중 대통령이 그 당시 노무현 해양수산부 장관에게 지시하여 독도를 한일 어로공동수역으로 일본에 내주어버렸다. 비록 김영삼 정부의 일본 강경 외교로 야기된 한일어업 무협정 상태를 수습하기 위한 불가피한 조치였다 하더라도 어부들은 땅을 치고 고기 배를 부수고 불을 질렀다. 우리는 후세에 이러한 미숙한 외교 참사를 어떻게 설명할 것인가!

  몇 년 전에 충북 괴산의 한 민간단체에서 대마도를 우리 땅으로 가져와야한다는 성명을 발표하였다. 또 2012년에 주장한 '김상훈 대령의 영남 탐라주장'을 보면 원래 대한해협이 대마도보다 더 남쪽에 위치하고 있었음을 분명히 밝히고 있다. 세종 때에는 이덕무를 보내어 대마도를 정벌하여 경상도에 속하게 하였다. 사할린은 1850년대에 일본과 러시아 양국의 1차 회담 때 함께 섞여 살기로 합의한 땅이다. 1875년 2차 회담 때 러사아는 사할린의 옛 이름이 가라후토(樺太)였다는 기록을 찾아내어 일본 땅이 아니라고 빼앗아가 버렸다. 그 후 러시아가 그곳을 만주어인 사할린이라는 지명으로 굳혀 버렸다. 그러나 가라후토의 '가라'는 한국이라는 의미이다. 우리 땅이었는데도 남들이 나누어 먹었다. 우리는 지금도 그런 일이 있었는지조차 모르고 있다. 토인비의 말대로 역사에 무지한 민족이 당하는 보복이라는 것이 바로 이런 것이다.
  1875년에 일본이 이를 도로 빼앗아 또 다시 분쟁이 일어나자 미국이 중재를 하여 2등분하여 나누어주었다. 일본이 이것을 억울하게 생각하여 일으킨 전쟁이 2차 세계대전이라는 사실을 아는 이는 더욱 드물다. 그 보복이 일본의 진주만 공격이다. 자신감을 얻은 일본이 과욕을 부려 전쟁을 더 확전 시키다가 미국의 핵폭탄을 맞아 우리가 광복되었다. 일본이 과욕을 부리지 않고 그 상태를 유지하였더라면 우리는 더 오랫동안 식민지 상태에서 벗어나지 못했을 것이다. 우리는 왜 우리 땅 독도를 빼앗아 갈려고 혈안이 되어있는 일본에게 대마도 반환에 대하여 침묵하고 있는가?

1948년 8월 18일 이승만 대통령은 담화를 통해 '대마도는 우리 땅이니 속히 반환하라'는 성명을 발표하였고 이에 포츠담 선언에서 일본은 그동안 불법으로 소유한 대마도를 반환하겠다고 기자회견에서 분명히 밝힌바 있다. 또 1949년 1월 7일 연두기자회견에서 이승만은 '대마도는 오래전부터 우리나라에 조공하던 우리 땅이다'라고 반환을 촉구하였다. 11일 후인 1949년 1월 18일에는 우리 제헌국회의원 31명의 이름으로 <대마도 반환촉구 결의안>을 국회에 제출한바 있다. 이대통령의 대마도 반환요구 발표는 그 후 60여 차례나 계속되었다. 일본이 대책 마련에 전전긍긍하고 있을 때 6.25가 터졌다. 그 후 이승만은 하와이로 떠났고 그 일은 묻혀버렸다.

1806년 일본인 하야시가 그린 원본지도에도 대마도는 한국령으로 표기되어 있다. 지리학적으로 보아도 일본 규슈에서 대마도까지는 147km인데 반하여 부산에서 대마도까지의 거리는 불과 49.5km밖에 되지 않는다. 일본이 독도문제를 들고 나올 때 우리는 왜 대마도를 거론하지 않는지 참으로 한심한 일이다. 민간단체의 대마도 반환주장은 늦었지만 잘하는 일이다. 지금 일본의 억지 독도 주장을 보면서 탄허스님의 일본열도 침몰 예언이 아니더라도 일본에 과연 미래가 있을까하는 생각이 든다. 그러나 일본의 신사참배 문제는 좀 다르다. 영웅이든 역적이든 자기조상 자기들이 섬기겠다는데 우리가 자꾸 나설 일은 아니다. 우리 대통령이 언제 강화도 참성단을 참배한 적이 있는가! 개천절행사에도 참석하지 않는다. 안중근, 윤봉길 사당에도 참배하지 않는다.

『맹자』 양혜왕 장구 하에 나오는 등문공의 말이 생각난다. 등나라와 같은 소국이 살아남을 수 있는 길을 묻자 맹자는 '오직 정치를 잘하여 백성들과 함께 힘을 기르는 길 뿐'이라고 하였다. 우리가 알아야 할 것은 우리의 국력이 일본을 능가할 때 이러한 주장이 비로소 힘을 얻을 수 있다는 점이다. 규탄대회도 필요하지만 그보다 국론을 합하여 힘을 길러야 한다. 위안부문제는 독도 영토문제와는 좀 다르다고 생각한다. 병자호란 때 청나라에 끌려간 수많은 여인들이 수난을 당하였다. 위안부문제는 우리가 끌어안고 마무리 지어야할 과제라고 본다. 모두 나라가 힘이 없어 속국이 되어 당한 일이다. 우리 정부가 위안부에게 진심으로 사과하고 국가 보훈자 수준으로 복지에 힘써야 한다. 위로금이라니! 일본을 위하여 우리가 수고했다는 말인가! 억지 사과요구는 사과를 구걸하는 꼴이다. 미래 지향적이었던 만델라를 생각해 보자. 현재 재일동포들의 어려움도 생각해야 한다.

지난해 초여름 아내와 독도를 다녀오면서 배 멀미 때문에 강릉에서 하루 밤을 더 쉬었다. 안목항을 거닐면서 사라진 줄 알았던 처마 밑의 제비집도 참으로 오랫만에 구경하였다. 50여 년 전 겨울 방학 때 울릉도가 고향인 고교 동창생을 따라 갔을 때의 지독했던 배 멀미에 비하면 아무것도 아니게 해상교통이 좋아졌다. 그때는 1주일에 한 번씩 운항하였는데 포항 학산 부두에서 저녁에 출발하면 이튿날 아침에 도착하였다. 맞은편에 앉은 아가씨가 토한 콩나물이 튀어 나의 넥타이에 대롱대롱 매달렸으니까⋯⋯ 일주일 예정으로 갔으나 풍랑으로 배가 뜨지 않아 2주일이나 신세를 졌다. 그때의 울릉도는 찻길은 말할 것도 없고 자전거를 탈 수 있는 길도 없었다. 울릉중학교에 자전거 1대를 교육용으로 전시해 두었고 저동 바닷가에는 오징어가 짚단 더미처럼 쌓여 있었는데⋯⋯

독도를 본 후 마을버스로 울릉도를 일주하였다. 북면 천부의 삼선암을 비롯한 해변 풍경은 투명한 물빛이나 풍광으로 보나 세계 어디에 내어놓아도 단연 일품이었다. 산타루치아를 지나는 것 보다 더 좋다. 북면에서 남면으로 연결되는 울릉도의 유일한 등산길도 걸어보았다. 남면 저동, 도저히 학교가 들어설 수 없을 정도의 비탈길에 저동중학교가 들어서 있었다. 촛대바위 해변에는 후박나무숲이 있다. 원래 울릉도에는 후박나무가 많다. '울릉도 호박엿'은 후박엿의 와전이다. 소화를 촉진하는 후박나무 껍질을 넣어서 만든 엿이다.

나의 성격을 익히 아는 아내가 이왕 온 김에 친구의 집을 찾아보아야 하지 않겠느냐는 말에 가파른 길을 오르락 내리락 했으나 50년 전에 비해 너무나 변하여 옛 친구의 집은 가늠조차 할 수 없었다. 식사를 하러 들른 저동의 해돋이식당 여원년 사장에게서 가산을 정리하고 돌아가신 부모님 묘소도 이장하여 울릉도를 영원히 떠났다는 이야기를 들었다. 음식을 가져온 주인에게 행여나 하고 지나가는 말로 물어본 것인데 전혀 뜻밖의 곳에서 친구의 소식을 들은 것이다. 생각하지도 않은 곳에서 옛 친구의 소식을 듣게 되고 다시는 만날 수 없음에 인연의 의미를 생각해본다. 田田

<보덕산의 메아리, 반씨 문인회 5집, 2015.>

여상복씨를 아시나요

　이번 여행은 아내가 마련한 것이었다. 나는 별로 마음이 내키지 않아 몇 번이나 가지 말자고 했다. 7년 전만 하더라도 27시간이나 걸리는 중남미를 한 달 이상 배낭여행을 다녀온 이력이 있다. 그때에도 일행 중에서 우리 부부가 가장 나이가 많았다. 닭똥같이 굵은 소나기가 쏟아지는 브라이질(Brazil) 싼 빠울로(Sao Paulo-뽀르뚜깔 어) 공항에 내렸을 때 제일 먼저 떠오른 것이 돌아갈 걱정이었다. 그러나 이번에는 10시간밖에 걸리지 않는데도 망설여졌다. 그 전처럼 여행에 대한 흥이 나지 않는다. 갔다 온 곳이 티쎄(TV)에 나와도 마치 꿈속에 갔다 온 것처럼 별 의미가 없다. 또 여행지마다 그곳 사람들과 사귀기를 좋아해서 기념사진을 찍고 한국에 오면 연락하라고 명함을 주는 버릇이 있는데, 사실 다시는 만날 수 없는 사람들을 귀국 후에도 사진을 보면서 잘 잊지 못하는 이상한 병통이 있기 때문에 그 후유증을 두려워하는 것이 또 하나의 이유이다. 그러나 무릎이 성할 때 다녀야지 지금 가지 않으면 앞으로 더 못 간다면서 혼인 40주년이자 7순기념 여행임을 강조하는 아내의 권유에 따랐다.

　이번 여행은 캐나다 쌘쿠쎄르으(Vancouver)에 도착하여 다시 국내선으로 갈아타고 앨버르으타(Alberta)주의 주도州都인 에드먼튼(Edmonton) 공항에 내려서 버스로 롸으키(Rocky)산맥을 종주하는 것이었다. 인솔자의 설명에 의하면 이 코스를 여행 상품으로 개발 한지가 그리 오래되지는 않은 모양이다. 1900년대 초반 까지만 해도 앨버타주는 황무지에다가 영하 40℃를 오르내리는 추위 때문에 사람들이 들어와서 살려고 하지 않는 지역이었다고 한다. 1947년 세계에서 제일 큰 대규모 유전이 발견됨으로써 지금은 주 예산이 풍족해져서 주 자체의 주민 세금이 없고 의료보험료도 없을 뿐 아니라 모든 질병을 전액 무료로 치료받는다고 한다. 연금도 다른 주보다 15%나 높게 지급하고 있다. 캐나다의 국토는 대한민국의 약 100배이지만 전체 인구는 3500만 명 밖에 되지 않는다고 하니 어쩐지 불공평한 느낌이 든다. 그런데 원주민 정책에는 납득이 가지 않는 구석이 있어 동물세계의 약육강식이 인간세계에서도 예외는 아니라는 생각을 하게한다.

로키 산맥에서 녹아내리는 빙하의 6각수를 자연 정수하여 앨버타주 전 지역에 공급하기 때문에 주민들은 물론 외국 여행객들이 주방이나 세면대의 수도꼭지에서 물을 바로 받아 마셔도 전혀 배탈이 나지 않는다. 물론 생수회사도 없다. 두바이 공항에서는 화장실 변기 내리는 물이 모두 뜨끈뜨끈한 온수라서 화상을 입을까 깜짝 놀란 기억이 있었는데 여기는 변기내리는 물까지도 모두 육각수라고 한다. 빙하가 흘러내린 물은 보우호수를 이루고 밴쓰(Banff)국립공원을 거쳐 캘거리(Calgary)와 허드슨 강을 지나 대서양으로 빠져나간다. 또 공기가 너무도 청정하여 풍경이나 사물事物간의 거리에 착시현상이 일어나므로 도심지를 벗어나면 대낮에도 자동차의 헤드라이트를 켜고 달리게 되어있다고 한다.

앨버타주에는 4개의 국립공원이 있다. 밴쓰국립공원, 워터튼국립공원, 요호국립공원, 재스퍼국립공원이다. 밴쓰국립공원에 있는 보우강의 보우폭포는 마릴린 몬로(marilyn Monroe)가 주연한 영화 <돌아오지 않는 강>의 촬영지로 유명하다. 또 폭포 아래쪽에는 영화 <가을의 전설>에서 주인공인 브래드 피트(Brad pitt)가 아버지와 낚시를 하던 촬영지라는 꼼꼼한 설명서가 붙어있다. 하루 종일 가도 끝없이 펼쳐진 한국의 국토면적에 해당하는 지평선의 천연초지와 한가로운 소떼들만 보다가 좌우로 펼쳐진 로키산맥 지역으로 들어오면 협곡도로를 달리는 차창 밖으로 사슴과 곰을 볼 수 있다. 히말라야 산맥은 높지만 거리가 먼데 비하여 로키산맥은 협곡사이로 차를 타고 지나가므로 바로 가까이 좌우로 병풍처럼 산맥이 펼쳐져있는 점이 다르다. 로키산맥은 폭이 200km, 길이가 4800km로 한국면적의 10배이다. 컬럼비아 대빙원은 아싸바스카빙하, 서스캐처원빙하 돔빙하 등 모두 8개의 빙하로 이루어져 있으며 지구에서 북극 다음으로 넓은 빙원으로 쌘쿠쎄로시가 통째로 들어가고도 남는 면적이라고 한다.

　로키산맥 여행 홈페이지를 직접 만들었다는 현지가이드는 참으로 열성적으로 우리를 안내하였다. 25년 전 중학교 1학년 때 가족을 따라 영문도 모른 체 이민 비행기에 올랐다는 그는 해박한 역사지식을 겸비한 지질학 전공자답게 공룡박물관의 고생대와 중생대의 공룡생태계와 버짜로(Buffalo)의 멸종과 엄지손가락만한 살아있는 바퀴벌레와 방게만한 거미 등, 3억 8천만년 전 단층 충돌로 융기된 로키산맥의 지질에 대한 설명은 마치 학교 수업을 듣는 듯한 기분이었다.

　용암이 끓다가 식은 화강암, 끓다가 분출되지 못하고 식은 관입암, 분출되어 식은 제주도 현무암, 퇴적암 중에서 비바람에 의하여 낮은 지역으로 쓸려 내려온 쇄설성 퇴적암, 유기적 퇴적암, 화학적 퇴적암, 지열과 풍화작용에 의하여 성질이 변한 변성암 등, 시차를 못 이겨 자거나 말거나 그의 설명은 이어진다. 또 북위52도인 로키산맥에는 해발 2200m까지만 수목이 자라는데 이것을 '수목생장 한계선'이라는 사실도 알게 되었다. 더구나 백두산은 2700m인데도 천지에 풀이 자라는 것은 위도가 북위 52도인 로키산맥보다 낮은 북위 42도선이기 때문이라는 사실도 알게 되었다. 1도씩 낮아질 때 마다 수목생장선이 100m씩 높아지기 때문에 위도가 10도 차이가 나는 북위 42도인 백두산은 2200m+1000m, 즉 해발3200m 까지가 수목이 생장할 수 있다는 이야기가 된다. 히말라야산맥은 북위 30도 정도가 되므로 2200+1000+1000=약 4400m까지가 수목생장 한계선이 된다는 것이다.

또 소나무는 양지식물이라 햇빛을 받지 못하는 아래 부분은 잎이 나지 않으며 전나무는 음지식물이라 햇빛을 받지 않는 아래 부분에도 잎이 나므로 멀리서도 그것으로 구분할 수 있다고 한다. 로키산맥이 한국의 지리산처럼 형태가 부드러워 질려면 2억년이 지나야 한다니까 우리는 2억 년 전으로 돌아가서 시간여행을 하고 있는 셈이다.

그의 설명에 따르면 한국이 캐나다 사람들의 관심을 끌게 한것은 외환위기 때에 금모으기를 한 것 때문이라고 한다. 그것도 줄을 서서 금목걸이, 금팔찌, 애기 돌 반지를 들고 기다리고 있는 뉴스장면은 개인주의를 중요시하는 캐나다에서는 상상조차하기 어려운 충격이었다고 한다. 그전까지는 한국이라는 나라이름도 몰랐다는 것이다.

그 후 결정적으로 한국을 각인시키게 된 사건이 있었는데 다름 아닌 2002월드컵 이라고 한다. 월드컵이 한국에서 열렸다거나 우리가 4강에 들었다는 뉴스는 그들에게는 전혀 관심 밖의 일이었다. 그들이 놀라자빠진 것은 시청 광장과 광화문 광장에서 벌어진 응원 광경이었다고 한다. 특유한 리듬에 맞추어 손뼉을 치면서 응원하는 모습과 시민들이 모여들기 시작하여 응원이 끝나고 자진해산하는 화면을 방송하였는데 그 과정에서 부상자 하나 없이 질서정연하게 다 빠져나간 후의 휴지조각 한 장 없는 광화문 광장을 빠른 영상으로 수없이 보여주었다고 한다. 그것 또한 캐나다인으로서는 도저히 생각조차 할 수 없는 일이라고 한다. 동양인이라면 일본과 중국인밖에 모르던 캐나다가 그때부터 한국을 다른 각도에서 보기 시작했다는 것이다.

우리가 서양인을 보면 미국인인지 영국인인지 캐나다인인지 분간하지 못하듯이 캐나다인들이 동양인을 보면 역시 구별하지 못한다고 한다. 캐나다 관광버스 운전기사들은 그 차이점을 이렇게 판단한다고 한다. 일단 차에서 내리자마자 깃발을 든 가이드 앞에 2열 종대로 줄을 서서 조용히 질서 있게 움직이는 것은 일본 관광객이고, 어딘가 냄새가 좀 나고 돛대기 시장처럼 시끌벅적한 것은 중국 관광객이라고 한다. 그러면서 덧붙이는 말이 걸작이다. '세상은 공평한 것이다. 중국인이 매일 목욕을 하면 태평양 물이 모두 오염될 것이다.' 그리고 버스에 내려 삼삼오오 짝을 지어 줄이 끝없이 늘어진 사이로 가이드가 왔다 갔다 하면서 큰 소리로 인원 파악을 하는 것은 한국 관광객이라는 것이다.

로키 산맥에서 가장 아름다운 호수는 앨버르타주 밴쓰국립공원 안에 있는 쎅토르어아(Victoria) 여왕의 4째 딸인 루이스공주의 이름을 딴 에메랄드 빛깔의 레이크루이스(lake louise) 즉 루이스 호수이다. 그 지역에 있는 아싸바스카 폭포에는 이과수 폭포의 <악마의 목구멍>을 축소시킨 듯한 폭포도 있었다.

점심을 먹기 위해 산장식당이라는 곳에 들렀다. 식사를 끝내고 돌아 나오는 길에 뜻밖의 사연을 듣게 된다. 그 산장식당의 원래 주인은 여상목이라는 한국 사람으로 파독광부였다는 것이다. 그는 임기를 마치고 고국행 대신 캐나다 이민을 택하였다. 음식점을 운영하여 어렵사리 기반을 잡았고 식당도 확장하여 번성하였다. 그 후 좀 더 큰 사업을 하기위하여 식당과 그에 딸린 부속건물들을 모두 처분하고 다른 사업으로 변경하였다고 한다. 여기까지는 흔히 들을 수 있는 그런 이야기인데 필자가 찡한 감명을 받은 것은 그 다음으로 이어지는 가이드의 설명이었다. 그는 식당 판매계약서에 싸인을 하면서 앞으로 또 다른 이에게 이 식당을 팔더라도 현관 위에 태극기를 게양하는 것은 영원히 그대로 둔다는 조건을 달았다고 한다. 그 이야기가 참으로 남다른 느낌으로 가슴에 와 닿았다. 평생 태극기를 연구해온 필자이기에 더 그랬던 것 같다.

식당으로 들어갈 때 현관위에 펄럭이는 태극기가 눈에 띄었지만 식당을 이용하는 한국관광객에 대한 상업적인 성의이겠거니 하고 지나쳤다. 우리가 묵었던 호텔에도 태극기가 달려있었기에 당연히 그렇게 생각했다. 그 이야기를 들으면서 돌아 나오는 버스안에서 카메라 셔터를 눌렀으나 이미 거리가 멀어져 어른거리는 형체만 찍혔다. 아직 이 지역에 살고 있느냐고 물었더니 본인은 몇 년 전에 세상을 떠났고 가족들이 살고 있다고 한다.

우리는 박정희 대통령이 독일을 방문하여 파독광부들 앞에서 연설하던 도중에 우리의 가난을 후세에 물려주지 말자면서 울먹이다가 끝내 말을 잇지 못하고 코를 팽~ 하고 푸는 장면을 익히 알고 있는 터이다. 또 파독 광부와 간호사의 풋풋한 사랑을 주제로 우리 시대의 근대사를 단적으로 그려낸 영화 <국제시장>의 뜨거웠던 열기를 기억하고 있다.

영화의 첫 장면에 나오듯이 그 당시 미국화물선 쎅토러
(Victory)호의 라루(Larue) 선장을 현봉학, 김백일장군 등 한국
군 지휘관들이 끈질기게 설득하여 배에 실었던 무기를 바다에
버리고 대신 1만 4천명의 피난민을 구할 수 있었다. 많은 한국
군 지휘관들도 우리가 걸어갈 테니 피난민을 태우라고 했다고
한다. 세계전쟁 역사상 유래가 없는 이 흥남 철수작전은 나중
에 기네스북에 오른다.

한국의 쉰들러 현봉학은 함흥영생여고 교목을 지낸 현원국
목사와 장로교 여전도회장 신애균의 차남으로 태어났다. 멕시
코대사를 지낸 현시학과 문필가 피터현이 현봉학의 동생이다.
펜실베니아 대학원을 졸업하고 그 대학의 의대교수를 지내다가
2007년 85세로 뉴저르지(New Jersey)주에서 작고한 그는 이화
여대 음대 교수를 지낸 윤보희의 시동생이다. 윤보희의 남편은
2004년에 작고한 이화여대 인문대학장을 지낸 현영학으로 현
봉학의 맏형이다. 2018년 사월 초파일날 95세로 작고한 윤보
희는 서재필, 이승만 등과 함께 독립협회를 창립한 윤치호의
딸이다. 윤치호는 데라우치 조선총독 암살모의로 조작된 105인
사건으로 수감되었다가 풀려나면서 친일파로 돌아선 행적과 애
국가 작사에 대하여 논쟁이 되고 있는 인물이다. 그는 치과 치
료를 받고 집으로 돌아와 치료의 후유증으로 갑자기 숨을 거둔
다. 또 현봉학과 함께 에드워르드 알몬드(Edward Almond) 장군
을 적극적으로 설득하여 수많은 피난민을 구한 김백일 장군도
만주군 출신 친일파 장교라는 사실과 그 후 그의 행적으로 인
하여 그 공로가 빛을 보지 못한 인물이다.

애국가 가사는 정동교회 첫 한국인 목사 최병헌이 본절을 쓰
고 윤치호가 후렴을 쓴 합작품이라는 설이 있다. 최병헌과 윤
치호는 의형제를 맺은 사이이다. 그런데 한국 땅이름학회 이대

성 부회장에 따르면 애국가 가사의 '동해물'과 '백두산'과 '남산'의 배경이 지금껏 알려진 것과 달리 경주의 남산과 그곳에 있는 백두산(해발447m)과 경주의 동해라는 주장이다. 그 당시 황성신문에서 전국적으로 애국시를 공모한 적이 있는데 지금의 가사는 그때의 응모작 중의 하나라는 설명이다. 무명작가의 응모작을 나중에 다른 이가 윤색한 것으로 생각해 볼 수 있다. 만약 경주의 지명을 딴 가사였다면 아마도 응모한 작사자의 고향이 경주였을 것이다. 최병헌의 고향은 충북 제천이고 윤치호의 고향은 아산시 둔포면이고 안창호의 고향은 평안남도 강서군이다.

우리는 제2의 경제도약의 문턱에서 고전을 면치 못하고 있다. 홍콩 항을 능가하는 충남 서산과 태안에 걸쳐있는 천연 항만의 조건을 갖춘 가로림만 개발 계획 중에 박정희 대통령이 작고한 것은 우리 대한민국의 경제를 한 단계 더 도약시켜 명실공히 선진국으로 성큼 올려놓을 수 있는 절호의 기회를 잃어버린 사건이었다. 한 사람의 행동이 국격國格 상승의 물줄기를 막아 버렸다. 박대통령 장례식 후 집무실 책상위에는 검토를 기다리는 <가로림만 개발계획서> 결재서류만 덩그러니 놓여 있었다고 한다. 북한이라는 경제 개발 호재好材보다 먼저 가로림만을 개발하는 정치인이 제 2 경제부흥의 영웅이 될 것이다. 가로림만은 오랫동안 바닷물이 드나들면서 3면이 자연적으로 가로막혀 북쪽만 트여있는 호수 같이 넓은 천연만이다. 경포대 호수처럼 4면이 다 막힌 석호潟湖가 되기 직전의 형태이다. 그러므로 거대한 예산을 들여 방파제를 따로 만들 필요가 없는 동양 최대의 국제 항구의 조건을 갖추고 있다. 가로림加露林은 이슬 숲이라는 말이 아니라 가로 막혀 있다는 우리말이다.

여상목씨 세대에는 지금과 달리 열심히 일하는 사람에게 기회가 오는 시절이었다. 그때는 월급 외에 한 푼이라도 더 벌려고 기를 쓰고 잔업을 희망했는데 지금은 주 5일 근무인데도 근로시간을 더 단축하고 자꾸 놀아라고 한다.

그때에는 10년 무이자 할부라는 조건으로도 힘겹게 수출하던 현대자동차가 지금은 앨버르타주의 승용차 점유율 10%를 차지하고 있다. 10% 점유율이 결코 적은 비율이 아니다. 앨버르타주의 승용차가 1000만대라고 하니 10%면 100만대이다. 이미 삼성전자와 엘지전자가 소니를 앞지른 지 오래이다. 앨버르타주에서 묵었던 호텔방의 티쎄(TV)가 삼성 아니면 엘지였다. 그런데 그들이 막상 삼성과 엘지가 한국제품이라는 것을 모른다는 사실은 도리어 우리가 이해 할 수 없는 일인 것 같다.

지금 캐나다는 싸이 뿐 아니라 방탄소년단의 빌보르드 차르트(Billboard Charts) 1위에 열광하는 나라가 되었다. 영어가 아닌 가사로 1위에 오른 것은 12년만이며 한국가수로는 최초이다. 불과 20여 년 전만 해도 어디에 있는지도 몰랐던 대한민국이 이제 캐나다에서 경이로운 나라가 되었다.

여상목선생은 이 세상을 떠났지만 당신은 자신을 위하여 조국을 등진 것이 아니라 조국을 위하여 자신을 버린 것이리라! 이국땅의 한 식당에서 오랫동안 펄럭일 경이로운 나라의 태극기는 거창한 애국심을 이야기하기 이전에 여상목의 <국제시장>이며 조국과 고향에 대한 절절한 마음이자 그리움의 손짓일 것이다. 田田

4351(2018). 6. 9.

렌 에드워즈를 아시나요

서울의 정동길 창덕여중 교문 맞은편 인도에 563살 된 회화나무가 푸르름을 자랑하고 있다. 필자가 2002년 봄에 그 동네에서 근무할 때는 죽은 나무였다. 바로 옆 공터에는 우리나라최초의 여관인 삼정여관 표지판이 있었고 길 건너편 이화여고안 공터에는 우리나라 최초의 호텔인 손탁호텔 표식이 있었다. 나는 그 길을 지나다니면서 죽은 나무를 왜 베어내지 않고 보행에 지장을 주는가라는 생각을 하곤 하였다. 그런데 나중에보니 일정한 주기로 수액주사를 주고 있었다. 다음해 봄에는장난감 같은 조그마한 포크레인으로 나무의 밑둥치 부근의 흙을 긁어내는 작업을 하고 있었다. 출퇴근 때 그곳을 지나다보니 공사장 감독만큼이나 작업진척 상황을 잘 알 수 있었다. 출근길에 '오늘은 수액 병을 3개나 더 꽂았군'하고 숫자를 세어보고 '이 아랫쪽의 병은 거의 빈병이군'하고 들여다본다. 또 퇴근길에는 왜 밑둥의 흙을 계속 파내느냐고 작업기사에게 큰 소리로 물어본다. 나무 밑둥이 너무 묻혀있어 뿌리가 숨을 쉬지못하기 때문이라고 한다. 그렇게 한다고 해서 죽은 나무가 다시 살아날 수 있느냐고 물어보면 자기는 시키는 대로 할 뿐이라고 왕왕거리는 기계소리에 묻힌 대답이 돌아온다. 나중에 보니 1m는 족히 파내고 경계석을 두르고 울타리를 친다.

그러기를 2년이 지난 2004년 봄에 그 고목에서 드문드문 실낱같은 잎이 돋아나기 시작하였다. 참으로 놀라운 일이 일어난것이다. 그 이듬해에는 더 많은 가지에 잎이 돋아나왔다. 4년

째인 2006년 봄에는 잎이 무성하게 완전히 되살아났다. 그해 겨울에 나는 발령이 나서 그곳을 떠났다. 그 다음해 봄 그러니까 2007년 초봄에 그동안 심어 놓은 토종 호깨나무와 수선화가 피었는가 하고 옛 근무지를 가 보았더니 그 회화나무 바로 옆 삼정여관 공터가 대형 포크레인으로 파헤쳐지고 있었다. 내가 떠나기 전해에 손탁호텔 자리가 이화여고 생활관으로 지어졌기에 여기도 새 건물이 다시 들어서는가 보다 생각하였다.

2007년 11월 9일 주한 캐나다 대사관이 한국과 수교 44년 만에 처음으로 단독공관을 지어 개관하였는데 이 자리에 렌 에드워즈(Len Edwards, 그 당시 61세, ds 즈-치두음) 캐나다 외교부 차관이 날아와 참석하였다는 내용을 몇 년 후에야 묵은 기사로 보았다. 그런데 기사의 내용(기사에는 수령이 870년)을 읽다가 활짝 웃고 있는 그의 가족사진의 뒷 배경으로 서있는 고목나무가 바로 그 회화나무임을 알았다. 삼정여관 자리에 캐나다 대사관이 들어선 것이다.

신축개관식에 그가 참석한데에는 특별한 사연이 있었다. 그 기사에 따르면 에드워즈차관이 1991년부터 1994년까지 주한 캐나다대사로 근무하면서 삼정여관 터를 대사관부지로 매입하여 공관설립의 초석을 놓았기 때문이라고 하였다. 그가 유달리 이곳에 애착을 가지고 땅을 구입한 이유가 바로 이 회화나무 때문이었다고 한다. 그 후 대사관 건물의 설계에서 착공까지 나무를 다치지 않도록 세심한 배려를 기울였다.

'서울에서 제가 제일 좋아한 곳이 정동입니다. 이곳은 왕궁인 덕수궁이 있고 한국최초의 정동교회가 있고 한국 최초의 호텔이 있던 유서 깊은 곳이지요.'

에드워즈의 뜻에 따라 그 후 지속적으로 나무를 살려내는 작업을 하였고 '나무를 끌어안는 설계'로 건물이 지어진다. 공사를 하다가 지하수맥이 지나가면 뿌리의 수분 공급을 위하여

수로를 변경하지 않았고 굵은 뿌리가 건물쪽으로 뻗어 있으면 건물로비를 안으로 쑤욱 들어가도록 설계를 변경하였다. 그는 본국으로 돌아간 후에도 이 나무의 회생상태를 확인하기 위하여 10여 년 동안 예닐곱 차례나 한국을 방문하였다고 한다.

나중에 그는 '한국에서 외교관으로 산 4년이 내 인생에서 가장 중요한 시간이었다.'라고 술회하면서 한국에 대하여 각별한 애정을 표시하였다. 그런 만큼 이날 개관식에는 그의 아내와 아들과 딸, 온 가족을 데리고 왔다. 그의 아들 팀 에드워즈는 아버지의 뒤를 이어 외교관의 길을 걷고 있으며 가수인 딸 캐슬린 에드워즈는 이날 개관식 파티에서 축하 노래를 불렀다고 한다.

나는 약 20년 전부터 '가이드'라는 단어가 보편화되기 전 정동 해설사를 자처하면서 아펜젤러(Appenzeller)의 정동교회와 배재학당, 중명전, 신아일보, 이화학당, 유관순 빨래터, 창덕여중 운동장 귀퉁이의 일제 신사터와 프랑스 공사관 터, 서대문 성곽, 역관학교, 아라사 공사관, 한국 최초의 중국인교회인 한성교회, 옛 동양극장, 농업박물관, 이기붕 집터, 김구의 경교장 등 정동길을 안내하고 다녔다. 그러나 그 나무가 20년 동안이나 죽어있었다는 사실은 이 기사를 보고서야 알았다. 20년 만에 기사회생 하였으니 앞으로 천년을 더 살 것이다. 경북 청도군의 적천사 은행나무가 6. 25 직전에 밤마다 '우웅~ 욱, 우웅~ 욱'하고 울다가 죽어 전쟁이 끝난 3년만에 잎이 새로 났다는 말은 들었지만 이 회화나무는 경이로움 그 자체였다. 캐나다 앨버타주에서 경이로운 나라의 태극기를 살려놓은 여상목 선생과 대한민국 서울 정동의 회화나무를 부활시킨 렌 에드워즈 대사! 한사람은 주인으로, 한 사람은 손님의 안목으로 이런 기적을 이루어낸 그들에게 부끄럽고 고맙고 존경스럽다. 田田

4352(2019). 3.

그해 겨울

올해 여름은 유난히도 더웠다. 해마다 더 더워지는 것을 보면 우리나라도 점점 아열대기후로 변해가는 것 같다. 이제 부산에서도 귤 재배가 가능하다는 말이 나올 정도이다. 나는 동문회에서 펴내는 『청도의 역사와 문화』라는 책의 공동 집필을 맡는 바람에, 밤잠이 없을 나이이기도 하지만 날밤을 세우다시피 한 날이 많았다. 6개월이라는 짧은 기간 안에 책이 나와야 하기 때문이었다. 그 덕분에 찜통더위를 잊을 정도로 집필 삼매에 빠져 보냈다. 여름이 더운 해는 그해 겨울도 춥다더니 첫눈도 빨리 내린다. 이 나이가 되니 세상을 떠나는 친구들이 하나 둘 늘어난다. 처음 서울에 올라와서 동고동락했던 친구이다. 장례식장에 갈려고 준비를 하는데 눈발이 점점 더 심해진다. 아침에 내리는 보기 드문 함박눈이다.

벌써 50년이 다 되어 간다. 서울 용산구 보광동! 초가을 이른 아침, 그 당시 보통급행 열차라고 하던 <보급열차>를 타고 대구역에서 7시간 만에 서울역에 내려 식당에 들어갔는데 서울 사람들이 식당 아주머니를 부르는 '여보세요~'라는 호칭이 너무 신기하게 들리던 시절이었다. 대구의 '보소~'라는 일상용어와는 너무 낯선 말이었다. 삼각지를 지나 보광동으로 갔다. 나중에 KBS 성우가 된 친구가 자기의 이모집이 있는 동네에 방을 얻어 두었기 때문이다. 보광동 3거리에 버스를 내려 골목길로 접어들면 2층집이 나오는데 그곳이 우리가 지낼 집이었다. 말이 2층집이지 온돌이 아예 없어서 난방이 안 되는 목조건물이었다. 2층 옆방에는 중년부부가 애기와 함께 살고 있었다. 경주 안강이 고향인 친구의 제안으로 매달 연탄불 사용료를 얼마간 주기로 하고 밥은 그 방에 있는 난로를 이용하였고 반찬은 방을 얻어 놓은 친구가 이모네 집에서 조금씩 얻어오는 밑반찬으로 해결하였다. 그런데 대구에서 같이 활동하던 친구들이 내가 서울에 가서 무슨 대단한 일이라도 벌이고 있는 줄 알고 하나 둘 올라오면서 식구가 늘어났다. 밥은 조금 더하면 되는데 반찬이 문제였다. 그때는 무슨 좋은 해결책이 나오지 않나하고 서로 상대방 입만 쳐다보고 있는 무일푼들이었다.

그런데 궁하면 통한다더니 눈이 펄펄 날리는 추운 한겨울 한강변 비탈길에 리어카를 끌고 다니는 무우장수가 있었다. 우리는 귀잽이가 조금 썩은 무우를 한 다발씩 사다가 커다란 냄비에 깍두기를 한가득 담궈 놓고는 부자가 된 기분이었다. 사나흘 반찬은 되었다. 그 후부터는 오로지 밥과 설익은 깍두기가 식사의 전부였다. 무우장수도 매일 다니지는 않고 3일에 한번쯤만 다녔다. 그이도 동네의 사정을 익히 잘 알고 있는 것이리라. 겨울이 되니 이불이 또 문제가 되었다. 그때가 졸업 학기였는데 초가을에 비상계엄령으로 휴교령이 내려 얇은 카시미론 이불 하나만 달랑 들고 서울로 줄행랑을 친 결과였다.

옷과 양말을 있는 대로 두겹 세겹 껴신은 후에 털모자를 쓰고 마스크를 낀후 얇은 카시미론 이불을 절반은 깔고 절반은 덮고 마지막으로 장갑을 낀 후 이불을 머리까지 뒤집어쓰고 잠을 잔다. 아침에 일어나면 눈이 퉁퉁 부어있어서 눈꺼풀이 떨어지지 않는다. 눈에 침을 몇 번씩 바르고 한참을 기다려야 겨우 눈이 떠진다. 얼마나 추운가하고 창문을 보면 성에가 켜켜이 끼어 있다. 엄지손가락이 얼 정도로 대고 있어야 성에가 체온에 녹아 동전만한 바깥풍경이 눈에 들어온다. 마치 요즘 방문객을 확인하는 아파트 현관문의 돋보기 렌즈와 같다. 눈이 천지를 덮은 아침에 옆방 아저씨는 얼음을 깨고 생계를 위하여 한강에서 낚시 줄을 드리우고 있는 것이다. 가끔 마주쳐도 도통 말이 없는 사람이었다. 그 광경이 마치 송나라 시인 유종원이 쓴 <강설江雪>을 연상케 하였다.

-하늘에 나는 새 끊어지고 땅에 인적 하나 없는데, 외로운 나룻배에 삿갓 쓴 어부가 홀로 낚싯대 드리우네. (千山鳥飛絶 萬徑人踪滅 孤舟簑笠翁 獨釣寒江雪)-

일제 강점기 때 아버지가 서울에 유학 와서 한강변 흑석동에서 학교를 다닐 때였다고 한다. 넘어지는 것이 창피하여 밤에 한강에 나가 방석을 끈으로 머리에 묶고 스케이트를 탔는데, 이튿날 낮에 보니 커다란 얼음 구멍이 여기저기 뚫려 있었다고 한다. 전날 밤에 빠져 죽지 않은 것이 천행이었다는 말을 들은 적이 있었다. 예로부터 한강의 얼음낚시가 드문 일이 아니었던 모양이다. 또 서울은 너무 추워서 교실에서도 손이 곱아 필기가 제대로 안 되고 펜이 자꾸 미끄러져서 들여다보면 펜촉에 묻은 잉크가 서걱 서걱 얼어 있었다는 이야기를 무용담처럼 들은 적이 있다. 냉방인 탓도 있었지만 살아보니 서울은 너무 추웠다. 한겨울에 세수를 하고 문고리를 잡으면 손가락이 쩍쩍 달라붙는 것이 대구의 추위라고 하지만 그것은 약과였다. 그러나 대구에서 연극 활동을 하던 친구와 성우 지망생 친구들이 올라와서 동고동락하면서 그해 보광동 냉방의 혹독했던 겨울을 고생인 줄 모르고 그렇게 지냈다. 지금도 서울 낙원상가 옆 나물국 집 <송해의 집>에 유일한 반찬으로 나오는 갓 버무린 깍두기를 보면 그 옛날 영락없는 보광동 깍두기이다.

　나는 대학 방송국에서 성우로 활동하고 있었기에 그 전 해인 1972년에 동아방송에서 개최한 <제9회 전국학생 방송콩쿨>에서 개인연기상(최우수연기상)을 받아 동아일보에도 큼지막하게 기사가 실렸다. 그런 연유로 방송성우가 되겠다고 서울로 올라온 것이다. 그때는 생계도 어려운 딴따라가 무슨 소리냐고 펄쩍 뛰던 시절이었으니 동아일보 김상만 회장에게서 받은 상패도 부모님께 보여드리지 못하고 서랍 속에 넣어 두었다. 전후 사정이 그러니 시골에 계시는 부모님은 내가 대구에서 취업 준비를 하고 있는 줄 알지 보광동에서 그러고 있는 줄은 꿈에도 모르고 있었다. 그러나 학교에서는 연극부장이라는 경력과 전국 콩쿨대회의 수상기록이 평가를 받아 졸업식장에서 공로상인 학예상을 받았다.
　우리가 그해 겨울 보광동에서 그렇게 살면서 한 거룩한 일이 무엇인가 하면 우선 퉁퉁 부은 눈으로 오늘은 또 얼마나 추운가하고 한강을 내다본 후에 유일한 반찬인 설익은 깍두기로 늦은 아침겸 점심식사를 천천히 마치고는 매일같이 남산의 KBS와 세종로의 동아방송, 서소문의 동양방송, 정동의 문화방송을 순방하는 일이었다. 그 이유는 성우들이 녹음하는 드라마 대본을 얻기 위함이다. 그 당시 라디오 연속극에 성우 전운, 고은정, 구민 등이 맹활약하던 시기라 방송국 스튜디오 유리창 밖에서 선망의 눈으로 녹음 장면을 지켜본다. 그들이 녹음을 다 마치고 나오면서 '이번에는 감정을 너무 깊이 잡았나? 목이 좀… ㅇㅡ흠~'하면서 휴지통에 버리는 대본들을 모아 집에 와서

1인 2역, 3역씩 맡아 열심히 연습하는 일이었다. 일주일쯤 지나면 그 대본의 드라마가 방송이 된다. 우리는 둘러앉아 라디오를 들으면서 그동안 연습한 것과 현역 성우들이 연기한 차이점을 찾아내어 다시 연습을 하는 일이었다. 그것이 보광동 그해 겨울의 거룩한 하루 일과였다. 또 일이 없는 일요일에는 가까운 서울역에 나가서 주욱 늘어서 있는 공중전화기 앞에 줄을 서 있는 척 왔다 갔다 하면서 통화 내용을 엿듣고 서있는 일이었다. 서울 억양을 배우기 위함이다. 버스를 탈 때에도 일부러 재잘거리는 학생들 옆에 앉는다. 보광동의 추억 중 또 한 가지 기억에 남는 것은 동네 꼭대기에 있는 이발소이다. 그 이발소의 견습생 이발사가 우리와 비슷한 나이라 이발을 하면서 금방 친해졌다. 그는 늦은 퇴근길에 가끔 소주와 닭발을 사들고 와서 연습하는 모습을 신기하게 바라본다. 나는 그 친구가 사온 닭발은 끝내 먹지 못하였다.

새벽에 잠이 오지 않아 가만히 누워 있으면 젊은 날의 일들이 떠오른다. 잘 한 일은 별로 없고 아쉬움뿐이다. 연극 불모지 대구에서 겁도 없이 극회를 창립했던 일, 콩쿨 수상자에게 주는 방송국 입사 특혜사항도 모르고 기회를 놓쳐버린 일, 1975년 극단의 창단단원으로 활동하다가 동료들의 이름이 하나 둘 알려질 즈음 인생의 갈림길이 나타나서 다른 길을 택해야 했던 일, 방송이라는 인연으로 지금의 아내를 만난 일, 무엇이 중요한 줄도 모르고 살았던 되돌릴 수 없는 안타까운 꽃다운 신혼 시절, 어린이날도 제대로 챙겨주지 못하고 아이들에게 아버지의 정을 느끼게 해 주지 못한 일, 아내가 행정대학원에 입학하자마자 정부에서 행정고시 응시에 나이 상한선을 발표하는 바람에 비상이 걸려 큰애는 친정집에, 작은애는 시집에 맡기고 신림동 고시촌으로 들어가는 아내를 데려다주고 눈물을 뿌렸던 기억, 우리의 결혼반지가 손가락 보다는 전당포에 더 많이 가있던 시절, 살아오면서 지금도 얼굴이 화끈거릴 정도로 부끄러웠던 일 등, 그러나 돌아보면 셋방을 살면서도 아내가 이불 밑에 밥그릇 묻어두고 된장찌개를 덥히면서 기다리던 그 시절이 참으로 그립다. 끌어줄만한 조건을 갖추었는데도 자문을 구하는 사람마다 모두 말리는 사람들 뿐. 방송의 길을 못간 것이 나의 주변머리 없는 성격 탓도 있었겠지만 무엇보다도 그 길이 나의 길이 아니었기 때문일 것이다.

그 뒤로 훈민정음 창제 연구, 태극기연구, 단군역사 연구, 토종약초 재배와 쑥뜸과 침과 한약공부, 땅이름연구로 평생을 보낸 셈이다. 40대 중반에 뒤늦게 50여 편의 명작만화 우리말 녹음과 다큐멘터리 해설, 티쎄(TV)광고 녹음 등, 몇 년 동안의 방송활동으로 젊은 날의 한을 다소나마 풀었다, 사람에게 하루 동안 일어나는 번뇌가 5만 가지라더니 나는 새벽녘에 다 해버리는 것 같다. 그 중에서 세월이 지날수록 더 생각나는 것은 부모님에 대한 그리움이다. 지나고 보니 인생이란 한편의 연극 공연이다. 큰 박수도 못 받아보고 다음 공연은 기약도 없이 이번 무대에서 퇴장할 일만 남았다.

한글날 마다 가족과 함께 세종대왕 능에 참석한지가 어느덧 10년이 지났다. 2008년부터 여주 영릉의 <한글날 기념식 행사> 식순에 따라 훈민정음 반포문을 낭독하기 때문이다. 세종대왕으로 분장하고 <나랏 말쓰미 듕귁에 달아~ >라는 반포문을 옛 발음으로 재연하여 낭독한다. 공식적으로 세종대왕이 반포식을 하지는 않았다. 널리 사용하라는 공표만 하였다. 반포식을 하더라도 신하가 낭독하는 것이지 왕이 직접 하는 일은 없다. 그러나 한글날 행사이니 만큼 그렇게 하는 것이다. 나는 집사람에게 지난날의 연극 활동과 연기상 경력이 연극처럼 세종으로 분장하고, 성우처럼 반포문을 낭독하고, 오늘날 이러기 위하여 미리 준비해 놓은 자격증이 아니겠느냐면서 웃는다. 그 고생을 다시 하고 싶지는 않지만 보광동의 추억이 없었다면 이 글도 쓸 수 없었을 것이니..... 아내도 내 목소리에 매료되어 결혼하였다. 목소리에 반해 결혼한 사람이 또 있을까? 만족할 줄 알면 곧 행복이라. 선인의 말에 세상에 나서 한 두 가지도 마음먹은 대로 되기가 어렵다고 했는데 이만하면 그나마 '제멋에 겨운 행운아'가 아닌가 싶다.

　　영화 <효자동이발사>의 촬영지인 정독도서관 입구에 있던 종로구 소격동의 화개이발관을 한동안 애용하였다. 늘 아내가 집에서 내 머리를 깎았는데 어느날 도서관에 갔다가 들린 것이 인연이 되어 단골이 되었다. 물 조리개로 머리를 감겨주는 옛 이발소의 분위기를 그대로 간직하고 있기도 하지만 유난히 튀어나온 나의 옆머리를 잘 처리해주었기 때문이다. 아울러 아내의 수고도 덜게 되었는데 10여 년 전인 2007년에 그 이발소가 해체되어 국립민속박물관의 전시용으로 들어가고 부터는 다시 집에서 아내가 내 머리를 손질하고 있다. 이발을 배운적도 없지만 내가 유일하게 인정하고 맡기는 전용 이발사이다. 보광동에 아직도 그 이발소가 있다면 혹 그때 견습생 이발사가 늙은 주인이 되어 있을까? 오늘처럼 함박눈이 펑펑 쏟아지는 날 보광동에 가서 겨울 한강도 원 없이 한번 내려다보고 그 이발소에서 반백이 된 머리를 진~하게 염색도 해보고 싶다. 田田

4351(2018). 12.

전설같은 실화

불과 50여 년 전만 하더라도 동네 뒷산에 여우와 늑대가 살았다. 보리타작이 한창일 때 동네 개가 뒷산의 늑대를 데리고 와서 친구처럼 같이 돌아다닌다. 동네 어른들은 보리타작을 하다가 '저건 늑대-'라고 어린 우리에게 가르쳐 주곤 하였다. 개는 꼬리가 치켜 올라가 있는데 늑대는 꼬리가 아래로 축 늘어져 있는 것으로 구분하였다. 한 여름 밤 마당 짚방석에 재워놓은 젖먹이 애기를 늑대가 유괴하여 낮은 포복으로 앞발로 구부려 안고 앙금 앙금 기어가다가 체포된 일도 있었다.

청도 장날 밤늦게 귀가하던 구라동의 칠곡 어른이 여느 때처럼 각남에서 구라동으로 건너오기 위하여 양말과 신발을 벗어놓고 담배를 한 대 피우느라 앉아있는데 강 건너편에서 삽을 지팡이처럼 자갈밭을 콕콕 찍는 소리가 일정한 간격으로 들리는 것이다. 이상하게 여겨 강을 건너지 못하고 있는데 마침 늦게서야 달이 둥실 떠오른다. 달빛에 보니 강 한가운데 늑대가 목만 내밀고 잇발로 그 소리를 내고 있었다. 건너편에 사람이 있는 것으로 안심시킨 후 중간쯤 건너오면 공격하기 위한 유인술이었다.

또 늦은 밤에 지름길을 택하여 청도에서 칠성리를 지나 구라동 상여집 건너편에서 강을 건너오려는데 건너편 물가에서 꾸르릉하는 소리가 나더니 얼굴이 물동이만한 사람이 강물 위를 마치 땅처럼 걸어온다. 점점 가까이 다가온다. 달빛에 비친 얼굴은 경련을 일으키듯 실룩거렸고 얼굴 전체가 비늘로 덮혀 있었다. 몸이 얼어붙어 서있는데 옆을 지나쳐서 곧장 각남 동네로 들어간다. 그제야 정신을 차리고 그 뒤를 살살 따라가 보았다. 어느 집으로 들어가는 것을 보고는 강을 건너 왔다. 이튿날 각남에서 상을 당했다는 소리가 들려 가보았더니 어제 그 물귀신이 들어가던 집이었다고 한다.

또 그는 해방 후 이서면 면의원으로서 면의 행사 준비로 대구에 갔다가 반월당 4거리에서 신호등이 바뀌면 건너고 또 신호등이 바뀌면 건너기를 계속 반복하여 4거리만 뱅뱅 돌다가 자정 통금시간 싸이렌이 울리고서야 정신이 들어 시계를 보니 2시간을 그러고 다녔다. 도깨비에 홀린 것이라고 한다. 옛날에는 번화한 도심지에서도 그런 일이 일어나곤 하였다.

어떤 이는 추수가 끝난 늦은 가을철 저녁 식사를 마치고 집에 있다가 담장너머로 친한 친구가 부르는 소리에 삽짝 밖을 나간 후로는 밤이 새도록 뒷산 가시덤불 속으로 얼마나 돌아다녔는지 모른다. 아침에 가족들이 찾아 나섰는데 뒷산 바위 위에 옷이 다 찢어진 채 얼굴이며 온몸이 피투성이가 되어 넋이 나간 채 앉아 있었다. 집으로 와서 한 달을 앓아 누웠었다. 그래서 옛적에는 도깨비를 경계하여 밤에는 세 번을 부를 때까지 대답을 하지 말라는 불문율이 있었다.

또 가실에 사는 고종누님은 이서면 학산 장에서 느지막하게 돌아오는 길인데, 동네어귀의 성황당 모퉁이를 돌때였다. 뒤에서 발자국 소리가 저벅 저벅 들려 돌아보았으나 아무도 없었다. 앞으로 가려는 순간 보이지 않는 힘이 넓은 길을 두고 모를 심어 놓은 논으로 몸을 틀어넣었다. 정신은 말짱하여 길이 아니라는 것도 알겠고 발이 물에 젖어 첨벙거리는 것도 아는데 몸이 말을 듣지 않는다. 앞서가던 동네 사람들이 따라오던 사람이 보이지 않자 되돌아 와서 건져내었다. 본인은 필자에게 이런 것을 두고 도깨비에 홀린 것이라 하였다.

한 여름날 가뭄에 밤늦게까지 두레박으로 논에 물을 퍼 올리는데 어디서 건장한 사람이 다가왔다. 잠시 쉬면서 막걸리를 나누어 마시고 이런 저런 이야기를 나누었다. 자기가 두레박질을 해보겠다고 해서 맡겼더니 지치는 기색도 없이 논에 물이 넘칠 정도로 너무나도 잘 퍼올렸다. 이튿날 가서보니 논에 퍼올린 물은 하나도 없고 웅덩이가 뿌연 막걸리 색깔이었다.
또 그 시절 가뭄이 심한 여름밤에는 아낙네들이 자정이 넘도록 물을 길러 동네 우물을 왕복하다 보면 길가에 혼불이 날아다녔다. 정말 고단한 삶이었다. 병문안을 간 사람에게 '아지매요 부엌문 앞에서 물 빼먹고, 불 안 때고 밥해 묵는 세상인데 죽지 말고 오래 살아야지요!'
또 튀풍어른이 청도장에서 거나하게 취하여 고등어를 한 줄 사들고 동네 어귀 밤나무가 늘어선 언덕을 흥얼거리면서 지나오는데 갑자기 한 여자가 밤나무 밑에서 '오라버니 어디 갔다 이리 늦게 오시능교?'하고 빵긋이 웃으면서 다가왔다. 혼비백산하여 고등어고 고무신이고 다 벗어 던지고는 논을 가로질러 걸음아 날 살려라하고 집에 왔는데 식구들이 문을 열고 내다보니 그 몰골이 마치 흙투성이 도깨비 같았다고 하였다.
조상의 삶을 되짚어 보면 불과 백년 전만해도 환경이 참으로 열악하였다. 화장실이나 목욕시설, 빨래 등 위생시설이 상상을 초월할 정도였다. 겨울철 밤에는 필자의 어머니도 우리 6남매의 속옷을 벗겨 솔기에 붙어있는 이의 알들을 호롱불에 지져서 잡아주었다. 요즘 젊은이들은 빈대나 벼룩이나 이가 무엇인지 알지 못한다. 호랑이 담배 피우던 시절의 이야기가 아니다. 불과 50여 년 전의 일이다. 우리가 지금 얼마나 잘 살고 있는가!

　호랑이 이야기가 나왔으니 한 마디만 더 하고 마칠까 한다. 호젓한 산골의 험한 재를 넘어가는데 대낮에 송아지만한 호랑이가 나타나더니 버스 앞에 떡 버티고 앉았다. 운전수가 빵빵하고 소리를 울려도 요지부동이었다. 버스에 탄 사람들도 기겁을 하며 어쩔 줄을 몰랐다. 아닌 밤중에 홍두깨라더니 대낮에 호랑이였다. 시간이 지나도 해결책이 나오지 않자 설왕설래 의논 끝에 각자 소지품을 하나씩 호랑이 앞에 던져보기로 하였다. 던지는 소지품을 하나씩 물어 옆에 놓는다. 숨죽이는 광경이다. 마지막으로 14살 중학생의 모자를 덥석 물었다. 사람들은 그 학생을 밖으로 끌어내다 시피하고 버스를 출발시켰다.

　이때 꼬부랑 할머니가 손자 같은 학생이 너무 안쓰러워 지팡이를 짚고 함께 따라 내렸다. 그러자 호랑이는 온데 간데없이 사라져 버리고 버스는 얼마 못가 벼랑 아래로 굴러 떨어졌다. 따라 내린 할머니와 둘만 살아남았다. 경우가 좀 다르지만 중국의 단편 영화 <44번 버스>가 생각난다. 그 지방 사람들은 그 뒤로 두고두고 조상의 음덕으로 화를 면한 것이라고 하였다. 버스라는 말이 나오는 것을 보면 몇백년 전의 이야기도 아니다. 문명이 발달한 지금 늑대와 호랑이도 멸종되었고 도깨비도 맥을 못 추고 멀찌감치 물러 가버린 것인가? 4부의 전설같은 이야기 <신선의 음식>, <종이가 변하여>를 굳이 집어넣은 이유도 우리민족의 정서를 알리고 싶어서이다. 　田田

4352(2019). 4.

복 있는 개

　　어떤 나그네가 요기를 하려고 어느 동네의 부자집에 들렀는데 박대하는 주인의 관상이나 내쫓는 며느리의 관상이나 어느 누구의 관상에도 부자 될 상이 아니라 아주 이상하게 여기고 있는데 마침 그 집에서 키우는 개가 재물을 모아주는 관상이라서 오기가 생긴 나그네가 주인에게 넌지시 말을 걸었다.
　　'주인장의 관상을 보아하니 이집이 더 큰 부자가 될 것인데 저 개 때문에 운이 막혀 있으니..... 쯧쯧'하고 중얼거리듯이 대문을 나서니 며느리가 이 말을 듣고 달려 나와 방법을 묻는 것이었다. '저 개를 푹 삶아 동네 사람과 지나가는 나그네를 대접하면 그 기운이 뚫려 앞으로 더 큰 부자가 될 것이오.' 한 가지 명심할 것은 개를 삶거든 골을 먼저 건져내어 버려야 효과가 있을 것이라고 하였다. 그런데 며느리가 개를 삶으면서 보니 위에 둥둥 뜨는 것이 있어 무심코 건져내어 먹어본다. 고소한 것이 그냥 목으로 슬슬 넘어가는지라 후후 불어가면서 다 먹어버렸다. 이것을 본 나그네는 장탄식을 하면서 '복이 들어 있는 머리를 며느리가 먹어버렸으니 있는 복은 아무도 뺏어가지 못하는구나!'하면서 살 고기만 얻어먹고 떠났다고 한다. 남의 복을 누가 억지로 뺏어올 수도 없고 나의 죄를 남이 대신할 수도 없는 것이 자연법칙이라는 것을 교훈적으로 표현한 이야기일 것이다. 田田

4352(2019). 4.

4부. 모택동의 고향

모택동의 고향은 전라도 남원

　모택동의 고향이 사실은 전라북도 남원이라 한다. 모택동의 할아버지는 이름난 광대였다고 한다. 그래서 별칭이 모 광대로 통했다. 그는 본래 성품이 온화하고 마음이 넓어서 많은 광대들의 존경을 받아 광대들의 꼭두쇠(우두머리)노릇을 하였다. 고달픈 광대의 살림을 꾸려나가는 중 부모님이 돌아가셨다. 주위에 인심을 베푼 덕으로 많은 이들이 팔을 걷고 나서서 도와주었지만 묘소를 제대로 잡을 수 없는 어려운 형편이었다.

　마침 평소에 모광대의 인품을 익히 알던 지관이 이를 딱하게 여겨 묘터를 잡아주어 무사히 장례를 치룰 수가 있었다. 삼우제를 지내고 지관이 말하기를 '이 묘터는 당신의 손자가 귀하게 될 자리인데 손자에게 대를 이어 광대노릇을 시키면 조선팔도에서 제일가는 광대가 되겠지만 만약 대국(중국)으로 건너가면 천자天子가 될 것이다'라고 하였다.

　그 뒤로 광대패들의 재정이 점점 어려워져 활동을 제대로 할 수 없는 처지가 되자 궁리 끝에 모광대는 만주로 이주할 것을 결심하게 되었고, 그 후 우여곡절 끝에 손자를 중국 호남성의 모毛씨의 아들로 비밀리에 입적시키게 되는데 그가 바로 중국을 통일한 모택동이라는 것이다.

6.25전쟁 당시 모택동은 김일성에게 은밀한 지시를 내렸다고 한다. 그것은 다름 아닌 남조선 포로들 중에서 전라도 남원이 고향인 자를 보내달라는 내용이었다. 이에 김일성은 포로 3명을 보냈으며 그들은 모택동 주석궁에 불려가 두 달간 칙사 대접을 받게 된다.

그때 그 포로들의 증언에 의하면 모택동이 자기 선조들의 혈통을 적은 문서를 보여주면서 남원이 선조 묘소가 있는 자신의 고향이라고 말했다고 한다. 그는 포로들을 '고향의 벗들'이라고 하여 특별히 융숭한 대접을 해 주었다. 그 후 포로들은 고향 남원에 와서 그 이야기를 자랑삼아 하고 다녔으나 동네 사람들은 포로로 잡혀 고문을 많이 당하여 정신이 이상해진 것으로 알고 그냥 웃어넘기곤 했다는 것이다. 그런데 죽염 발명가인 <인산죽염> 김일훈 선생께서 그 당시 그 포로들의 이야기를 들었으며 또 옛날에 남원에 모광대라는 유명한 광대가 있었던 것도 사실이라는 것이다.

모택동이 한국 사람이라는 심증이 가게 하는 대목이 또 있어서 덧붙인다. 중국인들에게는 한 가정 1자녀 정책을 고수하면서 조선족에게는 다른 소수민족보다 관대한 정책을 폈다고 한다. 또 모택동이 1차에서 8차에 이르는 중국 국문학 총회를 주관하면서 그들의 발음기호를 폐지하고 우리 한글을 발음기호로 채택하기로 결의한 언어정책이다. 그러나 일부학자들이 망한 나라의 글을 채택할 수 없다고 반대하는 바람에 영어로 표기하고 말았지만 이로 미루어 볼 때 모택동이 한국인이었기 때문에 더욱 그런 애착을 보인 것이 아닌가 하는 생각을 해보는 것이다. 이 말을 필자로부터 전해들은 모 신문사의 기자가 20년전

남원에 가서 그 당시의 포로들을 수소문해 봤으나 이미 유명을 달리 했는지 행방을 찾지 못하였다.

또 재중 동포 윤명부님이 어렸을 적에 청산리가 있는 중국 길림성 화룡현和龍縣 고향마을에 사는 한초시韓初試라는 분에게 들은 얘기로는 풍신수길도 그 근본이 조선사람 이었다고 한다. 풍신수길의 성은 박씨인데 11살 때 아버지가 역적으로 몰려 처형당하자 8살 난 동생과 함께 그 집 하인이 배를 저어 일본으로 도피시켰는데 동생이 하도 우니까 '너는 무서워서 우느냐 분해서 우느냐?'하고 물었는데 동생이 '무서워서 운다'고 하자 동생을 뱃머리에 쳐 박았다는 말이 전하여 온다. 형은 절치부심하여 일본에서 장수로 출세하게 되고 임진왜란을 일으켜 복수를 한 것이라고 전해온다. '도요토미'라는 성을 하사받기 이전에는 '하시바'라는 성이었다. 설인귀가 고구려 사람이었다는 사실은 역사적으로도 잘 알려진 사실이다.

북방민족사 연구가인 전원철 박사의 주장에 따르면 징기스칸도 1300년전에 『단기고사』를 쓴 대야발의 19대손임을 밝히고 있다. 야발은 발해 대조영의 아우이다. 고구려-발해-고려-금-원-청나라는 고주몽의 후손이다. 원 세조 쿠빌라이 때 원나라를 방문한 마르코폴로의 <동방견문록>에 24회나 징기스칸이라는 이름이 아닌 징기스칸으로 기록되어 있는 이유는 바로 '징기칸'이 진국왕震國王(빌해왕)이라는 발음이라고 한다. 그는 몽골도 사라진 말갈에서 온 말이라고 보았다. 이러한 주장은 어디까지나 역사에 근거한 주장이다.

어느 역사학자는 중국 공산 체제에서 신분을 숨기고 중국 최고의 지도자로 부상한다는 것은 도저히 있을 수는 없는 일이라고 필자의 말을 반박하였다. 그 말도 설득력이 있지만 필자는 그 생각이 우리 것을 비하하는 몸에 밴 식민사관의 영향이 아닌가 하고 생각해 보는 것이다. 2014년 봄 세계 반씨 문화 연구회 정기총회 참석차 중국 호남성을 방문했을 때 모택동의 시골 고향집을 방문하여 가구와 생활 집기들을 둘러보면서 나만 느끼는 묘한 감정에 사로잡힌 적이 있었다.

역사의 비밀은 영원히 묻히고 마는 일도 많다. 힘의 논리 때문이다. 그러다가 언젠가 힘의 축이 이동되면 사실로 밝혀질 날이 올 것이라고 생각한다. 남북통일도 암묵적인 비상통일이 아니면 천재지변으로 인한 중국의 영토 분할이나 백두산 화산 폭발 등으로나 가능할 것이다. 田田

<쥐뿔이야기, 반재원, 4336(2003)>
<세계가 잃어버린 영혼·한국, 반재원 허정윤, 4340(2007)>
<씨아시말, 반재원, 4342(2009)>

신선의 음식

　　조선 시대의 명재상이자 학자 성현成俔[134]이 평범한 젊은 선비에 지나지 않았을 때의 이야기이다. 어느 날 이른 아침 성현은 교외로 혼자 소풍을 나갔다가 잠시 쉬느라고 말에서 내려 안장을 벗기고 시냇가 나무 그늘에 앉아 있었다. 이때 어디서 나타났는지 한 나그네가 나귀를 타고 와서 역시 냇가에서 쉬는 것이었다. 나그네가 아주 깨끗한 차림으로 점잖아 보이므로 서로 인사를 나누었다. 얼마 후 시장기가 나서 성현과 나그네는 각각 싸 가지고 온 아침밥을 먹게 되었는데 나그네를 따라온 동자가 보자기를 풀더니 그릇 두 개를 꺼내었다. 그런데 작은 그릇에는 붉은 핏기가 도는 올챙이가 하나 가득 담겨져 있었고 큰 그릇에는 어린 아이를 삶아 놓았는데 흠씬 익어 보였다.

　　성현은 깜짝 놀라 벌어진 입이 다물어지지 않았다. 이게 대체 어찌 된 일이며 그 끔찍한 것을 사람이 어떻게 먹는단 말인가! 성현이 얼이 빠져 있는데 그 점잖은 나그네는

'이거 반만 잡숴 보시오. 나 혼자 먹기가 아깝구료.'

그 말에 성현은 구역질을 느꼈다.

'저는 아직 그런 음식을 먹어 본 일이 없어서 사양하겠습니다.'

그러자 나그네는 더 권하지 않고 자기 혼자 그 음식을 맛있게 먹고 동자는 딴 음식을 먹는 것이었다. 성현은 나그네의 정체

---

134) 성현成俔(1439~1504. 세종21년~연산군10년), 조선시대의 명재상, <만록漫錄> <용재총화慵齋叢話> <악학궤범樂學軌範> 등의 저서를 남겼다.

가 이상하여 동자가 혼자 있을 때 슬쩍 물어보았다.

'저 어른은 어떤 분이시냐?
'글세요 잘 모르겠는데요.'
'아니 저 어른을 따라 다니면서도 누군지 모른단 말이냐?'
'저는 진작부터 저 어른을 안게 아니라 길에서 우연히 만나 이렇게 따라다니게 되었습니다요. 그러니 어찌 알 수 있나요?'
'언제 저 분을 처음 뵈었느냐?'
하고 물었더니

'천보天寶 4년부터 따라 다녔는데 지금까지 얼마나 세월 이 흘렀는지 모르겠습니다요.'
하고 대답하는 것이었다.
성현이 가만히 계산해 보니 천보天寶 4년[135]이라는 동자의 말이 거짓이 아니라면 7백년의 세월이 흐른 것이었다. 성현은 점점 괴이쩍게 여겨졌다.

'아까 그 두 그릇에 담긴 이상한 음식은 무엇이냐?'
하고 물었더니
'이상한 음식이 아닙니다요. 작은 그릇은 지초라는 약초고요, 큰 그릇은 산삼이지요.'
라고 대답하는 것이었다.

성현은 놀라지 않을 수 없었다. 지초는 신선의 약인데 빨갛게 익은 올챙이로 보였고 산삼은 아주 귀하여 여느 사람은 평

---

135) 天寶 4년-당나라의 연호, 당나라 현종4년, 신라 경덕왕4년, 발해 문왕 대흥9년, 서기 745년 을유년.

생 구경도 할 수 없는 약인데 그것이 꼭 어린 아이를 삶아놓은 것으로 보였던 것이다. 어디로 잠깐 갔다가 다시 온 그 괴이한 나그네에게 성현은 새삼스럽게 허리를 굽히고는

'염치없습니다만 아까 저를 주시려던 그 음식을 조금만 나누어 주십시오.'
하고 청하였다. 나그네가 동자에게
'아까 그 음식이 아직 남았느냐?'
하자
'잡수시고 남은 것을 제가 배가 고파서 깨끗이 먹었습니다요.'
하고 대답하는 것이었다. 이윽고 나그네는 나귀를 타고 동자는 고삐를 잡고 길을 떠났다. 이때 나그네는

'점심을 달계136) 냇가에서 먹고 저녁 전에 조령137)을 넘자.'하고 말하는 것이었다. 성현은 그 나그네가 신선이 틀림없다고 생각하였다. 그는 곧 말에 올라 뒤를 부지런히 쫓아갔으나 축지법으로 가는 나그네는 이미 보이지 않았다. 성현은 그 후 1466년에 과거에 급제하여 대사성, 대사간, 동부승지, 형조참판, 예조판서, 대사헌을 지냈다. 田田

<한국의 괴담. 조풍연>
<쥐뿔이야기, 반재원, 4336(2003)>
<씨아시말, 반재원, 4342(2009)>

---

136) 충북 충주 탄금대의 달천.
137) 문경새재.

종이가 변하여

　조선 중기의 문신인 오리梧里 이원익[138]은 조선 선조와 광해군과 인조 때 이름 난 재상이었다. 그가 젊었을 때 한계산(설악산)으로 놀이를 갔다가 난야봉으로 들어가게 되었다. 거기서 한 중을 만났는데 이 중은 얼핏 보아도 좀 특이하고 괴상하게 생긴 중이었다. 중은 한참 동안 눈을 감고 있다가 품에서 조그만 종이 한 장을 꺼내더니 그 위에 무어라고 두 어자를 끌적거리고는 그것을 뜰 아래로 핵 집어던졌다. 그러자 종이는 한 마리 학으로 변하여 뜰로 내려와 푸드덕거리면서 맴을 돌았다.

'스님께 여쭙겠습니다. 종이가 학으로 변하니 대체 어찌 된 일이옵니까?'

그랬더니 오히려 그 중이 깜짝 놀라면서
'다른 사람에게는 보이지 않는 법인데 그대의 눈에는 보였구나. 가히 나와 함께 이야기할 만한 사람이로다. 그 까닭을 알려면 나를 따라 오라.'

　하고 바랑을 짊어지고 걷기 시작하였다. 어떤 골짜기로 들어가니까 땅에 깔린 것이 모두 구슬인데 반짝거려서 눈이 부실 지경이었다.

---

138) 이원익李元翼(1547~1634. 명종2년~인조12년). 호는 오리梧里. 키작은 명재상으로 널리 알려짐. 호조, 예조, 이조판서, 대사헌을 지냈다.

'스님, 대체 이 엄청난 구슬이 어떻게 이토록 많이 깔려 있습니까?'하고 물었더니 그 괴상한 중은 돌아보지도 않고 '구슬은 어디든지 있는 것이다. 그렇지만 그것들은 마음을 비운자의 눈에만 보이지, 욕심을 내는 사람에게는 보이지 않는 법이다. 그대의 눈에는 이 구슬이 보이니 역시 더불어 이야기를 나눌만한 인물이로다.'

하고 말을 마치자 금방 5색 구름 사이로 눈 덮인 산이 나타났다. 중은 고개에 올라서서 눈 덮인 봉우리를 바라보면서 더 나아가려고 하지 않았다. 이원익은 호기심이 부쩍 발동하여 더 가자고 하니까,
'더 가면 높은 신선이 노는 곳이므로 인간 세상의 재상쯤으로는 가기 어렵다.'
하고는 봉우리를 내려왔다. 그 후 이원익은 과거에 급제하여 과연 재상의 벼슬까지 올랐다. 그는 이순신과도 먼 사돈간이었으며 허목은 그의 제자이자 손녀사위였다. 그는 3대에 걸쳐 다섯 번이나 영의정을 지냈으며 청백리에 올랐다. 숭인동 우산각 골의 청백리 류관柳寬의 집 비우당庇雨堂 처럼 비가 새는 초가에서 살았다. 늘그막에 벼슬을 내놓은 뒤 어느 날 한계산으로 놀러 가게 되었다. 그는 젊은 시절 만났던 괴상한 중이 생각나서 기억을 더듬어 옛날의 그 산길을 찾아보았으나 그곳이 어디였는지 도무지 알 수가 없었다고 한다.　田田

<한국의 괴담, 조풍연>
<쥐뿔이야기, 반재원, 4336(2003)>
<씨아시말, 반재원, 4342(2009)>

천성산과 원효 터널

7세기 고승 가운데 의상과 부설浮雪과 원효를 빼 놓을 수 없다. 의상과 원효는 잘 알려져 있지만 부설을 아는 이는 드물다. 의상은 철저하게 청정 비구로 살았다. 의상을 사모했던 중국처녀 선묘善妙는 죽어서 용이 되어 영주 부석사까지 따라와서 의상을 지키는 신장이 되었다. 부설은 도반들과 순례를 하던 중 묘화妙花라는 처녀의 간곡한 청혼을 차마 거절하지 못하고 혼인하여 아들 등운登雲과 딸 월명月明을 낳고도 계속 수행에 정진하여 부인과 아들과 딸 가족이 모두 함께 도통하였다. 가족도통은 세계 불교역사상 유일하다. 도통한 자리가 변산 월명암月明庵인데 월명암에는 지금도 부설거사가 지은 팔죽시八竹詩와 임종게臨終偈가 전해오고 있다. 이 시에는 '대로'가 여덟 번이 나오므로 '대'를 '죽竹'으로 해석하여 <팔죽시>라고 한다.

<此竹彼竹化去竹 風打之竹浪打竹 粥粥飯飯生此竹 是是非非看彼竹 賓客接待家勢竹 市井賣買歲月竹 萬事不如吾心竹 然然然世過然竹>

이런대로 저런대로 되어가는 _대로_, 바람 부는 대로 물결치는 _대로_, 죽이면 죽 밥이면 밥 주는 _대로_, 옳으면 옳고 그르면 그런 _대로_, 손님대접은 집안 형편 _대로_, 시장물건 사고파는 것은 _세월대로_, 세상만사 내 맘대로 안되면 않는 _대로_, 그렇고 그런 세상 그런 _대로_.

원효는 지금의 경남 양산에서 1000명의 제자를 수련시켜 12

명만 빼고 모두 득도시켰다고 하여 그때부터 그 산을 천성산千聖山이라 부르게 되었다. 그때 득도하지 못한 12명의 제자를 데리고 대구로 가서 8명을 득도시켰다고 하여 그때부터 지금의 팔공산八公山이 되었고 마지막에 남은 하근기 4명은 문경으로 데리고 들어가서 결국 모두 성불시켰다. 그래서 그 산을 지금도 사불산四佛山이라고 한다. 그런데 어느 날 우리 집 큰 돈아豚兒가 교정을 보다가 말하기를 "이 내용을 보니 천성산은 성聖을 배출 시켰고 팔공산은 공公을 배출시켰으나 사불산은 불佛을 배출시켰으니 하근기 4명이야말로 진짜 부처의 경지에까지 도를 이룬 이들이 아닐까요?" 한다. 듣고 보니 참으로 그런 것 같다. 일설에는 그 1000명의 제자들이 원효의 명성을 듣고 중국에서 온 사람들이었다고 전하기도 한다. 또 팔공산은 고려 태조 왕건이 견훤과의 전투에서 8명의 신하를 잃었던 것에 유래한 이름이라고도 전하여 오고 있으나, 시대적으로 원효의 이야기가 훨씬 앞서 있음을 알 수 있다.

원효(서기617~686년)는 원래 화랑도였다. 그의 어린 시절은 외롭고 불우하였다. 아명이 서당誓幢이고 법명인 원효元曉는 '첫새벽' '신새벽'을 뜻한다. 원효의 어머니는 별이 날아 품에 안기는 태몽을 꾸고 잉태하였다. 남편과 함께 기도를 드리고 오다가 갑자기 진통이 와서 산길의 왕밤나무가지에 남편의 윗옷을 걸어 그것으로 장막을 쳐서 원효를 낳았으나 어머니는 산후병으로 곧 바로 죽었다. 태어 난지 얼마 안 되어 아버지 '담나나마'마저 낭비성 싸움에서 전사하고 조부 적대공의 손에서 길러지다가 원효의 나이 17세 때 할아버지도 돌아가셨다. 원효는 젖도 먹어보지 못한 어머니를 일생동안 마음에 두고 그리워하였다. 그는 사고무친의 혹독한 환경에서 자라면서도 전국 방방곡곡의 명승지를 찾아다니면서 화랑으로서 수련을 게을리 하지 않았다. 요석공주의 남편 거진랑과는 젊은 시절 같은 화랑으로서 절친한 친구였다. 거진랑의 아버지 비녕자는 김유신의 명에 따라 백제의 맹공격에 침체되어 있는 아군의 사기를 살리기 위해 단신으로 적진에 뛰어들고 거진랑은 남아있는 어머니를 생각하라는 그의 종 합절의 만류에도 불구하고 아버지의 뒤를 따랐다. 거진랑 마저 전사하자 합절도 적진에 뛰어들어 전사하였다. 친구가 전장에 나가 용감하게 싸우다가 장렬히 전사하자 원효는 피비린내 나는 적진에 뛰어들어 친구의 시신을 찾아내어 장례를 치러준 그런 사이였다. 진덕여왕은 눈물을 흘리면서 반지산反知山에 합장하였다. 그래서 나중에 홀로된 요석공주와 혼인하게 되는 인연을 맺을 수 있게 된 것이다. 물에 젖은 옷을 말리기 위한 단순한 핑계로 요석궁에 들어간다는 것은 불가능한 일이다. 원효 자신은 불도에 몸담았으면서도 아들인 설총은 불도가 아닌 유학의 거두로 키운 것은 원효가 불도이면서도 화랑도의 정신을 지니고 있었기 때문일 것이다.

원효는 의상과 당나라로 유학을 떠나던 중 지금의 경기도 화성시 서신면 당항성의 무덤근처에서 잠을 자다가 귀신의 장난에 '마음이 커지면 곧 우주요 마음이 작아지면 겨자씨에 지나지 않는다'라는 일체유심조의 진리세계에 도달하였다고 한다. '원효당진'이라는 말은 경기도 당항성의 와전이다. 그의 대승기신론大乘起信論과 화엄경소華嚴經疏는 당나라에까지 널리 알려졌으나 그가 대안대사를 만난 후부터 '10년 동안 쓴 글이 종이에 먹을 묻혀놓은 것뿐이 아닌가?'하는 의문을 품게 되고 '오직 행만이 값진 것이다'라는 결론에 도달한다. 그 후부터 그는 미친 중 취급을 받으면서 단샘골 이라는 곳에서 전염병으로 죽어가는 마을사람들을 간호하고 장례를 치루고 거지의 시신에게 사후 수계를 하면서 민중 사이로 몸을 던진다. 그가 학승으로

만 남았더라면 실천철학으로서의 불교의 뿌리내림은 아마도 없었을 것이다. 그 후 그는 우리 민족 고유의 종교인 신도神道수행을 하였다고 전해진다. '생기는 것은 좋은 일이요 죽는 것은 기쁜 일이다.' 삶과 죽음을 초월한 '생사일여' '색즉시공', 그 뒤 원효는 자신을 숨기고 절의 불목하니(땔감하는 일꾼)가 되어 자기를 철저히 낮추는 생활을 하였다. 신채호는 그의 <조선상고사>에서 '원효는 단군 이래 처음이면서 마지막 사상가이다. 원효는 우리나라의 사상을 총체적으로 담고 있는 우주이다'라고 평가하였다.

살아생전에 1000명의 제자를 득도시켰던 원효에게 아들 설총이 찾아가 평생을 지니고 살아야 할 좌우명을 부탁드린 일이 있었다. 이에 원효 대사는 아들을 물끄러미 바라보다가,

'착한 일을 하지 말아라.'

라는 말 한마디뿐이었다. 설총이 어리둥절하여

'그럼 악한 일을 하고 살라는 말씀입니까?' 하고 되묻자,

'착한 일도 하지 말라 하였거늘 하물며 악한 일을 생각하느냐.' 하고 호통을 쳤다고 한다. 보상을 바라지 않는 베품이 얼마나 어려운 일인지를 말한 것이다.

착한 일을 하게 되면 사람의 마음속에 복을 받게 되리라는 보상심리가 들어앉아 그것이 악행보다 더한 망념을 짓게 된다는 뜻이었다. 인仁을 행한 후 그 결과에 집착하게 되면 도리어 그 안에 갇혀 악행보다 더 버리기 힘든 망념을 짓고 살므로 악행보다 더 큰 성불의 적이 됨을 경계하였던 원효다운 가르침이었다. 악행은 뉘우치면 버리기가 쉬우나 선행은 배신당했을 때의 서운함 때문에 오히려 더 버리기가 어려워서 마음수행에 큰 방해물이 된다. 자기 없이 행하는 마음 없는 선행을 할 때 그것이 비로소 진짜 선행이 되는 것이다. 아니 선행이라는 마음

조차도 없는 무심한 행인 것이다.

2006년 천성산 터널공사는 환경적인 측면에서 큰 논란을 불러일으킨 바 있다. 그 당시 환경영향 평가라는 감성적 논리에 의한 도룡뇽 소송이나 스님 한분의 외로운 저항이 아니라 위대한 사상가인 원효의 수행 터인 천성산의 보존가치가 공감되도록 역사적인 자료를 제시하고 종단 차원에서 여론을 환기시켰더라면 결실을 볼 수 있었을 것이라는 아쉬움이 남는다. 또 청원자를 도마뱀으로 하지 말고 사람으로만 했더라도 재판의 결과가 달라졌을지 모를 일이었다. '원효터널'..... 과연 어울리는 이름일까. 오히려 '천성산터널'이 나을 것 같다.

할아버지 때부터 100년도 훨씬 더 넘은 야앙쪽 복숭아밭이 팔렸다. 어린 시절 아버지가 심어 놓은 복숭아, 자두, 딸기를 따먹으며 자랐고 커서는 매실, 은행, 옻나무, 홍화 등의 토종약초를 가꾸던 땅이었다. 퇴직하고 낙향하면 물을 끌어다가 밭에 작은 연못도 만들자고 사놓은 위쪽의 미나리꽝 옹달샘만 할 일 없이 남았다. 갑자기 땅값도 껑충 올라 로또당첨이나 되면 모르거니와 되찾을 길도 멀어져 버렸다. 조상이 물려준 땅을 간직하지 못하였다는 마음은 해가 갈수록 더 아려온다. 그럴 때는 국제그룹이나 대우그룹 해체의 아픔을 생각해 본다. 또 땅값은 받았는데도 땅은 그곳에 그대로 있으니 남는 장사가 아니냐고 한 만공스님의 말을 되새겨 본다. 지금도 고향에 가면 밭에 들러 예전에 심어놓은 나무들을 둘러본다. 매화나무와 은행나무들은 주인이 누구이던 그저 무심히 꽃을 피우고 열매를 맺을 뿐이다. 田田

<원효대사, 정재웅/변호사, 기관지 <형평과 정의 2007>
<씨아시말, 반재원, 4342(2009)>

복희와 여와의 달집

후한서나 전한서에는 복희伏羲의 희羲가 희생犧牲이라는 뜻으로 나와 있다. 희羲는 의義와 통하며 손(手)에 창(戈)을 들고(我) 양(羊)을 지키는 뜻이 있다. 그래서 원래 복희는 '양을 희생으로 제사 지내는 법을 만들어낸 사람'이라는 뜻이지 사람의 이름을 뜻하는 고유명사가 아니라고 한다. 5세 한웅 태우의太虞儀(재위 93년. 서기전 3512년)는 아들 열둘을 두었는데 맏아들이 6세 다의발多儀發한웅이며 막내아들이 태호太皞 영복靈復이다. 이 분의 호를 복희伏羲라고 한다.[139] 『설문해자』나 『태평어람』, 『중국역대 제왕록』에도 복희는 동이족으로 나온다. 중국역사학자 푸(f)쓰니옌傅斯年도 '복희가 동이족이라는 것은 고대로부터 공인된 사실이다.'[140]라고 하였다.

사황史皇으로 하도河圖로써 괘와 상像을 만들어 천하 역리의 조종이자 인류문명의 조종이 되었다. 스스로 희생犧牲을 길들여 범들도 순복시켰다. 복희伏羲(犧)라는 직명이 여기서 비롯된 것이다. 하북성 풍산風山지역에 살아 풍이風夷의 임금이 되었다. 풍은 성씨요 족호이다. 풍風이란 빛을 말한다. 진단震檀 계

---

139) 송호수, 『한겨레의 뿌리길』, 4333(2000), 123쪽. 大辯經에 전하기를 복희는 신시, 배달국에서 태어나 우사를 지냈고 괘를 지었으며 신시의 10월 역을 고쳐 11월을 歲首로 삼았다. 또 密記에도 신시에서 태어나 우사를 지냈으며 나중에 산서성으로 옮겨가서 풍산에 살았으므로 성을 풍씨로 하였다고 전한다.

140) 푸(f)쓰니옌傅斯年, 『夷夏東西說』.

통에서 나왔기 때문에 진震임금이라 한다. 역易에 이른바 제출
호진帝出乎震이라 한 것이 이것이다. 141)

　중앙 박물관의 그림에 복희는 규(곱자)를 쥐고 여와는 구(각
도기)를 쥐고 몸을 새끼처럼 꼬고 있다. 중국 산동성의 무씨사
당 화상석에도 규를 들고 있는 그림이 있다. 길림성 집안의 고
구려 왕릉 벽화에는 머리에 삼족오가 그려진 해를 이고 있는
복희와 두꺼비가 그려진 달을 이고 있는 여와의 그림이 있다.
몸뚱이는 인어와 비슷한 형상에 꼬리만 살짝 연기처럼 엉겨있
다.
　여와는 복희의 누이동생인데 그 당시 결혼할 대상이 마땅히
없어서 오누이간에 결혼하여 대를 이어야 하는 절박한 처지에
놓여 있었다. 궁리 끝에 뒷산에 올라가 두 봉우리에서 불을 질
려 연기가 서로 얽히면 천지신명이 결혼을 허락하는 것으로 알
고 그렇지 않으면 혼인할 수 없는 것으로 약속했는데 연기가
서로 얽히어 연결되었다. 그래서 그들은 천지신명이 허락해준
것으로 알고 결혼했으며 그때 연기가 서로 얽힌 모양을 본떠서
두 사람의 결혼 축하기념 초상을 그린 그림이 지금의 복희와
여와가 서로 몸을 새끼처럼 꼬고 있는 '복희 여와도'이다. 그때
부터 혼례식 때 신부는 긴 소매를 높이 들어 올려 얼굴을 가리
고, 신랑은 사선紗扇(비단부채)으로 얼굴을 가렸는데 그것은 바
로 남매끼리 결혼한다는 것이 그래도 계면쩍어 서로 얼굴을 가
리게 된 것이다. 지금도 우리의 전통혼례식에서 신랑이 사선을
들고 입장하는 것이 바로 여기서 유래한 것이다. 이것을 지금
에 와서는 포선布扇이라하여 잡귀의 접근을 막는 부채라고도
하고 또는 복선伏扇이라하여 복희의 부채로 변하였다. 또 '사선

141) 송호수, 『한겨레의 뿌리길』, 4333(2000), 18쪽.

紗扇'을 '사손嗣孫'으로 보면 '후사(후손)를 잇는다'라는 뜻으로 해석할 수 있어 묘한 여운을 남긴다. 그러나 정확한 이름은 사선紗扇이다.

이 <복희 여와도>를 두고 후세 사람들은 얼굴은 사람이고 몸은 뱀이었던 전설적인 인물로 알게 되었다. 어떤이는 뱀을 복희의 족표로 해석하기도 하고 또는 이것을 음양기운의 표현으로, 꼬인 방향이 나선형인 것에 의미를 두어 과학적인 해석을 붙여 남녀가 처음 분화되는 형상으로, 또는 우주창조의 형상으로 보는 등 여러 각도로 현대적인 해석을 하고 있으나 모두 실체를 모르는 말이다. 율곡도 이 그림을 보고 '옛 성인들의 모습이 이러했다니 참 알 수 없는 일이다.'라고 하였다.

그때 산봉우리에 올라 연기를 피운 것이 유래가 되어 그 뒤 달집을 지어 그 당시의 상황을 재연하게 되었던 것인데 후세에 와서는 '달집'으로 와전되어 연기가 많이 나는 동네가 풍년이 든다는 정월 대보름의 세시 풍속인 달맞이 놀이로 변하였다.

그러나 '달집'의 '달'은 처녀 총각이 땋은 댕기머리를 말한다. 경상도 사투리로 머리카락이나 댕기머리를 자른 것을 '달비'라고 한다. '집'은 '짚'을 뜻하였다. 볏짚으로 지은 것을 '집'이라고 하였다. 따라서 '달집'은 짚을 댕기처럼 꼰 새끼로 만든 집이다. 짚으로 꼰 '새끼줄'은 길게 연결되어 가므로 대를 있는 자식을 '새끼'라고 하는 것이다. 지금도 달집에 맨 먼저 불을 붙이는 사람을 후사가 없는 사람이나 노총각에게 시키는 것은 복희와 여와처럼 어서 자식을 낳아 후사를 이으라는 염원이 들어있기 때문이다.

따라서 <달집 놀이>는 대를 이어야 하는 절박한 염원을 기념하던 행사였으며 몸통이 꼬인 <복희 여와도>는 천지신명의 허락을 기념하여 그린 초상화인데 인두사신人頭蛇身으로 해석한 결과 '역사의 현장'을 '전설의 고향'으로 만들고 말았다. 후손이 무식하면 조상 팔아먹는다는 옛말이 바로 이런 것을 두고 한 말이다. 복희는 구지산이 아니라 감숙성 천수天水에서 태어나 하북성 풍산에서 살다가 하남성에서 죽었다. 복희 릉은 하북성 풍산, 하남성 회양, 산동성 미산, 감숙성 천수 4곳에 있으며 복희의 묘廟와 릉은 중국 하남성 회양현淮陽縣의 것이 가장 크다. 신농과 황제의 능보다 훨씬 크다. 복희는 우리 배달국의 5세 태우의 한웅의 막내아들인데도 중국은 우리 조상인 신농과 함께 자기네 조상으로 편입시켜 놓았다. 복희는 하도와 태극팔괘를 그린 시조인데 이 사람이 중국인의 조상이라면 우리의 태극기는 중국 것을 빌어다 쓰는 꼴이 되고 만다. 그냥 넘길 일이 아니다.

경북 청도군에서는 군 특색행사로 정월 대보름 달집놀이를 재연하고 있다. 고무적인 일이며 박수를 보낸다. 한 가지 아쉬운 점은 달집놀이의 유래를 소개하는 대목에서 우리의 옛 고향이 중국의 고도古都인 하남성 일대로써 중원이 바로 우리조상의 고향이라는 내력이 빠져있다는 점이다. 우리 전통 혼인풍습과 달집 놀이가 중국에는 없고 우리에게 계승되고 있는 것은 우리가 상고사의 적통이자 대종손임을 증거 하는 일이다. 이왕이면 달집놀이와 함께 우리 조상의 뿌리역사를 같이 알리면 금상첨화가 될 것이다. 田田

<쥐뿔이야기, 반재원, 4336(2003)>
<세계가 잃어버린 영혼·한국, 반재원 허정윤, 4340(2007)>

천자문 이야기

　천자문은 중국의 양 무제 때(재위기간 서기502~549년) 주흥사
周興嗣라는 사람이 하룻밤 만에 쓰고 머리가 백발이 되었다고
해서 백수문白首文이라고도 전해지고 있다. 그러나 왕인 박사가
일본으로 천자문과 논어를 가지고 간 때가 서기285년 백제 고
이왕에서 서기405년 사이인 것으로 볼 때 주흥사의 천자문 보
다 최고 250년에서 최하 100년 정도 앞선다. 우리는 이것을
어떻게 설명해야 하는가? 여기서 우선 주흥사라는 이름부터 살
펴보자. 주흥사를 모든 교과서나 자료집을 막론하고 천자문을
지은 저자의 이름으로 기록하고 있다. 그러나 여기서부터 근본
적인 착오가 생긴 것이다. 주흥사周興嗣는 사람의 이름이 아니
다. 주흥周興이 그 전부터 있던 천자문을 이어서(嗣:이을 사) 다
시 썼다는 뜻이다. 따라서 주흥周興이 사嗣한 것이라고 한 것인
데 우리는 성은 '주'이고 이름이 '흥사'인 줄 잘못 알고 있는
것이다.
　에도시대(서기1607~1867년) 학자이자 정치가인 아라이 하쿠세
끼(新井白石:서기1657~1725년)는 '양나라 때 쓰인 주흥사의 천자
문은 6세기 때의 것인데 5세기의 왕인이 일본으로 가져왔다는
것은 허구이다(동문통고同文通考)'라고 비판하였다. 그도 마찬가
지로 '주흥사周興嗣'를 사람 이름으로 보았기 때문에 그런 착각
을 했던 것이다. 그렇다면 지금의 천자문을 주흥이 이어서 쓴
원작자는 과연 누구일까?
　천자문千字文의 원래 제목은 천자문天字文이었다. 이것은 약

1800년 전 위魏나라의 종요鍾繇(서기151~230년)라는 사람이 지은 글이다. 그것을 나중에 주흥(서기502~549년)이 이어서 쓴 것이다.

주흥보다 100여 년 전에 왕희지가 또 한 번 천자문을 쓴 적이 있으니 그 원본도 바로 종요가 쓴 천자문天字文이었다. 그 왕희지의 천자문을 양나라 때 주흥이라는 사람이 다시 운韻에 따라 순서대로 정리한 것이 지금까지 전해오고 있는 천자문千字文이다. 따라서 5세기 말 왕인이 가져간 천자문은 주흥의 천자문이 아니라 종요의 천자문이거나 왕희지의 천자문일 것이다. 이렇게 볼 때 비로소 왕인이 가지고 간 천자문이 주흥보다 빠른 것에 대한 의문이 풀리고 마는 것이다. 또 일각에서는 왕인은 허구의 인물이라고 하는 이들도 있다. 왕인이 백제본기를 쓴 '고흥'이라는 역사가라는 설도 있다. 백제에는 왕씨가 없기 때문이다. 그러나 왕인이든 고흥이든 그 당시에 일본에 천자문을 전한 것은 부인할 수 없는 역사이다.

종요는 지금의 중국 산동성 사람으로 어릴 때부터 재주가 뛰어나고 총명한데다가 시문에 능통하여 신동神童으로 불리었다. 우리가 지금 예서라고 하는 것도 그 당시 노예들의 명단을 작성할 때 책임자였던 종요가 자기만 아는 글씨로 노예의 이름들을 적은 글이라 해서 종(노복)예隸자를 넣어 예서隸書라고 하였다. 그는 장성한 후 벼슬길에 나아가 크게 출세하였으나 한 때 젊은 시절에는 여자 편력이 너무 심하여 장안의 여자들이 길거리를 나다닐 수가 없을 정도로 난봉꾼이었다고 한다. 원래 위나라는 조조曹操가 산동성에서 군사를 일으킨 후 한漢나라 헌제獻帝를 모셔다가 지금의 하남성河南省(허현許縣 또는 장현障縣)에 도읍하고 스스로 위공魏公이라 부르면서 천하를 호령하였는데 그의 아들 조비曹丕(조조는 무제武帝가 되고 조비는 훗날 문제文帝가 된다)가 헌제를 위협하여 억지로 왕위를 양위케 하여 이룩한 나라였다. 종요는 원래 조비의 아버지인 조조의 책사로서 충신이었는데 그 때 벼슬이 춘관春官 대종백大宗伯(예부상서, 오늘날의 내무부 장관)이었다. 그는 그러한 지위에 있었으나 헌제로부터 강제로 자리를 양위 받은 조조의 아들 문제 즉, 조비에 대한 불만이 컸다. 문제가 헌제 앞에서 칼을 빼어들고 양위하기를 강요했던 행동에 대해서 종요는 참을 수 없는 비분을 느끼고 있었다.

조조의 부인 15명 중 셋째 부인 변씨 사이에 아들이 4형제가 있었는데 맏이인 조비(원래는 셋째아들인데 조앙과 조삭 두 형이 죽자 맏이가 되었다)보다 동생 조식曹植이 훨씬 똑똑하였다. '콩과 콩깍지는 같은 곳에서 나왔는데 어찌 콩깍지가 콩을 삶는가'라는 그 유명한 7보시가 바로 형 조비의 괴롭힘에 대한 조식의 항거시였다. 어느 날 종요는 벼슬을 내 놓고 초야에 묻힐 결심을 하고 비장한 어조로 조비에게 헌제를 다시 모시기를 아뢰다가 옥에 갇히는 몸이 되었고, 의지를 굽히지 않자 급기야 역적죄를 적용하여 참수형이 언도되었다. 그러나 문제文帝는 아버지 조조의 충신이자 학문이 높은 종요의 재주가 아까워 며칠을 두고 고민한 끝에 목숨을 살려줄 명분을 만들었다. 그것은 다름 아닌 사언체四言體 이백오십구二百五十句의 글을 지어 바치되 한 글자라도 중복되는 글자가 있어서는 안 된다는 조건이었다.

종요는 그날 밤 옥사에서 문제 조비를 깨우쳐 주고 싶은 심정과 자기의 비장한 마음을 담아 혼신의 힘을 다하여 사람이 살아가는 바른 법도와 임금에 대한 충의, 부모에 대한 효성 그리고 천지와 우주의 움직일 수 없는 이치와 인간사회에 대한 의리와 도덕, 그리고 그 당시의 위나라의 정치 현실에 이르기까지의 심정을 1000자로 완성하였으니 그것은 인간의 글이라기보다 경전이나 다를 바 없었다. 그 천자문을 후세 사람들이 백수문白首文이라 하였다. 종요가 하룻밤 만에 천자문을 쓰고 머리가 희끗희끗한 반 백발이 되었다고 해서 붙여진 이름이다.

그 후 문제(조비)는 종요에게 여러 번 조정에 출사해 줄 것을 요구하였으며 심지어 나중에는 천관天官, 총재(재상의 벼슬)를 제수除授한다는 전갈까지 보냈으나 종요는 끝내 사양하고 초야에서 조용히 여생을 마쳤다. 그 후 위나라는 건국 46년 만에 망하고 말았으니 때는 건안建安25년(서기265년)5월이었다. 종요와 그 부인인 사씨는 노후에 함경도로 와서 서당을 열고 아이들에게 천자문을 가르치기 시작했으며 천자문을 배운 젊은이들은 하나 둘 대륙으로 떠나가서는 거기서 출세하여 돌아오지 않는 이가 많았다. 부모들은 자식들이 고향으로 돌아오지 않는 일이 늘어나자 종요가 글을 가르쳐 주었기 때문이라는 원망 아닌 원망을 하기에 이르렀고 그 원망이 뒤섞여 '종요에게 배운 자식'이란 뜻으로 '종요 같은 새끼'라고 부르게 되었으며 나중에는 부모를 모시지 않는 불효자식을 두고 함경도 말로 <종간나 새끼(종요 같은 새끼)>라고 부르게 되었다.

그렇게 퍼진 천자문이 여러 종류로 나누어져서 역易의 이치를 적어 놓은 <역천자문易千字文>, 미리 거슬러 헤아린다는 뜻의 <역천자문逆千字文>, 조선의 역사를 알기 쉽게 서술해 놓은 <역천자문歷千字文>, 한석봉의 <초천자문>, 그밖에 <광천자문廣千字文>, <대동천자문>, 당나라(서기618~907년) 때 장욱張旭이

쓴 <단천자문斷千字文>, 명나라 때 부소가 쓴 <부소초서천자문
怀素草書千字文(서기1470년)>, 최근에 쓴 <모택동천자문> 등으로
전해오고 있으며 그밖에 수명장수를 비는 <걸자천자문乞字千字
文>, <천인집천자문千人集千字文> 등이 있다. 근세에는 한문의
귀재鬼才 (주)인산가 대표 김윤세 교수의 역작인 <심신 건강 천
자문>이 탄생되기에 이르렀다. <심신건강천자문心身健康千字文>
은 건강을 지키는 양생법을 서술한 양생 천자문으로 역대 최초
이다. 이 천자문은 동양사상과 동양의학의 기본 원리에서 출발
하여 유불선, 건강, 지혜, 그리고 그의 선친인 인산선생의 고유
의학에 이르기까지 동양의학을 총망라하고 있는 역작으로 평가
받고 있다.

　종요의 천자문은 종요가 조비에게 도덕을 바로 세우라는 충
고문이기도 하였다. 그러면서도 또한 그 당시의 역사와 문물제
도 물산 등에 관한 풍물기이자 박람기이기도 하다. 천자문의
내용이 애당초에는 지금 우리가 번역하는 '하늘은 검고 땅은
누렇다'라는 뜻으로 쓴 것이 아니었다. 천지현황天地玄黃에서
현玄은 검다는 뜻이 아니라 '현현玄玄하다' '현묘玄妙하다'라는
뜻이다.
　따라서 천지현황天地玄黃이라는 뜻은 중국 천지는[天地] 노자
의 도인 현묘지도玄妙之道와[玄] 황제의 도道[黃]로 덮혀 버렸다
는 뜻이다.[天地玄黃]
　즉 변질된 황노黃老사상인 황제의 방중술房中術과 변질된 노
자의 신선술神仙術 등이 성행하여 사회가 어지러워져 있던 그
당시의 현실을 개탄한 내용이었다.
　우주홍황宇宙洪荒이라는 뜻은 우주는 넓고 거칠다는 오늘날
의 우주의 개념이 아니라 우宇는 우경 [宇京] 으로 그 당시 위

나라의 낙양성을 말하며, 주宙는 주경 [宙京] 으로 장안성을 뜻하는 것이었다. 즉, 낙양성과 장안성은 그 동안의 잦은 전쟁과 포악한 정치로 인하여 매우 거칠고 황막荒漠하여 백성들의 삶이 곤궁에 처했다는 뜻이다. [宇宙洪荒]

또 일월영측日月盈昃은 임금 [日] 과 신하 [月] 가 모두 그 권세가 차서 하늘을 찌르다가 서쪽으로 기울어져 가는 [盈昃] 형국에 처해있다는 뜻이다. [日月盈昃]

진수열장辰宿烈張은 12지[辰]와 28수[宿] 즉 밤하늘의 별처럼 기라성 같은 군웅들이 활거[烈張]하고 있다는 말이다. [辰宿烈張]

한래서왕寒來暑往은 북방세력 흉노족이[寒] 중국 중원[暑]을 덮쳐오면 중원[暑]이 물러나게 된다는 뜻이다. [寒來暑往]

즉 조비에게 그 당시 도탄에 빠진 현실을 일깨우기 위한 간곡한 상소문이기도 하였다.

여기서 잠시 현실로 눈을 돌려 우리의 전통이 얼마나 명맥을 유지하고 있는지를 살펴보기로 하자. 우리는 옛것을 너무나 쉽게 내다 버렸다. 천자문 교육은 일제가 서당을 무력화시키고 개화라는 명목으로 학교를 세우면서 국립교육기관인 향교와 함께 그 맥이 끊어졌지만 단절된 기간은 불과 70여년 정도밖에 되지 않는다. 천자문은 왕인(서기285년, 백제 고이왕 기준)때부터 여태까지 1700년 동안 우리 민족의 기초 학문으로 움직일 수 없는 자리를 지켜왔다. 그러한 천자문의 맥이 일제에 의하여 끊어졌고, 더구나 우리 역사의 절반에 해당하는 2000여 년의 단군 역사를 일제가 잘라 먹었는데도 그런 것은 말하지 않고 일제 36년 동안의 역사만 말하고 있다.

더구나 일제시대 이전까지만 해도 우리는 그냥 문자文字(서글)라고 했던 것을 일제가 한자漢字라는 이름을 쓴 것인데 지금은 마치 한나라의 글자였던 것처럼 굳어져 버렸다. 훈민정음 예의본 서문에도 "문자와 서로 통하지 아니하므로(與文字不相流通)"라고 하여 지금의 한자를 그냥 문자라고 하였다. 그러나 지금은 마치 학문의 방해자인 양 이단의 문자로 취급받고 있다. 원래는 동이족인 황제와 치우 배달국의 공용 문자였다. 중국의 임어당도 '한자는 당신네 조상이 만든 글자'라고 하였다. 황제와 치우는 한자를 그대로 사용하였다. 3세 가륵 단군 때부터 한글인 가림토 문자를 사용하다가 다시 한자로 돌아갔다. 그러다가 세종 때에 훈민정음이 만들어졌으며 중국은 최근에 간자체로 바꾸었다.

탄소, 질소, 수소, 공기 등 학문의 기초 단어가 한자어로 구성되어 있어서 한자를 알면 오히려 학습량을 크게 줄일 수 있다. 일반적인 글은 당연히 한글전용이 되어야 한다. 그러나 학문의 영역에서는 그렇지 않다는 이야기를 하는 것이다. 의과대학에서 한자와 영어를 빼고는 학습이 안 되고 한의대에서 한자를 빼고 이야기할 수 없다. 철학이나 상고역사를 공부할 때 한글전용만을 이야기 할 수 없다. 우리말의 절반이 한자단어로 되어있다. 그러므로 우리말을 담는 그릇이 한글과 한자라는 이야기이다. 한자라는 그릇을 치워버리면 어원이 사라지게 된다. 한글전용을 하되 꼭 한자표기가 필요한 경우 병용하여 절충해서 쓰면 더 편리하다. 동사무소의 젊은 직원이 한자를 모르기 때문에 전주全州이씨가 전천全川이씨가 되고 김천金川이씨가 되는 경우가 발생하고 있다. 영어나 중국어나 일본어를 배우는 것처럼 한자를 배우는 것도 한글의 우수성과는 별개의 개념으로 보아야 한다.

안중근 의사나 윤봉길 의사가 30대의 나이에 그토록 성숙된 사고력을 지닐 수 있었던 것은 어릴 때부터 서당에서 받은 『천자문』과 『동몽선습』, 『소학』 등의 인성교육의 결실이다. 옛날 서당에서 『천자문』과 『소학』을 가르칠 나이에 현대교육의 산실인 학교에서는 '철수야 영희야 바둑이하고 놀자.'라는 하향식 교육을 시켜왔다. 물론 서로의 장단점이 있을 것이다. 그러나 옛날과 지금의 젊은이들의 인성과 사고력 어휘력은 하늘과 땅 차이이다. 예전에 비하면 요즘의 30대는 어린 아이의 수준이라 하겠다. 지금 우리의 문화와 예절이 위기에 놓여 있다고 해도 과언이 아니다. 춤과 음악은 그 시대의 문화와 예절을 반영하는 척도인데 요즘의 춤은 머리로 팽이를 돌리고 발바닥이 하늘로 올라간다.

이 글을 읽는 독자들은 대부분이 고개를 갸우뚱거릴 것이다. 천자문이 왜 우리 것이냐고. 그러나 중국 대륙은 우리 조상들이 웅거했던 땅으로 광개토대왕의 한자 비문 하나만 보더라도 대륙의 역사가 우리의 상고사라는 것은 엄연한 사실이다. 또 하나는 설령 우리 것이 아니라 하더라도 1700년 동안 사용해 온 것을 너무나 쉽게 버렸다는 사실을 알아야 한다.

'온고지신' '법고창신'이라는 말이 지금처럼 절실한 때도 없을 것이다. 지금의 인성교육이 어디로 가고 있는가! 옛 서당교육의 『동몽선습』, 『소학』 등의 장점을 현재의 교육제도와 잘 조화시켜 초등학교 때부터 인성교육에 힘써야 할 것이다. 田田

<목승곤 강의초록>
<세계가 잃어버린 영혼·한국, 반재원 허정윤, 4340(2007)>
<씨아시말, 반재원, 4342(2009)>

양산석교와 청의 동자

　양산석교兩山石橋라 함은 글자 그대로 양쪽 산을 이어 놓은 돌다리라는 뜻이다. 그래서 흔히 두 산을 연결한 구름다리 같이 생각할 수도 있겠으나 그런 다리가 아니라 경상북도 청도군 이서면 구라동 몽령蒙嶺고개(몽눙개)를 지나 구실골(銅谷)과 석린산石鱗山 사이를 가로지르는 개울에 놓여 있던 커다란 돌다리였다. 석린산은 돌미이산(돌멩이산)이다. 돌멩이를 경상도 사투리로 돌미이, 돌비이라고 하는데 돌석(石), 비늘린(鱗) 석린산이 되었다. 또 이 돌비이산이 똥미산으로 변한 것으로 보인다.

　양산석교는 전북 고창이나 강화도에 있는 가장 큰 고인돌 덮개보다 큰 하나의 돌판으로 된 다리였다. 이 산길은 그 옛날 이서면 양원장터에서 보리미를 거쳐 구라동을 지나 풍각 장터로 연결되는 길이었다. 또 지금의 버스길인 신작로新作路가 생기기 이전에는 이서면 문수동과 구일동, 보리미 등에서 풍각 장터로 나다니던 유일한 지름길이었다. 장을 보러 다닐 때나 소를 몰고 다니거나 짐을 지고 다닐 때 불편함을 덜어주기 위하여 구라동민들의 각고의 노력 끝에 이 다리가 놓여지게 되었는데 거기에는 전설 같은 사연이 전해지고 있다.

　인근에 있던 커다란 넙적 바위를 많은 인력이 동원되어 개울까지 운반하기는 했으나 그 큰 돌판을 개울에 가로질러 걸칠 수가 없어 몇 날을 두고 고생들을 하고 있었다. 그 날도 돌판을 걸쳐보려고 안간힘을 쓰다가 지쳐서 모두 개울에 앉아서 쉬고 있었다. 그런데 어디선가 여남은 살 먹은 푸른 옷을 입은 초립 동자가 나타나더니,

'어르신들, 보아하니 개울에 다리를 놓으시는 모양인데 그러지 마시고 개울에 흙부터 가득 채워서 둑의 높이와 같게 해보소. 그런 다음 저 돌판을 밀어다가 그 위에 얹고 그런 다음에 개울바닥에 채운 흙을 파내 보소. 그러면 간단할 것을 가지고 그렇게 고생할게 뭐람.'하고 일러 주었다.

그 말을 들은 일꾼들은 귀가 번쩍 뜨여 다시 힘을 얻어 그 어려운 공사를 비로소 마칠 수 가 있었다. 공사를 무사히 마친 후 어느 동네에 사는 아이인지 알아보았지만 아무리 수소문을 해보아도 종적이 묘연하였다. 구라동의 동민들은 그때서야 그 아이가 그 당시에 보기 드문 청의靑衣를 입었던 것으로 보아 현세에 머무는 아이가 아니었음을 짐작하였다.

'2세 단군 부루夫婁 3년 계묘년(기원전2238년) 9월에 조서를 내려 백성들에게 머리를 땋아 뒷목을 덮게 하고 푸른 옷을 입게 하였다'[142]라는 기록처럼 단군조선, 고려, 조선 때에도 청의靑衣를 입기를 권장한 적이 여러 번 있었다. 이렇듯 우리가 백의민족이라는 제도적인 근거는 없다. 흰옷은 인도인이나 아랍인들이 더 많이 입는다. 우리나라가 동방東方 청靑 목木이기 때문에 오행으로 본다면 흰색이 오히려 맞지 않다. 검정색이나 청색이 맞다. 흰색은 금金이니 금은 목을 해치므로 우리에게 해롭다는 의미로 단군 때부터 고려를 거쳐 조선조까지 금백령禁白令이 수차례 내려진 일이 있다.

---

142) 송호수, 『한겨레의 뿌리길』, 4333(2000), 169쪽.

그 후 다리를 놓은 연유와 청의 동자의 고마운 사연을 기록하여 몽령고개 너머 당산 뒤 산자락에 기념 비석을 세웠는데 그 비석이 양산석교의 사연을 적은 비석이다. 비석이 박혀 있었던 바위는 지금도 홈이 파진 그대로 남아 있다. 그 양산석교 兩山石橋 비석은 밑 부분이 부러진 체 구라동의 영수 어른 댁 (기성 아지매집 뒷집, 옛 칠엽택) 대문 앞 도랑의 건널 판으로 쓰이다가 어떤 연유인지 관내菅內들의 섬내(島內)보(농수로)의 다리 판으로 얹혀 있었는데, 수로 공사를 하던 중 우리 것에 대한 관심이 남다른 그 당시 구라동 동장 반재웅在雄씨와 반재선在先씨 반영봉씨 등에 의하여 1975년에 수리水利작업을 하던 중 우연히 발견되었다.

뒷면에 새겨진 청의 동자에 대한 사연은 오랜 세월이 지나면서 마모되어 지금은 글자를 잘 알아볼 수 없게 되었으나 부러진 비석 앞면에는 지금도 <兩山石橋>라는 글씨가 뚜렷하게 남아있어 윗대 어른들의 입에서 입으로 구라동의 전설처럼 전해오다가 이제는 우스개 같은 소리가 되어버린 옛 이야기가 사실이었음을 확인하는 계기가 되었다. 지평막걸리로 유명해진 경기도 양평군 지평면 석불리石佛里도 마을 어딘가에 돌부처가 있었다고 하여 붙여진 지명이다. 그 이름을 딴 간이역이 석불역이다. 그런데 아득한 전설로만 전해오던 돌부처가 2012년에 망미산 기슭에서 발견된 일이 있다. 양산석교도 이와 같은 경우라 하겠다. 비석의 뒷면에 새겨져 있는 내용은 대충 이러하다. 국사편찬 위원회의 박홍균 선생의 해석에 의하면,

兩山 ○○ 中古廢 不日成伊 乃
脉 ○○ 今始復由衆力 世萬

邇 OOO

辛未三月　O立壑 事

양산에 OO가 중간에 오래되어 무너져 이것을 시급히
이룩하여 OO를 잇고자 이제야 비로소 중인衆人의 운력運力을
통하여 회복하니 (멀고) 가까움 (구별 없이) 오래도록 ·······
　　　　　신미년 3월 O을 세우고 일을 마침.

이라고 되어있다. 이로 미루어 짐작하건데,
'양산을 연결하여 놓여있던 옛 다리가 오래되어 중간에 무너져
행인들의 불편이 많았다. 다리를 새로 놓는 일이 시급하였으나
이제 비로소 양산을 잇고자 많은 사람들의 운력으로 다시 석교
를 만드니 멀고 가까운 이 할 것 없이 오래도록 이용하시라'라
는 내용임을 알 수 있겠다. 그러나 마모된 부분이 더 많아서
청의동자에 대한 내용을 기록으로 확인할 수 없는 것이 못내
아쉽다. 짐작컨대 비석을 세운 신미 3월은 신작로가 나기전인
서기1871년 신미년이나 1811년 신미년, 아니면 더 거슬러 올
라간 1751년 신미년 인듯하다. 그 양산다리는 일제 항쟁기 이
전에 그 근동에서 가장 힘이 세다고 하여 장군이라는 별명으로
불리던 보리미의 곽 장군이 풍각 장날 막걸리에 대취하여 다리
를 지나오다가,

'어디 네 다리가 센가. 내 다리가 센가. 한번 해보자.'
하면서 술이 깰 때까지 다리를 발로 쾅쾅 굴렀는데 그만 다리
의 밑돌이 내려앉아 한쪽이 약간 기울어지고 말았다. 전해오는
이야기로는 그런 일이 있은 다음날 곽 장군은 갑자기 피를 토
하고 죽고 말았다고 한다. 그 뒤 일제 강점기 때 신작로가 생

기고도 돌다리는 그대로 있었는데 1970년대의 농경지 정리 작업 때에 개울을 없애면서 돌판을 다른 곳으로 옮기려고 했다. 그러나 워낙 무거워 멀리 이동하지 못하고 불도저로 그 옆의 논바닥으로 밀어내어 묻어 버리고 말았다. 그래서 지금도 그 논은 가뭄이 심할 때는 덮개돌이 묻혀있는 부분이 돌판 모양으로 표시가 난다.

또 그 옆 동네인 한밭동에 살았던 할머니의 전설같은 임종 이야기도 있다. 구라동의 칠곡어른에게 들은 이야기이다. 평생을 농사짓고 살던 할머니가 돌아가실 때에 시집간 딸과 아들을 불러 모아 놓고 좁쌀, 콩, 팥, 수수를 넣은 오곡밥을 짓게 하여 식사를 한 후에 이제 떠나려하니 목욕을 시켜달라고 하였다. 그런 다음 깨끗한 옷으로 갈아입고 누우면서 '내가 숨이 끊어지더라도 절대로 소리 내어 울지 마라. 정신이 산만해지면 내 갈 길을 찾아가는데 방해가 된다.'라고 한 뒤 곧 숨을 거두었다. 이에 장남이 한참동안 울음을 참다가 끝내 슬피 울거늘 죽었던 할머니가 벌떡 일어나더니 아들의 뺨을 후려치면서 '이놈이 내 말을 귀씨부럭지로 들었나?'하고 재차 당부하고는 이승을 하직하였다는 실화가 전해오고 있다. 이제는 그 할머니의 이야기나, 청의동자 이야기나, 그 돌다리가 묻힌 곳을 알려고 하는 이도 없을 뿐더러 귀 기울여 듣는 이도 드물다. 비석의 소재를 알려고 하는 이는 더욱 드물다. 이러한 유래비도 잘 개발해 놓으면 청도군과 이서면의 관광자원이 될 것이다. 田田

<쥐뿔 이야기, 반재원, 4336(2003)>
<씨아시말, 반재원, 4342(2009)>

메밀꽃 질 무렵

우리나라 학자로 역사상 이름이 높은 율곡 이이李珥의 아버지는 찰방 벼슬을 하던 이원수였다. 그는 강원도 강릉의 진사 신명화의 딸에게 장가들었다. 그 딸이 바로 사임당 신씨이다. 사임당은 아버지로부터 엄격하고 자상한 가정교육을 받았고, 산 좋고 물 좋은 환경에서 자라면서 어려서부터 학문을 좋아하고 그림을 잘 그렸다. 사임당이라는 호는 중국 주나라의 문왕을 낳은 대임을 존경하는 뜻에서 지은 것이다. 사임당은 얼굴이 고와서 누구나 며느리로 삼고자 탐을 내었다. 사람들은 성격이 활달하고 재물에 욕심이 없는 이 원수와 사임당과의 혼인을 천생 연분이라고 말했다. 혼인한지 1년쯤 되는 어느 날 남편 이 원수에게 사임당이 말했다.

'우리가 이렇게 청춘을 즐기기만 하다가는 앞날을 보장받지 못하겠으니, 앞으로 10년 동안 서로 떨어져서 서방님은 공부를 더 열심히 하고, 저는 어린애를 친정에서 잘 키우겠습니다. 서로 보고 싶을 때는 자주 왕래하면 되지 않겠어요?'

자주 왕래한다고는 하지만 한양과 강릉은 천리 길이니 말처럼 쉽지가 않을 것이었다. 남편이 처가를 떠나서 한양으로 향하던 날 사임당은 대관령까지 배웅하였다. 그런데 이튿날 홀연히 남편 이 원수가 처가에 나타난 것이 아닌가! 이 원수는 아내를 떼어 놓고 가는 것이 몹시 안타까워 되돌아온 것이다. 그날 밤 부인이 남편에게 말하였다.

'비록 부부사이의 언약이지만 약속은 지켜야 합니다. 서방님은 저와 떨어지기 싫어 그러시니 그러면 제 몸의 한 부분인 머리카락을 잘라 드리겠습니다. 그것을 품고 계시면 제가 옆에 있는 것으로 느끼게 될 것이므로 공부에 열중하실 수 있을 것입니다.'

이 원수는 체면이 말이 아니라 이튿날 다시 한양으로 떠났지만 한양에서도 부인 생각이 나서 몇 달에 한번씩 강릉에 내려가 한참씩 묵고 올라오곤 하였다. 어느 때인가 이 원수가 강릉을 향해 가는 길에 대화라는 곳에 이르렀을 때의 일이다. 대화라는 곳은 비록 산속의 마을이지만 지나가는 나그네가 많아 주막도 있어 제법 번화하였다. 긴 여행에 몸도 피곤하고 해도 저물어 이 원수는 대화에서 하룻밤을 묵기로 했다. 마땅한 주막이 있나 하고 기웃거리는데 어느 주막에서 젊은 여인이 나왔다. 소복을 한 여인은 이 원수를 한동안 빤히 쳐다보더니,

'어디로 가시는지 모르지만 날도 저물었으니 저의 집에서 묵고 가시지요' 하고 청하는 것이었다. 이 원수는 여인의 행색을 보니까 무척 깨끗해 보이므로 숙소도 깨끗하리라 여기고 그를 따라갔다. 여인은 특별히 건너 방으로 안내했다. 이 원수는 시장하던 참이라 차려 내온 저녁밥을 먹고 곧바로 잠이 들었다. 그런데 한밤중에 문득 눈을 뜨고 보니까 방문이 열리며 뜻밖에 소복 입은 그 여인이 소반을 들고 들어오는데 술과 안주를 차린 주안상이었다.

'손님께서 곤히 주무시는데 승낙도 없이 방으로 들어온 것을 용서하십시오. 집에 마침 술과 안주가 있어서 약주를 좋아하시면 드릴까 하고 가져왔습니다.'

피곤하던 중에 한숨자고 나니 배도 출출한데다가 친절하고 얌전하게 생긴 여주인이 술상을 들고 들어와 권하는 것을 사양하지 못하였다. 술이 몇 잔 들어가니까 주인과 나그네의 사이가 허물없이 되어 갔다. 여주인이 자기의 사정을 이야기하기 시작했다.

'저는 보시는 바와 같이 상중입니다. 본래는 강원도 정선 사

람이온데 이 집에 시집와서 보니까 신랑은 몹시 가난했습니다. 그래서 주막을 차리고 손님을 받아 그날그날 끼니를 이어 왔습니다만, 금년 봄에 알지 못하는 병으로 남편을 여의었습니다. 아마 팔자가 사나워 청상과부가 되었나 봅니다.'하고 자기의 딱하고 고독한 사정을 호소하는 것이었다. 이 원수가 가만히 생각해 보니 친절이 지나쳐 불쾌한 생각이 들었다. 아무리 그렇더라도 처음 만난 남자에게 상중이라면서 술상을 들고 한밤중에 들어와 청하지도 않은 푸념을 한다는 것은 어색하고 불편한 일이기 때문이었다. 이원수는 얼굴빛을 바꾸었다.

'밤이 이토록 깊었는데 남자와 여자가 이렇게 마주 앉아 이런 이야기를 하는 것은 옳지 않을 뿐 아니라, 남이 알면 좋게 보지 않을 것입니다. 기왕 차려 주신 술은 감사히 먹었으니 이제 그만 안으로 들어가십시오.'

그러나 여인은 생글생글 웃기만 하고 자리를 뜨려고 하지 않았다.

'정 들어가시지 않겠다면 내가 이 집에서 나가겠소.'

그제야 여주인은,

'저의 팔자가 기구하니 하는 수 없지요. 실례가 많았습니다.'

하고 자리에서 일어나 안방으로 들어가는 것이었다. 이 원수는 여주인의 뜻이 무엇이었던가를 대강 짐작하고는 그렇게 무안을 주었으니 혹시 자기에게 어떤 보복을 하지 않을까 겁이 나서 다시 잠이 오지 않았다. 그리하여 뜬눈으로 밤을 새우고는 새벽같이 죄지은 사람처럼 그 집을 나왔다. 얼마 후 이 원수는 강릉에 도착하여 그리던 아내를 만나니 그 반가운 마음이란 이루 형언하기 어려웠다. 돌이켜보니 두 사람이 사랑을 억제하고 공부에만 열중한지 어언 10년이 되었다. 남편은 열심히 학문을 닦았고, 부인은 친정에서 글과 그림을 갈고 닦아 여자로서는 보기 드문 예술가로 성장하였다. 부부가 회포를 나누며 지내는 사이에 하루는 부인이 꿈을 꾸었는데 검은 용 한 마리가 방으로 들어오더니 자기에게 아기를 안겨주고 가는 꿈이었다. 그러고 나서 태기가 있었다. 신사임당이 용꿈 태몽을 꾸었던 방을 나중에 몽룡실이라고 이름지었는데 지금도 오죽헌에 가면 그 방이 그대로 있다.

율곡(음력 서기1536~1584년)은 태몽에 걸맞게 나중에 조선의 위대한 사상가이자 정치가로 이름을 떨치게 된다. 그는 소과와 대과의 9번의 과거 시험에 9회 모두 수석으로 합격한, 과거제도가 생긴 이후 조선시대를 통털어 전대미문의 기록을 남긴다. 그래서 별명이 구도장원공九度壯元公이다. 친족은 이순신이 있으며 사돈은 김장생이다. 그는 '천지만물의 본래 근원자리는 하나라고 하는 이기일원론理氣一元論을 정립한 대학자이다, 병조판서(국방부장관) 율곡은 자신이 주장한 10만 양병론이 국기 문란죄로 결재과정에서 반대파의 엄청난 공격을 받고 수포로 돌아가자 나중에 조용히 오성 이항복을 불러 간곡히 이르기를 '10년 뒤 임진년에 임금이 의주로 몽진할 적에 비바람 치는 그믐날 밤에 나루터를 찾지 못하여 임진강을 건너지 못하는 위급함을 당할 터이니 이때를 대비하여 내가 임진강 나루에 정자를 지어서 하인들을 시켜 불이 잘 붙게 3년 동안 들기름으로 닦아놓았으니 그 날이 되거든 정자에 불을 질러 그 불빛으로 강을 건너도록 하시오. 나는 그때 이 세상에 없을 것이기에 백사에게 이 일을 부탁하오'라고 당부하였던 선지자였다. 물론 정자 이야기는 이설異說도 있으나 그만큼 임진왜란에 대한 걱정을 놓지 못하였다. 그러면서 그는 또 '임진년의 전쟁에 만일 종로의 백정 진평국과 김덕룡을 도원수로 삼으면 7일이면 난리를 평정할 수 있을 것이나 김덕룡은 전생이 무등산 산신이니 나서면 모함을 받을 것이오. 송구봉을 등용하면 석달이면 평정될 것이고 내포지방의 봇짐장수 김복선을 등용하면 3년이면 평정될 것이나, 유성룡을 등용하면 7년이라야 그 전쟁이 끝나게 될 것이다.'라고 탄식하였다고 한다. 그는 탄핵을 받고 벼슬에서 물러 난지 7개월 후인 다음해에 화병으로 49세에 세상을 떠났다. 임진왜란 8년 전인 1584년이었다.

예로부터 사람들은 운7 기3이라 하여 노력보다는 운에 더 비중을 두었다. 운이 따라주지 않으면 노력만으로는 일이 성사되지 않는 불가항력적인 그 무엇인가 작용하는 것으로 생각하였다. 천하의 제갈량도 운이 가면 어쩔 수 없는 것이다. 율곡은 원래 사명당과 함께 서산대사의 수제자였는데 둘 중에서 사명당을 자기의 법통을 이을 후계자로 삼고 율곡은 환속시켜 벼슬길로 나아가게 하였다. 그 이유는 정치권에 들어가서 권력을 행사하는 자리에 있어야 장차 닥쳐올 국가의 변란에 대비를 할 수 있을 것이라고 여겼기 때문이다. 그러나 개인도 망할 운이 들어오면 아무리 말려도 귀에 들어오지 않고 귀신에 씌운 듯 아글아글 고집하여 꼭 망해먹고서야 제정신이 돌아오듯이 국운이 따라주지 않는데 율곡인들 어쩌겠는가! 율곡의 10만 양병론이 기록에 없는 허구라고 주장하는 이도 있으나 김장생의 『율곡전서』 부록의 연보에 10만 양병을 건의했다는 기록이 있으며 이항복의 <율곡신도비명>에 도 10만 양병을 주장한 내용이 나온다. 또 이익의 『성호사설』에도 율곡의 10만 양병 주장은 선견지명이었다고 하였으며 다산의 『경세유표』 권7에도 이문성공李文成公(율곡)이 임금 앞에서 10만 양병을 거듭 거듭 주장하였다라고 기록되어있다. 율곡의 반대파 우두머리로서 10만 양병을 반대하였던 유성룡도 의주로 몽진한 후에야 '이문성공李文成公은 참으로 성인이로다!'하고 통탄한 기록이 『소대기년昭代紀年』과 『국민도덕』143)에 보인다.

율곡 보다 한 세대 늦게 강릉 초당리에서 태어난 인물이 홍길동전으로 이름난 허균이다. 허균은 이무기가 구멍을 뚫고 올

---

143) 김운주,『國民道德』, 대한상공안내사, 1965, 49쪽.

라갔다는 전설이 있는 강릉 앞바다의 바위 이름을 따서 그의 호號를 교룡蛟龍(이무기)이라고 지었다. 허균은 문학뿐 아니라 불교와 도교에 심취하여 그가 원접 종사관으로 있을 때 순안에 살던 신선 한무외에게 단학을 배웠다. 또 그의 누나인 허난설헌의 시를 중국사신에게 전해주어 그녀의 시를 그 당시 국제적으로 인정받게 하였다. 그는 민중의 이상향을 지향하던 자유분방한 지식인이었지만 자기를 총애하던 임금 광해군에게 백성들의 노복이 되라고 충고하다가 한 시대의 이단아로 낙인찍혀 결국에는 역적으로 몰려 능지처참을 당한 풍운아風雲兒였다. 조선시대를 통 털어 지금까지 복권이 안 된 마지막 한사람이기도 하다. 그의 운명은 그의 호대로 용이 못된 이무기였던가!

   아무튼 이원수는 다시 부인과 작별하고 한양으로 떠났다. 중도에 또 대화에 이르렀다. 이 원수는 지난번에 그 젊은 과부에게 창피를 주고 인사 한마디 없이 나온 것이 생각나서 사과하고 위로해 주리라 생각하고 그 집을 찾았다. 과부는 무척 반기면서 그 날도 자기 집에서 묵고 가기를 청하였다. 이 원수는 지난 일을 사과하고 전처럼 건너 방에 보따리를 풀었다. 과부가 들어와 말하기를,
   '제가 비록 배운 것이 없어 거리에서 주막을 하고 있습니다만 사람을 알아볼 줄은 압니다. 지난번 손님의 얼굴을 대했을 때 천하의 큰 인물을 낳을 기상이 있음을 알고, 귀한 인물을 하나 낳아 볼까 하는 욕심으로 부끄럼을 무릅쓰고 손님방에 들어갔었습니다. 그런데 지금은 그 귀인의 씨가 손님의 부인에게 잉태되었으니 참으로 다행한 일입니다.'
   이 원수는 깜짝 놀랐다. 대체 이 여인이 어떻게 자기 아내가 임신했다는 것을 알고 있단 말인가! 그런데 여인은 더 놀랄 말을 하는 것이었다.
   '부인 뱃속에 든 아기는 반드시 새벽 인시에 태어나게 될 것

입니다. 그러나 안타까운 일은 다섯 살이 되면 호랑이의 화를
입어 죽게 될 터이니 참 안됐습니다.'
이 말에 이 원수는 다시금 이 여인이 범상한 사람이 아니라는
것을 깨달았다.
  '어떻게 하면 그 화를 면할 수 있는지 가르쳐 주시오.'
하고 간절한 심정이 되어 부탁하였다. 여인은 한참 생각하더니
천천히 입을 열었다.
  '속담에 적선지가 필유여경積善之家 必有餘慶이라, 덕을 쌓은
집에는 반드시 그에 상응하는 보답이 있다고 했습니다. 손님께
서 이제부터라도 덕을 많이 쌓는다면 아기의 화를 면할 수 있
을 것입니다. 그런데 그 덕은 1000명의 목숨을 살려야 하는 일
인데 그렇게 하실 수 있겠습니까?'
  '물론입니다. 그러나 그렇게 많은 사람을 어떻게 살린단 말
입니까?'
  '밤나무 1천 그루를 심으면 1천명의 사람목숨을 살리는 것과
같을 것입니다. 그런데 조심해야 할 일이 몇 가지 있습니다.
그 아이가 다섯 돐을 맞는 날엔 절대로 대문밖에 내보내면 안
됩니다. 방안에다가 깊이 숨기십시오. 혹 늙은 중이 와서 그
아이를 보자고 하거든 절대로 보여 주지 마시고, 나도 덕을 많
이 쌓은 사람이니 내 아들을 함부로 잡아가지 못한다 하시고
그 1천 그루의 밤나무를 가리켜 보이십시오. 그렇게 하시면 무
사히 화를 면하실 것입니다.'
  이 원수는 여인과 작별하고 한양이 아닌 강릉으로 다시 발길
을 돌렸다. 한양으로 가는 것보다 이 이야기를 아내인 사임당
에게 전하는 것이 더 중요했기 때문이었다. 그 해 12월 26일
인시에 과연 신사임당은 옥동자를 낳았으니 그가 바로 율곡 이
이다. 때는 중종 31년 단기 3869년(서기1536년)이었다. 아버지
이원수는 아들이 태어난 시각이 과부가 말한 호랑이 시각인 인
시인 것에 놀랐다. 이 원수는 서둘러 밤나무를 심기 시작하였

다. 어느덧 율곡이 다섯 돐을 맞는 날이 되었다. 이 원수 부부는 율곡을 안방에 두고 방문을 꼭꼭 걸어 닫았다. 그리고 동네의 장정들을 불러다가 방문 앞을 지키도록 했다. 이 원수는 의관을 단정히 하고 사랑방에 앉아서 <주역>을 소리 내어 읽으면서 날이 가기를 기다렸다. 정오가 되니 과연 백발에 수염이 성성한 한 늙은 중이 갈포로 짠 장삼에 삿갓을 쓰고 대문 앞에 와서 목탁을 두드리며 염불을 하는 것이었다.

'나무관셈보살마하살 무상심심미묘법 백천만겁난제위 ~ '

이때 대문을 지키고 있던 하인이

'안에는 아무도 안 계시니 사랑채로 가 보시오.'

하고 말했다. 중은 이 원수가 <주역>을 읽고 있는 사랑방 앞에 왔다. 날씨가 추워서 이 원수는 미닫이를 조금만 열고 내다보았다. 늙은 중은 이 원수에게 합장한 다음 절을 했다.

'금강산 유점사의 중이 시주를 받으러 왔습니다.'

중은 이 원수를 흘끗 쳐다보고는 다시 말을 이었다.

'댁엔 오늘 다섯 돌을 맞은 귀동자가 있지요? 부처님이 점지하신 그 귀여운 아기는 어디 있습니까?'

이 원수는 주막집 여주인이 일러 준 말이 딱 들어맞는데 놀라지 않을 수 없었다. 이 원수는 화를 내면서 큰 소리로 늙은 중을 꾸짖었다

'네 어찌 나를 속이려 하느냐? 내 이미 덕을 많이 쌓았거늘 감히 내 아들을 해치려 하다니!'

그러자 늙은 중은 겁을 내기는커녕 오히려

'흥, 댁에서 대체 무슨 덕을 많이 쌓았단 말이오?'

하고 비웃는 것이었다.

'뒷산에 밤나무 1천 그루가 있다. 보려거든 가서 봐라.'

'그럴 리가 있나! 괜한 소리 마시오.'

중은 그 말을 믿지 않았다. 이 원수는 중을 데리고 뒷산으로 올라갔다.

'똑똑히 보아라. 이게 밤나무가 아니고 무엇이냐?'

'허어어….'

중은 감탄인지 낙담인지 모를 탄성을 울리더니 이번에는 밤나무의 수를 손가락으로 하나하나 세어 보는 것이었다. 이 원수도 자신이 있어서 중과 함께 밤나무를 세었다. 999그루까지 세었는데 나머지 한 그루가 보이지 않았다. 그 한 그루는 하인이 늘 소를 매어 두었기 때문에 자라지 못하고 죽은 나무였다. 이번에는 중이 노발대발하는 것이었다.

'흥, 1000이라고? 999이지 어찌 1000인가? 당신같이 정직하기로 이름난 사람도 거짓말을 하는가? 하늘의 명령이요 부처님의 명령이다. 어서 아들을 이리로 데려 오라. 만약에 거역하면 온 집안이 멸망할 것이야. 어서!'

서슬이 시퍼런 불호령이었다. 이 원수는 매우 당황하였다. 이 중이 여느 중과는 다른 요물이라는 것은 알겠는데, 그것은 그렇다 치더라도 대화의 과부가 단단히 일러 준 밤나무 1천 그루에서 한 그루는 죽은 나무이니 이 노릇을 어찌 하면 좋단 말인가!

그때 어디선가,

'나도 밤나무야!' 하는 소리가 들렸다. 소리 나는 쪽을 보니 거기에는 심은 지 얼마 안 되는 어린 나무가 하나 있었는데 그 말은 그 나무에서 난 소리가 분명하였다. 그러자 또 무섭고 놀라운 일이 일어났다. 그 늙은 중이,

'다 틀렸구나, 어흥'

하더니 눈 깜짝할 사이에 커다란 호랑이로 변하여 산속으로 달아나 버리는 것이었다. 아마도 몇 백 년 묵은 둔갑 호랑이였던 것이다.

율곡은 이 때문에 호랑이의 화를 면하고 무럭무럭 자라게 되었다. 그 후부터 그 나무는 율곡 아기를 살렸다고 하여 활인수라고 불리게 되었다. 그리고 그때 그 일로 하여 그 후 '나도

밤나무' 라는 이름이 생겼다고 한다. 율곡이 태어난 오죽헌 뒷산에 지금도 여기저기 자라고 있는 밤나무들은 그때 심은 밤나무의 후손일 것이다. 절대 절명의 순간에 이원수의 편을 들어 '나도 밤나무야!'라고 외쳤다는 이야기는 바쁘게 앞만 보고 살아가는 현대인들에게도 그저 만들어낸 이야기를 넘어 신비스러움을 느끼게 한다. 그런데 어찌 몇 그루 정도는 죽을 가능성을 염두에 두고 좀 넉넉하게 수십 그루쯤 더 심는 융통성이 없었는지.....

지난해 가족과 봉평을 찾았을 때는 계절이 늦어 <메밀꽃 필 무렵>이 아니라 <메밀꽃 질무렵>이었다. 봉평 인근에는 이효석의 메밀밭뿐 아니라 평창군 용평면 백옥포리에 <판관대判官垈>라는 것이 있는데 율곡을 잉태한 것을 기념하여 세운 비석이라는 것을 아는 이는 드물다. 이 <잉태기념비>는 아마 경북 청도군 이서면 구라동의 <양산석교 비석>과 더불어 우리나라에서 특이한 비석에 속할 것이다.(4부 양산석교와 청의동자 참조)

메밀꽃 지는 들판을 돌아 나오면서 허생원이 봉평장에서 막걸리 한 사발에 거나하게 취하여 나귀를 몰고 소금을 흩뿌려 놓은 듯한 달밤에 메밀밭을 지나 대화장으로 넘어가던 정경을 그려본다. 그 비석이 옛날 과부의 주막이 있던 대화와 이웃해 있다. 율곡의 횡액 처방을 일러주었던 그 여인은 비록 산골에 묻혀 주막을 생계수단으로 삼고 있었지만 아마도 허균처럼 선도를 닦은 사람이었으리라. 조금만 깊이 생각해보아도 율곡을 있게 한 중요한 역할 중 하나가 주막집 여인의 예지력과 처방의 힘이었음을 알 수 있는데도 예나 지금이나 사람들은 그런 이들의 이야기를 그저 무심히 듣고 흘려보낼 뿐이다. 田田

<주 인용처를 잊어버림> 2000. 10월.
<단군과 교웅 4350(2007)>

축지법과 차력약

　도술로 지맥을 축소하여 먼 거리를 가깝게 하는 술법을 축지법이라고 한다. 약이나 신령의 힘을 빌어 몸과 기운을 굳세게 하는 일을 차력이라 하고 그것을 도와주는 약이 차력약이다. 일제 항쟁기 때 만주의 독립군들은 살아남기 위하여 축지법은 몰라도 속보는 누구나 다 했다고 한다. 그러니 좀 과장하여 <축지법을 모르면 진짜 독립군이 아니다>라는 말이 생겨난 것도 무리는 아니었던 듯 하다. 실제로 무장 독립 운동을 한 사람 사이에는 전통적으로 선배가 후배에게 속보 훈련을 따로 시켰다. 백야 김좌진 장군은 축지법을 써서 하루에 얼마 이상 걷지 아니하면 오히려 몸이 편치 않았고 도리어 다리에 통증을 느꼈다는 이야기가 철기 이범석 장군의 『우등불』(모닥불)이라는 책에 나와 있다. 구리를 차력약으로 쓰면 사람에 따라 얼굴이 검붉게 되어 보기가 좋지 못하기 때문에 미리 방지하는 법으로 철화분을 같이 쓰는 법도 전해지고 있지만 구리는 전통적인 차력약의 중요한 재료이다.

　걸음걸이는 크게 완보緩步, 평보平步, 속보速步, 비보飛步로 나눈다. 비보는 천마보天馬步라고도 한다. 완보의 느린 걸음은 노인의 걸음걸이나 병약자의 걸음걸이이다. 평보는 보통 걸음걸이를 말하며 보폭이 40cm 전후로 시간당 4km에서 5km를 걷는 것이 평균이다. 속보는 빨리 걷겠다는 생각이 가해진 걸음으로 보폭 50cm이상 60cm 정도로 초당 4~5걸음 걷는 것을 말한다. 비보는 차원이 다른 걸음이다. 속보보다 더 빠른 걸음을 말하며 초당 5~6걸음 이상, 보폭은 1m이상, 1시간에 20km 이상 갈 수 있는 걸음을 비보飛步라고 하였다는 기록이 있다. 이 비보가 이른바 축지법에 속하는 것이며 비보 중에서도 또 소축, 중축, 대축으로 나누었다는 기록이 있어 호기심 많은 이들을 궁금하게 하는 것 같다.

우선 속보에 대하여 이야기하자면 학교나 군대에서 제식 훈련을 받을 때 '앞으로 ㄱ'('가'의 짧고 깊은 소리) 라는 구령에 맞추어 오른쪽 다리에 힘을 가하는 동시에 왼발이 앞으로 나가는 것처럼 속보도 왼발부터 앞서 나가게 하고 뒤에 있는 오른발 끝에 힘을 넣어 보폭을 넓히는 식으로 전진하게 된다. 오른발이 먼저 나가든 왼발이 먼저 나가든 별 차이가 없을 듯 하나 동작을 전환할 때 심폐기능에 맞는 동작을 하자면 심장이 있는 쪽인 왼발이 먼저 나가는 것이 이치에 맞다. 검도의 기본동작도 이와 같다. 또 보통 걸음은 앞으로 나간 발 뒷꿈치가 땅에 먼저 닿지만 속보는 발끝이 먼저 땅에 닿는다. 겨울철 눈 위를 걸어 다닌 발자국을 보면 사람은 두 줄로 나있고 네 발 가진 짐승 중 개나 소, 말, 사슴 등도 두 줄이 나지만 맹수인 호랑이와 표범은 발자국이 한 줄밖에 없다. 속보의 원리는 호랑이의 발자국과 마찬가지로 한 줄의 발자국이 나는 걸음을 걷는 데에 있다.

사람은 서서 걷는 동물이기 때문에 짐승과는 달리 가슴과 배의 넓은 면으로 공기의 저항을 받게 된다. 이 저항을 조금이라도 줄이기 위해 상체를 오른 편으로 약간 틀고 왼쪽으로 고개를 돌려 전면을 보는 자세를 취해야 한다. 맞바람을 안고 달릴 때는 매우 효과 있는 자세가 되기 때문이다. 또 팔을 어떻게 흔드느냐에 따라 심장과 폐에 미치는 영향이 달라진다. 달릴 때 팔의 흔들림을 적게 하여 심장과 폐가 자연스럽게 적응하여 달릴 수 있도록 한다. 따라서 팔과 손을 새의 날개나 물고기의 지느러미 동작을 본받아 발동작에 맞추어 상박을 겨드랑이에 부드럽게 붙이듯 하여 율동적으로 팔을 좌우로 흔들면서 앞으로 전진 하도록 해야 한다. 또 달릴 때 기준으로 삼을 것은 언제나 호흡이다. 호흡의 장단에 맞추어 호呼 사이에 앞으로 몇 보, 흡吸 사이에 앞으로 몇 보 나가도록 한다. 한 호와 한 흡 사이에 몇 보 동작을 할 것인지는 늘 연습으로 숙련해야 한다.

연습하는 장소는 모래밭이 좋다. 바람이 잠잠한 해변이 가장 이상적이다. 일직선으로 달리는 기법과, 보폭을 최대로 넓히는 연습방법은 직선과 보폭을 땅에 그려놓고 연습하는 것이 좋으며, 그 성과를 보아 보폭을 늘려 가도록 한다. 참깨를 몇 줄 심어 놓고 싹이 날 때부터 매일 그 이랑을 뛰어넘는 연습을 하면 가을에는 뛰는 높이와 보폭을 많이 향상시킬 수 있다. 옛날 독립군은 일직선으로 걷는 버릇을 들이기 위해 두 다리를 밀착 시켜 긴 천으로 감고 잠을 잤다고 한다. 발끝에 힘을 집중시키는 데에는 굽이 높은 신발이 좋다. 처음에는 굽이 높은 신발을 사용하여 굽이 땅에 안 닿게 연습하다가 익숙해지면 가벼운 운동화로 바꾸어 발 뒷꿈치를 들고 걸어도 몸이 상하로 큰 동요가 없을 때까지 연습한다. 그렇게 하면 발바닥과 발목의 특수한 근육이 자연히 발달하게 된다.

우학도인 봉우선생이 살아생전인 1980년대 중반에 자하문(창의문) 밖 만수 한의원 마루에서 막대의 양끝을 두 손으로 잡고 축지법의 기본 동작을 필자에게 보여주어 같이 따라 해본 적이 있다. 또 초대 연정원 원장을 지낸 하동인 선생도 여러 번 시범을 보여 준적이 있다.

　동북아시아에서 문명이 싹트기 시작할 무렵 타 종족으로부터 생명을 유지하기 위하여 우리의 조상들이 숨쉬는 법과 함께 찾아낸 것이 걷고 달리는 법이었다. 훗날 고구려 장수 부분노扶芬奴나 을지문덕, 연개소문이 병사를 훈련시킬 때 쓴 보법도 이와 같았던 것으로 전해져 오고 있다. 지나(중국) 대륙의 학자가 부여 사람과 고구려 사람의 구별을 <고구려 사람은 언제나 달리지만 부여 사람은 그렇지 않다>는 기록을 남기고 있는 것을 보면 고구려 사람들의 걸음걸이가 특별히 빨랐음을 알 수 있다.

　이름을 밝히면 60세를 넘은 분들은 누구나 쉽게 '아 그 사람!' 하고 알만 한 사람이 있다. 이들은 조식법이나 단학에 대해서는 전혀 아는 바가 없었으면서도 축지와 차력을 위하여 체력을 돋우는 특별한 한약인 장근제壯筋劑를 복용했던 이들이다. 한 사람은 이 나라가 전란으로 어려운 시절 군인으로서 6. 25 동란 때 헌병사령관을 지냈다. 곧은 성품으로 널리 알려진 ㅅ이라는 이 사람은 해방직후 장군시절에 부부가 함께 차력약을 먹었으며 6.25 때 충분히 효력을 발휘하였다. 또 근대에 와서 ㅊ이라는 사람은 5.16혁명 직후 영관 장교시절에 장근제를 먹는 행운을 가졌다. 둘 다 나중에 정치에 관여하였으며 ㅅ이라는 사람은 노년에 심한 당뇨로 고생하였으며 ㅊ이라는 사람은 뛰어난 체력과 과격한 성격으로 정치에 앞장서다가 어떤 사건으로 불행한 인생을 마쳤다.

　그들은 어떤 인연으로 그 당시 논 20마지기에 해당하는 약값을 내고 서너 재의 장근제를 복용한 후 체력이 크게 향상되어 지칠 줄 모르고 저돌적이며 정력적으로 일하는 몸이 되었다. 그 뿐 아니라 이 사실을 눈치 챈 친구가 정보를 알고 싶어 해도 장근제 조제자의 거처를 모른다고 딱 잡아뗐다는 것이다. 직장생활이 다 그렇지만 특히 그 시절의 군인 생활은 항상 동료들과 경쟁해야 하는 생활이기 때문에 남다른 체력과 정신력을 요구하는 일이 많았다.

이러한 역기능을 우려하여 옛 사람들은 질병 퇴치를 위한 약 방문은 많이 남겨놓았지만 공식화된 장근제 약 방문은 남겨 주지 않았다. 1920년대에 전국을 돌아다니면서 많은 비용을 들여 축지법과 차력약의 보조제로 쓰였던 이른바 장근제 약방문을 수집한 분이 있었다. 그 분 이야기로는 130여 가지의 약 방문을 구했으나 평안도 숙천의 이 진사 집안에 전해 내려오는 약방문만은 끝내 내어주지 않아서 얻지 못하였다고 한다. 그러나 그런 집안에서 전해 내려오는 약방문 기록에도 중요한 골자는 빠져 있는지 알 수 없는 일이다. 왜냐하면 비전秘傳에는 반드시 구전심수口傳心授의 법이 있기 때문이다. 장근壯筋 강골제强骨劑에는 공식이 있고 또 개인의 체질을 고려해야만 효과가 있는 특수성이 있다. 그 뿐 아니라 운기運氣와 간지干支를 따져가면서 약을 쓰는 경우도 있다. 그러나 공통으로 들어가는 약제는 대략 국수나무, 철화분, 구리, 호골, 주사朱砂 등이다.

쑥뜸으로 걸음을 빠르게 하는 비방을 하나만 소개하기로 하겠다. 승산 바깥 아래쪽 1촌지점인 비양飛揚혈에 미립대米粒大로 매일 5장씩 지속적으로 뜸을 뜨면 걸음이 나는 듯이 빨라진다. 이 처방은 간단하면서도 비용이 들지 않으며 멀리뛰기나 높이뛰기, 축구선수, 속보, 단거리, 장거리선수 등에게 체질에 관계없이 모두 적용되는 처방이다. 그러나 뜸을 뜬 후 힘줄이 당기고 아프면 본인의 체질과는 맞지 않으므로 더 이상 뜨지 말아야 한다. 백가지 비방을 알아도 한 가지 실천하는 것만 못하다. 부뚜막의 소금도 집어넣어야 짜다.

장근제와 상주尚州 엄승지嚴承旨에 얽힌 숨은 일화가 있어 소개한다. 장근제 약방문 중에는 <이 약방문은 상주 엄 승지께서 전한 것으로 부적과 주문이 함께 있었으나 부적은 잃어버렸다. 이 약을 몇 사람에게 시험해보니 효력이 있었다. 3~4제를 계속해서 한 사람에게 쓰니 몇 배의 힘이 났다>라고 적혀 있었다. 상주 엄 승지라는 분은 구한말 임오군란이 일어난 1882년 6월 명성황후가 잠적할 때 가마를 메고 따라간 사람으로, 명성황후를 안전하게 피신시킨 후 혼란한 대궐로 태연하게 되돌아와 전과 같이 대궐 내에서 잡일에 종사한 사람으로 궁중에서 일어나는 일들을 실시간으로 정확하게 장호원의 마마께 직접 알려드리는 역할을 하였다. 황후가 시집갈 때 친가로부터 궁으로 데리고 들어간 충직한 심복이었다고 전한다. 그는 서울에서 장호원까지 190리 길을 밤중에 떠나 이튿날 새벽에 돌아올 만큼 걸음을 잘 걸었다고 한다.

다시 말하면 이분은 장근제를 복용하여 그 힘을 빌어 축지법을 수련해둔 덕분에 밤마다 서울과 장호원을 왕복할 수 있었던 것이다. 황후가 멀리 장호원에 숨어 있으면서도 궁중의 돌아가는 정보를 때를 놓치지 않고 소상하게 알 수 있었고, 그에 대한 대책을 세울 수 있었던 것은 오로지 엄승지의 힘이었다고 한다. 훗날 환궁한 뒤에는 더욱 중하게 썼으며 더 요직에 기용하고자 해도 언제나 글이 모자라는 것을 안타깝게 여겼다고 한다. 상주 엄승지라고 부르는 것은 명성황후가 시해된 후 상주에 가서 살았기 때문에 나중에 붙여진 이름이다.

필자가 어렸을 적에 칠곡 어른에게 들은 이야기이다. 우리 고향동네의 뒷집 덕산댁 머슴이 축지법을 쓰고 다닌다는 소문이 있었다. 그의 집은 강 건너편에 있는 남산 기슭에 있었는데 하루 일을 마친 후 저녁을 먹고 동네앞 국기뜰에서 놀다가 밤이 이슥해서야 집으로 돌아가곤 하였는데 30분은 족히 걸릴 거리인데도 마을을 떠나 5분 남짓이면 그 집에 불이 켜지곤 했다는 것이다. 또 그 머슴이 살던 남산 기슭에 박혀 있던 커다란 쌍둥이 기둥바위가 마치 무우를 뽑듯이 쑤욱 뽑혀져 옆에 가지런히 놓여 있었다. 나무하러 다니던 일꾼들이 가끔 그 구멍을 들여다보면 웬만한 우물만큼 깊었다고 한다.

축지법이나 차력이라는 단어가 나오면 대부분 파안대소하면서 전설의 고향으로 치부해 버리고 마는 경향이 있으나 축지법을 쓰는 술객들 간에는 엄격한 절차가 있다. 축지법을 쓸 때에는 허락을 얻는 의식이 있는데 이 절차를 <결사決事>라고 했고 나이 들어 축지법을 그만 쓰게 될 때에는 <송신送身>이라는 절차를 밟아야만 한다. 대개 송신 의식을 치르고 나면 열병이나 홍역과 같은 심한 몸살을 앓는다. 이러한 사실로 미루어 볼 때 '대축'은 훈련만으로 되는 것이 아니고 신의 힘을 빌려야만 할 수 있는 것이다. 실제로 일제 항쟁기에 우리나라 사람이 차력으로 장총을 손으로 꺾어 부러뜨리고 그것을 또 겹쳐서 부러뜨린 기록이 있다. 지금도 대만 박물관에 자세한 기록과 함께 그때의 부러진 장총이 보관되어 있다고 한다. 또 그때까지 축지법의 대가들이 꽤 있었으니 그 중 한사람이 윤보선 전 대통령의 재종조부이다. 그는 독립문을 앞뒤로 연거푸 뛰어넘는 고수였다. 유리겔러의 초능력은 믿으면서 우리 조상들의 초능력은 좀처럼 믿지 않으려한다. 이런 것도 식민사관의 영향일 것이다.

　　10여 년 전 텔레비전 사극<명성황후>에 마마가 장호원에 피신해 있는 과정이 방영된 적이 있었는데 저자는 이 엄승지 이야기가 빠져있는 것이 못내 아쉽기만 하였다. 필자가 또라이(돈 아이)취급을 받아가면서도 전설 같은 이야기를 장황하게 늘어놓은 것은 비자루나 담요를 타고 하늘을 날아다니는 『아라비안나이트』에는 열광하면서 우리조상의 기록물인 『삼국유사』나 『대동기문』은 괴담으로 몰아 부치는 우리 것 비하 풍토에서 벗어나 우리의 정체를 찾아주고자 함에 있다. 다음의 시해법이야기는 더 황당한 이야기로 들릴 것이다.　田田

<단학비전. 하동인. 1989>
<씨아시말. 반재원. 4342(2009)>

시해법 이야기

　　시해법尸解法을 글자대로 풀이하면 '죽음을 푸는 법'이다. 이 말은 살아있는 사람이 몸에서 혼을 이탈시켜 죽음으로 들어간 다음, 영계의 법에 따라 일정 시간이 지난 다음에는 죽음을 풀어서 다시 영혼이 죽은 육신에 들어오게 하여 다시 살아나는 방법이다. 책으로는 1920년대에 활자로 출판된 태을천비太乙天妃가 황제 헌원에게 전했다는 『양수유혼법量水遊魂法』이 있었다. 이런 종류의 책은 지나(중국) 대륙에서 지금도 전해오고 있었으나 모택동의 문화혁명 후부터는 장담하기 어렵게 되었다. 중국에서는 강태공과 소강절이, 우리나라에서는 최치원과 송구봉 등이 발전시켜 온 것으로 전해지고 있다.

　　강태공은 1080문門, 최치원은 123문, 송구봉은 36문으로 단축시킨 것을 20세기에 들어 와서는 더욱 단축시켜 8문으로 요약한 분이 있었다. 여기서 옛 분들이 쓰신 문門이라는 말은 오늘 날의 순서, 과정, 절차라는 뜻이다. 이분께서 8문으로 완성하여 책으로 만들어 1920년대 말까지 간직하고 있었는데, 그 당시 함께 공부하던 12세 연상의 한 도반이 하도 보여 달라고 부탁하기에 거절할 수가 없어 보여 주었더니 <자네는 언제나 이렇게 해두는 것이 못 마땅하네>라고 하면서 불에 태워버려 영영 돌려받지 못하였다고 한다. 그 선배가 그렇게 한 것은 아마 그분 나름대로 철학이 있었기 때문이었을 것이다. 그분은 죽기 전에 자기가 공부하던 흔적은 하나도 남기지 아니하고 다

불에 태워 없앴다고 한다. 그러나 남의 것까지 그렇게 하는 것은 큰 잘못이다. 어쨌든 8문으로 요약하여 썼다는 <오성주수五星籌數>인가 <오성추수五星推數>인가하는 책이 누구에게인가 혹 전해져 있을지도 모른다는 이야기를 듣고 오랫동안 축지와 속보를 연마하고 후학을 기른 초대 연정원 원장을 지낸 하동인 선생이 그의 손자들에게 까지 모조리 알아보았지만 허사였다고 한다.

강태공에서 송구봉까지 발전, 단축시켜 온 시해법의 구체적인 내용이 어떤 것인지는 전해오는 자료가 없어 알 수 없으나, 8문으로 요약된 내용 중에서 한 가지만 얻어들은 것을 근거로 하여 공개해보고자 한다. 결론부터 말하면 장례를 치룬 뒤에 무덤에서 다시 살아나 평소의 육신을 그대로 지니고 살아가는 신선에 관한 이야기이다.

신선 중에는 김가기처럼 만조백관이 지켜보는 대낮에 산 육신을 지닌 채 천녀天女들의 호위를 받으며 승천하는 신선이 있는가하면 예수 탄생 2000년 전의 인물인 멜기세댁 처럼 휴거되는 신선도 있고 왕검단군의 후신으로 와서 묘향산 석벽에 천부경을 재정리한 최치원 처럼 가야산속에서 아무도 모르게 승천해버리는 경우도 있고 원접종사관遠接從事官으로 있던 허균에게 선학仙學을 가르쳐준 한무외韓無畏(서기1517~1610년)처럼 죽어 장사지낸 후 무덤에서 다시 살아나는 시해신선尸解神仙도 있고 꿈에 잰 도통이 열매(사철 잎푸른 참가시나무의 도토리 열매)로 불로장생을 터득한 메사니(뫼산이-산속에 숨어사는 털북숭이 장수인간) 신선도 있다. 예수도 부활했다니 그도 시해 신선이다.

광해군 2년 음력 10월 24일 순안順安의 훈도訓導였던 한무외가 선해仙解하기 직전에 기록했다는 『해동전도록海東傳道錄』을 보면 한무외는 청주사람으로 젊어서 남자다운 기상이 있어 관기들의 총애를 받았는데 실수로 한 기생의 남편을 죽이고 평안도 영변으로 도망가서 살았다. 그때 한무외는 희천熙川의 교생校生 곽치허郭致虛를 만난 것이 인연이 되어 그이로부터 비방을 배워 선과 불교에 몰두했으며 나이 80이 넘어도 두 눈에는 광채가 나고 수염과 머리카락이 칠흑과 같았다고 한다. 허균이 그가 이인異人임을 한눈에 알아보고 선학을 배웠다. 한무외는 40년을 독신으로 살다가 병 없이 앉아서 죽으니 순안에 장사지냈다. 그런데 4~5년 후에 그의 친구가 묘향산에서 한무외를 만났는데 용모가 생전의 그대로였다고 한다.

'자네는 죽었다고 들었는데 여긴 어쩐 일인가?'라고 했더니 그는 웃으면서,

'그것은 거짓말이었네'라고 했다고 한다.

달마도 시해신선이다. 그를 시기한 무리들이 6번이나 독살을 시도하자 그는 효명황제 19년(서기528년)에 스스로 독약을 먹고 앉은 채로 숨졌다. 3년 후에 송운이라는 사람이 파미르고원에서 신발 한 짝을 들고 가는 달마를 만났다. 그가 어디를 가느냐고 물었더니 '나는 이제 서역으로 돌아간다'하거늘 송운이 효장황제에게 그 일을 보고하였다. 이에 황제의 명으로 무덤을 열어보니 시신은 간곳없고 나머지 신발 한 짝만 있었다. 온 조정이 발칵 뒤집혔으며, 남은 신발 한 짝은 하남성 소림사로 보냈다.

『화랑세기』에도 비슷한 이야기가 있어 소개한다. 중 혜숙이 죽어 이현耳峴 동쪽에 장사지냈다. 이현 서쪽 사람들이 장지葬地로 오던 중 혜숙을 만났다. 그들은 이상히 여겨 어디로 가느냐고 물었더니 '이곳에 오래 살았으므로 다른 곳으로 유람하러

갑니다.'하고 서로 인사하고 헤어졌다. 조금 가더니 구름을 타고 사라져버렸다. 장지에 도착하여 그 일을 말하고 다시 무덤을 파보니 짚신 한 짝만 있었다. 안강현 북쪽에 혜숙사惠宿寺가 있었다. 경주시 안강면 적곡촌에 있던 절이다.[144]

규원사화를 쓴 북애노인 김태손은 망하지 않는 나라가 없고 무너지지 않는 집이 없는 것이 자연의 이치라고 하였다. 죽지 않는 사람이 없다지만 이런 경우는 예외라고 하겠다. 이 『해동전도록』은 영조 50년(서기1773년)에 소과에 급제한 신돈복申敦復의 글이 8쪽, <단서구결丹書口訣>이 10쪽, <단가별지구결丹家別旨口訣>이 10쪽, <용호결龍虎訣>이 12쪽으로 모두 52쪽으로 이루어져 있다. 용호결을 읽어보면 깨친 후에 그 과정을 설명한 글이기 때문에 깨치지 못한 사람은 아무리 읽어도 그 뜻을 알수가 없다. 깨친 후에야 비로소 그 내용을 이해하고 재확인하는, 말하자면 깨친 것을 인가받는 글이다.

소강절邵康節은 서기1000년대에 이정지李挺之로부터 도서선천상수圖書先天象數라는 도학道學을 배워 『황극경세서皇極經世書』라는 저서를 남긴 역리학의 조종이다. 『황극경세서』를 근거로 한 어느 역리학자의 추수推數에 의하면 단기4352년(서기2019년)은 지구가 태양을 중심으로 처음 공전과 자전운동을 시작한지가 1015,5936년째가 된다는 이야기이다. 이것을 천지개벽수인 1원元(12,9600년)으로 나누면 78원이 지나고 4,7136번째의 공전 운동에 들어가 있는 것이다. 지구가 수성의 괘도에 있을 때부터의 지구 전체 역사가 45억년이 지난 것으로 보지만 이 천문계산에 따르면 이러한 계산이 가능해진다는 것이다.

144) 김대문, 조기영 편역, 『화랑세기』, 도서출판 장락, 1999. 206쪽.

또 1015,5936년을 60갑자로 나누면 16,9265번의 갑자甲子년이 지나고 2019년이 36년째에 해당되므로 60갑자의 36번째 간지인 기해년이 되는 이유이다. 즉 서기 2019년은 지구가 태양계에서 좌표를 점지 받은 후 16,9266번째로 맞는 기해己亥년이 되는 셈이다.

지구의 운명을 이야기할 때 1원元(12,9600년)을 한단위로 하여 천지개벽이 이루어지는 것으로 보았다. 앞의 내용대로라면 현재의 지구는 여태까지 78번이나 대 개벽을 치루고 79번째 개벽으로 달려가기를 서기 2019년인 올해로 4,7136년째가 된다.

앞으로 79번째의 개벽이 오려면 8,2464년(12,9600년-4,7136년 =8,2464년)이 지나야 한다는 계산이 나온다. 여기서 1원元인 12,9600년에서 봄, 여름, 가을, 겨울의 각 주기인 겨울주기 3,2400년을 8,2464년에서 제하면 앞으로 5,0064년이라는 기간 동안 우주의 79번째 늦여름과 가을철이 되는 것이다.(8,2464년 -3,2400년=5,0064년)

그러나 '그것이 지구의 종말이 아니라 3,2400년의 빙하기가 끝나면 80번째의 우주의 봄이 오면서 12,9600년의 우주의 1년 (1원)이 다시 시작되는 것이다. 그러다가 81번째(9x9=81)의 개벽이 끝나면 태양으로부터 떨어져 나온 신성新星이 수성의 괘도로 진입하고 지구는 화성 자리로 밀려나면서 죽은 별이 되고 금성이 밀려나와서 지금의 지구 괘도를 차지하면서 생명체가 사는 별로 바뀌게 되는 것이다. 그러므로 화성은 지금의 지구 괘도에서 밀려난 옛 지구이다. 그리고 우리 태양계의 완전수인 10수를 유지하기 위하여 11번째가 되는 명왕성은 소멸된다.'[145] 이 계산에 따른다면 올해 서기 2019년으로부터 34,1664

145) 필자주 - 9x9=81의 마침 수에 따른 필자의 추수推數 이론이다. 여기서

년 후의 일이다.(8,2464년+12,9600년+12,9600년=34,1664년) 그런데 78원(12,9600년×78원) 즉 천만년이 지난 지금 화성을 탐사하여 생명체를 찾는 것은 의미가 없다. 보이저를 우주 저편으로 떠나보낸 후 2018년 11월 28일 또 화성 탐사가 시작되었다. 그러나 결국 흙부스러기와 돌멩이밖에 주워올 것이 없다. 화성 탐사를 할 인력과 비용으로 그 때가 되면 지구의 괘도에 진입할 금성에 투자 할 준비를 해야 할 것이다.

소강절의 『황극경세서』에 의하면 우주의 1시간(120분)은 지구의 30년(1시간=30도)이며 우주의 하루는 지구의 360년(30×12시간)이며 우주의 한 달은 지구의 1,0800년(360×30일)이고 우주의 1년은 지구의 12,9600년(10800×12달)이다.

소강절은 지구의 지나간 역사를 더듬어보고 앞으로의 운명을 예견할 수 있는 이론을 남긴 위대한 천문학자였다. 그런 그도 환갑이 지나자 시해신선이 되고자 머리의 방위를 잘 잡은 후에 죽었다. 그런데 그 보다 22살이나 어린 학문의 대립자인 정이천이 시샘을 하여 숨이 막 끊어진 소강절의 머리를 다른 방향으로 틀어 버리는 바람에 그만 살아나지 못하고 말았다고 한다. 도道가 한길이면 마魔도 한길이라더니 도의 세계나 인간세계나 시기와 질투는 다름이 없다.   田田

<단학비전, 하동인, 1989>
<씨아시말, 반재원, 4342(2009)>

숫자의 단위를 4자리로 한 것은 우리 고유의 방법을 따른 것이다. 156만을 3자리인 1,560,000으로 표기하기보다 4자리인 156,0000으로 표기하면 쉼표 앞의 156을 156만으로 바로 읽을 수 있다. 일반인들은 단위를 금방 파악할 수 있어서 오히려 더 편리하다.

혈통

　강 건너 마을 외딴집에 문둥이 처녀가 살고 있었다. 그리 심하지는 않았지만 마을 사람들은 왕래를 끊고 지냈다. 어느 여름날 오후 갑자기 소나기가 쏟아지는 바람에 김 부자富者는 문둥이 처녀 집 처마 밑에서 비가 멎기를 기다리고 있었다. 그러나 날이 어두워졌는데도 빗줄기는 잦아들 줄 모르고 더욱 거세어져 물동이로 들어 붓듯이 쏟아졌다. 거기에다 강물이 크게 불어 건너 갈 수 없는 상황이라 하는 수없이 문둥이처녀의 집에서 하루 밤을 묵게 되었다. 그런 일이 있은 후 문둥이 처녀는 배가 불러 옥동자를 낳았고 아들을 출산하고부터는 문둥병도 조금씩 나아져갔다.

　김 부자는 아들이 없어 늘그막에 양자를 들여서 대를 이었다. 그 뒤 많은 세월이 흘렀다. 김 부자가 세상을 떠나 상여가 나가던 날 상여꾼으로 나간 처녀의 아들은 왠지 알 수 없는 슬픔으로 목이 메여 왔다. 부모가 돌아가신 것처럼 북받치는 슬픔에 자꾸 눈물이 쏟아졌다. 저녁에 집에 돌아 와서 어머니에게 그 이야기를 했더니 잠자코 듣고만 있었다. 그 뒤 김 부자의 집에서도 제사를 지내고 처녀의 집에서도 제사를 지내고 있었다. 그런데 제사를 지낸 그날 밤 처녀는 이상한 꿈을 꾸었다. 김 부자의 영혼이 본가의 제사상은 한 바퀴 휘둘러보기만 하고 곧장 강을 건너 처녀의 집으로 들어와서 제사상 머리에

턱 앉는 것이었다. 그리고 음식을 맛있게 먹고는 문둥이 처녀와 아들을 내려다보고는 마당으로 성큼 내려가는 꿈이었다. 이것은 실화이다. 예로부터 혈통은 바꿀 수 없음을 상징적으로 보여준 것이다.

　실제로 영혼이 제삿날에 제삿밥을 먹으러 올까? 어느 목사는 이웃집 제삿날에 밥을 얻어먹으려고 줄을 서있는 모습을 영으로 본 후로는 제사를 지내야 한다고 주장하였고 그 내용을 책으로 낸 적이 있다. 후손이 대가 끊어지거나 후손이 있어도 제사를 지내지 않는 조상령들이 남의 제사에 줄을 선다는 것이다.

　보통사람들은 알 수 없는 일이지만 역사적인 예를 한 가지 들어보기로 하겠다. 사육신 중 유일하게 대를 이은 이가 박팽년이다. 이덕무의 『청장관전서』에 의하면 박팽년의 손자인 박일산의 손자 박계창은 고조부 박팽년의 기일에 꿈을 꾸었다. 마당에 인기척이 나기에 나가보았더니 사내 다섯 명이 고조부 박팽년과 함께 사당 안을 들여다보고 있는 꿈이었다. 함께 사당을 찾아온 혼들은 성삼문, 하위지, 이개, 유성원, 유응부의 사육신이었다. 꿈에서 깬 박계창은 새로 제사상을 차려 여섯 분을 같이 모시고 또 제사를 지냈다. 그 전통이 이어져 나중에 그 사당은 육신사六臣祠로 중창되었다. 현재 경북 달성군 묘동에 있다. 이 또한 실화이다.　田田

4352(2019). 4.

성姓과 씨氏의 연원

성과 씨

원래 '성姓은 천자가 덕이 있는 자를 제후로 봉하고 그가 출생한 땅을 인연으로 하여 성姓을 하사한다.'라는 문장이 『춘추좌씨전』에 나온다.[146] 즉 성姓은 출생한 지명을 따서 지은 것이다. 즉 본인이 태어난 출생 지명이다. 그러나 '씨氏는 영토를 나누어 주고 본인이 받은 영토의 지명을 따서 씨를 삼는다.'[147]라고 하였다. 그러나 처음에는 식읍[148]을 주다가 나중에는 과전[149]으로 바뀌었다가 녹봉[150]을 주는 것으로 변천하였다. 『한단고기』의 기록에 의하면 성姓의 시조는 강성姜姓이다. 서기전3240년 배달국의 8세 안부련 한웅 시대에 신농의 아버지 소전少典[151]이 지금의 중국 섬서성 서안 기산현의 강수姜水가에서 군사를 조련하는 책임자로 살았으므로 성을 '강姜'이라고 했으며 풍성風姓과 더불어 성姓의 시조가 되었다. 모두 우리 조상의 성이다. 그런데 지금의 성이 중국의 성이므로 우리말로 갈아야

---

146) 春秋左氏傳-天子建德因生以賜姓.

147) 春秋左氏傳-胙之土而命之氏.

148) 食邑-공신에게 세금을 받아쓰게 한 고을. 세습이 가능한 토지이다.

149) 科田-관리에게 세금을 거둘 권리를 주던 제도로써 본인이 사망하면 반납하는 것이 원칙이었다.

150) 祿俸-봉俸은 매달 지급되지만 녹祿은 3개월마다 나온다. 봉은 쌀, 보리, 콩 등이며 녹은 옷감이나 생선 등의 축산물이다. 요즘으로 보면 봉은 월급이며 녹은 상여금이다.

151) 『태백일사』「신시본기」, 64쪽.

한다면 결국 우리 조상의 성씨를 내다 버리는 꼴이 되는 것이다. 옛말에 '후손이 무식하면 조상 다 팔아 먹는다'는 말이 이런 것을 두고 하는 말일 것이다.

중국측 기록과는 달리 『태백일사』「신시본기」에는 소전의 직계 아들은 신농이며 황제 헌원은 소전의 방계 자손으로 나온다. 동북공정 이전까지만 해도 중국은 황제 헌원만 시조로 삼다가 황제가 소전의 자손으로 유웅국의 후예라는 기록을 빌미로 지금은 신농과 치우까지 모두 자기네 조상으로 편입시켜 삼조당三祖堂을 만들어 놓았다. 머지않아 유웅국을 빌미로 삼아 웅녀도 자기네 조상으로 가져가려고 할지 모른다. 동북공정의 목적은 한반도 유사시에 북한을 동북 4성으로 만들기 위한 작업이다. 단군역사서인 『홍사한은鴻史桓殷』에 의하면 웅녀로 알려져 있는 왕검 단군의 어머니 이름이 교웅蟜熊으로 기록되어 있다.[152] 그 교웅이 '웅녀'로 변조된 것으로 보인다. 왕검의 부인 이름은 비서갑 하백의 딸 태원太源으로 기록되어 있다.[153] 한글 토씨가 없는 원본이 나타나면 재확인 할 일이지만 교웅이나 태원이라는 이름이 구체적으로 기록된 『홍사한은』은 지금까지의 변조된 단군신화를 역사로 환원할 역사서인데도 아직 상고사 연구자들도 위서로 취급하면서 긴가민가하고 있다.

'풍風은 태호 복희伏羲의 성姓이다. 하북성 풍산風山지역에 살아 풍이風夷의 임금이 되어 그곳 백성들을 교화하고 살았으므로 성을 풍이라고 하였다. 풍은 성이자 족호이다. 신농의 강성姜姓과 함께 성의 시조로 알려져 있다. 풍성風姓은 15대까지 내려오다가 임任, 기己, 포庖, 이理, 팽彭, 패佩, 관觀, 사似의 8성으로 바뀌면서 사라지게 된다.[154] 지금은 '그 사람 풍체風采

---

152) 반재원, 『주해 홍사한은』, 도서출판 한배달, 4345(2012), 81쪽.

153) 반재원, 『주해 홍사한은』, 도서출판 한배달, 4345(2012), 121쪽.

좋다'라는 말로만 남아 전해 내려오고 있다. 그런데 『부소보』의 소씨 상상계에는 소성蘇姓의 시조인 태하공이 유동이라는 벌판에서 제곡고신을 격파한 공으로 홍제가 소성蘇城을 식읍으로 봉하고 하백으로 삼았다고 하였으며155) 또 『부소보』의 「동근 구보서」에 의하면 소성蘇姓에서 강성姜姓, 풍성姜姓, 희성姬姓, 기성己姓 등이 나왔다고 하였다.156) 이 기록으로 보면 성의 기원은 훨씬 더 올라간다.

중국은 복희를 자기네 조상으로 알고 있다. 그러나 『한단고기』에 의하면 5세 태우의한웅太虞儀桓雄의 막내아들이다. 중국의 역사학자 쑤쓰니옌傅斯年도 '태호 복희가 동이족이라는 것은 고대로부터 공인되어온 사실이다.'라고 하였다. 이렇듯이 성씨제도도 또한 동이족으로부터 시작되었다. 태극 8괘를 만든 복희가 중국인이라면 우리의 국기인 태극기도 중국 것을 빌어 쓰는 것이므로 심각한 일이다. 그 뒤 성씨는 조상의 이름을 따서 전욱顓頊씨, 국명을 따서 송나라의 송宋씨나 고구려 고주몽의 고高씨, 온조의 부여씨가 되었고 직업에 따라 무巫씨, 수레를 타고 다닌다고 하여 거車씨, 백마를 타고 다닌다고 하여 마馬씨 등이 되기도 하였다.

고려 왕건이 지방 토호세력들을 통합, 관장하기 위하여 전국의 군, 현의 개편작업과 함께 개국 공신들에게 성을 하사하면서 우리의 성씨체계가 재확립되었다. 그 뒤 고려 문종(1055년)

---

154) 송호수, 『한겨레의 뿌리길』, 개천대학출판부, 2000, 123쪽.

155) 『扶蘇譜』, 蘇氏上上系-洪帝八年 高辛氏入寇擊退於綏東之野 洪帝致賀 其功 而封蘇城爲河伯一云夏伯.

156) 『扶蘇譜』, 東槿舊譜序-赤帝之後孫 爲風姜姬己等. 부소보서에 나오는 赤帝는 이름이 부해復解이며 호는 축융祝融이라 하였다.

때부터 성씨가 없는 사람은 과거에 응시할 수 없도록 법을 만들었다. 문종이후의 조상을 시조로 하는 성씨는 그때 이후로 생긴 성씨들이다. 반씨는 귀화인으로 보기 때문에 예외라고 하겠다. 그러나 여전히 백성의 40%를 차지하는 노비와 천민 층은 조선전기 까지만 해도 성씨를 쓸 수 가 없었다. 조선 후기부터 신분해방과 신분상승으로 성씨를 가지게 되었으며 특히 서기1894년 갑오경장 이후 성씨사용이 일반화 되고 너 나 없이 양반행세를 하게 되면서 족보를 사고 파는 일이 성행하였다. 머슴은 주인의 성을 따랐으며 또 마음대로 성을 짓기도 하였다. 한 예로 김좌진 장군의 노비 100여명이 안동김씨가 되었고 안평대군의 노비들이 전주이씨가 되는 등 그때부터 김씨, 이씨, 박씨 등이 갑자기 늘어나면서 전체인구의 20%가 넘는 성씨가 나타나게 된다. 지금 김, 이, 박씨가 전체인구의 41%나 된다. 기현상이 아닐 수 없다. 중국의 1, 2, 3위 성씨들은 각각 7% 선이다.

그러나 다음의 여러 내용을 종합하여 살펴보면 성씨의 시원이 우리가 알고 있던 것과는 달리 고려나 신라시대보다 수천년을 훨씬 앞선 순임금 이전부터 이미 존재했었다는 새로운 사실을 알 수 있다. 또 주문왕의 희성반씨 이전에 순임금의 요성반씨가 먼저 실재하였다는 흥미로운 사실도 알 수 있다. 또한 씨氏의 출현이 그냥 쉽게 이루어진 것이 아니라 상고시대 모계사회로부터 부계사회로 넘어갈 때 목숨을 건 처절한 몸부림의 결과물 이었다는 점도 알 수 있을 것이다. 그래서 엄연히 성과 씨의 의미가 다르다는 것도 알게 될 것이다. 따라서 <성과 씨의 연원>은 지금까지 인류의 성과 씨의 역사와 기원이 수정되어야 할 중요한 단서를 제공해줄 것이다.

반씨의 상고사

주나라 초대왕은 무왕의 아버지 문왕이다. 지방의 방백方伯으로 있었는데 무왕이 주나라를 세우고 아버지를 초대왕으로 삼아 문왕이라 하였다. 직접 왕 노릇은 하지 않았고 아들 무왕의 추대로 임금이란 명칭만 얻어 살아있는 동안 명예직으로 있었다. 바로 이 문왕이 8괘를 짓고 문왕의 둘째 아들이자 무왕의 동생인 주공이 효사를 지었다고 전해지고 있다. 『홍사한은』에는 '백이 숙제가 동해가에 살았는데 그는 서백西伯이 정치를 잘 하고 노인을 우대한다고 듣고서 서기西岐로 갔다.'[157]라는 구절이 있다. 『거제반씨 대동보』에는 '반씨潘氏가 주나라 문왕과 같은 성에서 갈라져서 계손이 반땅에 봉함을 받아 그 땅의 세를 받아먹었으므로 반潘이라는 성이 되었다.'[158]라고 기록되어 있다. 계손季孫은 주나라 문왕의 여섯 째 아들인 필공고畢公高의 아들이라고 전한다.[159]

중국측 기록에는 필공고가 주나라 문왕의 열다섯째 아들이고

---

157) 반재원, 『주해 홍사한은』, 도서출판 한배달, 4345(2012), 205쪽. 25세 단군 솔나率那 5년 을묘. 서백西伯은 문왕을 말한다. 하백河伯도 송화강 지역을 다스리던 우두머리를 말하는것이지 '용왕'이나 '물의 신'이라는 의미가 아니다. 진백秦伯은 진나라 목공, 도백道伯은 도지사. 지방 수령은 방백方伯이다.

158) 거제 반씨 대동종친회본부, 『거제 반씨 대동보』, 호서출판사, 1976, 56쪽.

159) 계명재, 『기성 반씨 족보』, 갑오보, 필공의 이름은 희고姬高이다. 원래 문왕의 성은 '희姬'이고 이름은 '창昌'으로 '희창姬昌'이었다. .필공의 성도 '희'이며 이름은 '고였다. 계손도 원래는 '희계손'인데 노나라 횡당지방橫塘地方의 반潘이라는 땅에 책봉되어 반계손이 되었다. 이에 반씨의 시조라고 한다.

계손은 필공고의 넷째 아들로 나온다. 또 중국의 <호남반씨>라는 간행물의 내용에 따르면 계손은 황제헌원皇帝軒轅의 후손이며, 황제 헌원은 유웅국有熊國 소전少典의 아들로 헌원이라는 언덕에서 태어났으므로 이름을 헌원이라 했으며, 희수姬水가에서 성장했으므로 희성姬姓으로 성을 삼았다고 한다. 헌원의 부인은 뉘조嫘祖와 막모嫫母이다. 뉘조는 처음으로 누에를 길렀으며, 막모는 처음으로 베틀을 만들어 천을 짰다고 전해지고 있다. 이 자료에 따르면 반씨의 연원이 문왕을 훨씬 거슬러 올라가서 삼황오제의 한사람인 황제의 성인 희성이 된다. 그래서 계손의 아버지 필공고를 희고姬高라고 한다.

모계사회의 혼인제도

낙빈기의 『금문신고』에 의하면 여느 성과는 달리 반潘은 성姓이 아니고 씨氏이다. 낙빈기는 북경시 판천阪泉이 순임금의 아들을 반씨로 봉한 이른바 북박[160]이라고 하였다. 성은 모계를 따른 것이고 씨는 부계를 따른 것인데, 고대에는 모두 모계를 따랐기 때문에 성이라 하였으나 반씨만은 반성潘姓이 아니고 처음부터 반씨潘氏였다는 이야기이다. 왜냐하면 반씨는 순임금이 그의 아들에게 붙여준 최초의 부계혈통의 씨였기 때문이다. 무슨 말인가 하면 순임금은 처음으로 종전의 모계에서 벗어나 부계의 혈통을 따르는 혁명을 일으켰는데 그것을 유신維新이라고 하였다. 모계사회는 왕위나 재산이 사위에게(딸이 물려받는 것이 아님) 계승되는 사회이고 부계사회는 사위가 아닌 아들에게 계승되는 사회이다. 순임금의 유신은 모계사회에서 부계사회로 개혁하려는 혁명적인 제도였다.

---

160) 북박北亳-북경시 연광현延廣懸 근처 동북쪽 땅.

그는 그 당시 남자가 여자 집으로 장가가서 데릴사위가 되어 자식을 낳으면 아내의 혈통인 성을 따르던 모계제도에서 벗어나 여자가 남자 집으로 시집와서 그 자식이 남편의 혈통인 씨를 따르며 사는 부계제도로 바꾸려고 하였다. 그 전까지는 남녀가 각 각 2명씩 혼인하던 공동부부(푸나루아 제도) 결혼제도였다.[161] 황제 헌원의 부인이 뉘조嫘祖와 막모嫫母 2명인 것도 푸나루아 제도에서 온 것이다.

푸나루아 제도는 2쌍의 남녀가 혼인해서 같이 살다가 일정기간이 지나면 서로 바꾸어 사는 제도이다. 말하자면 남편 2명과 아내 2명이 서로 공동 부부가 되므로 서로가 '우리 마누라'이고 '우리 남편'이 되는 것이다. 거기에서 태어난 자식들은 2쌍의 부부 모두 우리아버지 우리어머니가 된다. 순임금은 여기에서 벗어나 최초로 남녀가 1:1로 혼인하는 지금의 제도로 바꾸려고 한 사람이다.

그러나 순임금의 유신維新은 실패한다.[162] 이 제도는 혁명적인 제도였기 때문에 이를 막기 위해 모계의 기득권자인 순의 할머니인 기칭己稱이 자문역할로 가담하고, 순의 왕고모인 중계仲癸와 제곡고신의 차비次妃이자 순의 안사돈인 간적簡狄이 주동자로 나선다. 그리고 순의 사위인 우임금의 큰 부인 사모무司母戊와 그의 작은 부인인 사모신司母辛이 행동 대원이 되어 순을 시해한다. 작은 부인 사모신은 바로 순임금의 딸이다. 자신의 남편 우가 아버지 순임금으로부터 왕위를 물려받지 못할

---

161) 푸나루아 제도-신랑2명과 신부2명이 같이 혼인하던 고대사회의 결혼풍습이다. 신랑은 형제간이며 신부는 친정질녀와 짝을 이루었다.

162) 순임금은 금문학상으로 기원전 2320~2312년(재위 9년)의 인물이다. 낙빈기의 금문신고에는 순임금이 은나라 임금이 아니라 삼황오제시대의 임금이다.

것을 우려한 때문이었다.

　순의 안사돈인 간적은 순의 6촌 여동생이다. 간적은 3황 5제의 3번째 제왕인 제곡고신帝嚳高辛의 차비次妃이자 종묘제례를 주관하던 무소불위의 권력자인 중부일계 곤의 딸이었다. 즉 중부일계는 제곡고신의 장인어른이다. 동시에 간적은 순의 부인인 아황娥皇의 어머니이며 순의 사위인 우禹의 어머니이기도 하다. 우와 아황은 서로 오누이로서 간적의 아들딸이다. 따라서 우와 아황은 순임금의 생질과 생질녀가 되고 순은 그들의 외7촌 아저씨가 된다.[163]

　즉 우는 순임금의 사위이자 7촌 생질이며 아황은 순임금의 아내이자 7촌 생질녀이다. 따라서 간적은 순임금의 6촌 여동생이자 순의 사위인 우의 어머니이므로 순의 안사돈이며 또한 순의 아내인 아황의 어머니이므로 그의 장모가 된다. 곧 간적은 순의 안사돈이자 순의 장모이자 순의 6촌 여동생이다. 그때의 결혼제도는 지금의 사고로는 도저히 이해하기 힘든 겹사돈에 누비사돈의 관계였다. 그래서 필자의 설명도 이렇게 복잡하다. 1부 <이서국의 한>에서 보았듯이 『화랑세기』에 나오는 신라 왕실과 미실, 화랑들의 겹사돈 결혼풍습도 이때의 유풍으로 보는 것이다.

　결국 순은 왕위를 물려받지 못하게 될 자신의 사위 우임금 무리와 우의 아내이자 자신의 딸 사모신에게 참살 당했으니, 사마천의 『사기』에서 말하는 '요순 태평성대시대'는 잠시 잠깐이고 혈족 간에 권력 다툼의 극치를 보여준 암흑시대였던 것이다. 순임금의 첫 이름은 '한韓'[164]이다. '한국'이라는 국호도 순임금의 이름인 '한韓'과 같다.

---

163) 駱賓基, 『金文新攷 外篇』, 中國山西人民出版社, 1987.

164) <한국학 기본학습>. 김재섭 선생 강의 초록.

요·순과 단주의 한

요령성 홍산문화의 중심에도 순임금이 있다. 지금 중국의 기록에는 순임금이 호북성에서 죽었으며 능도 그곳 동정호에 있다. 그의 두 아내인 아황과 여영이 소상강에 빠져 죽어 그 한이 소상반죽으로 나타났다는 유적까지 있다. 그러나 그것은 허구이다. 『수경주』에 의하면 순임금의 진짜 무덤은 지금의 산서성 운성시運城市 염지鹽地 부근에 있는 순릉이다. 염지는 중국 소금의 70%를 생산하는 주산지이다. 그 당시에는 소금이 금보다 더 중요하였다. 그 옛날 한족과 동이족의 치열한 전쟁도 염지를 서로 차지하려는 소금쟁탈전이었다. 또 당나라는 대방에 진을 치고 신라는 석문에 진을 쳤다는 기록이 있는데 대방과 석문을 모두 운성시 부근으로 보고 있다. 비류가 있던 곳도 물이 짜다고 했으니 운성시 염지로 보는 것이다.

『맹자』 이루장구하편에도 '순은 저풍諸馮에서 태어나서 부하負夏로 옮겼으며 명조鳴條에서 돌아가시니 동이사람이다.'[165] 라고 기록되어있다. 『맹자』의 이 문구는 선사시대를 역사시대로 바꾸어주는 내용인데도 믿으려하지 않는다. 『중국고금 지명대사전』에도 '저풍은 순생처舜生處'라고 하였는데 저풍은 지금의 산동성 하택시 지역이고 순이 죽은 명조는 지금의 순릉이 있는 산서성 운성시이다. 따라서 호북성 동정호의 소상반죽이야기는 허구이다.

그리고 역사적으로 단주가 한을 품은 것이 순임금에게 왕위를 빼앗겼기 때문으로 알고 있다. 그러나 단주가 아버지와 갈등을 겪은 것은 광해군과 허균의 정치철학의 차이처럼 아버지 요임금과 정치철학이 달랐기 때문이지 왕위계승의 문제 때문이

---

165) 『맹자』 이루장구하-孟子曰 舜生於諸馮 遷於負夏 卒於鳴條 東夷之人也.

아니었다. 그 당시는 모계사회이므로 아들에게 왕위를 물려주는 부계세습제가 아니라 사위에게 물려주는 모계사회이기 때문에 아들인 단주가 왕위를 물려받지 못해서 한을 품었다는 것은 허구이다. 아들에게 왕위를 물려주는 부계 세습제도는 순임금의 사위인 우임금의 아들 계啓부터 시작되기 때문이다. 계啓는 순임금의 외손자이다. 허균이 광해군에게 백성들의 종이 되라고 했다가 이단아로 능지처참을 당했던 것처럼 단주의 정치이념인 대동세계의 실현은 아버지 요임금으로서는 그 시대에 도저히 받아들이기 어려웠기 때문이다. 따라서 지금까지 알려져 있는 <단주의 한恨>은 왕위 때문이 아니라 자신의 혁신적인 정치노선을 반영해보지 못한 한恨 때문으로 보아야 한다.

<사기>의 기록과 달리 요임금도 순임금에게 그리 흔쾌히 나라를 내어주지는 않은 것 같다. 요릉도 도읍지인 산서성 임분에 있는 요릉은 가짜이고 진짜 무덤은 멀리 떨어진 산동성 하택시에 있기 때문이다. 요임금의 무덤을 도읍지에서 그렇게 멀리까지 잡은 것은 순임금과 갈등이 있었음을 암시하고 있다. 비록 『수경주』에는 하택시가 요임금의 고향이며 요산堯山이 있고 요임금의 어머니 산소도 있기 때문이라고는 하지만 그 때문에 도읍지인 산서성 임분에서 500km나 떨어진 그 먼 산동성 하택시에 장사지낼 이유가 없었을 것이다. 요임금의 고향임을 핑계 삼아 멀리 보내버린 것으로 보는 것이다. 요임금의 아들 단주도 자형姊兄인 순임금의 정치노선과 정치철학의 차이 때문에 도읍지와 멀리 떨어진 산동성 하택시로 밀려나 그곳에서 아버지가 만들어 준 바둑판으로 세상을 보냈던 것이다.
우임금도 주거지가 하나라의 수도인 산서성 안읍安邑인데도 수천km나 떨어진 절강성 회계산에 그의 무덤이 있는 것은 왕

위를 물려받은 사위인 백익伯益과의 갈등 때문으로 유추해보는 것이다. 왜냐하면 우임금으로부터 왕위를 물려받은 백익을 우임금의 아들이자 백익의 처남인 계啓가 몰살시켰기 때문이다.

　어쨌든 순임금은 자신의 사위 우禹의 차비次妃이자 자신의 딸 사모신司母辛 호狐에게 참살 당하고 순의 유신은 실패로 돌아간다. 그때부터 사모신을 일러 아버지를 죽인 년이라고 하여 '대국大國여시(狐, 여우)같은 년'이라는 말이 생겨났다. 결국 순의 사위인 우임금이 모계풍습대로 순의 자리를 차지하여 왕위에 오르고 우임금은 또 모계의 풍습 그대로 사위인 백익伯益에게 왕위를 넘겨준다. 그러나 백익(서기전2303~서기전2298. 재위기간 6년)이 하남성 안양安陽에서 무장을 해제한 채 장인인 우임금의 사당에서 제사를 지내다가 재위 6년 만에(우임금이 죽은 지 2년 후) 우임금의 아들 즉 자신의 처남인 계啓에게 무자비하게 참살 당한다. 계는 제사에 참여한 수 백 명이나 되는 백익의 무리를 참살하여 큰 구덩이를 파고 묻어버린다. 백익의 묘가 처음 발굴될 당시에는 떼죽음이라서 노예들의 순장묘로 잘못 알았을 정도였다. 계는 죽은 아버지 우임금을 시조로 삼아 하나라를 세우면서 외할아버지 순이 이루지 못한 부계사회로 바꾸어 버린다.[166]

　그 후부터 장례식이나 제사 때 대나무속에 칼을 넣어 지팡이로 위장하여 사용하기 시작했는데 그것이 오늘날 남자 상주가 대나무 지팡이를 짚는 유래가 되었다. 중국 대나무는 굵어서 칼을 숨기고도 남는다. 대나무 지팡이를 짚는 장례풍습은 지금 중국에는 없고 우리 민족에게만 남아있는 풍습이다. 이것은 우리가 백익과 계의 후손이라는 증거이다. 그러나 이 장례 풍습도 우리 대에서 끝이 났다. 젊은 세대들은 장례식 때 대나무

---

166)　駱賓基,『金文新攷 外篇』, 中國山西人民出版社, 1987.

지팡이를 짚는 것을 본적도 없기 때문에 우리 대에서 이런 기록을 남겨두지 않으면 우리의 상고사는 영원히 묻혀버리고 만다. 2부 <저, 돈, 우리, 도련님, 계집아이, 가시나이, 묏밥> 등의 어원과 마찬가지로 대나무 지팡이를 짚은 것도 우리민족이 대륙의 대종손이라는 증거이다. 우리는 계의 후손이며 삼황오제의 대종손이다.

모계사회의 마지막 왕 백익

여기서 백익에 대하여 좀 더 살펴보기로 하자. 백익은 우리 고대사에서 매우 중요한 인물이다. 금문학상으로 삼황오제시대인 모계사회의 마지막 왕이기 때문이다. 백익은 재위기간이 불과 6년밖에 되지 않지만 큰 업적을 남기는데 바로 화폐의 혁명이었다. 우임금의 사위인 백익은 그 당시의 물물교환 시대를 본격적인 화폐사용 시대로 바꾼 사람이었다. 백익은 사마천의 <오제본기>에도 하나라의 시조인 우禹의 사위로 기록되어 있는 인물이다. 낙빈기의 『금문신고』에 의하면 우임금의 사위로서 그 뒤를 이어 왕위에 올랐으나 우禹가 죽은 지 2년 후에 부계 사회로 바꾸려는 자신의 처남인 계啓에게 참살 당하였다. 백익은 돼지를 족표로 삼았다. 2부 <저, 돈의 어원> <우리의 어원>에서 말했듯이 우리가 화폐를 '돈'이라고 하는 이유도 화폐사용 시대를 연 백익의 족표인 돼지 '돈豚'에서 온 말이다. 돈을 모으는 저금통도 돼지저금통이며 돼지꿈은 곧 돈과 연결된다. 일상생활에서 입에 달고 사는 '우리'라는 말도 백익의 족표인 '돼지우리'의 '우리'에서 온 말이다. 따라서 어원으로 볼때 백익은 부정할 수없는 우리의 직계조상이다. 백익의 족표였던 돼지는 이제 5천만의 삼겹살이 되었다.

부계사회의 첫 임금 계

그 후 계는 돌아가신 자신의 아버지 우임금을 시조로 삼아 하나라를 세우면서 외할아버지인 순임금이 시도했던 유신제도를 그대로 도입하여 부계제도로 확실하게 바꾸어 버린다. 사위가 아닌 아들로 계승되는 군주 세습제도는 이때부터 굳어졌으며 그 유신제도가 오늘날까지 남녀가 1:1로 결혼하여 여자가 남자집으로 시집오는 혼인풍습이 유지되어 오고 있는 것이다. 그러나 모계의 유풍이 4000여년이 지난 지금까지도 없어지지 않고 남아있으니 족보에 출가한 딸 대신 사위의 이름을 기록하는 풍습에서 그 흔적을 찾아볼 수 있다. 또 모계사회 때 신랑이 처갓집으로 들어가는 '장가든다' '장가간다'라는 말도 여태까지 남아있으며 장가를 들므로 처갓집의 동네이름을 택호로 삼고 있다. 그러므로 어원에서 상고 역사를 복원해 낼 수 있는 것이다.

유신維新이라는 단어는 순임금 때에 처음 등장하며 후대에 와서 『서전』과 『대학』에 다시 유신이라는 단어가 보인다.[167] 박정희 대통령의 '10월 유신'도 여기에서 따온 말이다. 순임금이 비록 유신에 완전히 성공하지는 못했지만, 그때 자신의 아들에게 모계의 성이 아닌 부계의 씨를 붙여주었던 그 씨가 바로 순임금의 아들인 반씨潘氏, 진씨陳氏 등이다. 그래서 반씨, 진씨는 역사상 처음으로 부계의 씨를 얻은 가문이라고 하는 이유이다. 지금으로부터 4300여 년 전의 일이다. 아우는 진씨의 시조가 되고 나중에 그 후예가 진나라를 세운 것으로 알려져 있다. 여기까지가 <금문학>으로 본 반씨의 상고사이다.

---

167) 『대학』- 詩曰 周雖舊邦 其命維新.

반씨는 씨氏의 시원

　이와 같이 모계사회에서 부계사회로 넘어오기 위하여 몸부림치는 과정에서 순임금이 처음으로 자기 아들에게 '반'이라는 부계의 씨를 붙여줌으로써 반씨는 씨의 조종祖宗이 되었다. 이렇듯 반씨의 첫 시조는 바로 동이족인 순임금으로부터 비롯되었음을 알 수 있다. 그 후 모든 혈통이 성姓에서 씨氏로 바뀌었지만 호칭만은 그대로 남아서 지금도 굳은 결의를 할 때 '성을 갈겠다'라든지 '자네 성이 뭔가?'라고하지 '자네 씨가 뭔가?'라고 하지 않는다. 심지어 이력서나 각종 문서의 이름난에도 '성명난'이지 '씨명난'이라는 말은 없으며, 지금까지도 '백씨百氏'라는 말은 발도 못 붙이고 '백성百姓'이라는 단어가 옛 자리를 굳게 지키고 있다. 이렇듯 한번 굳어지면 몇 천 년이 지나도 바뀌지 않는 것이 말의 힘이다. 그래서 유물이 땅속에 묻혀있는 역사의 화석이라면 말은 입속에 살아 있는 역사의 화석이다.

　'반'은 몽고어로 '신神'이라는 뜻이다. '반갑습니다'라는 뜻은 '반 같습니다'라는 말이며 그것은 바로 '신 같습니다'라는 뜻이다. 따라서 '뵙게 되어 반갑습니다'라는 말은 '당신을 보니 신과 같습니다'라는 극 존칭어이다. '고맙습니다'라는 말도 '곰 같습니다' '고마합니다'라는 말이며 '곰'은 '검'에서, '검'은 '금'(神)에서 온 말로 이 역시 '신 같습니다'라는 뜻이다. 『석보상절』과 『월인석보』에도 '존尊'과 '공恭'을 '고마ᄒᆞ다'로 표기하였다. 지금의 '감사합니다'라는 뜻이 아니다. '고맙습니다'라는 말은 '신처럼 거룩하다'라는 뜻이고 '감사하다'라는 말은 그저 '은혜에 사례한다'라는 뜻이다. 서로 존칭의 차원이 다르다. 그런데도 어떤 이들은 '고맙다'는 아랫사람에게, '감사하다'는 윗사람에게 하는 인사말로 알고 있다. 고쳐야 할 언어습관이다.

요성반씨와 희성반씨

순임금의 반씨 역사를 증거 할 만한 또 하나의 흥미로운 자료가 있어 덧붙인다. 중국 <강소 반씨>라는 잡지에 실려 있는 세계반씨 문화 연구회 부회장 반가권潘可權의 글에 의하면 '중국고대 역사상 2개의 반국潘國이 있었다. 가장 오래된 것이 바로 요성반국姚姓潘國이다. 중국고대 역사에는 주문왕의 희성반씨姬姓潘氏 이전에 또 다른 반씨가 있었는데 바로 순임금의 이 요성반씨姚姓潘氏이다. 순임금은 요중화姚重華의 후예로서 요허姚墟에서 태어났으므로 요姚를 성으로 하여 본관本貫으로 삼았다고 한다. 순임금의 후예는 반땅(潘地)에 도읍을 세우고 반국潘國이라고 하였다. 지금의 북경시 연광현延廣縣 동북지역이다. 후에 북방 소수민족의 침략과 소란으로 순의 반국은 남쪽으로 이동하여 산서성 남부지역인 영제현永濟縣[168] 일대로 이동하게 된다. 그러다가 순임금의 요성반국姚姓潘國은 지금의 섬서성陝西省 흥평현興平縣 이북인 필국畢國까지 이동하였다.

그 후 요성 반국潘國은 약 1000년 후인 은나라 말기인 서기 전 1045년에 주문왕에 의해 멸망한다. 주문왕이 죽인 반정潘正은 바로 그 요성반국의 사람이다. 이 요성반국의 역사는 지금으로부터 약 4000여 년 전의 일이다.'[169] 이것은 『사기』와 『중국성씨』에도 기록되어있다.

---

168) 백이 숙제의 고향으로 현재 그들의 무덤이 있다. 지금의 산서성 영제시이다.

169) <江蘇 潘氏> 잡지 14쪽 반씨 기원. -最早的是姚姓潘國 因爲舜帝生于姚墟 故姓姚. 舜建都于潘 古城在今北京市延廣縣東北 ~ 姚姓潘國的歷史距今將近4000年.

주문왕은 순임금의 요성반국 땅을 그의 아들 필공고畢公高의 넷째 아들인 계손季孫에게 봉하였다. 이듬해인 서기전1044년에 무왕이 병으로 죽었다. 태자 용涌이 왕위에 오르니 바로 성왕이다. 지금(서기2019년)으로부터 3064년 전의 일이다. 그때부터 이곳을 주문왕의 성인 희성姬姓을 따서 희성반국姬姓潘國이라 하였다. 희성은 희수姬水가에 살았다고 하여 붙인 황제 헌원의 성이다. 따라서 주문왕도 황제의 후예가 된다. 이로 인하여 순임금의 요성반국 사람들은 사실상 모두 희성반국의 백성으로 흡수 동화되고 말았다. 그러므로 지금 성씨를 다루는 책에서는 순임금의 요성반씨는 말하지 않고 모두 주문왕의 희성반씨를 반씨의 기원으로 삼고 있다.

한국의 반씨도 마찬가지이다. 그 당시 주나라의 분봉 등급규정을 보면 공公, 후侯, 백伯, 자子, 남男의 5개 등급이 있었는데 공과 후는 사방 100리, 백은 70리, 자와 남은 50리였다. 반국은 제후국의 조건은 될 수 없었고 다만 자, 남의 수준이었다. 그래서 등급으로 표현할때는 반자국潘子國이라고 한다. 계손의 반자국은 그 당시에 아버지 필공고의 필국에 속해 있었으며, 그곳이 바로 지금의 섬서성陝西省 흥평현興平縣 이북에 위치한 계손공의 반자국潘子國이다. 이 희성반씨의 반자국은 춘추전국시대(기원전770-기원전221년) 말기에 멸망한다. 추산해보면 반씨의 시조인 계손공이 반씨를 얻은 지가 지금으로부터 무려 3060여년의 역사를 지니고 있다. 따라서 요성반씨를 제외한 희성반씨의 역사만 가지고 보더라도 신라의 박, 석, 김, 최씨의 역사보다 1000여 년이 더 앞선다. 성씨의 역사를 다시 써야하는 이유가 된다.

중국 반씨의 본관 형양

나라를 잘 다스리고 방위력을 더욱 강하게 하기 위하여 필공고는 그의 아들 계손에게 반국을 섬서성 흥평현 이북에서 낙양洛陽 동쪽의 반성潘城으로 옮기게 하였으니 지금의 중국 하남성 개봉부, 정주鄭州의 형양시榮陽市이다. 『중국백도백과사전』에 의하면 하북성, 산동성, 산서성, 하남성의 경계지역에 형양이 있다. 반씨는 하남성 형양군 중모현에서 크게 융성하여 절강성으로 퍼져나갔다. <반씨전潘氏傳>이라는 책이 나온 시기도 절강성 때의 일이다.

희성반씨는 삼국시대 때 크게 번창하여 하남성 형양군榮陽郡에서 가장 우러러 보는 명분망족名門望族의 큰 세력이 되었다. 진晉나라 때와 북위北魏 때와 당나라초기에 이르기까지 명분세족名門世族이었다. 반악潘岳(서기247-300년)도 진나라 형양 사람으로 대 문장가였으며 반숭潘崇도 보인다. 그래서 지금도 중국에서는 형양반씨榮陽潘氏를 본관으로 하여 복건성 형양반씨, 하남성 형양반씨, 호남성 형양반씨, 강소성 형양반씨 등 모든 반씨 앞에 형양이라는 본관을 꼭 넣어서 부르고 있다. 형양은 앙소문화 유적지이다. 지금도 하남성 형양시는 용마가 출현했다는 하도의 시원지인 복희의 용마부도사龍馬負圖寺라는 절이 있다. 또 정주의 황하 유람구, 반씨 시조 반계손릉, 복희릉이 있다. 정주는 우리의 고도古都 경주라 할 수 있다. 여기까지가 앞의 내용을 추가로 증거 할 만 한 흥미로운 반씨의 희귀한 역사자료이다.

그 밖의 반씨 연원

『중국백도백과사전』의 기록에 의하면 후대에 생겨난 대 여섯 가지의 반씨 기원설이 더 있다. 그 중 하나는 앞의 반숭처럼 미성半姓에서 비롯되었다는 기록이다. 춘추전국시대 초나라의 공족公族인 미반숭半潘崇의 이름인 반숭潘崇의 반潘을 성으로 삼았다는 설이다. 다음은 강 이름인 하남성에 있는 반수潘水(강이 성처럼 빙둘러 있다고 하여 潘城이라고도 함)를 따서 성을 삼았다는 기록이다. 『수경주』를 보면 반수는 동으로 흘러 바다로 들어가는데 이것은 포양강浦阳江의 다른 이름으로 보인다고 하였다.170) 즉 반수강변에 살았으므로 강 이름으로 성을 삼았다는 기록이다. 이것은 황제가 희수姬水기에 살아서 희성姬姓이 되고 신농이 강수姜水 강변에 살아서 강성姜姓이 된 것과 같은 예이다.

『수경주』에 의하면 또 하나는 선비족鮮卑族에서 반씨潘氏가 나왔다는 기록이다. 북위北魏의 효문제孝文帝가 한족화漢族化할 때 선비족의 파다라씨破多羅氏를 반씨潘氏로 바꾸어주었다고 한다. 또 청나라 강희康熙 말년에 대만의 안리岸里(지금의 대만시 신강神崗)의 추장 아목阿穆이 청나라 조정에 귀순할 때 반潘으로 사성賜姓받았다는 기록이다. 또 청나라 황제 광서光緖때 대만의 고산족高山族 상율相率이 청나라 조정에 귀화하면서 반潘으로 사성賜姓받았다. 그래서 지금도 대만의 고산족 대부분이 반씨이다. 또 한족식으로 성을 고칠 때 소수민족들을 한족화하면서 성을 바꾸어주었는데 지금의 수족水族, 경족京族, 토가족土家族, 이족彝族, 요족瑤族, 요노족, 회족回族, 장족壯族, 포의족布衣族 등 소수민족과 연변조선족에 반씨가 고루 분포되어있다. 그러나 이러한 기록은 한참 후대의 일이다. 춘추전국시대에 반

---

170)『수경주』권 13, 14.《地理志》又云：县有萧山，潘水所出，东入海。又疑是浦阳江之别名也，自外无水以应之。浙江又东注于海。故《山海经》曰：浙江在闽西北入海。 韦昭以松江、浙江、浦阳江为三江。

씨潘氏들은 호북성 내에서 번성하여 산동성으로 퍼져나갔고 호남성으로는 소수少數만 이주하였다.

중국측의 한국 반씨 연원

그 후 송나라 때 반절潘節의 후예들이 광동성과 운남성으로 갔다. 송나라의 성리학자 주희朱熹(주렴계, 복건성 우계 출생, 서기 1130~1200년)가 서문을 쓴 <보양莆陽반씨족보>에 의하면,

'반원潘源이 당나라 의봉議鳳 2년에 민閩에 가서 반란을 평정하고 복건성 보전莆田에 정착하였다. 지금의 보전은 공예와 예술의 관광도시이다. 그 후 복건성 반원의 5세인 반승서潘承叙가 보전에서 북연北燕으로 갔다. 반승서의 아들 반처상潘處常이 강릉江陵으로 갔으며 처상의 아들 반우潘佑가 남당南唐에서 명전학사明殿學士를 지냈는데 반우潘佑가 고발을 당하여 남당의 이후주李后主에게 죽임을 당하였다. 그의 네 아들 문환文煥, 문진文振, 문장文壯(수綬), 문량文亮이 송나라로 들어갔다. 문환은 금자광록대부金紫光祿大夫, 문진은 은자광록대부銀紫光祿大夫를 지냈다.[171] 송나라의 문장과 문량의 9세손이 반부潘阜이며 고려 거제도로 갔다. 반부는 충렬왕 때 좌사의대부左司議大夫 간의대부諫議大夫[172] 등을 지냈고 기성부원군으로 봉함을 받았다. 시호는 문절文節이다. 이가 한국의 반씨 시조이며 기성, 광주, 남평으로 분파되었다.'[173]라고 기록되어있다.

---

171) 중국에서 신라 임금에게 내리는 벼슬이 銀紫光祿大夫이다. 金紫光祿大夫는 그 보다 높은 품계이다. 모두 지금의 국무위원에 해당된다. 그래서 중국의 모든 반씨의 본관을 榮陽으로 삼게 된다. 이때가 반씨의 부흥기이자 절정기였기 때문이다.

172) 諫議大夫-고려때 문하부의 벼슬. 왕에게 바른 소리를 아뢰는 간관. 나중에 司議大夫 로 개칭함.

그래서 한국 반씨의 시조는 복건성 보전에서 송나라로 들어간 문장과 문량의 9세손이 반부이므로 결과적으로 복건성이 반부의 고향이라는 것이다. 반기문 유엔사무총장 취임 후 복건성에서 자기네들 끼리 축하 잔치를 벌인 이유이다. 그러나 한국의 반씨 족보 어디에도 이런 기록이 없다. 반부는 입국하자마자 강도(강화도 중성)로 갔으며 거제도로 가지 않았다. 반부[174](서기1230년 경인생)는 주희(서기1130-1200년)보다 후대의 인물이다. 주희가 죽은 후 30년 후에 반부가 태어났는데 아직 태어나지도 않은 반부를 주희가 어떻게 알았다는 말인가? 또 기성, 광주, 남평으로 분파된 것은 그보다 훨씬 더 후대인 조선시대 때의 일이므로 이는 후세에 적당히 첨가한 기록이다.

또 『세계 반씨종보世界潘氏宗譜』 74쪽의 <남한 거제일족원류고南韓 巨濟一族源流考>의 내용을 보면 반부와 반복해의 행적이 모두 반부의 행적으로 혼동하여 뒤죽박죽 섞여있어서 복건성의 주장은 믿기 어렵다. 이는 한국의 족보 내용을 보고 잘 못 편집한 것이다. 어디까지가 정확한 기록인지 알 수 없다.

반부의 출생

반부는 송나라 말기인 남송(지금의 절강성 항주)때에 고려에 처음 입국한 것으로 전해지고 있다. 『거제 반씨 대동보 병진보』에 의하면 반부潘阜의 본래 이름인 반서潘湑는 서기1230년

---

173) 중국 <浦陽반씨 족보>.

174) 1976년에 전국의 반씨 보첩을 합보한 『거제반씨 대동보』 병진보에는 1230년庚寅生으로 되어 있으나 『임오보(1880년 거제 청도 홍천)』에는 1269년 己巳生으로 기록되어 있으며 『경자보(1899년 남평)』에는 1283년 계미생으로, 『기해보(1959년 광주 홍천)』에도 1283년생으로, 『반씨가첩(미상)』에는 1275년 을해생 등으로 기록되어있다.

남송 이종理宗 소정紹定3년 경인년에 남송의 수도 임안臨安(지금의 항주)에서 태어났다고 한다.[175] 아버지는 산서성 기주자사冀州刺史(지금의 도지사) 반광호潘光灝이고 어머니는 노릉여씨魯陵呂氏이며 어머니의 아버지 즉 외할아버지는 대사마한백大司馬漢伯이다.[176] 어머니는 3세 때 부터 반부에게 글을 가르쳤다. 5세 때 천자문을 떼고 7세 때 4서 5경을 배우기 시작하였다. 반서는 8년만인 15세에 고전인 논어, 맹자, 역경, 예기, 좌전을 마쳤다. 부모는 아들을 훌륭한 사람으로 키우기 위하여 온 정성을 다하였다. 서기 1244년 반서는 그때의 풍속으로 15세인 성년이 되어 조상의 묘廟에 예를 올리고 성년식인 관례식冠禮式을 올린다.[177]

앞에서 말한바와 같이 반서의 조상은 주문왕의 아들 필공고(희고姬高)의 아들 계손季孫으로 기록되어 있다. 노나라 횡당지방의 반땅에 책봉되어 반씨라고 하였다. 그 윗대 상고시대의 반씨에 대한 내력은 앞에서 순임금의 역사에서 설명한 그대로이다. 20세 되던 해에 지금의 산서성 영제시 부근의 요서군의 롱서이씨隴西李氏와 혼인한다.[178] 남송 이종理宗 순우淳佑 12년 1252년 임자년 나이 23세 때 칠조도회七朝都會[179]인 하남성 개

---

175) 전국의 반씨 종친 대표들이 서울에서 모여 1년 2개월 동안 논의를 거쳐서 만든 『거제 반씨 대동보 병진보(1976)』.
청도 이서 구라동에서 만든 『갑오보(1953)』에는 반부가 1269년 기사생으로 기록되어 있다. 이 기록으로 보면 주희보다 69년 후에 태어났다.

176) 大司馬漢伯-병조판서, 지금의 국방장관. 임오보(1880년)에는 대사마옥백大司馬沃伯으로 나온다.

177) 潘程煥,『潘阜傳記』, 태영문화인쇄사, 2003, 36-38쪽.

178) 현재 중국지도의 감숙성에 있는 롱서현은 산서성 영제시 요서군에 있던 롱서의 지명을 옮긴 것이다. 그 이유는 현재 백이숙제의 무덤이 있는 산서성 요서군 롱서현에서 만리장성이 시작되었으나 그 길이를 늘이기 위하여 롱서라는 지명을 멀리 감숙성 가욕관으로 옮겼기 때문이다.

봉부180)에서 시행하는 향시를 보기위해 임안181)을 떠난다. 이 해 차남 유항有抗이 태어난다. 3차 시험을 통과하여 반서는 장원壯元으로 진사進士학위를 받는다. 그 후 반서는 한림원 수찬으로 있다가 서기1256년 이부상서吏部尙書로 승진하였다.182) 여기까지가 반씨潘氏 상고사의 제1막이다.

쿠빌라이와 가사도

남송 이종(理宗, 재위1241-1264년) 말년에 당파싸움으로 나라가 문란의 극에 달해 있었다. 이종은 보우寶佑 6년인 서기1258년에 재상 가사도賈似道로 하여금 몽고군과 싸우게 하였다. 가사도는 남송의 우승상右丞相에 임명되어 악주성鄂州城을 구하라는 명을 받았으나 몽고군 쿠빌라이(忽必烈)의 맹공 앞에 대항할 재간이 없었다. 겁을 먹은 가사도는 비밀리에 심복부하를 보내어 몽고의 신하가 되어 순종하겠다는 조건으로 화친을 제의하였으나 남송을 단숨에 멸망시킬 수 있는 힘을 가진 쿠빌라이는 이를 일축하였다. 서기1258년 촉나라로 쳐들어간 몽고 쿠빌라이의 아버지인 몽골의 헌종이 진중에서 죽었다는 정보를 들은 가사도는 재차 쿠빌라이에게 화친을 제의하였다.

이에 쿠빌라이는 참모 곽경에게 의견을 물었다. 곽경은 '아버님이 진중에서 돌아가시고 동생 아리부가를 옹립하려는 움직임이 있으므로 시급히 회군하라는 황후의 전갈이 있는데다가

---

179)七朝都會-일곱 왕조가 도읍한곳.

180) 북송 때의 수도, 지금의 정주지역.

181) 지금의 절강성 항주.

182) 吏部尙書-이조판서, 지금의 행정자치부장관.

또 가사도가 신하가 되겠다고 화친을 해오니 우선 받아주고 회군하는 것이 옳습니다.'하면서 또 '만약에 아리부가가 즉위해 버리면 이미 돌아갈 땅을 잃고 말 것이니 빨리 돌아가서 대상大喪을 주재主宰하고 국새國璽를 확보하면 보위寶位는 저절로 돌아올 것입니다.'라고 진언하였다. 이에 쿠빌라이는 가사도의 청을 받아들여 화친을 맺고 급히 회군하게 된다. 그 와중에 고려 세자 심(나중의 충렬왕)이 합류하면서 쿠빌라이에게 큰 힘을 보태어주게 된다.

쿠빌라이는 서기1260년 이종 경정景定 원년 경신 3월에 아리부가보다 먼저 개평부開平府에서 대집회를 소집하여 몽고 제5대 가간으로 추대되어 즉위하였다. 몽고는 장자상속이 아니라 막내상속제도였으나 왕위는 가장 능력 있는 아들이 승계하는 것이 관례였다. 이때 쿠빌라이의 나이 44세로 이가 바로 징기스칸의 손자인 원나라 세조이다. 이 후 가사도는 불과 170명의 몽고군을 죽인 작은 전과를 대승을 거둔 것처럼 이종에게 허위 보고하고 이종은 그 말을 믿고 막대한 상을 내렸다. 이에 남송은 점점 풍전등화같이 위태로운 지경에 놓이게 되었으나 이종은 가사도가 몽고군을 격퇴시켜 평화를 되찾은 영웅으로 의심치 않았다. 쿠빌라이는 가사도가 약속을 이행하지 않자 곽경을 사신으로 파견하였으나 가사도는 도리어 곽경을 구금하여 버렸다. 쿠빌라이는 대노하여 서기1263년에 국교를 단절하였다. 그 후 쿠빌라이는 남송 공략을 본격적으로 추진한다.

쿠빌라이와 반사

한편 가사도는 자신의 허위보고와 횡포를 알고 있는 충신들의 입을 막기 위하여 멀리 지방으로 전출시켰는데 이부상서 반서도 부담스러운 인물로 가사도의 미움을 받는다. 가사도는 반서를 살려둘 수 없는 인물이라 여기고 몽고의 사신으로 보내어 살해하도록 음모를 꾸몄다. 임안의 반서의 집에는 부인과 15세 된 장남 정挺과 13세 된 차남 유항有抗이 근심에 싸여 있었다. <해석 미현기>183)에 의하면 남송 도종度宗 함순咸淳 5년 기사년인 서기1267년 4월 반부는 남송의 수도 임안을 출발하여 연경에 도착한다.

가사도는 그보다 먼저 심복을 보내어 쿠빌라이에게 '반서는 평소 몽골과 화친을 반대하는 인물로서 송나라 임금에게 북벌을 주장하여 몽골을 회복하자고 주장해온 자이므로 송과 몽골의 평화를 위해 그가 도착하거든 죽여 없애라.'는 밀서를 보냈다. 쿠빌라이는 이 밀서를 보고 가사도 자신이 직접 죽이지 못하고 자기한테 하수인 노릇을 시키는 것으로 보아 반서의 인품을 알아보았다. 더구나 가사도가 자기가 보낸 평화사신 곽경을 돌려보내지 않고 구금하고 있는 간신임을 아는 터라 밀서를 가지고 온 가사도의 사신을 감금해버린다.

쿠빌라이는 반서에게
'너는 화친사절로 온 것인데 연전에 공납하기로 한 공물을 가지고 왔는가?'
'그것은 추후에 공납하기로 할 것입니다.'
'너희 나라는 배신을 반복하고 있다. 이래서야 양국의 화친이 되겠는가?

---

183)海石 微顯記- 海旅齋 반부와 石庵 반복해의 숨겨진 일들을 기록한 내용이다. 반복해는 반부의 5세손이다. 반복해의 스승은 포은 정몽주이며 아버지는 우시중을 지낸 반익순이며 할아버지는 밀직상서를 지낸 반영원이다. 부인은 문하시중 임견미林堅味의 딸과 전의시주부典儀寺注簿 유분柳芬의 딸이다.

'앞으로 빠른 시일 내에 화친이 이루어질 것으로 압니다.'

'네가 양국의 평화를 방해하는 자라고 들었는데 그 이유를 말하라.'

'저는 두 나라의 평화를 기원하고 있을 뿐입니다.'

'너희나라 재상 가사도가 너를 직접 죽이지 않고 나에게 부탁했는데 그 이유를 아는가?'

'그것은..... 아마도,,,,, 가재상이 저의 결함을 잡지 못해서 그런 것이 아닌가 합니다.'

반서에게 밀서의 내용을 말하면서 '너는 살아서 돌아갈 것 같으냐'고 하였다. 반서가 '저는 사절로 온 목적을 다하면 죽는다고 해도 후회는 없습니다.'라고 대답하였다.

쿠빌라이는 반서의 인품과 용모가 강직하며 풍채가 엄정한데에 호감을 가졌다. 그는 자신에게 귀의하면 죽이지 않고 큰 벼슬을 내리겠다고 하였다. 반서는 불사이군不事二君을 저버릴 수 없다고 거절하였다. 쿠빌라이는 밀서를 가지고 온 사신을 죽이고 반서를 투옥시킨다. 반서의 차남 유항이 이 소식을 듣고 몽고에 몰래 들어가서 아버지를 뵙고 울면서 말하기를 '이제 나가지도 들어가지도 못하게 되었습니다.'라고 하면서 쿠빌라이에게 아버지 대신 자기가 벌을 받겠다고 호소하였다.[184] 유항은 아버지를 살펴드리면서 잠시도 곁을 떠나지 않았다.

반서의 고려입국

『옥계문집』에 의하면 송나라 이부상서吏部尙書 반서潘湑가 간신奸臣 가사도賈似道의 흉계로 원나라에 사신 갔다가 갇히는 몸이 되었다고 기록되어 있다. 그렇게 억류된 생활을 하는 중에

---

184)『옥계문집』, 해여제 반선생 미현기.

그 당시 몽고의 대도大都(북경)에 볼모로 와있던 원종의 아들인 태자 심諶(나중의 충렬왕)이 이 소식을 듣고 반서와 대면하게 되고 반서의 위엄과 충절에 감명을 받아 서로 친밀하게 지내는 사이가 되었다. 세자 심은 황궁에 들어 갈 때 마다 쿠빌라이에게 반서의 충의忠義로움을 말하였다. 그 때문에 더 큰 화는 면하였다.

이에 태자 심은 세조에게 반서를 송나라로 돌려보낼 수 없다면 고려로 데리고 가겠으니 허락해줄 것을 부탁하여 그해 1267년 9월에 고려 추밀원부사樞密院副使[185] 김방경이 원종이 왕위를 그의 동생 온溫에게 넘기는 일로 몽고에 왔을 때 태자 심諶이 김방경에게 반서潘湑를 부탁하니 방경을 따라 조선으로 오게 된다.[186] 함순 초기[187] 조선으로 온 후 이름을 서湑에서 부阜로 바꾸었다. 이때 반부의 나이 37세였다. 용모는 엄숙하고 위엄이 있고 천성이 강직하고 지혜가 뛰어났다. 박학능문하였는데 특히 춘추에 능하였다.[188] 반서는 그때 6개월이라는 짧은 기간 동안 고려 태자 심과 쌓은 친분으로 하여 고국 송나라를 등지고 고려국으로 오는 인연을 맺는다.

---

185) 樞密院副使-수석 비서관급, 추밀원사사는 비서실장급, 조선시대에 와서 중추원이 됨.

186) 『옥계문집』, 해여제 반선생 미현기.
　　樞密院副使-중추원의 변경된 부서, 왕명을 출납, 숙위宿衛하는 관청의 책임자. 정 3품 벼슬.

187) 咸淳초기 - 서기1265~1274년. 송나라 도종, 고려 원종초기. 『옥계문집』권4, 1592(선조25), 13-1쪽. - ~ 爲媵臣陪揭里公主東來變名阜 ~ .

188) 『옥계문집』권3, 1592(선조25), 15쪽. - 咸淳己巳四月宋尙書潘湑 ~ 湑子有抗聞之懼 ~ 常時不離側時高麗世子諶人質於蒙古 ~ 九月高麗樞密副使金方慶 ~ 方慶之東還變名阜時年三十七 ~ . 함순 기사년은 송나라 도종 5년, 고려 원종 6년으로 서기 1269년이다.<해여재 반선생 미현기>

반시 가족의 고려입국

한편 남송의 수도 임안(절강성 항주)에 있던 부인 롱서이씨와 장남 정挺과 차남 유항有抗은 아버지가 고려로 갔다는 소식을 듣는다. 3모자는 1267년 3월초순에 준비를 서둘러 대대로 살던 임안(절강성 항주)을 떠나 명주明州로 가서 거기서 고려를 왕래하던 관상官商의 상선商船을 타고 출발하였다. 지금의 항주에서 버스로 1시간 30분 거리에 있는 현재 영파시가 옛 명주이다. 지금도 영파寧波는 중국에서 화물 출입량이 가장 많은 곳 중의 하나이다. 영파는 그 옛날 김교각 스님과 최치원선생이 유학하러 도착한 항구이기도 하다. 명주를 떠난 배는 바람결이 순조로워 사흘 만에 대양에 들어섰고 그 후 또 닷새 후에 흑산도에 도착하였다. 거기서부터는 서해안 섬 사이로 바람을 보아가며 북상하느라고 다소 시일이 걸렸다. 그들은 예성강禮成江하류 급수문에 다달아서야 안도의 한숨을 내쉬게 된다.

급수문은 물결이 급하고 경치가 좋은 곳이다. 중국 사천성四川城의 무협巫峽을 지나는 것과 흡사하다. 여기서 물때를 기다려 고려의 국제 무역항인 예성강 하구의 유서 깊은 벽란도碧瀾渡189)에 도착하게 된다. 3모자가 임안을 떠난 지 보름 만이다. 그 당시 벽란도는 국제 무역항으로 송나라 물건뿐 아니라 먼 남방에서까지 상선이 들어와 대식국(사라센, 아라비아) 상인들도 섞여 있었다. 남송 상인들이 서적, 향료, 의약품, 도자기, 비단을 고려에 팔았다. 고려 사람들도 송나라로 가는 사신을 따라가서 장사를 하는데 주로 인삼이 가장 많았다. 큰 상선은 벽란도 남쪽에 대고 작은 배들은 벽란도 북쪽 편에 댄다. 벽란도

189) 개성의 서문인 宣義門에서 서쪽으로 12km 떨어진 예성강 하구에 있었으며 벽란도 동쪽에는 甘露寺가 있었다. 고려의 국제 무역항이었다.

앞쪽에 있는 벽란정은 송나라 사신을 맞이하는 곳이다. 고려 제일의 국제 무역항인 만큼 상인을 상대로 하는 다관茶館과 술집과 누각이 즐비하게 들어서 있었다.

그 당시 강남190)의 상인으로는 이문통李文通이 유명하였고 송나라의 진의陳義, 황의黃宜같은 대상들은 국가를 상대로 거래를 하였다. 하두망賀頭網도 진의나 황의처럼 관상官商이었다. 한번 왕래하는데 3개월이 걸리므로 1년에 두번 정도 왕래한다. 3월 하순이 다 되어서야 벽란도에 도착한 3모자는 강도(江都-강화도)로 건너가서 반서와 상봉한다. 반서가 사신으로 떠난 지 거의 1년 만의 가족 상봉이었다. 이로써 반서의 가족은 조국 송나라에서의 생활은 끝나고 강화도의 중성에 있는 관저에서 땅 설고 물 설은 고려의 생활이 시작되었다.

고려에서의 활동

『고려사』에 의하면 고려 강도에 도착한 반서潘湑 즉 반부潘阜는 서기1267년(원종 8년) 8월 종 5품 기거사인起居舍人191)의 벼슬을 받는다. 그는 일본과 통상화친을 요구하는 몽골의 국서와 고려의 국서를 가지고 일본으로 출발하였다.192) 몽골의 국서 내용은 이러하였다.

'대몽고의 황제는 일본국왕에게 글을 보냅니다. 짐이 생각하건대 예로부터 작은 나라의 군주는 영토가 맞붙어 있으면 신의

---

190) 지금의 중국 광동성.『훈민정음 언해본』에 나오는 황제가 있는 곳, 중국, 강남.

191) 起居舍人- 지금의 민정수석에 해당된다.

192)『고려사』, 세가 권 제26, 元宗 8년 8월.

와 우호를 유지하려고 노력해왔습니다. 하물며 우리 선조는 하늘의 밝은 명령을 받아서 중화의 땅을 차지하게 되었으므로 머나먼 곳에서도 우리의 위엄을 두려워하고 인덕을 흠모하여 귀순하는 나라가 헤아릴 수 없이 많습니다. 짐이 즉위한 초기에 고려의 무고한 백성이 오랜 전란에 신음하고 있었으므로, 즉시 군대를 철수하고 영토를 돌려주었으며 포로도 돌려보냈습니다. 고려의 임금과 신하가 모두 감격하여 내조來朝하여 몽고와 고려는 의리로는 군신君臣이지만 정情으로는 부자지간과 같습니다. 아마도 일본의 군신들도 이미 알 것입니다. 고려는 짐의 동쪽 번국藩國으로 일본과는 매우 가깝습니다. 일본도 개국한 이래 때때로 중국과 왕래하였다고 하지만, 짐의 통치 시기에는 한 번도 사신을 파견하여 우호관계를 맺은 적이 없습니다. 혹시 일본국에서는 잘 알지 못한 것 같아서 사신을 파견하여 국서를 가지고 가서 짐의 뜻을 알리고자 합니다. 지금부터는 서로 왕래하고 우호를 닦아서 서로 친목을 유지하자는 것입니다. 성인聖人은 온 천하를 한 집안으로 삼으려고 하는데, 서로 우호관계를 맺지 않는다면 어찌 한 집안이 되겠습니까? 군대를 파견하는 것과 어느 쪽이 좋을 것인지 왕은 잘 생각하기 바랍니다.'라고 하였다.

고려의 국서 내용은 이러하였다.
'우리나라가 몽고대국을 섬기며 정삭正朔[193)]을 받든지 수년이 되었습니다. 황제는 인자하고 현명하여 천하를 한 집안으로 여기므로 멀리 있는 나라도 가까이 있는 나라처럼 대하며 해와 달이 비치는 곳에서는 모두 그 덕을 우러르고 있습니다. 이제 귀국과 우호관계를 맺고자 과인에게 조서를 내리기를, '일본은

---

193) 正朔-정월 삭일, 여기서는 북방 몽골을 의미한다.

고려의 이웃 나라이고 그 법률과 정치는 제법 훌륭합니다. 한
당 이후 여러번 중국에 사신을 파견하기도 하였으므로 특별히
국서를 보내어 가게 하는 것이니 풍랑이 험해서 가지 못한다는
말을 하지 말라고 하였습니다. 황제의 뜻이 이와 같이 엄중하
기에 부득이 기거사인 관직에 있는 반부에게 황제의 글을 가지
고 가게 합니다. 귀국이 중국과 우호관계를 맺은 것은 어느 때
에도 없던 적이 없었습니다. 하물며 지금 황제가 귀국과 우호
하려는 것은 귀국의 공물이 탐나서가 아니라, 아마도 황제의
덕화를 입지 않는 곳이 없다는 명성을 천하에 떨치려고 함인듯
합니다. 만약 귀국이 우호관계를 맺는다면 반드시 특별히 우대
할 것이니 한번 사신을 파견하여 살펴보는 것이 어떻겠습니까?
귀국은 잘 생각하십시오.'

반부는 일본 땅에 도착하였으나 일본은 그를 왕도王都에는
들이지 않고 돌려보내어 서기 1268년 7월 18일 다시 고려로
돌아왔다.194)

몽골은 일본이 통화를 거절하는 것을 의심하고 다시 추진할
것을 촉구하였다. 1269년 1월 7일 지문하성사知門下省事195) 신
사전申思佺, 시랑 진자후陳子厚와 함께 몽골 사신 흑적黑的 은
홍殷弘을 인도해 일본에 갔으나 대마도에 이르러 입국하지 못
하고 왜인 2명을 사로잡아 이듬 해 돌아와서 몽골에 보냈
다.196)

1274년 1월 원나라197)가 일본을 정벌하기 위해 전함 300척
을 만들 것을 독촉하자 국자사업國子司業198) 반부潘阜는 서해도

194)『고려사』, 세가 권 제26, 元宗 9년 7월.

195) 知門下省事-고려때 中書門下省의 종 2품 벼슬. 국무총리 서리, 장관급.

196)『고려사』, 세가 권 제26, 元宗 9년 12월.

197) 1271년에 국호를 몽골에서 원으로 바꿈.

西海道 부부사部副使[199]로 임명되어 공장工匠과 일꾼 3,0500여 명을 징집하였다.[200]

반부는 서기1274년 11월 2일 제 1차 일본정벌에 참전하였다. 도독사都督使[201] 김방경金方慶은 중군中軍을 거느리고 박지량朴之亮, 김흔金忻을 지병마사知兵馬事[202]로, 임개任愷를 부사副使[203]로 삼았고, 김신金侁은 좌군사左軍使[204]를 거느리고, 위득유韋得儒를 지병마사知兵馬事로, 손세정孫世貞을 부사副使로 삼았으며, 김문비金文庇는 우군사右軍使[205]를 거느리고, 라유羅裕와 박보朴保를 지병마사知兵馬事로, 반부潘阜를 부사副使로 삼아 삼익군三翼軍이라 불렀다. 원나라의 도원수都元帥[206]과 우부원수右副元帥[207] 홍다구洪茶丘, 좌부원수左副元帥[208] 유

---

198) 國子司業-태자의 업무를 보는 부서.

199) 部副使(部夫使)-부사의 보좌관.

200) 『고려사』, 세가 권 제2, 元宗 15년 1월.
여기서 '3,0500여 명'의 쉼표를 4자리 수에 찍은 것은 우리의 전통방식을 따라 해본 것이다. 4자리수로 표시하면 3자리수보다 읽기가 더 편하다. 예를 들어 1,520,000을 152,0000으로 하면 쉼표 앞의 152를 곧 바로 152만으로 읽을 수 있다.

201) 都督使-감독관.

202) 知兵馬事-병마사 다음 가는 직책. 고려 때 동북면과 서북면의 병마사 아래 두었던 3품 무관직. 군 사령관급.

203) 副使-관리관. 正使를 보좌하는 사신. 비서관급.

204) 左軍使-좌선봉장.

205) 右軍使-우선봉장.

206) 都元帥-전쟁이 났을 때 한시적으로 임명하는 군대의 최고 직책인 총사령관격임. 대개 문관을 임명한다.

207) 右副元帥-전쟁이 났을 때 한시적으로 임명하는 군대의 직책, 도원수 다

복형劉復亨과 더불어 몽한군蒙漢軍 2,5000명, 아군 8000명, 초공梢工, 인해引海, 수수水手 6700명, 전투함 900여 척을 거느리고 일본을 정벌하였다.209) 이키섬(壹岐島)에 이르러 1000여 명을 죽이고 길을 나누어 진격하였다. 왜인倭人들이 달아나는데 쓰러진 시체가 마치 삼대(대마초더미, 짚단더미) 같았다. 북구주北九州를 치다가 날이 저물어 공격을 늦추었는데 마침 밤에 폭풍우가 크게 불어서 전함들이 바위와 벼랑에 부딪쳐 많이 부서져 되돌아왔다.210) 이것이 소위 이세신궁의 신풍神風이다.

서기1281년 충렬왕7년 10월 7일 반부는 좌사의左司議211)로서 제2차 일본정벌에서 실패하고 돌아온 원나라의 원수 흔도忻都와 홍다구洪茶丘, 범문호范文虎 등을 위로하였다.212)

서기1282년 반부는 우사의대부右司議大夫에 올랐고213) 서기1284년 간의대부諫議大夫를 역임하였다.214)

6월에 왜구가 크게 소란을 피우니 원종은 김방경을 포적추토

음가는 직책, 장군급이다.

208) 左副元帥-전쟁이 났을 때 한시적으로 임명하는 군대의 직책, 도원수 다음가는 직책, 장군급이다.

209) 원본『옥계문집』에는 일본정벌 내용이 2줄 있으나 계명재『옥계문집』에는 없다.

210)『고려사』, 세가 권 제28, 忠烈王 즉위년 10월.

211) 左司議-군사자문.

212)『고려사』, 세가 권 제29, 忠烈王 7년 윤 8월.

213)『고려사』, 권 74 권 지 제28, 選擧 二 국자시의 정원 忠烈王 8년(1282년) 3월에 右司議大夫 潘阜가 詩와 賦로 朴文靖 등 38명, 十韻詩로 안석 安碩 등 51명, 明經으로 2명을 뽑았다. 右司議大夫-정치자문.

214)『고려사』, 권 74 지 권 제28, 選擧 二 과목 2 승보시 忠烈王 10년(1284년) 11월에 諫議大夫 潘阜가 南宣用 등 33명을 뽑았다. 諫議大夫-간관.

사遍賊追討使[215]로, 반부를 부사副使로 발령하였다. 8000여명의 병사를 이끌고 몽골의 송만호宋萬戶 등의 군사 6000명과 함께 삼별초三別抄를 추격하여 해변까지 따라가서 보니 적들의 배는 영흥도에 정박하고 있으므로 방경이 치려고하자 송만호가 겁이 나서 말렸다.[216] 조금 지나니까 적들이 도망갔다. 이에 방경이 추격하려하니 반부가 말하기를 '놈들이 까닭 없이 도망가는 것은 반드시 어떤 계략이 있는 것 같으니 추격하지 맙시다.' 하고 말렸다. 그때 불시에 남녀노소가 적들이 있는 곳으로부터 돌아온 것이 1000여명이 되었다. 그 중 대 여섯 명이 말하기를 '적들은 식량이 없으니 추격하면 잡을 수 있습니다.'라고 하였다. 그 말이 의심스러워 잡아서 심문하니 자백하여 말하기를 '군사를 매복하여 놓고 유인하려고 한 것입니다.'라고 하였다. 송만호는 대노大怒하여 그들을 죽여 버렸다. 나머지는 모두 잡아가지고 돌아왔다. 김방경 장군은 보좌관들에게 말하기를 '반부사副使는 참으로 지혜있는 사람이다.'[217]라고 하였다.

『옥계문집』에도 함순 신미(서기1271년) 5월 김방경과 이도 등은 진도珎島(珍島)의 삼별초를 토벌하려고 반부를 부사로 청하며 말하기를 '부는 비록 문신이지만 장군의 지략을 겸하고 있어서 몇 차례 적들을 칠 때 마다 기발한 계략을 내 놓아서 수많은 적들을 잡았다. 이 사람이 아니면 안 된다.'[218] 라고 하였다. 그래서 김방경은 흔도忻都, 반부 등과 같이 진도를 토벌

---

215) 遍賊追討使-토벌군 대장. 도망친 외적의 토벌 임무를 맡은 특별 지휘관.

216) 『옥계문집』, 권4, 해여재海旅齋 반선생 미현기.

217) 『옥계문집』, 권4, 해여재 반선생 미현기.

218) 『옥계문집』, 권4, 해여재 반선생 미현기.

하여 크게 이겼다. 가짜 왕 승화후承化侯 온溫을 참수하고 남녀 1,0000여명을 얻고 전함 수십 척을 얻었다. 적장 김통정金通精은 나머지 무리를 데리고 탐라도에 들어갔으며 또 적장 유존혁劉存奕도 80여척의 배를 거느리고 남해로부터 따랐다.

11월에 김방경은 문하시중평장사門下侍中平章事[219]가 되고 반부는 문하찬성사門下贊成事[220]가 되었다. 그달 김방경과 이도 등은 탐라인들을 평정하였다. 먼저 흔도와 공구 등은 반남현에 있었다. 그곳을 떠나려 할 때 여러 곳으로 전함이 표류하여 없어졌다. 방경과 이도 등은 병사 1,0000명과 전함 160척으로 추자도에 갔다가 바람이 탐라쪽으로 불기를 기다렸다가 탐라로 갔다. 군사들 중 일부가 함덕포로 들어가니 숨어있던 적의 병사들이 뛰어나오면서 큰소리로 항거하였다. 방경이 험한 소리로 질책하니 대정隊正[221] 고세화高世和가 적들속에 뛰어들고 반부가 사졸들을 지휘하여 승승장구로 진격하고 장군 나욕의 선봉군이 뒤따라 죽이고 포획하니 죽인 적군과 포로들이 엄청나게 많았다.

좌군의 전함 30척이 비양도에서 직접 적의 둥지를 부수니 적들은 사기가 떨어져서 내성內城에 들어가고 관군은 성을 넘어 들어갔다. 불화살이 사방에서 날아들고 화염이 충천하니 도적의 무리들은 크게 무너졌다. 김통정은 무리 70여명을 이끌고 산속으로 숨었고 적장 이순공李順恭, 조시적曹時適 등은 투항하

219) 門下侍中平章事-지금의 국무총리급.

220) 門下贊成事-지금의 부총리급. 중서성과 문하성은 의결기관이고 상서성은 집행기관임. 조선시대에 와서 문하성이 의정부로 바뀌면서 영의정, 좌의정 , 우의정으로 바뀜.

221) 隊正-고려 때 중앙군인 종 9품의 하급 군관.

였다. 방경은 여러 장군을 내성에 들어가게 하였다. 부녀자들이 소리 내어 울었다. 김방경은 반부에게 명령하기를 '큰 우두머리는 잡고 따르는 자들은 다치게 않게 하라.'[222]라고 하였다. 그리고는 김원윤 등 6명만 목을 자르고 투항한 1300여명은 여러 배에 나누어 실었고 본래 탐라에 살던 사람들은 그대로 살게 하였다.

　삼별초의 난은 서기1270년에 강화도에서 개경으로 환도할 때 무신들이 항몽을 내세워 환도를 격렬하게 반대하여 일어났다. 환도하게 되면 무신들이 힘을 잃어버리기 때문이다. 3년 후인 서기1273년 제주도에서 김통정이 살해되면서 끝을 맺는다. 패잔병의 일부는 오키나와로 가서 정착하였다는 설이 있다. 탐라를 평정하니 김방경은 송연보宋演甫 등에게 1000여명을 거느리고 지키게 하고는 돌아왔다. 나주에 돌아와서는 적장 50여명의 목을 베고 나머지는 죄를 묻지 않았다. 큰 연회를 베풀어 군사들을 위로하고 여러 주州의 군사들은 돌아가게 하였다. 그의 아들 수지후綏祗侯, 김감金瑊, 별장別將 유보兪甫등을 파견하여 첩보를 수집하였다. 왕은 수지후에게 대장군을, 김감에게는 공부랑중工部郎中[223] 유보에게는 중랑장中郎將[224]의 벼슬을 내렸고 고세화는 먼저 적장에 뛰어든 공로로 낭장郎將[225]의 벼슬을 주었고 나머지 사람들에게도 모두 각자에게 맞는 직책을 주었다.[226] 여러 신하들이 축하하였다.

　충렬왕 기미(기해의 착오인 듯하다) 8월에 김방경에게 상락군개

---

222) 『옥계문집』, 해여제 반선생 미현기.

223) 工部郎中-영관급 무관.

224) 中郎將-위관급 무관.

225) 郎將-위관급 무관

226) 『옥계문집』, 해여제 반선생 미현기.

국백上洛郡開國伯, 반부에게는 거제군공巨濟郡公의 벼슬을 내렸다.[227] 정당문학이 되어 왜를 토벌한 공으로 좌시중[228]이 되었고 거제군으로 봉해졌다.[229]

조국 남송의 멸망

반부가 고려로 온지 10여년만인 서기1279년 기묘 지원至元 16년, 충렬왕 5년에 조국 남송은 망한다. 남송의 재상 가사도는 남송을 망하게 한 장본인으로 간신록에 올랐다. 원 세조 쿠빌라이는 반부가 고려로 온지 25년만인 1294년 2월, 지원 31년, 충렬왕 20년에 죽는다.

서기1270년 강도(강화도 천도기간:1232~1270년)를 나와 개경의 생활이 시작되면서 정과 유항이 일가를 이루었다. 서기1274년 원종 15년 6월 18일 원종이 죽었다. 그해 8월 25일 태자 심이 귀국하였다. 『옥계문집』에는 그 후 '원 세조 쿠빌라이의 공주가 시가인 고려로 오는데 모시는 사자로 추밀원부사 기온奇蘊, 전 이부상서[230] 반서潘湑, 병부상서[231] 유전劉荃, 초해창楚海昌,

---

227) 『옥계문집』, 권4, 1592(선조25), 26쪽. - 己未八月賜金方慶上洛郡開國伯以,侍中潘阜巨濟郡公 ~ . 上洛郡開國伯이나 巨濟郡公은 왕으로부터 받은封號이다. 여기서 己未 八月은 己亥年의 착오인 듯하다. 출렬왕25년 기해년(1299년)의 은퇴할 때 기록이기 때문이다. 중국 상해 앞 숙명도를 옛날에는 거제도라 하였다. 심양은 봉천, 서안은 장안이다. 장안성 옆에 평양성이 있었다.

228) 좌시중-부총리.

229) 『옥계문집』권5, 1592(선조25), 71쪽. - 阜小字湑號海旅齋謚文節以宋吏部尚書咸淳初始東來事高麗忠烈王爲政堂文學伐倭有功左侍中封巨濟郡.

230) 吏部尚書- 이부의 으뜸벼슬, 정 3품, 공양왕 1년에 판서로 고침, 지금의 내무부 장관, 행정안전부 장관.

231) 兵部尚書-병부의 으뜸벼슬, 정 3품, 국방부 장관.

전시동全時東, 한림학사[232] 설인경薛仁敬, 허동許董, 송규宋奎, 최강崔江, 권지기權之奇, 공덕수孔德狩, 임팔林八 등 12학사에게 잉신媵臣[233]의 벼슬을 주어 제국대장공주(쿨툴룩켈미시, 忽都魯揭里迷失 12세)를 모시고 고려에 도착하였다.'[234] 라고 기록되어 있다. 처음에는 충렬왕이 쿠빌라이에게 딸이 있으면 달라고 했으나 쿠빌라이는 짐짓 딸이 없다고 거짓말을 하였다. 나중에 충렬왕이 쿠빌라이의 딸인 제국대장공주와 결혼함으로써 쿠빌라이의 사위가 된다. 사위의 나라라는 불리한 제약도 있지만 몽골은 딸의 권한이 강하므로 사위의 발언권도 세어 그 후 충렬왕은 몽골과의 외교 관계에서 여러 가지로 많은 이득을 본다. 이 혼인제도는 공민왕까지 이어진다. 흔히 역사가들은 사위의 나라가 되어 속국이 되었다고 말하지만 몽골의 풍습으로는 사위가 나이가 들면 왕실의 어른으로서 막강한 권한을 갖는다.

반부가 잉신의 자격으로 제국대장공주를 모시러 갔을 때 다루하찌(達魯花赤)가 원나라 세조 쿠빌라이에게 글을 올려 아뢰기를 '고려신하 반부潘阜는 예전에 명을 거역하고 고려로 간 송나라 포로 반서潘漵입니다.'[235] 라고 보고하였다. '반부潘阜는 예전에 송나라 포로 반서潘漵인데 그의 재질이 뛰어나므로 크

---

232) 翰林學士-한림원에 속한 정 4품 벼슬, 왕의 조서, 문서를 담당하는 부서의 담당자.

233) 媵臣-한시적으로 임무를 수행하는 특별 직책. 고급 수행원.

234) 『옥계문집』권4, 1592(선조25), 20쪽. - 元前吏部尙書潘漵兵部尙書劉荃楚海昌全時東翰林學士薛仁敬許董宋奎崔江權之奇孔德狩林八及爲媵臣陪公主東至 ~ 潘漵卽潘阜也. 잉신媵臣- 어떤 행사에 맡은 임무를 수행하는 임시직책.

235) 『옥계문집』권4, 1592(선조25), 18-1쪽. - 是月達魯花赤上言於世祖曰麗臣潘阜前宋俘潘漵也 拒命東~

게 등용되어 사단을 일으킬 수 있습니다.'236) 라고 하였다.

아들 정과 유항의 임신과 반부의 은퇴

그 후 서기1279년 큰아들 정정은 조향공朝鄕貢237)에 급제하고 둘째 유항有抗은 제술업製述業238)에 급제하였고 평장사를 지냈다.239) 반부는 서기1299년 충렬왕25년 기해 8월에 은퇴하니 충렬왕은 반부에게 말하기를 "경卿은 동해를 걸으려는 뜻이 있구료."라고 하였다. 정사精舍를 지어 편액을 <해여재海旅齋>라 하고 산수를 읊는 것으로 낙을 삼았다고 한다.240) 다음해인 서기1300년 충렬왕 26년에 향년 70세로 천수天壽를 다하였다.241)

---

236) <해여재 반선생 미현기>의 '명을 거역하고 고려로 갔다'는 이 내용을 보면 김방경을 따라 고려로 올 때 확실한 절차를 밟지 않은 것으로 보인다.

237) 조향공朝鄕貢-고려 때 과거시험에서 지방의 1차 시험에 합격한 사람.

238) 제술업製述業-고려시대는 경학보다 문장을 짓는 것을 매우 중요하게 여겼기 때문에 제술과 급제를 선호하였다. 고려 전체시기의 명경과 급제자는 449명에 불과했으나 제술과 급제자는 6700명이나 되었다. 그러므로 과거라 하면 제술과를 의미하는 경우가 많았다.

239) 한국 씨족 계보해설.

240) 『옥계문집』권4, 26쪽.-王謂皐曰副卿踏東海之志. 九月皐以老病乞骸隱石麟山中搆精舍扁曰海旅齋~
필자주-이 말은 은나라 탕임금의 신하 이윤의 벗인 노중련의 '동해를 건너 동이땅에 살고자한다'라는 고사에서 나온 말로 보인다. 옥계문집 권4, 26쪽에 보면 석린산에 정사精舍를 지어 편액을 <해여재海旅齋>라 하고 산수를 읊는 것으로 낙을 삼았다고 한다. 石麟山今玄風石門山(석린산은 지금의 경북 현풍 석문산이라고 기록 되어 있다.

241) 『옥계문집』, 권4, 1592(선조25), 26쪽. - 己未八月賜金方慶上洛郡開國伯以,侍中潘阜巨濟郡公 ~

나라에서 시호를 문절文節이라 하고 기성부원군岐城府院君[242]에 봉하였다. 그후 조선 선조때 문신인 권문해權文海는 『대동운부군옥大東韻府群玉』에서 기성인 반부는 벼슬이 문하시중에 이르렀다고 기록하고 있다. 1년 후 김방경 장군이 89세로 죽으니 머리가 흑발 그대로였다. 반부 사후 8년 후에는 각별한 인연이었던 충렬왕이 죽으니 서기 1308년 향년 73세였다.

반씨의 분파

그 후 우리나라에서 반씨는 4파로 분파되었으니 『거제반씨대동보』에 의하면 반부의 장남 정挺은 거제도 기성군파의 파조가 되었고, 차남 유항有抗의 둘째아들 영유永猷는 강도(강화도) 결성파의 파조가 되었고, 광주백파의 파조는 부의 6세손인 자건自建의 둘째 아들 충忠이며 부의 7세손이다. 남평파의 파조는 자건의 장남인 정珽의 둘째 아들 유현有賢이며 부의 8세손이다. 모두 반부에서 파생된 단일본이다. 목은 이색을 좇아 두문동에 은둔한 72현 중 성명 미상의 반씨가 1명 기록되어 있는데 바로 남평파의 유현으로 전해지고 있다.

자건에 대한 기록

여기서 자건自建의 기록에 대하여 살펴보고 넘어가기로 하자. 『옥계문집』에 의하면 '반부의 5세손인 복해는 자가 유술, 호는 석암이며 포은 정몽주의 문인이다. 시중侍中으로 제성부원군에 봉해졌으며 무진년의 사화로 최영 장군에게 죽었다. 공양왕 즉위 후 복위되어 문장공으로 추증되었다. 아들은 자건이다.'[243]라고 하였다.

---

242) 부원군-고려와 조선 때 왕의 장인이나 일등 공신에게 수여한 정 1품의 봉작封爵.

또 반부의 6세손인 자건의 자字는 희경이며 호는 영모당이다. 본조에서 이조판서 겸 홍문관제학에 개국 4등공신이며, 영평군에 봉해졌고 시호를 충간공으로 추증 받았다. 아들이 넷이라는 기록이 보인다.[244] 임오보에도 자건의 기록과 아들이 나온다.[245] 석암선생 묘갈명의 내용과 전국 종친 대표들이 토의를 거쳐 전국의 반씨를 하나로 합본한 『거제 반씨 대동보(1976)』와는 좀 다르다.

『옥계문집』[246]과 『거제반씨 대동보』[247]의 <석암 반선생 미현기>에 의하면 임진년 옥사를 당하여 죽임을 당한자의 자손들은 남김없이 거두어 살해되고 강보에 싸여 있는 어린아이는 모두 강에 던져지니 죽임을 면한 자는 거의 없었다. 그 처와 딸들은 관비가 된 자가 30여명이나 되었다. 그러나 건장한 자는 도망쳐 화를 피한 자가 있었다. 복해의 아들 자건은 청년이어서 산골 굴속에 숨어 있다가 야음을 틈타 몰래 나와 아비의 시신을 염하여 은밀한 곳에 묻고 요행히 도망쳐 원나라로 망명하였다.[248] 우왕이 폐위되고 최영이 죽임을 당하고 공양왕이 즉위하자 배극렴, 조준 등이 공양왕에게 간언하기를,

---

243)『옥계문집』권5, 1592, 71-1~72쪽. - 潘阜五世諱福海字有術號石庵鄭圃隱門人文侍中封濟城府院君死於戊辰獄恭讓王卽位復爵贈諡文壯公生一子自建. 『고려사열전』에 '반복해는 거제인이다 '라고 기록되어있다.

244)『옥계문집』 권5, 1592, 72쪽. - 潘阜六世諱自建字希卿號永慕堂入本朝文吏曹判書兼弘文館提學叅開國四等功封永平君贈諡忠簡公生四子挺忠賢漣.

245)『壬午譜』 권1. 黃쪽, 1880년.

246) 『옥계문집』 권4, 25쪽.

247)『거제반씨 대동보』 1976, 89쪽. <海石 微顯記>.

248)『거제반씨 대동보』 1976. 89쪽, <石庵 潘先生 微顯記>.

'지난 번 임진년 옥사때 죽은 자 100여명 중에 죽을죄로 살해된 자는 불과 3~4인을 넘지 않을 뿐이요, 그 나머지는 대부분 국가에 충성스럽고 선량한 자들입니다. 그 충성스런 마음을 가지고서도 억울하게 백골이 되었으니 혼은 절대로 죽지 못했을 것입니다. 어둡고 어두운 땅속에서 처량하게 원통함을 곡하며 창창한 하늘에 호소하고 있으니 하늘이 반드시 진노하여 가지 가지 재앙을 내릴 것입니다. 수년 이래 홍수와 가뭄이 재해가 되어 농사지은 곡식이 여물지 않는 것은 그 허물이 어디에 있겠습니까? 철천의 원통한 기운이 족히 음양의 조화를 해쳐서 기이한 앙화를 초래한 것입니다. 엎드려 바라건대 그들의 관작을 회복시켜주시고 그 자손을 찾아서 제사지내게 하여 은택이 죽은 해골에 미치게 한다면 음양이 감동하고 여섯 가지 기운이 중화됨을 이룰 것입니다.'[249]라고 하였다.

이에 공양왕이 명을 내려 반복해, 이존성, 염치중, 반덕해, 안사조, 복해와 덕해의 아버지 반익순 등에게 조정의 관작을 복원해주고 그 처들은 모두 부인으로 봉하였다. 자손이 있을 경우 이름을 알리라 하니 죽임을 당한 자의 자손이 가끔 돌아오는 경우가 있었다. 그 때 자건이 소식을 듣고 요동으로부터 돌아와 그 아비를 석린산에 다시 장사지냈다고 <석암 반선생 미현기>에 기록되어 있다. 그런데 족보상의 년도年度와 나이가 맞지 않는다는 이유로 자건을 가공의 인물이라거나 귀화인이라고 하는 주장이 있다. 왕조시대에 멸문지화를 당하던 때이니 그런 상황에서 족보를 제대로 챙길 수 있는 상황이었겠는가? 만에 하나 설사 연대가 다소 맞지 않고 의문점이 있더라도 다른 기록이 있는 것도 아닌데 지금에 와서 대안이 있는가? 필

---

249) 『거제반씨 대동보』 1976.89쪽, <石庵 潘先生 微顯記>.

자는 상고 할 수 없는 윗대 조상의 존재를 후손이 대안도 없이 자꾸 부정하는 것은 조상에 대한 모독이자 옳은 자세가 아니며 후손된 도리도 아니라고 본다.

자건의 기록은 많다. 남평파 족보인 기묘보(1938년)와 임인보(1961년), 광주파의 족보인 병인보(1925년)와 병진보, 그리고 광주파 계통도(1959년)와 청도의 임오보(1880년)에 모두 기록되어 있다. 이렇듯 자건은 멸족 위기의 가문을 이은 조상으로 기록되어 있다. 『일본서기』에도 자건의 기록이 보인다.

배극렴이 복해의 아들 자건을 공양왕에게 여러 번 말하니 왕이 특명을 내려 배극렴의 사위가 되게 하고 전지田地와 가택家宅을 하사하여 그 선조를 받들어 제사하게 하였다.250) <성산배씨족보>에도 개국 1등 공신인 배극렴251)의 기록에 무남독녀 외동 딸을 영평군 반자건에게 출가시켰다. 아들이 없으므로 형 배극귀의 3남 우紆를 양자로 삼았다고 기록되어 있다. 자건이 복해의 가짜 아들이었다면 영의정 배극렴이 무남독녀 외동딸을 주어 사위를 삼았겠는가!

어느 문중을 막론하고 불확실한 선대기록이 있기 마련이고 빠진 조상과 잃어버린 산소는 흔히 있는 일이다. 공자의 생몰 연대는 정확하지만 오히려 그의 손자인 자사의 생몰연대는 불분명하여 그 설이 3가지나 된다. 『맹자씨보』에도 맹자의 생몰

---

250)『옥계문집』권4 39쪽. - 克廉福海子自建數言於恭讓王王特命爲克廉婿寵愛之賜田宅使奉其先祀.

251) 裵克廉(1325-1392년)- 고려 말 조선 초의 무신으로 조선 개국공신이다. 조선의 一人之下 萬人之上인 초대 영의정을 지냈다. 본관은 京山이며 경북 성주에서 태어났다. 이성계의 위화도 회군을 도와 1등공신으로 星山伯(경북 성주)이 되었다. 배극렴의 묘소는 지금의 충북 증평군 증평읍 송산리 산 28에 있다. 京山은 지금의 성주이다.

연대가 서기전 372-289년으로 통용되고 있으나 정확한 생몰연
대는 밝혀져 있지 않다. 『홍사한은鴻史桓殷』에 '박혁거세의 아
버지는 박원달이다.'[252]라는 기록이 있는데도 박씨 족보에는
알에서 태어났다는 기록을 그대로 두고 있다. 알에서 어찌 사
람이 태어날 수 있겠는가? 가까이는 6.25사변 중에도 유명 배
우 김승호 처럼 출생연도가 미상인 경우가 있고 심지어 친 형
제간에도 형, 동생의 호적의 나이가 서로 뒤바뀐 일도 있다.
하물며 왕권시대에 멸문지화를 당하던 상황에서랴! 여기까지가
반씨潘氏 상고사의 제2막이다.

본관의 변천

교통이 발달하지 않은 옛날에는 서로 왕래가 드물어 기성,
광주, 결성, 남평을 별관別貫으로 써왔으나 1976년 병진년丙辰
年에 대동보大同譜로 합보할 때 대종회大宗會의 의결로 본관本
貫을 거제로 통일하였다. 그러나 지금도 예전의 관습으로 그
지역에서는 광주반씨, 남평반씨, 결성반씨, 기성반씨로 호칭하
고 있다. 그러나 대종회에서는 4관이 아니라 4파로 부르고 있
다. 광주백파 남평파, 결성파, 거제종파이다. 따라서 대종회라
는 명칭도 하나뿐이어야 한다. 현풍 곽씨의 경우도 반씨와 같
은 문제를 안고 있다.

시조 반부潘阜는 고려 문하시중의 벼슬까지 올랐다. 부인 롱
서이씨隴西李氏도 중국명문가 출신이다. 요임금의 셋째 아들인
고요皐陶와 노자와 이태백도 롱서이씨이다. 『지씨홍사』 4권의
기록에 의하면 당나라 고조高祖도 롱서이씨로 기록되어있다.
[253] 또 한나라 무제 때 명장 이광李廣(?~119년)의 후손 중에 5

---

252) 반재원, 『주해 홍사한은』, 도서출판 한배달, 4345(2012), 366쪽.

호五胡 16국十六國시대 무소왕 이호李暠도 롱서이씨다. 롱서현은 현재 감숙성의 성도城都 란주蘭州(란쩌(z)우, 쩌-치두음)와 롱남隴南(룽란)의 중간지점이다. 만리장성의 서쪽 끝인 자위관, 가욕관은 롱서의 끝이며 그 북서쪽에는 돈황시가 있다. 감숙성을 롱, 사천성을 촉이라고 하였는데 지금은 감숙성 안에 롱서현으로 줄어들었다. 롱나라를 얻고 나면 촉나라를 탐낸다는 '득롱망촉得隴望燭'의 고사가 있듯이 롱서는 예부터 촉나라와 더불어 물산이 풍부하고 인재가 많아 중국역대 제후들이 탐을 내던 땅이다. <득롱망촉>은 한무제의 고사이다. 나중에 조조도 <득롱망촉>이라는 말을 하였다. 현재 강소성의 항구 연운항에서 하남성 정주, 낙양, 산서성 서안을 거쳐 감숙성의 천수天水(텐쉬(sh)이)와 란주蘭州(란쩌(z)우)까지 중국의 동서를 연결하는 철도가 롱해선이다.

그러나 원래의 롱서는 그곳이 아니다. 조대가曹大家의 『유통부幽通賦』에는 '롱서는 수양산이 있는 곳이다.'라고 하였다. 수양산은 지금의 백이숙제 묘가 있는 산서성 영제시 부근인 요서군에 있다. 『한서』「지리지」에도 롱서는 지금의 백이숙제 묘가 있는 산서성 영제시 부근인 요서군으로 기록되어있다.[254] 그런데 명나라 영락제가 도읍을 북경으로 옮기면서 갈석산과 백이숙제의 묘가 북경 노룡현에 있다고 변조하였다. 진시왕의 장성은 원래는 수양산이 있는 산서성 영제시 요서군 롱서에서 요동까지인데 만리장성의 길이를 늘이기 위하여 롱서라는 지명을 멀리 감숙성 가욕관으로 옮긴 것이다. 즉 산서성 영제시에 있던 롱서라는 지명을 그 먼 곳인 지금의 감숙성 란주蘭州(란쩌

___

253) 김광한, 『지씨홍사』 4권.
254) 『한서』「지리지」권 28 하.

(z)우)로 옮긴 것이다. 산서성 요서군의 롱서는 반부의 고향인 남송의 임안(지금의 절강성 항주)과 서로 가까운 거리이다.

그러므로 부인 롱서이씨의 고향은 지금의 감숙성의 롱서가 아니라 항주와 가까운 백이숙제의 무덤이 있는 지금의 산서성 영제시 요서군 롱서현이다. 따라서 지금의 하북성에 있는 수양산도 산서성 요서군의 수양산을 옮긴 것이므로 하북성에 있는 백이숙제의 비석도 당연히 가짜이다. 황해도 해주에 있다는 비석은 더 말할 것도 없는 가짜이다. 신숙주와 성삼문이 세종의 명을 받아 황찬을 만나러 가다가 북경 노룡현에 있던 백이숙제 비석 앞에서 '수양산의 고사리는 주나라의 것이 아니더냐'라고 꾸짖었다는 이야기가 전해오고 있으나 성삼문도 그 비석이 가짜였음을 몰랐던 것이다. 백이숙제의 무덤은 지금도 산서성 요서군 수양산에 그대로 보존되어 있다.

우리나라에서 누구나 성씨를 가지게 된 것은 일제 항쟁기 시대인 서기1909년 민적법 시행부터이다. 그 이유는 호적조사와 인구통계를 통하여 세금을 부과하기 위한 조치였다. 본관을 모르는 사람은 사는 곳을 물어서 그 동네를 본관으로 올려주기도 하였다. 그래서 지금도 생소한 반씨 본관들이 있다. 예를 들면 홍주洪州반씨, 천안天安반씨, 제주濟州반씨, 철수鐵首반씨(남평의 속현), 광산光山반씨(광주), 철야鐵冶반씨(남평의 속현), 해제海際반씨, 흥양興陽반씨, 밀양密陽반씨, 아림娥林반씨(요동 귀화인), 영평永平반씨(자건-영평군), 음성陰城반씨, 기양반씨, 청주淸州반씨, 파주坡州반씨, 개성開城반씨, 양절良節반씨(반부의 2째 아들이자 강화의 결성파 시조인 유항의 호, 良貞으로도 나옴) 등 17파이다. 그러나 1976년 병진대동보 작업 때 거제 단일본으로 합보하였다.[255] 백제 말기인 서기554년에도 일본 긴메이 천왕의 초청을 받고 일본에 가서 백제의 의약을 전파한 채약사採藥師 반양풍潘量豊이 있으며 『고려사』에는 목종12년(서기1009년)의 기록에 '서기1032년에 소부감小府監으로 증직贈職된 반희악潘希渥도 있다.[256]

『주해 홍사한은』에는 이미 기자箕子조선 때 장수 반호潘浩, 감시관 반규태潘奎台, 장수 반영선潘英宣이 있었으며, 마한 때는 장수 반진보潘鎭普, 북부여 때에는 재상 반규석潘奎錫, 태부 반우성潘宇成이 있으며, 북부여의 해모수는 등극하면서 반우천潘宇天을 태부로, 경태원慶泰元을 재상으로, 진평숙陳平叔을 장수로 삼아 나라를 세웠다는 기록이 보인다.[257] 여기서 태부는

255) 서기2000년 기준으로 조사된 반씨 인구 분포를 보면 음성-400여명, 광주-6600여명, 기성-3100여명, 거제-1,0000여명, 결성-400여명, 기양-400여명, 남평-2200여명, 영평-150여명, 아림-10여명, 파주-6명, 청주-1명, 기양-4명 등으로 모두 2,3000여명이다. 우리나라 인구의 0.05%에 해당하며 성씨순위 84위이다.

256) 小府監-고려시대 궁중의 공예품과 보물을 보관하는 관아.

257) 반재원, 『주해 홍사한은』, 도서출판 한배달, 4345(2012),
    220쪽.-기자조선 3세 경효왕 조, 갑신(강왕22년) 왕세영을 명하여 태부로 삼고 우경서를 사도로 삼고 반호를 장수로 삼았다.
    223쪽.-기자조선 5세 문무왕 조, 임인22년 감시관 반규태에게 명하여 읍을 설치하고 시장을 열어 교역하게 하였다.
    255쪽.-기자조선 35세 경순왕 조, 경신(현왕8년) 정병태를 명하여 태부로 삼고 전창우를 재상으로 삼고 반영선을 장수로 삼았다.
    268쪽.-마한 2세 안왕 조, 기미8년 장수 반진보를 파견하여 요로에서 위만을 쳐서 대파시켰다.
    339쪽.-북부여 14세 단왕 조, 병오(경왕25년) 진영서를 명하여 태부로 삼고 반규석을 재상으로 삼고 하태성을 장수로 삼았다.
    352쪽.-북부여 21세 이화왕 조, 경오(난왕24년) 반우성을 명하여 태부로 삼고 석대석을 재상으로 삼고 진창준을 장수로 삼았다.
    364쪽.-북부여 26세 동명왕(해모수, 고주몽의 아버지) 계사 한무제53년 반우천을 명하여 태부로 삼고 경태원을 재상으로 삼고 진평숙

지금의 국무총리, 재상은 내무부 장관, 장수는 국방부장관에 해당된다. 건국에 필요한 3대 직책이다.

이러한 기록으로 미루어 보면 연대가 한참 뒤떨어진 반부가 반씨의 시조가 아닐 수 있다. 수로왕의 아버지가 마한의 9세 영왕의 아들 '이비가지夷毗訶之(본명-문)'이고 박혁거세의 아버지는 태백선주太白仙主 박원달朴元達이며 어머니는 해모수의 딸 파소巴素이다.[258] 김수로왕이나 박혁거세가 알에서 나왔다는 기록을 고치지 않듯이 족보상의 시조를 이제 와서 바꾼다는 것은 쉬운 일이 아니다.

기자箕子조선은 어디인가? 『주해 홍사한은』에 의하면 기자箕子는 은나라 무을의 차남인 리가 낳은 아들이며 제을帝乙 병술년 11월 14일 계축 신시에 태어났으며 은나라의 마지막 왕손으로 기자箕子조선 1세 문성왕이 되었다고 기록되어 있다.[259] 비록 주나라 문왕의 제후국이 되었지만 원래 은나라는 우리 직계조상이다. 또 기자奇子는 22세 색부루 단군때(기원전1285년) 서우여徐于餘가 색부루와 협상하여 색부루는 진조선을 맡고 서우여는 번조선을 맡으면서 국명을 기자조선奇子朝鮮으로 고친 것이다. 이 역시 서우여가 단군조선을 계승한 나라이다. 그러나 위만조선은 이와 다르다. 연나라 장수 위만이 기자箕子조선의 준을 몰아내고 세운 정권이다. 기자箕子조선, 기자奇子조선과 위만衛滿조선을 구별할 줄 알아야 한다. 기자箕子조선의 반호, 반규태, 반영선, 북부여의 반규석, 반우성, 해모수 때 반우천이 모두 우리 동이족의 반씨 조상이다. 중국성씨가 아니다. 바로 단군의 자손들이다.

을 장수로 삼았다.

258) 반재원, 『주해 홍사한은』, 도서출판 한배달, 4345(2012), 366쪽.

259) 반재원, 『주해 홍사한은』, 도서출판 한배달, 4345(2012), 213쪽.

중국의 성씨공정

　2014년과 2015년에 한국의 반씨 대종회에서 중국의 <세계 반씨 문화연구회>의 초청으로 호남성 장사시와 호북성 무한의 효감시의 총회에 참석한 적이 있었다. 거기에는 말레이시아 반씨. 싱가폴 반씨, 태국 반씨, 인도네시아 반씨, 대만 반씨 대표들이 참석하는데 몇 차례 참석해본 느낌은 그들 모두가 중국에서 건너간 화교들의 총회이자 축제이지 한국처럼 독자적으로 뿌리박은 성씨가 아니라는 사실이었다. 말하자면 세계 반씨 친목회 행사도 결국 중국 반씨들의 친목행사라는 점이다. 게다가 중국의 반씨 대종회 회장은 반기문 총장의 시조인 반부를 중국 반씨로 혈통을 이어서 책으로 펴내는 것이 자신의 임기동안에 꼭 해야 할 과제라고 강조하는 것으로 보아 한국 반씨들과의 친목도모 보다는 반총장을 자기네들의 후손이라는 것을 홍보하는데 더 큰 목적이 있는 것이 아닌가 하는 느낌을 받았다. 말하자면 성씨의 동북공정을 추진하고 있는 것이다. 우리가 경계해야 할 대목이 아닐 수 없다. 중국에서 도래하였다는 다른 성씨도 예외는 아닐 것이다.

　한국의 반씨 뿌리가 중국이 아니라는 주장도 있다. 반부가 거제도의 토족土族으로 고려 의종을 보호한 공로로 자식들을 개경에 유학하게 되었고 그로 인하여 명문이 되었다는 주장도 있다. 그러나 유인준이 거제도에 유폐된 의종을 구하여 경주로 가게하고 군대를 모아 개경을 치려하자 정중부는 이의민을 보내어 유인준을 쳤다. 이의민이 경주로 가서 의종에게 술을 먹인 뒤 허리를 꺾어서 죽여 강물에 던졌다. 이의민은 젊은 시절 옥살이를 할때 극심한 고문으로 다른 사람들은 다 죽었는데 혼자 숨이 끊어지지 않고 살아 있었다. 그 만큼 몸집이 좋았다. 이를 놀랍게 여겨 치료를 해서 그를 개경으로 보내어 군졸로 추천해준 것이 계기가 되어 그 후로 출세가도를 달려 나중에는 의종의 눈에까지 들어 총애를 받은 인물이다.

의종 왕현王晛(서기1127~1173년. 재위1146년~1170년)은 반부(서기1230~1300년)가 태어나기 60년 전에 거제도의 둔덕 기성에 3년 동안 유폐되었다가 서기1173년 반부가 태어나기 57년 전에 이의민에게 경주에서 그렇게 죽었다. 따라서 거제도에 유폐된 의종과 반부는 시대적으로 전혀 연관이 없다.

의종이 폐위된 경위는 늙은 대장군 이소응이 씨름판에서 젊은 군졸에게 지자 문신 한뢰가 비아냥거리면서 이소응의 뺨을 때렸고, 나중에 김부식의 아들인 나이 새파란 김돈중이 무술시범을 보이던 늙은 대장군 정중부의 수염을 불로 태운 것에 대하여 원한을 품은 것이 그 발단이었다. 공민왕도 개혁정책을 실시하던 영민한 왕이었지만 노국공주가 죽은 뒤 술에 찌들어 지내다가 잠든 사이 최측근인 최만생과 홍윤에게 병풍에 피가 튈 정도로 난자당하여 죽었다. 현대사도 예외는 아니다.

또 하나의 동래설

『옥계문집』에는 반부가 중원에서 왔음을 시사하는 애틋한 시가 여럿 있어 소개한다. 평소 선대역사에 남다른 관심을 가졌던 청도의 반도환潘燾煥 종친님이 남긴 자료를 소개한다. 다음은 『옥계문집』의 <봉열족보유감奉閱族譜有感>[260)이라는 5편의 시이다. 그 내용은 다음과 같다.

1. 중원이 어디인가! 이곳이 바로 횡당이라. 머리를 돌려 하늘을 우러러보며 눈물로 떠나왔네. 우리 송나라가 남으로 천도하던 다급한 와중에 한줄기 후손이 동방으로 내려왔네. **<中原何**

---

260) 『옥계문집』권2, 1592(선조25년), 52-1~53-1쪽.

處是橫塘回首昻天涕淚滂大宋南遷風雨急一枝殘葉落東方>

2. 송나라 상서공이 깊은 은혜에 감읍하고 원나라에 사신 갔다
수감되었으나 절의를 지켰네. 중련의 옛 땅에 오랑캐의 풍속
사라지니 충성과 절의가 당당하여 대낮같이 밝았도다.<恩深南
泣宋尙書勢迫東囚元使車仲連古海胡風死忠義堂堂白日居>

3. 정처없이 떠나와도 왕 버들처럼 뿌리내려 잎 더욱 푸르구
나. 해마다 봄이 오면 한 더욱 깊었더라. 만약 후손들이 중국
에 살았더라면 명나라가 일어나던 초기에 원나라가 망하는 것
을 지켜보았을 것을! <歸根旡路葉居楊世世春心一恨長若使
雲仍生華夏明興初載見元亡>

4. 주나라 이후 수 천 년을 지나면서 씨족이 번창하니 더욱 한
스럽구나. 선대의 유적이 없어지지 아니하고 가승에 빛나니 오
직 바라건데 불초한 후손이 길이 이어 전하리라.<自周以降數
千年 氏葉多秋恨未全先公不死家乘上祗願房孫世世傳>

5. 송나라말기 원나라초기에 고려로 들어와서 좋은 문장 이어
지고 훌륭한 신하 거듭나니, 우리 반씨 대대로 가업이어 가풍
을 이었네. 바라는 것은 후손들이 좋은 인재 길러내어 대대손
손 잇는 길! <宋末元初入麗來金章不絶玉墀陪吾潘從古家風
述願使雲仍善養才>

　송나라에서 왔다는 사실을 뒷받침하는 기록이 또 있으니『옥
계문집』에 반부가 12학사와 함께 잉신媵臣으로 나중에 원나라
에 제국대장공주를 모시러 갔을 때 다루하찌(達魯花赤)가 반부

를 알아보고 원나라 세조에게 아뢰기를 '고려신하 반부潘阜는 예전에 송나라 포로 반서潘湑입니다.'[261]라고 보고한 앞의 내용이다.

옥계玉溪 반우형潘佑亨(무인생 서기1458-계미 卒 1523년, 아버지 -熙, 일명 愐)은 조선중기인 중종 때의 문신으로 중종반정 정국공신으로 대사헌을 지냈다. 반기문 총장의 직계조상인 송애松厓 반석평潘碩枰(서기1472-1540년)과 같은 시대 인물이다. 반우형은 반석평보다 나이가 14세 위이다. 송애 반석평은 음애陰崖 이자李秄(서기1480-1533년)보다 8세 위이다. 서로 격려하고 교류하였다. 반석평, 반우형, 조광조, 김안국, 이자 등과도 처음에는 서로 관계가 두터웠다. 『옥계문집』권5에는 음애일기 일록초日錄抄가 실려 있다. 이자는 연산군10년(서기1504년)에 식년문과에 장원급제 하였으며 1506년 중종반정에 공을 세워 나중에 형조판서에 오른 인물이다. 이자는 김안국이 자신을 해칠 것을 미리 눈치 채고 회화나무 꽃물을 얼굴에 누렇게 바르고 이불을 둘러쓰고 앉아서 동태를 살피러 온 김안국을 맞았다. 김안국은 중환자가 된 이자를 눈물로 위로하고 돌아가면서 '이제 이자도 끝났군. 쯧쯧!'하면서 안심했다고 한다.

이자는 은퇴 후 용궁[262)]으로 돌아갔다. 반우형은 과거제도가 도리어 인성교육을 저해하고 있음을 지적하면서 『대학』과 『논어』만 잘 읽어도 도의 경지에 오를 수 있음을 강조하였다. 『옥계문집』에는 『대학』의 '수기치인修己治人과 격물치지格物致知'를 들어 태극이론을 설명한 내용이 들어있다.

---

261)『옥계문집』권4, 1592(선조25), 18-1쪽. - 是月達魯花赤上言於世祖曰麗臣潘阜前宋俘潘湑.

262) 용궁- 용이 사는 곳이 아니라 지금의 경기도 용인이다. 용인시 기흥구 지곡동. 그곳에 고택과 산소가 있다.

조선시대를 통털어 8도감사를 역임한 사람은 2명뿐인데 바로 양근陽根함씨 함부림咸傅霖 감사와 반석평 감사이다. 반석평은 8도 관찰사 외에도 5도 병마절도사까지 지낸 유일한 인물이다. 반우형과 반석평은 반부의 후예로 반기문 유엔사무총장과 더불어 반씨 가문을 빛낸 인물이다.

　그러나 설사 반부의 뿌리가 중국이라 하더라도 어언 700여 년이라는 세월이 흐른 지금 중국 반씨와 친목도모는 환영할 일이지만 과거의 족보를 연결하여 성씨의 동북 공정으로 변질되는 것은 결코 허용할 수 없는 일이다. 해모수의 북부여가 어디인가? 바로 지금의 중국 땅이다. 해모수가 나라를 세울 때 반우천을 태부로 삼았다는 기록은 그 옛날에는 중국 대륙이 바로 우리 조상들이 살던 우리의 고향땅이었다는 반증이다. 따라서 우리가 중국의 대종손이라는 이야기이다. 중국에서 온 성씨로 알려져 있는 다른 성씨들도 중국성씨가 아니라 그저 옛날에 우리 동이족 조상들이 중원에서 살 때 쓰던 우리 성씨이지 따로 중국에서 가져온 성씨가 아님을 알아야 한다. 주객이 전도된 현실을 바로 알아 우리가 중국대륙의 대종손이라는 반박자료를 준비하고 있어야 앞으로 중국의 성씨공정에 휘말리지 않을 것이다.

　반씨 인구는 2010년 말 현재 우리나라 인구의 0.05%에 해당하는 2만 3천여 명에 가구 수는 7천 2백여 가구로 성씨순위 80위 정도를 유지하고 있다. 결코 많은 수가 아니지만 유엔사무총장을 배출한 가문이 되었다. 민족의 경사이자 반씨 가문의 자랑이다. 또 0.05% 밖에 안 되는 성씨임에도 임진왜란 때 충무공 이순신의 부장으로 활약하여 공신으로 책봉된 분이 3명이나 있으니 1등 공신 부정副正 반중경潘仲慶과 2등 공신 판관判官 반관해潘觀海와 수문장守門將 반중인潘仲仁이다. 드문 성씨에 비하면 엄청난 공로이다.

사무총장이 50년 마다 아시아에 기회가 오는 주기로 볼때 앞으로 50년 후에는 일본으로 돌아갈 것이고 또 50년 후에는 중국이 될 것이고 또 50년 후에는 태국이나 필리핀, 또 50년 후에는 월남이나 라오스나 말레이지아 등에서 배출될 것이므로 아마도 향후 200년 안에는 다시 한국 사람이 유엔사무총장에 선출될 가능성이 없다고 보아야 할 것이다. 노자의 <상선약수 上善若水>를 신조로 삼고 있는 반총장은 온화한 성품이면서도 청렴 강직하고 책임감이 철저한 인물이다. 10여 년 동안 세계 정치무대에서 쌓은 경험과 각국의 정상들과의 인맥은 값으로 따질 수 없는 경영자산이다.

나따(tha)니엘 호오톤(thon) (Nathaniel Hawthon)의 큰 바위 얼굴처럼 세계를 경영하던 경험으로 국가 발전에 큰 역할을 해 주기를 국민들은 기대하고 있다. 유엔 창설 이후 최대 업적으로 평가받고 있는 <파리기후변화 협약>을 성사시킨 바 있는 반총장이 이번에 미세먼지 해결을 위한 범국가적 기구를 맡은 것은 그 중 좋은 역할일 것이다.

대종회 명칭 유감

이 기회를 빌어 한 가지 건의하고자하는 것은 대종회의 명칭에 관한 일이다. 본관이 없는 <반씨 대종회>라는 명칭은 크게 잘못되었다는 점을 말씀드리고자 한다. 성씨 앞에 본관이 없다는 것은 사성賜姓은 커녕 시조가 벼슬도 없었고, 식읍을 받은 땅도 없고, 조상의 고향도 모르는 떠돌이 천민이나 유랑민이었다는 말과 다름이 없다. 조선시대에 천민들이 자신의 성을 만들 때에도 이런 식의 성은 없었다. 심지어 속세의 이름을 쓰지 않는 출가한 스님들도 출생을 밝힐 때는 반드시 고성이씨, 밀양박씨 등의 본관을 밝혔다. 간혹 관향이 없는 성을 쓰다가 관가에 발각이 되면 곤장으로 다스렸다. 그만큼 관향의 의미가 컸던 것이다.

관향이 있고 없음의 차이를 비유하자면 마치 다른 대종회에서는 정장을 갖추고 앉아있는데, 우리는 속옷 바람으로 앉아있는 모양새라 타성 보기에 여간 창피스러운 일이 아닐 수 없다. 100여명이 참석하는 전국 성씨사무총장연합회 정기총회에 참석할 때 어김없이 받는 질문이 대종회 앞에 왜 본관을 붙이지 않느냐는 질문이다. 유엔사무총장을 배출한 성씨로서 답변이 궁해진다. 전체 인구의 0.05%밖에 되지 않는 성씨가 뿌리공원에 비석을 따로 세우는 것도, 본관을 따로 쓰겠다는 주장도, 대종회라는 명칭을 따로 쓰는 것도, 합보한지 40년이 지난 지금에 와서 전혀 명분이 서지 않는 일이다. <대종회>라는 명칭도 하나뿐이어야 한다. 대종회가 둘이면 반씨 끼리 서로 사돈을 맺을 수 있다는 뜻인데 그것이 가능한 일인가. 대동보는 그당시 선대 전국 종친 대표들과 초대 대종회장이 큰 뜻을 내어 이룬 쾌거였다. 그런데 아무 명분도 없이 허문다는 말인가.

대종회의 명칭에 대한 문제를 다시 논의해야 할 것이다. 이것은 필자 혼자의 주장이 아니기에 이 기회를 빌어 말씀드리는 것이다. 대안을 제시하라고 한다면 <기성반씨 대종회>로 할 것을 제안한다. 거제라는 지명에 거부반응이 있다면 지명대신 반부의 기성부원군이라는 봉호를 사용하고 그 아래 거제종파, 남평파, 광주백파, 결성파로 호칭하는 것이 무난할 것으로 보인다. 본관을 기성으로 변경하면 거제라는 지명에 대한 선입견도 사라질 것이다. 대종회의 가장 근본 목적은 첫째도 둘째도 종친간의 화합과 친목이다. 파종간의 조상자랑이 아니다. 교통이 지금 같지 않아 불편하기 짝이 없던 40여 년 전인 1975년부터 14개월 동안 전국의 반씨 종친 대표들이 서울에 모여서 십여 차례의 토의 끝에 하나로 만든 대종회의 큰 정신이 아무쪼록 빛이 바래지 않고 오래 유지되기를 바라는 마음은 필자만의 소망은 아닐 것이다. 田田

<쥐뿔이야기, 반재원, 4336(2003)>
<세계가 잃어버린 영혼·한국, 반재원 허정윤, 4340(2007)>
<씨아시말, 반재원, 4342(2009)

-참고-

『홍사』 / 『주해홍사한은』 반재원 / 『고려사』 / 『반부전기』 / 『대학』 / 『논어』 / 『典故大方』 / 『麗史提綱』 / 『大東韻府群玉』 / 『사기』 / 『중국백도백과사전』 / 『서전』 / 『화랑세기』 / 『수경주』 / 『오제본기』 / 『맹자』 / 『명세총고』 / 『포은선생집』 / 『조선조 청백리지』 / 『양촌집』 / 『반씨전』 / 『금문신고 외편』 낙빈기 / 『한겨레의 뿌리길』 송호수 / 『쥐뿔이야기』 반재원 / 세계가 잃어버린 영혼·한국』 반재원·허정윤 / 『거제 반씨 대동보』 / 『옥계문집』 권1~5, 반우형 / 『기성 반씨 족보』 경술보 / 『기성 반씨 족보』 임오보 / 『광주 반씨 족보』 을묘보 / 『남평 반씨 족보』 경자보 / 『거제 반씨 세보』 을묘보 / 『남평 반씨 족보』 기묘보 / 『양절 반씨』 임진보 / 『기성 반씨 족보』 갑오보 / 『광주 반씨 세보』 정유보 / 『광주 반씨 계통도』 정유보 / 『광주반씨 가승』 미상 / 『반씨 비승』 미상 / 『반씨 가첩』 미상 / 『결성 반씨 족보』 기축보 / 「호남 반씨」 창간호 / 「형양 반씨」 제 9집 / 「강소 반씨」 / 『성산배씨 족보』 등 /

벼슬과 품계

★贈- 갑자기 순직하거나 생전의 공로에 따라 사후에 벼슬을 추증하는 것.(일계급 특진이나 예비역 승진과 같음) 그러나 생전에도 자식이 관직이 높아지면 부친을 추증할 수 있으나 왕의 교지를 받아 추증하며 개인이 임의로 추증할 수는 없다. 왕이 내리는 것은 교지이며 황제가 내리는 것은 칙서이다. 따라서 철종이 내린 것은 교지이며 고종이 내린 것은 칙서이다.
예) 贈 吏曹叅議.

★行- 행은 자신의 직책보다 낮은 품계를 받아 수행하는 자리이다. 과장급이지만 자리가 없어 계장 업무를 보는 것을 말한다. "반대로 품계는 낮지만 자기보다 높은 직책을 수행하는 것을 "守"라고 한다. 계장직급인데도 자리가 비어 과장직책을 수행하는 경우이다.

　예) 行戶曹叅議. 叅判인데 그보다 낮은 참의업무를 보는 것. 守吏曹叅判. 叅議인데 그보다 높은 叅判업무를 보는 것. 行面長. 4급 서기관인데 5급직인 면장을 하는 것. 자신의 원래 직책을 그대로 수행할 때는 "행"이나 "수"를 붙이지 않고 그냥 이조참판. 이조참의라고 적는다.

♣국가직　5급행정사무관-중앙부서에서는　계장급,　지방부서(도청 등)에서는 과장급이다.
●자헌대부-정2품 당상관(판서, 장관급).
●정헌대부-정2품 당상관(판서, 장관급), 자헌과 품계가 같다.
●통정대부-정3품이라도 통정대부는 당상관이다.(국장급)
●통훈대부-통정대부와 같은 정3품이라도 통훈대부는 당하관이다.(과장급) 당상관과 당하관은 하늘과 땅 차이이다.
●가선대부-종2품 당상관(차관급).
●가의대부-종2품 당상관. 예-가의대부 호조참판(차관급).
●정승-정1품 영의정, 좌우의정(국무총리).

● 정승-종1품 좌찬성 우찬성(부총리-경제부총리, 교육부총리).
● 판서-정2품(장관) 서울판윤(서울시장)은 판서급임.
● 참판-종2품(차관보).
● 태수-시장, 도지사.
● 정경부인-영의정 부인과 좌우의정 부인(정1품, 종1품).
  (남편이 국무총리, 부총리급).
● 정부인-판서급(대감)의 부인(정2품, 종2품),
  (남편이 장관급).
● 숙부인-참판급(호칭은 영감)의 부인(정3품 당상관).
  (남편이 차관급임) 증嘉義大夫가 되면 정부인이라는 명칭을
  붙일 수 있다.
● 숙인-참의급(호칭은 나으리)의 부인(정3품 당하관),
  (남편이 차관보, 국장급임).

✻영중추부사-국무총리(호칭은 대감) 領中樞府使-중추부(관청
  이름)의 영사이다. 영의정이나 좌우의정이 영중추부사가 됨.
  정 1품임. 중추부는 무임소 관료조직임.
✻판중추부사-부총리(호칭은 대감).
✻지중추부사-장관급(호칭은 대감) 판서(장관급)이상은 모두 대
  감으로 부른다. 정2품=판서=대감(장관).
✻同知중추부사-차관급(호칭은 영감). 종2품.
✻첨지중추부사-차관보(3품)(호칭-나으리). 정3품 당상관.
✻대광보국 숭록대부-영의정.

❀현감縣監-면장. ❀현령縣令-읍장. ❀군수郡守-군수.
❀목사牧使-군과 시의 중간 크기(나주목사) ❀정랑-국, 과장.
❀부사府使-시장(밀양부사, 대구부사). ❀감사監使-경상감사.
충청감사. ❀관찰사-차관보. ❀참찬-차관급, 도지사. ❀문하
찬성사-부총리급. ❀시중-국무총리급.

5부. 나를 찾아 가는 길

우리는 선도의 종가집

『한단고기』에 11세 도해 단군 원년에 유위자가 '우리 신시는 실로 한웅으로부터 개천하여 천경신고天經神誥를 물려받아 ~' 라는 기록이 나온다. 『홍사한은』에는 도해 단군 경진2년에 혁운이 아뢰기를 '우리 성조께서 '경천교敬天敎'를 창립하여 국교로 삼아 모두가 이를 흠모하고 숭상하며 존경하여 믿었습니다' 라고 기록되어 있다. 『청학집』과 『조선도교사』에도 '한인은 동방 선파仙派의 조종'263)이라 하여 선도의 종주국임을 밝히고 있다. 즉, 우리민족은 한인桓因의 한국桓國, 한웅桓雄의 배달국, 왕검王儉(한왕검桓王儉)의 단군조선에 이르기까지 선仙의 종주국이었다.

우리는 죽음을 생명의 끝으로 보지 않고 원래의 자리로 돌아가셨다라고 한다. '돌아가셨다'라는 의미는 태극의 음양 두 기운으로 왔다가 무극인 '도道로 가셨다'라는 뜻이다. 즉 처음 나왔던 허공으로 '도로가셨다'라는 말이다. 또 세상이 나를 버린 것이 아니라 내가 세상을 버렸다는 능동적인 뜻을 지닌 '세상 버리셨다'라고 표현한다. '도로 가거라' '돌아 가거라'는 말도 '도道로 가거라'라는 우리 민족의 도어道語이다. '되졌다' '뒤졌

---

263) 『조선도교사』, 이능화 - 桓因 爲東方仙派之宗. 青鶴集. - 壇君三世之事 最近道家三淸之說 盖我海東爲神仙淵叢 ~ 故稱壇君 ~ 仙家之稱. 이능화는 한인桓因과 한인桓仁을 같이 쓰고 있다.

다'라는 경상도 사투리와 병이 '도졌다'는 말도 다시 원상태로 '되어졌다'는 뜻이다. '죽었다' '죽어간다'라는 말은 '주었다' '주고간다'라는 말이다. 우리민족은 자식들에게 재산을 물려주는 관습이 남다르다. '다 죽어간다'는 것은 다 주고간다'라는 의미이다.

또 음식도 아닌데 '마음을 먹는다'라고 표현하며 죽은 후에도 볼 수 있음을 나타낸 '죽어 본다'라든지 죽어버리면 사라질 텐데도 '죽어서도 다시 난다'라는 뜻의 '죽고 나면'이라고 표현한다든지 혼이 나가면 볼 수 없을 텐데도 '혼나 본다' 등, 죽어서도 살아있을 때와 같이 볼 수 있다는 사후의 세계관을 표현한 것으로 외국어에는 이러한 도어들을 달리 표현할 단어가 없다. '한울님' '한얼님' '한알님' '하나님'이라는 딘어도 우리민족의 전통 도어이다.

경상도 말에 아무것도 모른다는 말을 '한개도 모른다'라고 하는데 그 '한개'라는 표현도 세상이치가 모두 하나라는 것을 모른다는 뜻이다. 틀렸다의 경상도 사투리인 '틀맀다'라는 말도 자기만의 틀이 있다는 말이다. '틀이 있다' '틀있다' '틀맀다' '틀렸다'이다. 틀이 있으니 틀린 것이다. 즉 자기가 가지고 있는 기준으로 판단하는 고정관념의 틀이 있어서 다른 이와 맞지 않는다는 말이다. '잘 된다'라는 말도 '자리에 든다' '제 자리에 든다'라는 의미가 담겨져 있다. '잘났다'라는 말은 바로 '제 자리에 났다'라는 말이다. '제자리에 나다'가 '자리 나다' '잘 나다'가 된 것이다. 제자리는 양심자리이다. '미쳤다'는 단어도 '꼭대기에 도달하여 끝까지 미쳤다'라는 말이다.

'갑자기'는 천간의 시작인 '갑甲'과 지지의 시작인 '자子'로써 '갑자의 기운'이다. 또 '각중에 그런 생각이 났다'라고 하는 말은 느닷없이 생각이 떠오른 것이 아니라 '각중覺中에' 즉 생각하던 중에 이제야 그 답을 깨달았다는 말이다. '깨닫는다'라는 말의 뜻도 '개닫는다' 즉 '열고 닫는다'라는 말이다. 여는 것은 열십(十)이며 닫는 것은 닫오, 다섯오(五)이다. '열고 닫는 것'이 15十五진주眞主이다. 도 공부를 하는 것도 진리를 체득한 후에는 다시 현실로 복귀하기 위한 것이다. 도의 문을 열고 들어가서 진리를 보고나면 다시 닫고 나와서 대자유인大自由人, 무사인無事人으로 세상을 밝히며 사는 것이 15진주이다.

또 '도생일 일생이 이생삼 삼생만물道生一 一生二 二生三 三生萬物'에서 一, 二, 三은 순서를 말하는 것이 아니라 하늘, 땅, 사람의 뜻으로 본다. 따라서 무극(道)에서 하늘(一)이 생겨나고 하늘(一)에서 땅(二)이 생겨나고 땅(二)에서 사람(三)이 생겨나고 사람(三)으로 말미암아 만물이 생겨난다는 뜻으로 보는 것이다.

'무섭다'라는 어원도 '무無'와 '없다'의 중복어인 '무없다'라는 뜻이다. 못안이 모산이 되고 곳안이 곳산, 고잔이 되는 원리와 같다. '부질없다'라는 말도 부질不質 즉 '고정된 질이 없다'라는 말로 실체가 아니라 허상이라는 말이다. '저절로'라는 말도 '제질로' '제 질質대로'라는 뜻이다. '저절로 된다'라는 말은 자신의 질만큼, 자기가 지어놓은 만큼, 자기가 닦아놓은 수준만큼 일이 이루어진다는 뜻이다. 즉 사회적인 성공이나 도道에 이르는 수준도 자신의 그릇만큼 지어놓은 인에 의하여 나타나는 결과이지 아무것도 하지 않는데도 뜻밖에 좋은 결과가 온다는 그런 뜻이 아님을 알 수 있다. 뜻밖이라는 말도 그렇다. 자기 뜻의 바깥이라는 말이다. '나밖에 모른다'라는 말도 나의 바깥 영역인 상대방의 입장은 생각하지 않는다는 말이다. '아니다'라는 단어도 밖의 반대 개념인 '안'을 말하는 것이다. 나의 밖은 모르고 '나의 안만 안다'라는 뜻이다. 자기만 아는 것은 '안인 것' '아닌것'이다. '나쁘다'라는 말은' 나 뿐이다'라는 말이다. 나 뿐 이니까 '나뿐 것'이다. '예쁘다'라는 말도 '옛 뿐이다' '원래뿐이다'라는 말에서 온 것이다. '기쁘다'라는 말도 '기氣뿐이다'라는 뜻이다.

'못났다'라는 말은 성격이 '모가 났다'는 데서 온 말이다. '모질다' '모진 사람'이라는 말도 '모가진 사람'에서 온 말로 둥글둥글하지 못한 사람을 말하는 것이다. '못하다'도 '모나다'의 뜻이다. 모를 심어 뿌리가 내리는 것을 '살음'한다고 한다. 유승국 한국정신문화연구원 원장은 '사랑한다'라는 말도 '산다' '살음' '살앙'으로 변하여 '사랑'이 된 것이며 '살음' '살암'이 '사람'이 된 것이라고 하였다. 또 언어역사학자인 박병식 선생의 이론에 따르면 '사람'의 어원이 태양의 자손이라는 뜻인 '하라마'에서 나왔다고 하였다. '하라마'의 '하'는 해의 어원이라고 하였다. '힘'이 '심', '헤다'가 '세다', '혀'가 '셔'로 변하듯이 '하라마'는 '사라마'가 되었고 '사라마'는 '사람'으로 변한 것이라고 하였다. '지붕'은 원래 '집웅集雄'에서 나온 말이다. '집의 맨 위 꼭대기'라는 말이다.

'어리석은 사람'이라는 말도 '얼이 썩은 사람'이다. 본성을 떠난 지 오래되어 얼이 썩었다는 말이다. '얼씬도 못 한다'의 '얼씬'도 '얼씨'를 이르는 말이다. '얼빠진 놈'은 얼이 뽑혀진 사람이다. '얼씨구 좋다'에서 '얼씨구'는 '얼씨' 즉 '정자'에서 나온 말이다. 정자가 좆에서 나오니 좋다라는 의미이다. '좋다'

는 '조祖하다' '조祖다'에서 온 말이다. '절씨구'는 '얼씨구'의 중첩어이다. '얼떨떨하다' '얼떨결에'는 '얼이 덜든 상태'를 말한다. '얼간이'는 '얼이 나간이'라는 말로 모두 그 맥을 같이하고 있다. 또 '소원을 빈다'의 '빈다'라는 말도 마음을 '비운다'는 뜻이다. '마음을 다스리다'에서 '다스린다'라는 말은 '다 사뢴다'라는 말이다. '마음에 지닌 것을 다 말하고 털어버린다'라는 뜻이다. '차렷'이라는 구령도 '정신 차려'라는 말이다. 이렇듯 일상용어가 하나같이 도에 깊이 뿌리박고 있음을 볼 수 있다.

'노세! 노세! 젊어서 노세! 늙어지면 못 노나니~'의 원래 뜻은 '놓으세! 놓으세! 젊어서 놓으세! 늙어지면 못놓나니~'라는 의미이다. 나이가 들면 세포확장이 멈추고 몸이 졸아들면서 집착으로 변하고 옹고집이 세어지기 때문에 욕망을 놓을 수가 없어서 수련이 안 되므로 젊을 때 부지런히 수련하여 욕망을 내려놓는 연습을 해야 한다는 우리민족의 도어이다. 우리만큼 도어가 일상용어에 무르녹아있는 민족도 없다. 田田

<씨아시말, 반재원, 4342(2009)>

오행과 4원소, 태극과 삼극

　흔히 지수화풍地水火風 4원소와 목, 화, 토, 금, 수 5행과의 차이점을 바로 알지 못하고 4원소가 맞느니 5행이 맞느니 하는 경우를 보는데 사실 이것들은 서로 독립된 역할을 하고 있어서 그렇게 따질 수 있는 성질이 아니다. 창조는 대기권 밖의 열(火)과 바람(風)에 의한 것으로 화풍火風의 조건에 의하여 만물이 생성된다. 우주도 생명체로서 숨을 쉬는데 들이쉬는 숨은 풍風(찬바람)이며 내쉬는 숨은 화火(더운 바람)니 이 들숨과 날숨에 의하여 별들이 창조되고 소멸되는 것이다. 예전에는 성령을 '숨님'이라고 하였다. 경주 토함산도 '숨님산'이다. 대기권 밖의 화火, 풍風과 대기권 안의 지地, 수水가 일정한 비율로 오묘한 조화가 이루어질 때 생명체가 창조되는 것이며 그것이 바로 지수화풍 4원소의 역할이다.

　실제로 깊은 산중의 웅덩이가 가물어 물이 줄어들면서 이끼가 잔뜩 끼는 조건에서 버드나무가 생겨나는 현상을 볼 수 있다. 과학적으로 오랫동안 고여 있는 물에는 이산화탄소가 생겨나고 가뭄이 계속되어 웅덩이의 물이 거의 졸아 들면서 탄소와 수소 등이 절묘하게 화합하는 순간 거기에서 버드나무가 자라나는 예가 보고 된 적이 있다. 또 가뭄으로 인하여 양어장에 적조현상이 생길 때 그 웅덩이의 물을 떠다가 뿌려주면 적조현상을 지연시켜 물고기의 떼죽음을 면할 수 있다. 그래서 버드나무를 나무의 시초라고 한다. 태풍에 쓰러진 나무 중에 저절로 일어서는 나무는 버드나무뿐이다. 10~20° 가량 기울어져도 바로 서는 힘이 있다. 풀의 시초는 파이며 동물의 시초는 돼지라고 한다. 12지의 시작도 자, 축, 인, 묘~ 가 아니라 해자축, 인묘진, 사오미로 돼지(亥)가 맨 먼저 자리하고 있는 이유로 볼 수 있겠다.

지상에서 뿐만 아니라 밀폐된 무덤의 관속에서도 조개가 자라고 물고기가 살며 어린 쥐새끼가 생겨나는 현상도 발견되고 있으며 바다 속 1200m의 600℃ 화산 분화구 옆에도 물고기가 사는 경우도 있고 땅속 2800m 지열 75℃의 암흑세계에도 박테리아와 같은 생명체가 살고 있으며 신기한 것은 유기물을 함유하지 않은 화성암 층에도 미생물이 살고 있다고 한다. 더 신기한 것은 그 박테리아의 배설물을 먹고 사는 또 다른 박테리아가 존재한다는 것이다.[264]

또 국제학술지 <네이처(Nature)>는 2019년 1월 18일 '미국 네브래스카(Nebraska)대학 고생물학자인 데이쎄드 하르우드(David Harwood)교수 연구팀이 이달 초 남극아래 얼음호수인 메르세르(Mercer)를 지하 1068m까지 시추하여 생명체의 사체를 발견하였다.'고 발표하였다. 이번에 발견된 생명체는 전체 크기가 1mm 정도이며 곰처럼 생겼다고 물곰이라 이름 붙였다. 영하 273℃의 극저온이나 151℃의 고열에도 끄떡없다. 심지어 치명적인 방사선을 맞아도 살 수 있다. 대부분의 동물이나 인간은 10~20그래이(Gy) 방사선에 목숨을 잃는데 이 물곰은 5700그래이의 방사선에도 견딘다. 또한 지구에서 가장 깊은 수심 1,0000m 마리아나(Mariana) 해구보다 6배나 높은 수압(평지의 6000배 기압)에도 거뜬히 견디며 공기가 전혀 없는 진공상태에서도 생존한다고 한다. 또 30년을 냉동한 후 해동하여도 깨어나서 새기를 낳았다고 한다. 하르우드교수는 이 물곰을

---

264) 미국 에너지부 지하 과학연구팀의 발표. 조선일보, 2019. 1.18.

허공인 우주 공간에 두는 실험을 통하여 산소가 없는 곳에서도 살아남는 이유를 연구하고 있다.[265] 또 그 추운 북극에도 모기와 나비와 애벌레가 발견된다고 하니 자연의 신비는 아직도 많은 부분이 베일에 싸여 있다. 따라서 종교의 입장에서 보면 하나님이 창조한다고 표현할 수 있으나 조건에서 볼 때에는 지수화풍의 4원소에 의하여 절로 생겨나는 것이다. 왜 절로 생겨나는지는 아직 인간으로서 알 수 있는 영역이 아니다. 그래서 자꾸 하나님을 찾는 것이다. 그러나 의인화된 하나님이 따로 있는 것이 아니라 만물이 저절로 이루어지게 하는 실체인 지수화풍이 바로 하나님이다. 그것은 또한 허공이다. 모든 생명체는 허공의 양과 음의 기운에서 물질로 생겨났다가 다시 허공으로 화하는 것이 자연의 조화이다. 태양도, 달도, 28수도, 지구도, 또 지구속의 모든 생명체도 허공에서 나왔다가 수명이 다하면 허공의 기운으로 화하는 것이다.

우리의 고향은 허공이다. 천국과 지옥이라는 개념도 개인의 생각에 스스로 얽매일 때에 있는 것이다. 하나님이 만물을 창조했다면 그 속의 행복과 불행, 기쁨과 슬픔, 선과 악 모든 것도 하나님이 만든 것인데 천국과 지옥이 따로 있어서 누구를 벌주고 상줄 것인가. 저승도 이승처럼 천층만층 구만층이다.

반면 지수화풍의 오묘한 조건에 의하여 생겨난 생명체는 일정한 법칙에 따라 성장 소멸하게 되는데 그 법칙이 바로 오행의 조건이다. 즉, 창조되는 것은 지수화풍 4원소의 조화이지만 일단 창조된 후부터는 오행인 수, 목, 화, 토, 금(동지-춘분-하지-추분)의 운행 원리에 따라 자라고 번식하고 열매 맺고 죽음을

---

265) 미국 에너지부 지하 과학연구팀의 발표. 조선일보, 2019. 1. 24, 2019. 2. 13.

맞는 것이다. 다시 말하면 4원소는 만물 창조의 기본 요소이고 5행은 창조된 후의 만물의 성장과 소멸의 변화 법칙이다.

이렇듯이 4원소와 5행이 서로 다른 제각각의 고유한 역할을 하고 있는데도 둘 중에서 어느 것이 옳으냐를 따지고 있는 것은 마치 자와 저울이 같은 측정 기구이지만 하나는 길이를, 또 하나는 무게를 측정하는 고유의 역할을 무시한 채 어느 쪽이 더 우수한가를 두고 시시비비를 가리자는 것과 같다. 이러한 선상에서 볼 때 태극과 삼태극의 이치를 두고 어느 이론이 옳으냐 하고 시시비비를 가리는 것도 또한 덧없는 일임을 알 수 있다.

태극은 우주 허공에 꽉 차 있는 음과 양의 살아있는 두 기운을 표현한 것이다. 그 기운의 실체가 바로 만상만물의 창조주이다. '태극' '무극'이라는 단어도 허공의 또 다른 표현이다. 허공이 무극이고 태극이다. 또 태극에서 양의가 생한다고 했는데 왜 음양이 생한다고 하지 않고 양의가 생한다고 했을까. 음양과 양의의 차이는 무엇인가. 무극속의 태극은 음양의 기운이고 음양의 기운에서 생겨난 물질이 양의(兩儀-두 가지 거동)이다. 태극을 비 물질인 형이상의 영역이라고 한다면 양의는 물질인 형이하의 영역이다.

비유컨대 콩알을 가지고 예를 들자면 콩은 무극이고 콩 속에 들어있는 두 쪽의 알맹이 중 하나는 음이며 따른 하나는 양이다. 즉 콩의 두 쪽이 음양 태극이다. 그래서 무극 속에 태극이 포함되어 있으므로 무극이 태극이라고 한 것이다. 무無는 아무 것도 없다는 뜻이 아니다. 음과 양 두 쪽의 콩 알맹이가 조화롭게 혼연일체가 된 상태가 무無이다. 무극속의 음양인 콩 두 쪽에서 지상으로 나온 떡잎이 바로 양의이다. 기운을 나타내는 형이상의 콩 두쪽인 음양과 물질로 변한 형이하의 떡잎인 양의는 서로 다른 차원이다. 따라서 태극차체가 음양이므로 태극에서 음양이 생한다는 말은 이치에 맞지 않으므로 태극에서 양의가 생한다고 한 것이다.

응달과 양달, 앞과 뒤, 위와 아래, 좌와 우, 남과 여, 1과 2, 괴로움과 즐거움, 슬픔과 기쁨이 음양으로 동시에 있는 것이며 하나이다. 응달이 없으면 양달도 없듯이 슬픔이 없으면 기쁨도 없고 괴로움이 없으면 즐거움도 없고 불행이 없으면 행복도 없는 것이다. 따라서 행복만, 즐거움만, 기쁨만이 있기를 바라는 것은 애당초 이루어질 수 없는 기도이다.

흔히 '道可道 非常道'를 '도를 도라고 하면 도가 아니다'라고 번역하는 바람에 오히려 더 어려운 말이 되는데 이는 정확한 표현이 아니다. '도를 말로 표현하면 이미 도의 본질을 떠난 것이다'라는 말이다. '道可道'에서 뒤의 *도道*는 '말씀' '표현'이라는 뜻이며 앞의 도道는 말 그대로 '도(무극, 허공)를 의미한다. 이렇듯이 어떤 물건에 이름을 붙이면 이미 그것이 아니다(名可名 非常名). 그 동물에게 개나 소나 돼지라는 이름을 붙이면 이미 그것은 변질된 것이라는 뜻이다. 개나 돼지는 자신이 개나 돼지인줄 꿈에도 모르고 살아간다. 사람이 이름을 붙여준 것일 뿐 그저 자신일 뿐이다. 생겨났으니까 움직이면서 먹고 사는 것이다. 사람만이 자신의 존재를 안다.

무극은 창조의 힘이다. '하나님' '창조주' '조물주'라는 단어는 무극, 우주에너지, 창조의 힘, 진리, 명덕明德(본성)의 의인화된 표현이다. '태초에 말씀이 계셨다'라는 말은 태초에 '도道' 즉 '허공'이 있었다는 말이다. 이때는 그냥 도道이어야 하는데 말씀(道)으로 번역하고 말았다.

'낙타가 바늘구멍으로 들어간다.'라는 말도 잘못된 번역이다. 로프(rope)는 낙타가 아니라 밧줄이다. 실이 아닌 밧줄로 바늘 귀를 끼우는 무모한 행동을 말한 것이다. 코끼리도 아닌 낙타 가 왜 바늘구멍으로 들어가겠는가. '하늘은 스스로 돕는 자를 돕는다'라는 말이 무슨 뜻인가. 스스로 돕다니? 이기주의자를 말하는 것인가? 'help yourself'를 직역한 것이다. '하늘은 스 스로 노력하는 자를 돕는다.'로 번역해야 한다. '천재는 99%의 노력과 1%의 영감으로 이루어진다'라는 번역도 '천재는 99%의 노력이 있어도 1%의 영감이 따라주지 않으면 이루어지지 않는 다'라고 해야 바른 번역이다.

무극은 허공중에 가득 차있는 음과 양의 에너지 태극이다. 도와 무극과 태극이 따로 떨어져 있는 것이 아니다. 이 기운을 하나님, 조물주, 창조주라고 표현한 것뿐이다. 월성 감은사 태 극도의 톱날 도형은 수학의 3대 난제인 원적의 문제를 해리解 離하는 도형이다. 지금까지 어느 학자도 5천 년 전에 우리의 조상 태호 복희가 내놓은 태극도를 능가하는 이론을 제시한 적 이 없다. 태극기는 우리민족의 가장 큰 힘의 원천이며 부적 아 닌 부적이다.

허공은 조건 없이 누구에게나 똑같은 혜택을 주고 있다. 우 리에게 생명을 준 허공은 아무것도 요구하지 않는다. 그런데 그 허공을 가로막고 나서서 허공의 대리자를 자처하면서, 자기 가 허공의 혜택을 나누어주는 권한을 부여받았으니 사용료를 내라는 선지자가 있다면 그는 이미 가짜이다. 만약 세상을 구 하고 깨달음을 주고 복을 주겠다는 구세주라는 이가 세상에 나 타났다면 그는 이미 구세주가 아니다. 자기가 우주의 주인인 냥, 미륵인냥, 정도령인양, 재림 예수인양 하는 이가 있다면 그 는 이미 그것이 아니다. 주인 없는 대동강 물을 팔아먹는 자가

봉이 김선달이라면 바람과 공기와 자연을 가로막고 통행료를 받아먹는 대리자들은 유불선 3선달이다.

그러면 삼태극은 무엇인가. 태극이 천지의 만물 만상이 창조되는 음양의 두 기운을 표현한 것이라면 삼태극은 천지와 사람이 하나 되는 의식 상태를 말한 것이다. 즉 천인지가 합일되어 도에 이른 의식 상태를 말하는 것이다. 천인지가 합일된다는 뜻은 우주의식으로 난다는 말이다. 그 참 마음을 표현한 그림이 삼태극이다. 즉, 삼태극은 사람이 하늘이자 땅이며 만물 만상이 되는 도를 깨친 이의 의식 상태를 말하는 것이지 3가지 태극을 따로 그린 것이 아니다. 무아無我가 된, 무사인이 된, 천과 지와 인이 하나가 된, 대자유인이 된 그 의식 상태를 그림으로 나타낸 것뿐이다.

그러므로 삼태극이라는 말은 맞지 않는 표현이다. 태극이 음양이라면 삼태극은 3음양이라는 말이 된다. 쌍둥이는 둘이고 삼둥이는 셋인데 세쌍둥이라면 6명이란 말이 아닌가. 삼태극이라는 말은 세쌍둥이라는 말처럼 잘 못된 표현이다. '삼세번'이라는 말도 마찬가지이다. 원래 '둥이'는 '동이東夷'에서 온 말이다. 재간둥이, 귀염둥이, 바람둥이, 칠삭둥이, 효자둥이, 충성둥이, 쌍둥이, 막둥이 등이 모두 '동이'이다. 동이의 '이夷'는 원래 빗자루로 마당을 쓰는 이, 즉 마당쇠라는 뜻이 있다. '그이'. '저이'의 '이夷'이다.

우주의식이 된 상태를 굳이 표현하자면 천지인이 혼연일체가 된 삼극이라고 할 수 있다. 삼태극은 삼극의 잘못된 표현이다. 『태백일사』「삼신오제본기」에도 삼극이라는 말이 보이며 『훈민정음』정인지 서문에도 '삼극지의 이기지묘三極之義 二氣之妙'라는 문장이 나온다. 삼태극은 삼극이고 이기二氣는 음양, 태극,

양극이다. 태극은 팔괘로 설명이 되지만 삼태극은 다르다. 그러므로 태극이라는 단어를 붙일 수 없다. 그냥 삼극이다. 삼극(삼태극)의 그림에 팔괘를 붙이는 것은 괘와 태극의 관계가 무엇인지 모른다고 스스로 실토하는 것과 같다.

<태극과 8괘의 생성원리>

<태극기의 표본>

흔히 역易을 해(日)+달(月)로 정의하고 있으나 원래 역易은 ᘐ으로 주전자酒煎子 속의 술을 말한다. 주전자의 술은 수시로 따르므로 술의 양이 그때마다 변한다는 말이다. 「소도경전본훈」에는 용龍을 역易이라고 하였다. 늘 변하는 용은 물이다.

진리의 입장에서 보면 4원소나 5행이나 태극이나 삼극이나 서로 우열을 따질 수 있는 그러한 성격이 아니다. 그런데도 우주의식이 아닌 인간 개체의 학문적인 지식으로만 따지다보니 장님이 장님을 인도하는 것처럼 자꾸만 우왕좌왕, 시시비비가 일어나는 것이다. 마치 남대문을 안 가본 사람이 가본 사람을 이기려고 드는 것처럼····· . 田田

<하나님의 표상 태극기, 허정윤·반재원, 4339(2006)>

하느님, 하나님이라는 명칭

창조의 신을 문구 해석에 매여 천주교에서는 '하느님'이라 하고 개신교에서는 '하나님'이라고 부른다. '하느님'은 '한얼'에서 나온 말이고 '하나님'은 '한알'에서 나온 말이다. '한얼'은 창조의 의식(얼=얼씨=정자精子)을 뜻하며 '한알'은 생명의 바탕(알=알씨=난자卵子)이라는 뜻을 지니고 있다. 경상도 사투리로 아기를 얼나, 알나라고 한다. '한울님'은 1906년에 나온 성경 구역舊譯의 '하ᄂᆞ님' '하ᄂᆞᆯ님'의 발음이다. 또 개천경에는 '한인'을 한님(天父), 한아님, 하나님으로도 풀이하고 있다.

언더우드 선교사는 '하나님'을 우리민족이 부르는 발음 그대로 'HANANIM'으로 표기한 단어라고 기록하고 있다. 지금 사용되고 있는 '하느님' '하나님'이라는 단어는 '한얼님'과 '한알님'의 변음이다. 세종대왕은 '하ᄂᆞᆶ님금'이라고 하였다.

하느님, 하나님은 지수화풍의 조화이다. 그것이 일정한 비율로 오묘한 조화를 이룰 때 생명체가 창조되는 것이며 그것이 바로 하느님, 하나님이다.

대웅大雄이 한웅이듯이 태을太乙은 '한을'이다. 클태(太)의 크다라는 '한'과 새을(乙)의 '을'을 취한 '한을'이 '하늘'이다. 태을천상원군太乙天上元君은 하늘의 상원군, 즉 인격신인 '옥황상제'

라는 말이다. 하느님, 하나님이라는 단어는 원래 정통의 우리 말이지 수입된 단어가 아니다. 그리고 '하느님'이라는 명칭이 옳으니 '하나님'이 옳으니 하는 것도 부질없는 말이다.

다음의 <창조주의 표상 태극도>에서 보듯이 '하느님'은 허공 (무극)중의 양의 기운인 한얼이 한얼님, 하늘님, 하느님이 되었고 '하나님'은 허공중의 음의 기운인 한알이 한알님, 하날님, 하나님으로 변한 것이다. 따라서 하느님은 한얼 아버지이며 하나님은 한알 어머니이다. 즉 허공중의 창조의 힘인 한알(음의 기운)과 한얼(양의 기운), 음과 양, 두 기운인 창조주를 그렇게 부르는 것이다. 그러므로 하느님은 하늘아버지이고 하나님은 하늘어머니이다. 하느님과 하나님을 함께 부르는 말이 바로 <태극>이다.

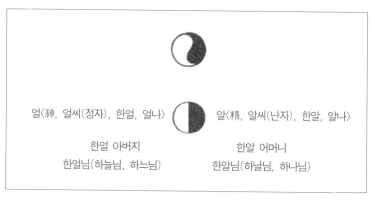

〈창조주의 표상 태극도〉

또 신시神市를 우리말로 '검불'이라 하였다. '신神'을 '검'이라 하며 하느님, 하나님을 '검님'이라고 한다. 77년 전에 지은 서울 창덕여자중학교 교가를 보면 '검님의 딸들'이라는 가사가 나온다. 그것은 바로 '하느님의 딸들, 하나님의 딸들'이다. 이렇듯이 표현은 달라도 모두 같은 일신一神, 참마음을 가리키고 있다. 마찬가지로 '알라' '브라만' '하느님' '미륵' '명덕明德(본성)' '도' '허공' '우주' '창조의 에너지' '무극' '지극' '알파' '오메가' '검님' '천주' '주님'이라는 말이 표현만 다르지 모두 하느님, 하나님 즉 <태극>에 다름 아니다. 내가 천지의 주인이며 태극이 바로 나의 참 마음이다.

그래서 사람을 천지의 주인이라고 하는 것이니 옛말에도 '천지도 해와 달이 없으면 빈 껍질에 불과하고 해와 달도 사람이 없으면 허수아비 그림자에 불과하다.(天地匪日月 空郭也. 日月匪至人 虛影也)'라고 하였다. 내가 없는데 천지가 무슨 소용이 있겠는가. 하느님, 하나님은 '창조의 힘'을 의인화한 명칭일 뿐 인격체로 존재하는 것이 아니다.

만상만물이 하느님, 하나님의 표상인데 어떻게 특정한 한 인간으로 올 수 있겠는가. 인격신은 선령신인 '신령' 등이 될 것이며 최고의 인격신은 옥황상제라고 해야 할 것이다. 옥황상제는 인간으로 올 수 있어도 하느님, 하나님, 즉 창조의 기운인 태극은 인간으로만 올 수 있는 존재가 아니다. 만상만물이 모두 이미 하나님의 표상이다.

하느님, 하나님은 복을 주거나 벌을 주지 않는다. '하늘도 무심하시지!'라는 말이 있으나 하느님, 하나님은 원래 허공이며 무심 그 자체이다. 하나님이나 미륵이나 알라를 인격체로 받드는 이는 그 속에서 고난이 닥쳤을 때 이겨내는 힘과 평안을 얻을 수는 있겠지만 의식의 하향 평준화와 우민화는 면할 수 없다. 교회나 성당에 나가면 부처님이 싫어하고 절에 다니면 하나님이 싫어한다면 이미 하나님의 사랑이나 부처님의 자비가 아니다. 종교가 다르다고 결혼에 방해가 된다면 이미 헛 신앙이다. 인간이 만들어 놓은 경계일 뿐이다. 그것이야말로 가장 큰 우상 숭배이자 미신이다. 복과 벌을 주는 부처님과 하나님은 없기 때문이다. 도리어 어리석음을 조장하는 일이다. 그럴 바엔 종교가 없는 것이 낫다. 도리어 적이 되어 반목하고 종교 전쟁까지 일으킨다.

　허공은 불생불멸不生不滅, 부증불감不增不減, 그냥 있는 것이다. 음과 양의 기운으로 차있는 허공 자체가 하느님, 하나님이다. 그러므로 하느님, 하나님은 아니 계시는 곳이 없다고 하는 것이다. 만상 만물은 모두 허공에서 나와 허공 속에서 살다가 허공으로 돌아간다. 결국 죽거나 살거나 간에 허공 속에 그대로 같이 있는 것이다. 田田

<하나님의 표상 태극기, 허정윤·반재원, 4339(2006)>

대자유인의 삶

자신을 사랑하지 못하는 사람은 타인을 사랑할 수 없다. 나를 사랑한다는 것은 지금 있는 그대로의 나를 수용하는 것에 다름 아니다. 지금 이 자리의 나는 과거에 살아온 삶의 결과물이다. 지금의 나를 수용하는 것은 나의 과거를 그대로 인정하고 받아들이는 것이다. '희망'이라는 말은 부질없는 말이다. 현재의 이 자리를 떠나서 아직 오지 않은 미래에 기대를 거는 말이기 때문이다. '희망'이 얼마나 우리를 속이는가. 오직 지금 이 자리에서 사는 만큼 미래가 오는 것이다. 지금 이 자리에서 자신에게 주어지는 몫을 이행할 뿐이다. 지금보다 미래가 더 나을 것 이라는 희망에 속지 말아야 한다. '늙을수록 상쾌한 삶'이란 부지런히 노력하여 무엇을 해냈다거나 큰일을 성취하여 얻어지는 것이 아니기 때문이다. 이미 나의 삶은 지금 이대로 완전한 것이다. 자신의 현재 모습을 긍정하고 감사하는 사람이라야 자신을 사랑할 수 있는 것이다. 행복과 불행은 주관적일 수밖에 없으며 남이 눈치 챌 수 없다. 아무리 불행해 보이는 사람도 본인이 행복하면 행복한 것이고 아무리 부러워 보이는 삶도 자신이 만족하지 못하면 불행한 삶이다. 현재 주어진 자신의 삶에 만족하면 그것이 바로 행복이다.

대자유인은 '나는 이 순간 이대로가 이미 완전하며 만족하다'라는 생각을 할 때 이루어지는 것이다. 그렇게 되었을 때 미운 상대와 내가 하나 되고 우주 만물과 내가 하나가 되므로 비로소 용서와 화합이 되는 것이다. '비로소 용서가 되는 것'이 아니라 용서고 뭐고 없게 되는 것이다. 그렇게 우주의 본정신으로 부활해야만 <오른뺨을 치거든 왼편 뺨도 돌려대어라 ~ 남에게 대접받고자 하는 대로 너희도 남을 대접하라(마태복음 5 : 39~42. 누가복음 6 : 29~31)>라는 말씀이나 <자기의 원수를 사랑하며 자기를 저주하는 자를 위하여 축복하며 자기를 모욕하는 자를 위하여 기도하라(누가복음 6 : 27~29)>라고 한 성경의 구절이 비로소 무슨 뜻인지 알게 되고 5리를 가라면 10리를 가주는 행동으로 옮겨지게 되는 것이다. 설교나 교육으로 되는 일이 아니다. 류상태 목사의 카톨릭 사제이며 수도사인 <앤소니 드 멜로 신부의 이야기>를 예로 들어보면 더욱 실감이 날 것이다.

　유명한 아마존 탐험가가 돌아오자 사람들은 아마존에 대한 궁금증으로 그에게 몰려들었다. 그러나 그 탐험가는 탐험 중에 기막히게 아름다운 기이한 꽃을 보았을 때나 한밤중에 들려오는 숲 속의 신비로운 소리나 밤하늘을 올려다보며 가슴이 용솟음치던 그때의 그 느낌을 어찌 말로 다 표현할 수가 있겠는가. 또 목숨을 건 험난한 탐험에서 그림으로만 보던 맹수가 몰래 다가와 자기를 노려보던 그 눈빛과 살기, 거센 물길을 가로질러 쪽배를 저어갈 때 아슬아슬하게 마음 졸이던 그 조바심이나 갑자기 불어난 거센 물살에 휩쓸려 떠내려 갈 때의 그 절박한 심정을 무슨 재주로 다 전달할 수가 있었겠는가! 그래서 그 탐험가는,
　'몸소 한번 찾아가 보시지요. 이 경우야말로 백 번 듣는 것보다 한번 가보는 것이 낫지 않겠습니까.'하고는 길잡이를 삼을 수 있도록 자기가 갔다 온 아마존 강의 생김새와 강물의 깊

이, 물살의 세기, 위험한 곳, 야영하기 적당한 곳 등을 표시한 안내지도를 한 장 그려주었다.

그런데 사람들은 아마존은 가지 않고 그 지도를 붙들고 늘어졌다. 사람마다 그 지도의 사본을 떠갔으며 원본은 엄청난 고가에 호사가의 손에 들어가서 고급 장식용 액자 속에 넣어져 벽에 걸렸다. 사본을 떠간 사람은 누구나 아마존 탐험의 전문가로 자처하였다. 열변을 토하면서 강 이곳의 너비와 저곳의 깊이는 얼마이며 이 굽이와 저 소용돌이의 물살의 세기는 얼마이므로 배를 저어갈 때 급류에 휩쓸리지 않도록 특히 조심해야 하며 악어와 표범이 출몰하는 지역이 어디인지, 아닌게 아니라 어느 것 한가지인들 모르는 것이 없는 전문가가 되었다. 그 탐험가는 지도를 그려준 일을 평생 후회하였다. 차라리 아무것도 그려주지 않은 것이 더 나았을 것을 ……

이론적으로 아마존학 박사가 되지 말고 직접 아마존에 가서 체험을 해보아야 하는 것이다. 그것이 바로 도道에 드는 방법이다. 살구의 진짜 맛을 알려면 직접 먹어봐야 하듯이 깨달음도 직접 체험해보지 않고 설명으로는 그 진수를 알 수 없다. 도를 말로 표현해서는 그 생생함을 전달할 수 없으므로 노자도 '도를 말로 설명하면 이미 도가 아니다(道可道 非常道)'라고 한 것이다. 세계의 유명한 성당, 교회, 절, 사원들도 고급 액자 속에 넣어 놓은 훌륭한 예술품이자 문화제일 뿐이지 성인들의 정신은 없다. 예수가 교회를, 석가가 사찰을 말했던가? 가장 힘든 것은 가정이다. 최상의 신앙은 가정이며 '가화 만사성家和萬事成'이 되면 도가 다 된 것이다.

『홍사한은』17세 여을余乙 단군에게 고수노가 대답하기를,

< ~ 항도恒道에 통달하면 생生이라고 기뻐하지 않으며 죽는다고 싫어하여 화禍라 하지 않는 것입니다. 생사와 시종始終이 따로 있

는 것이 아님을(一始無始一 一終無終一) 알기 때문입니다. ~ >라고 생사일여生死一如를 이야기하였다.

불경이나 성경, 도덕경을 막론하고 경經이란 그 자리에 가보지 않은 사람에게는 바른 뜻이 보이지 않는 법이다. 사도 바울이 <내 안에 나 아닌 것이 있어 나는 날마다 죽는다>라고 한 것도 '하루 하루를 날로 새롭게 하라(苟日新 日日新 又日新. 克明峻德, 盖自明也)'는 『대학』의 문구에 다름 아니다. 개체인 자기라는 마음을 산제사 지내어 전체의식으로 나서 생사 일여한 상태를 유지하는 방법을 그렇게 표현한 것이다. 바울은 날마다 자기를 죽이는 기도를 평생 동안 쉬지 않아 나중에는 기도로 인하여 이마에 굳은살이 박혀 혹이 생긴 사람이다. 그야말로 홀로 있을 때를 삼가한 성인이었다.(愼其獨) 사도 바울도 지극한 경지에 이르러 그 상태를 유지(止於至善)하기 위하여 자기속의 마귀(번뇌)를 끊임없이 죽였던 것이다. 바울이야말로 돈오점수(해오解悟-먼저 본성을 알아챈 후 그것을 꾸준히 닦아나가는 것)를 실천한 대표적인 사람이라 하겠다.

예수가 '독생자'라고 표현한 것과 석가의 '천상천하 유아독존'은 진리로 난 자를 말하는 것이다. 따라서 '독생자'라는 말이나 '유아독존'이라는 말은 같은 뜻임을 알 수 있다. 성경에 <진리를 알지니 진리가 너희를 자유케 하리라(요한복음 8:32)>라는 말은 '세상 만물이 모두 나'라는 그 진리를 깨달은 성인이 한 말이다. 그 이치를 알아야 비로소 무거운 짐을 벗을 수 있는 것이다. 아니 짐이 절로 벗어져서 마음의 대 자유를 얻는다는 뜻이다.

또 달마가 혜능을 제자로 받아들이면서 <밖으로는 모든 인연을 끊고 안으로는 모든 욕심과 집착을 버리고 마음을 천길 벼랑 위에 선 것처럼 해야 도에 들 수 있다.>라고 한 것도 바로 나라는 자아에서 벗어나 진리와 하나 되어야 도를 이룰 수 있다는 철칙을 말한 것이다. 그 진리를 도교에서는 공空, 진아, 무극, 옥황상제라 하고, 불교에서는 무無, 본성, 참나, 미륵이라고 하며, 그리스도교에서는 하나님이라고 말하고 『대학』에서는 명덕明德(본성)이라고 표현한 것이다.

성직자들은 지금도 제 각각 정도령이나 미륵이나 재림 예수를 기다리고 있지만 '미륵이 와도 알아보지 못한다(彌勒佛不覺)'라는 격암유록 가사총론歌辭總論의 예언처럼 막상 미륵이나 재림예수가 와도 알아보지 못하고 그들 성직자들에 의하여 도리어 핍박받을 것이며 유태교가 예수를 배척했던 것처럼 어쩌면 그들에 의하여 예수처럼 죽임을 당할 수도 있을 것이다. 그 이유는 바로 우리의 고정관념 때문이다. 우선 재림 예수는 백인의 얼굴로 거룩하게 와야 하는데 만약 학식도 외모도 사회적인 신분도 하찮아 보이고 흑인이나 황인종이나 장애인으로 나타난다면 그것을 용납하지 못할 것이다. 또 지금까지의 그들의 기득권을 포기해야 하기 때문에 재림 예수나 미륵이 와도 종교계가 혁신된다는 것은 간단한 문제가 아니다.

마음이란 무엇인가. 기억을 저장해놓은 창고이다. 저장된 기억과 살아가는 동안 받아들이는 정보가 합쳐진 것이 현재의 마음이다. 지금의 가정교육이나 학교교육으로는 그 마음을 버릴 수 있는 방법이 없다. 종교도 마찬가지이다. 기존 종교들이 모두 진리를 말했으나 그 진리 되는 구체적인 방법을 제시하지 못하고 있다. 현실적으로 볼 때 개인이 타고난 아집을 버리기가 참으로 어렵다. 아집이 해결되지 않고는 인간 원래의 청정한 본성을 되찾을 수 없다. 마치 밧줄이 바늘구멍을 통과하는 것처럼 어렵다.

「삼일신고」에서는 '성통공완 된 자가 사람이다(性通功完 人也)'라고 하였고 공자는 '자기의 아집을 죽여 인을 완성하라(殺身以成仁)'라고 하였다. '살신성인'의 참뜻은 남을 대신하여 자신의 육신이 죽는다는 의미가 아니다. 바로 자신의 아집을 죽이라는 뜻이 와전된 것이다. 성경에는 '누구든지 나를 따라 오려거든 자기를 부인하고 날마다 제 십자가를 지고 나를 좇을 것이니라(누가복음 9:23)'라고 하여 자기의 아집과 시비분별을 버리지 않으면 '참나'로 거듭 나지 못한다고 하였다. 찬송가의 '주의 제단에 내 몸을 바칠 때 비로소 나에게 복을 주신다'라는 가사처럼 진짜로 알고 살아온 내 몸인 마귀를 주의 제단에 제물로 바쳐 <산제사>를 지낼 때에 비로소 자기의 아집이 죽어 진리와 하나 될 수 있다는 뜻이다. 이렇듯 성경에도 아집을 죽여 하느님의 제단에 바쳐 제사를 지내야만 참 나를 찾을 수 있다는 <산제사>를 말하였고 유교에서는 <살신성인>을 말하였으며 불경에도 내 몸이 내가 아님을 알면 부처(佛說非身 是名大身)라고 하였으며 살았을 때 죽어 본래의식으로 되돌아가라는 <생전 예수제生前 預修濟>를 역설하였다. 이렇듯 진정한 참회는 자기의 아집과 자존심이 죽는 것이다.

그럼에도 불구하고 깨달은 성인들의 외침을 깨달은 경지에 가보지 못한 후세 사람들이 알아들을 수 없듯이 아마존 전문가들처럼 그 참 뜻을 이해하지 못하고 범인凡人의 수준에서 경을 해석하여 가르치기 때문에 지금도 마음의 자유를 얻는 방법을 제대로 제시할 수 없는 것이다. 마치 장님이 장님을 인도하는 꼴이 되는 것이다. 따라서 인간의 본성을 찾아주기는 커녕 도리어 우민화시켜 본성에서 멀어지게 하는 우를 범할 수 있다. 즉, 근본을 손대지 않고 지엽적인 부분만 바꾸려고 하다보니 교정된 것 같이 보이던 성품이 규제만 풀리면 용수철처럼 곧바로 원점으로 되돌아 가 버리고 마는 것이다. 그것은 바로 자기 마음의 뿌리를 완전히 캐내지 못하고 덮어 놓은 결과이다.

성인들이 <산제사>나 <살신성인>이나 <생전예수제>를 정확히 말했지만 듣는 이들은 그것을 자꾸 자신의 바깥에서 구하려고 한다. 일상의 염원이 기도 아닌 것이 없으며 일상의 삶이 수행 아닌 것이 없고 천지자연 현상이 예수의 설교, 석가의 설법 아닌 것이 없는데……

자신이 과연 어떤 사람인가하는 것은 자기가 가장 잘 안다. 본성을 회복하는 일은 결국 자신을 잘 아는 자기가 해야지 남이 대신 해줄 수 있는 것이 아니다. 『대학』에서 '모두가 스스로 밝히는 것이다(皆自明也)'라는 말은 자신의 내면을 들여다 볼 수 있는 사람은 자신뿐이며 그 내면을 바꿀 수 있는 사람도 자신밖에 없음을 말한 것이다. 조용히 생각해보면 죽어서 자신의 영혼이 어느 수준으로 갈 것인가 하는 것은 본인이 가장 잘 안다. 천국이 따로 있는 것이 아니라 그곳이 바로 자신의 천국이다. 무속인이나 스님이나 목사나 신부에게 물어볼 일이 아니다. 한번 눈을 감고 자신을 조용히 평가해보면 수긍이 가는 이야기이다. 천하 사람을 다 속여도 자신을 속이지는 못하기 때문이다.

종교 속에 박제되어 있는 하나님과 부처님을 내다 버려야 한다. 종교의 통일도 원래 하나인 근본 의식으로 되돌아가는 원시반본 이외의 다른 길이 없다. 개벽이 따로 있는 것이 아니다. 개체 의식으로부터 전체의식으로 전환하는 것이야말로 인간이 도달해야 할 종착점이다. 田田

<씨아시말, 반재원, 4342(2009)>

무사인의 삶

  사람에 따라 정도의 차이는 있지만 누구나 자기만의 잣대를
하나씩 가지고 있습니다. 다른 것은 다 참고 넘어갈 수 있어도
이것만은 정말 묵과할 수 없다는 자기만의 양심의 잣대 같은
것 말입니다. 버스나 지하철이 자기의 안방인양 서로 끌어안고
있는 젊은이들을 그냥 보아 넘기지 못하는 이가 있는가하면 윗
사람에게 버릇없이 구는 사람을 특히 보아 넘기기 힘들어하는
사람이 있습니다. 또 어떤 이는 의리가 없는 사람을, 어떤 이
는 약속을 자주 어기는 친구를, 어떤 이는 이성관계가 복잡한
사람을, 어떤 이는 우유부단한 사람을, 또 어떤 이는 금전관계
가 분명하지 못한 사람을 벌레보다 못한 인간으로 보는 자신만
의 잣대를 하나씩 가지고 살아가고 있습니다. 원불교 권도갑
교무의 글을 인용함으로써 우리의 이야기를 좀 쉽게 풀어갈까
합니다.

  일상생활에서 조그마한 짜증에도 화를 잘 삭이지 못하고 유
난히 스트레스를 많이 받는 사람이 있었습니다. 그는 누가 자
기를 은근히 무시한다는 기분이 들 때면 특히 분을 삭이지 못
했습니다. 어느 날 그는 술에 잔뜩 취하여 머리를 벽에 받아
이마가 찢어진 채 누워 있었는데 친구가 찾아와서 '어쩌다가
이렇게 많이 다쳤는가?'하고 걱정스럽게 물었습니다. 그는 '부
모와 아내 그리고 직장의 동료들이 나를 이 지경으로 만들었
다'라고 원망하였습니다. 그는 자기가 자신을 스스로 학대하고
있다는 사실을 모르고 상대가 자기를 그렇게 만들었다고 생각

하며 원망 어린 눈빛으로 오랜만에 찾아온 친구를 붙들고 하소
연하였습니다. 바로 오늘을 살아가고 있는 우리들의 모습이 아
닌가 생각해 봅니다.

누가 자신을 무시하고 경멸할 때는 속이 상하고 화가 납니
다. 더욱이 뒤에서 자기를 비난하고 다닌다면 기분이 상하기
마련입니다. 이럴 때 사람들은 그 상대가 자기를 괴롭히고 있
다고 생각하겠지만 사실은 그렇지가 않습니다. 알고 보면 그것
은 오히려 자기가 자신을 비난하면서 상처를 주고 있는 것입니
다. 내가 나를 스스로 괴롭히고 있다는 말씀이지요. 즉 자신이
세상에 대해 화가 나있는 것인데 그것이 밖으로 보기에는 세상
이 나에게 화를 내는 것이 되어 괴로운 나머지 분을 삭이지 못
하게 되는 것입니다. 자기 속의 문제를 상대방에게서 그 핑계
를 찾는 것이지요. 그렇게 되면 허공에 주먹질하는 식이 되므
로 해결이 되지 않습니다. 자신에게 일어나는 감정은 자기를
자극해서 나타난다는 사실을 알아채는 것이야말로 무엇보다 중
요합니다. 우리가 다른 사람에게서 느끼는 싫어하는 마음은 자
신이 느끼든 못 느끼든 간에 그것이 바로 자기 속에 숨어있는
자신의 싫은 모습이기 때문입니다. 자신에게 그런 감정이 없으
면 상대방이 아무리 뭐라고 해도 콧방귀에 우이독경이기 때문
에 마음의 파장이 일어나지 않습니다. 예를 들면 자신의 눈이
멀쩡하면 상대방이 자기를 외눈박이라고 놀려도 허허~ 하고 웃
지 화가 나지 않습니다. 외눈박이인 사람한테 외눈박이라고 하
면 자신이 외눈박이기 때문에 화가 나는 것입니다.

그런데 이런 이치를 모르는 이에게 그런 것을 지적하게 되면
필사적으로 부정하게 되고 아마도 불같이 화를 낼 것입니다.
강력한 열등감과 거부감을 느낄 때마다 먼저 자신이 세상에 대
해 생각보다 비판적이라는 사실을 받아들이게 되면 이내 편안

해질 것입니다.

반대로 누가 나를 좋은 사람이라고 칭찬한다면 당연히 기분이 좋아질 것입니다. 이때 나는 그 상대방의 칭찬 때문에 기분이 좋아진 것이라고 생각할 것입니다. 그러나 이것도 전혀 사실이 아닙니다. 상대가 나를 기분 좋게 대할 때 그 순간 기분 좋은 나를 긍정적으로 인정하는 또 다른 내가 기분이 좋아지는 것입니다.

다시 말하면 화도 상대방의 언행에 걸려 자신이 화를 내는 것이고 칭찬의 말도 상대방의 칭찬의 말에 걸려 자신이 기분 좋은 것이지 상대가 나를 어찌하지 않는다는 말입니다. 상대방의 언행에 따라 내가 화를 내고 기분 좋아 하는 것은 상대방이 주인이고 나는 상대방의 말에 휘둘리는 종이라는 뜻입니다. 내가 주인공으로 마음이 평정하면 상대방의 언행에 반응하지 않게 됩니다. 나는 외눈박이가 아니라는 말입니다. 따라서 상대방의 언행에 따라 내가 화나고 기분 좋아지는 것은 내 마음이 외눈박이라는 말입니다. 이 상황을 정확히 판별할 수만 있다면 우리의 사고방식은 정말 새롭게 전환될 수 있을 것입니다.

자신의 내면을 깊이깊이 성찰해 보면 이러한 이치를 알 수 있습니다. 내 마음속에 일어나는 모든 좋고 싫은 감정은 바로 그런 마음을 가지고 있기 때문에 거기에 반응하는 것이라는 말입니다. 그러니까 상대방의 좋고 싫은 행동에 따라 내 마음이 거기에 맞추어 반응하는 것은 내 마음을 그 사람이 좌지우지한다는 뜻이며 그것은 내 마음의 주인이 내가 아니라 그 사람의 종이라는 뜻입니다. 내 마음의 변화를 상대방의 탓으로 돌리는 한 나는 항상 상대방의 언행에 따라 내 마음의 결정권을 내어주는 것입니다. 그런 사실을 알지 못하면 만나는 상대방마다,

옮기는 직장마다 마음 휘둘리며 불그락 푸르락 하면서 살 수밖에 없습니다.

우리는 이를 통하여 자신의 내면을 들여다 볼 수 있어야 합니다. 따라서 일상생활에서 일어나는 각종 심리적인 압박감이나 자기만의 잣대는 그 당시의 내 감정을 살피게 하는 아주 정확한 신호가 되는 셈이지요. 대부분의 사람들은 그런 사실을 알지도 못한 채 살고 있습니다.

그 어떤 사람도 나를 괴롭힐 수 없습니다. 그런데도 지금까지 대부분의 사람들이 이러한 감정의 출처를 제대로 살피지 못함으로써 많은 세월을 남을 원망하며 살아가고 있습니다. 사실은 언제나 나 스스로 화를 내고 짜증내며 자신에게 고통을 주고 있는데도 말입니다. 자기에게 그런 감정이 없으면 상대방이 아무리 뭐라고 욕을 퍼부어도 거기에 자기의 감정이 반응하지 않습니다. 이것이 되면 다 된 것입니다. 바로 성불의 경지에 드는 것이지요. 부설거사의 <팔죽시>처럼. 그러나 그렇게 되려면 사도 바울처럼 끊임없이 자신의 마음을 죽여야 합니다. 순간적으로 깨쳤다고 해서 절로 되는 것은 아니지요. 그런데 거의 대부분이 깨치면 끝인 줄 알고 말지요. 돈오돈수가 없지는 않지만 견성후의 돈오점수頓悟漸修, 지어지선止於至善의 피나는 노력이 없으면 깨쳐도 그때 뿐, 시간이 지나면 한때의 경험이고 추억이지요.

많은 사람들은 이런 사실을 미처 알지 못하기 때문에 심리적인 압박감을 받으면 우선 참는 습관을 기르게 됩니다. 나 하나가 참음으로 해서 주위사람들이 편안한 분위기를 유지하게 된다고 생각합니다. 상대는 몰지각하고 자기는 도덕적이기 때문에 자기가 참아야 한다고 생각합니다. 내가 참고 이해하고 넘어가야지 같이 상대하게 되면 똑같은 사람이 된다고 생각하는 것이지요.

그것으로 해결이 안 되면 그 다음은 서로 피합니다. 서로 만나지 않고 보지 않으면 부딪치지 않는다는 것이지요. 그러나 그것도 일시적인 방편일 뿐입니다. 일생을 살아가면서 언제 어디서나 그런 사람은 끊임없이 만나게 되니까요. 마치 여우를 피하면 늑대를 만나게 되는 것처럼.

또 다른 방법은 상대방을 타이르고 가르치는 방법입니다. 이것은 적극적인 방법입니다. 같이 차를 마시거나 술잔을 기울이면서 상대를 타이르고 충고하지만 이것 또한 생각보다 울분의 응어리가 쉽게 풀어지지 않습니다. 왜냐하면 그 상대방이 당신보다 못났다고 생각하지 않기 때문입니다. 당신의 말이 마치 외국어 같아서 귀에 들어오지 않는 것이지요. 상대방의 나이가 나 보다 어리면 어린대로, 직장에서 직위가 아래면 아래인대로, 항렬이 낮으면 낮은대로 또 다른 시각에서 속으로는 나를 우습게보기 때문입니다. 초등학생이 교장선생님을 우습게 알고 동장洞長도 못하면서 군수나 대통령을 우습게 보는 것이지요. 심지어 부모도 또 다른 관점에서 우습게보지 않나요? 누구나 자기가 세상에서 제일 잘 난 사람이니까요.

또 정신 수양이 많이 되어 이해의 폭이 넓은 사람은 자기가 상대방의 입장이 되어서 그를 이해하고 용서하는 공부를 많이 합니다. '역지사지易地思之'하는 것이지요. 주로 친한 친구나 가족에게 많이 적용되는 방법입니다. 특히 신앙생활을 하는 사람은 그 이해와 용서의 폭이 넓습니다. 이런 경우 나의 마음이 편안해져서 심리적인 압박을 거의 받지 않고 생활합니다. 그러나 이것도 개인이 아닌 전체적인 차원에서 보면 정말 어이없는 일입니다. 근본적인 문제가 나에게 있는데 오히려 상대방에게 모든 잘못이 있다고 생각하고 그를 용서하고 이해하는 마음을 내니 어떻게 되겠습니까? 이것 또한 위로받고 싶어 하는 자신에게 하는 헛짓입니다. 이런 방법 역시 어느 정도 편안한 마음을 유지할 수는 있지만 그것도 다만 마음속 저 깊은 곳에 울분을 차곡차곡 눌러 가라 앉혀놓는 것에 불과하므로 어떤 계기로 인하여 그 마음이 흔들릴 때에는 금방 파장이 일어납니다. 맑은 물처럼 보이지만 막대기로 휘저으면 가라앉아 있던 흙탕물이 금방 일어납니다. 다 잊었다고 생각하고 있던 옛날의 아픔을 다시 떠올리면 어제 일처럼 눈물이 펑펑 솟아납니다. 이러한 역지사지의 방법으로는 앞으로도 헛 용서를 끊임없이 되풀이 할 수밖에 없는 것이지요.

자기에게 상처를 입힌 상대방을 야단치고, 타이르고, 이해하고, 용서하려고 할 것이 아니라 상처받은 나부터 먼저 살펴서 그 상처부터 아물게 하는 일이 모든 것에 우선해야 할 일입니다. 모든 삶의 문제가 언제나 나 자신에게 있음을 깨닫는다면 어떤 부딪침이 생길 때에 먼저 나를 살피게 됩니다. 지금까지 나를 괴롭힌 사람은 아무도 없었던 것입니다. 알고보면 내가 역지사지하고 타이르고 용서해야할 상대방이 없었던 것이지요. 정말 여태까지 난 참 바보처럼 살았던 것입니다.

그리고 보니 나를 힘들게 하는 직장 상사나 동료, 가족, 친구의 행동이 바로 나의 행동이었습니다그려! 이렇듯 내 안의 본성을 성찰하여 너와 내가 둘이 아닌 하나가 되고 보면 상대방의 행동이 바로 나의 행동 아님이 없는 것이지요. 이것이 되어야 비로소 마음의 대 자유를 얻는 것이지요. 바로 무사인無事人의 삶 말입니다.　田田

<씨아시말, 반재원, 4342(2009)>

인류의 화두 '이재전전' 과 '해인'

조상의 뿌리를 거슬러 올라가다보면 누구나 인간이 원래 온 곳이 어디인가 하는 문제에 봉착하게 된다. 옛날에는 모든 생명체가 흙으로부터 나왔다고 하였다. 그 후 과학이 발달하면서 생명의 근원을 물이라고 하였다. 그러나 사실은 모든 생명체는 허공에서 나온다. 그런데 우리민족은 단군이전부터 이미 생명의 근원이 우주 허공이라는 사실을 제시하였다. 그것은 우리민족이 맨 먼저 천문학을 정립한 것으로 알 수 있는 사실이다. 필자는 개천학회 이용백 선생으로 부터 들은 '이재전전利在田田'이라는 화두를 들고 삶의 본질을 짚어 보고자 한다.

인간은 태어나는 순간 그 나라에 소속된다. 그 나라 통치자의 영향아래 부모의 양육에 의하여 스승의 교육을 받으면서 성장한다. 육신은 통치자(君)와 스승(師) 과 부모(父) 즉 군, 사, 부와 내가 일체라고 하는 관계 속에서 성장하는 것이다. 그리고 개개인의 능력에 따라 교육을 마치고 나면 과학 지식을 갖춘 사람은 과학 분야에, 의학지식을 갖춘 사람은 의학 분야에, 경영지식을 갖춘 사람은 사업에, 제각각 맡은 바 역할을 다하면서 살아간다. 이것이 인간이 육신을 지니고 살아가는 일반적인 범주이다. 이 범주에서는 이러한 기준으로 인격과 교양이 강조되고 부자와 빈자, 잘난이와 못난이가 구별되는 것이다.

육신이 태어나는 순간 육신의 씨알인 영혼도 더불어 태어난다. 육신이 잘 성숙하기 위하여 좋은 영양분을 공급받으면서 전문 지식을 공부하고 돈을 벌듯이 영혼도 잘 성장하기 위하여 좋은 영양분을 공급받으면서 영혼교육을 받는다. 육신을 위한 공부가 학자들의 전문지식을 기록한 교과서 내용을 습득하는 학교교육이라면, 영혼을 위한 교육은 바로 성인들이 말한 선경 仙經이나 성경, 불경, 유교경전 등의 내용을 습득하는 도 공부이다. 즉 영혼은 하나님(神, 허공-살아있는 기운)과 성인(道)과 조상(祖)과 내가 일체라고 하는 관계 속에서 성장해 가는 것이다.

즉 통치자, 스승, 부모, 내가 육신의 군, 사, 부 일체라면 '하나님' '성인' '조상'과 '나'와의 관계는 영혼의 군, 사, 부 일체이다. 육체가 태어나면 그 부모의 나라에 소속되듯이 영혼은 조상의 나라인 신(하나님, 허공)의 나라에 소속된다. 즉 육신이 태어나면 '국가'와 '학교'와 '가정'과 '나'라는 관계 속에서 살아가듯이 영혼은 '하나님'의 영향아래 '조상'의 보살핌을 받으면서 '성인'의 교육을 받으면서 성장하게 된다. 국가, 스승, 부모, 육신과의 관계와 하나님, 성인, 조상과 영혼과의 관계가 서로 조화를 이루면서 성장해가는 것이다.

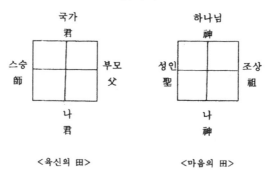

<利在田田>

<육신의 군사부일체>   <영혼의 군사부일체>

[田字진리]

이것은 음양의 관계이므로 하나가 없으면 다른 하나도 없다. 그런데 육신을 위한 공부에는 많은 시간과 노력을 투자하면서도 영혼을 위한 공부에는 전혀 무관심한 사람들이 있는가 하면 반대로 육신을 위한 것은 다 버려야 할 꿈이며 헛것이므로 돈도 명예도 부질없는 일이며, 오로지 가치 있는 것은 신앙뿐이라고 생각하는 경우도 있다. 그러나 내가 있고서야 만상만물도 의미가 있는 것이지 내가 없으면 아무것도 의미가 없다. 현세가 꿈이요 환幻이지만 이 또한 현세에 충실하게 살아야 하는 것이 인간이다. 문질文質이 빈빈彬彬하여 서로 조화를 이루어야지 어느 한쪽으로 치우친 생활은 정도正道에서 벗어난 것이라 하겠다. A학점을 받은 학생이나 D학점을 받은 학생이나 정해진 과목을 이수하면 성적의 우열에 상관없이 학교를 마치고 사회의 일원으로 독립하여 가정을 꾸리고 사회생활을 하는 것이 자연의 이치이다. 사람마다 타고난 적성과 재능이 다른데 어떻게 모두 A학점을 받을 수 있겠는가. 영혼교육도 이와 마찬가지이다. 개인의 근기에 따라 수련하면서 자기의 그릇만큼 행하면서 살아가는 것이다. 각자 타고난 근기가 다른데 어떻게 모두 같은 깨달음의 수준에 오를 수 있겠는가.

학교에서 공부를 마치면 사회로 나오듯이 토굴에서 도를 닦는 것도 결국은 사람 사는 세상으로 나와서 함께 살아가기 위한 준비과정이다. 그런데 평생을 도속에 빠져 사는 것은 학교를 졸업하지 않고 평생 학생으로 사는 것과 다름이 없다. 1등도 꼴지도 졸업을 하면 자기 질만큼 자기 꼴만큼 사회의 일원이 되어 사는 것이 또한 완전함이다. 도다운 생활이 명상만 하고 있는 것도 아니며 깨친 이는 죄도 없고 틀도 없다하여 상식을 뛰어넘는 기행으로 도덕관념을 깨는 행위에 있는 것도 아니다. 그런 일탈적인 행위는 공부가 되어가는 과정에서 일시적으로 나타나는 현상으로 그쳐야한다. 운동 경기를 할 때 경기 규칙을 어기면 경고를 받거나 심할 경우에는 퇴장당하는 것처럼 사람 사는 세상 속에 있는 한, 사람 사는 규칙을 잘 지키는 사람이 바로 도인이다. 사람의 자식으로 태어나서 부모와 스승을 모르고 신(하나님, 허공)의 자식으로 태어나 조상과 신을 모르는 이들이 말하는 도는 그 모두가 허황된 도이다.(基本亂而末治者否矣) 자기에게 주어진 여건 속에서, 자기의 수준만큼 상대를 수용하면서 사는 지금 이 순간의 각자의 현실이 바로 도의 삶이다. 물질세계에만 충실하고 영혼의 세계를 등한히 하는 사람은 물론이려니와 가족의 생계를 돌보지 않고 현실을 도피하다 시피하면서 신앙과 도에만 매달리는 사람은 도를 넘겨다 볼 꿈도 꾸지 말아야한다. 현실에만 안주하고 사는 것도 비정상이며 영혼의 세계만 쫓는 것도 비정상이다. 비록 그의 삶이 남이 보기에 아무런 눈길을 끌지 못하더라도 가정에 충실하고 타인을 배려하면서 사는 사람이 바로 도인이다.

옛 말에 '전자田字 진리로 중생을 제도하면 밭을 가는 농부도 모두 도를 이룬다.'[266]고 하였다. 가정은 마음을 닦는 가장 기본적인 도장이다. 옛말에도 '인망人望을 얻어야 신망神望에도 오른다.'고 하였다. 천국에 갈 목적으로 도 공부 하는 사람, 미리 도에 목표를 두고 수련하는 사람은 죽을 때 까지 해도 갈 수 없다. 그것은 끊임없이 도를 구걸 하는 거지와 다름없기 때문이다. 도는 밖에서 구걸하는 것이 아니라 내 마음 속에 있음을 알아차리는 것이다. 도를 이루어야겠다는 마음을 놓아버릴 때 도를 얻을 수 있다. 마음의 자유를 말하는 것이다.『대학』

---

266) 田字眞理度衆生 耕田圃夫 皆成仙.

에도 '하늘이 나에게 준 밝은 본성은 오직 나 스스로가 밝힐 수 있을 뿐이다'.[267]라고 하였다. 남이 도와줄 수 는 있지만 대신 해주지는 못한다.

국가와 스승과 부모와 나와의 관계를 일러준 것이 육신의 전자田字 진리이며 하나님(허공)과 성인과 조상과 나와의 이치를 일러준 것이 마음의 전자田字 진리이다. 전田은 대전이나 죽전 등의 어떤 특정지역을 말하는 것이 아니다. 전田을 밝달 꽃에 비유한 것도 전자田字의 모양이 밝달 꽃과 닮았고 또 단군이 밝달나무 아래에서 펼친 도를 잊지 않게 하기 위함이지 꽃 자체에 의미를 둔 것이 아니다. 산딸 나무 꽃이나 감꽃도 전田자와 닮아있다. 또 단군檀君을 삼국유사에 단군壇君으로 되어 있는 것은 제사장을 의미하는 것이다. 제사에 쓰는 배나 사과에 ⊕(田)자로 칼집을 내는 것도 전田의 의미를 잊지 말라는 가르침이다. '이재전利在田'이라 하지 않고 '이재전전利在田田'이라고 한 이유도 하나는 육신의 밭, 또 하나는 마음의 밭을 의미하는 것이다. '밭(田)에 있는 것이 이롭다'라는 것도 바로 그런 의미이다. 또 이利는 단순히 해롭다, 이롭다는 그런 뜻이 아니고 '열매' '결실'이라는 뜻이다.

즉 [이재전전]이란 [육신과 마음의 조화로운 결실]이다. '육신의 밭(身田)과 마음밭(心田)을 다같이 조화롭게 가꾸어 좋은 열매를 맺어야 인생의 훌륭한 결실을 볼 수 있다'라는 뜻이다. 종교나 도가 다단계 판촉 회사처럼 되어서는 안 된다. 참으로 깨친 이의 역할은 대중들을 목적지까지 잘 안내하는 일이다. 깨친이는 관광버스 운전자나 여행 안내자이며 공부하는 이들은

---

267) 顧諟天之明命 克明峻德 皆自明也.

그 버스에 탄 승객들이다. 조직 속에서 편안한 것은 신앙이다. 진리 속에서 편안한 것이 도이다. 그러나 선정에 들어 편안한 것은 소용이 없다. 세상에 나와서 사람들과 부딪치면 곧 바로 마음이 일어난다. 수행만이 수행이 아니고 가족을 부양하면서 세상 속에서 부대끼며 모난 성격이 깎여져서 마음이 둥글어져 가는 것이 수행이다. 기도만 기도가 아니라 성실하게 열심히 사는 자체가 기도이다. 가정보다 더 좋은 수행처는 없다. 부부와 가족만큼 힘든 대인관계는 없다. 가족과의 인간관계가 잘 이루어지면 도는 다 된 것이다. 그래서 예부터 <가화만사성家和萬事成>이라고 하였다. 원효의 친구 부설거사의 삶이 바로 가화만사성, 무사인의 경지이다. 수도처를 찾아 헤맬 일이 아니다. 천국가게 매달리는 것은 상 도둑놈 심보이다.

조선시대에는 해인海印을 손오공의 여의주 같은 물건으로 생각했다. 의상대사 당시에만 해도 오랜 수행 끝에 얻는 깨달음에 도달한 경지를 인가받는 것을 해인이라고 하였는데 후대로 내려오면서 만사형통하는 주술적인 어떤 증표로 변하였다. 심지어 해인이라는 도장을 가지고 있으면 세상을 구하는 왕이 된다는 믿음이 있었다. 근세에 해인으로 인한 흥미로운 일이 있다. 1940년대에 충남 연산의 개태사에 해인을 가진 보살이 있었다. 김광영(서기1886-1978년)이라는 보살은 미래를 예견하는 신통력이 대단하여 많은 추종자를 거느렸다. 해방이 되자 해인사 조실로 있던 윤포산(서기1901-1958년)을 찾아가서 자기의 딸과 결혼하면 해인을 주겠다고 하였다. 그 이유는 윤포산이 세계의 대통령(유엔사무총장)이 될 것이라는 계시를 받았기 때문이다. 윤포산은 윤보선대통령의 4촌 동생으로 20대에 견성하여 29세에 지리산 칠불선원 조실, 33세에 해인사 조실이 된 불교계의 대단한 인물이었다. 윤포산은 3일간의 숙고 끝에 김보살의 청을 받아들여 개태사로 거처를 옮기고 결혼하여 10년을 살다가 1958년에 58세로 죽었다. 그 뒤 해인도장은 야산선생에게 넘어갔다. 야산은 해인의 출처를 의상조사가 중국에서 화엄경을 공부하고 귀국할 때 가지고 온 것으로 보았다. 글자 수는 16자로 되어 있으며 그 내용은 이러하다. <성인이 꿈에 조화로 세상을 다스리시니, 어진 기운이요 태양의 빛이로다. 교도의 천사되시니, 옥돌이 현묘하게 빛나는구나.>[268] 김보살은 그 후 20년을 더 살다가 92세에 죽었다.

고종이 말년에 꿈을 꾸었다. 그것은 내일 광화문을 지나가는 스님의 바랑 속에 해인이 들어 있다는 꿈이었다. 이튿날 수문장을 시켜 지켜보게 하였더니 과연 한 스님이 지나가므로 바랑 속을 뒤져 해인을 빼앗았다. 고종은 나라가 위태로워지자 능참봉에게 보관하게 하였는데 그 후 개태사의 김광영 보살에게 넘어가게 된 것이다. 야산이 이를 판독하여 도장으로 남기고 그 해인은 다시 개태사로 보냈다. 김보살이 이 해인을 가지고 윤포산에게 제의한 것이다. 윤보선 대통령의 재종조부(6촌 할아버지)는 독립문을 앞뒤로 연거푸 뛰어넘는 축지법의 보유자였다.

하늘의 '해'나 바다의 '해海'는 같은 뜻이다. 바다는 만주어로 '바라'이다. '라'는 만주어로 '해' '태양'이며 이집트어로는 '태양의 신'을 의미한다. 또 '라'는 우리말의 '나(我)'이다. 따라서 '해'가 '나'이다. '나'의 본성은 원래부터 해처럼 광명한 모습이라는 말이다. 인印은 천부인天符印의 '인印'이나 해인의 '인印'은 '모습'이라는 뜻이지 '도장'이라는 뜻이 아니다. 따라서 '해인'

---

268) 이응국,『也山 李達』, 한길사, 2017. 야산이 해인을 판독하여 남긴 도장
　　-聖夢化領 賢氤梵光　敎道天師　玖妙亦暎.(성몽화령 현인범광 교도천사 구
　　묘역영)

은 '바다도장'이 아니라 '해 모습' '나의 모습'이다. 일체를 다 수용하고 모든 것을 기르는 '해의 모습'이라는 뜻이다. 해처럼 밝은 본심을 닦아서 우주와 하나가 된 광명상태의 의식을 표현한 것이 바로 '해인'이다.(本心本太陽昻明人中天地一) '월인천강月印千江'이나 '월인만호月印萬湖'의 '월인月印'도 달도장이 아니라 천강이나 만호에 비친 달의 모습이다. 발해渤海라는 나라 이름도 '해모습'이 되겠다는 염원을 담은 말이다. 그런 염원을 대조영이 실천에 옮겼기에 후세사람들이 발해를 해동성국이라고 칭송하였던 것이다. 결국 '해인'은 자신의 깨친 본성을 가리키는 단어이다. 어느 한쪽으로 치우치지 않고 육신의 밭(身田)과 마음의 밭(心田)을 다같이 비옥하게 가꾸어 대자유하여 평화로운 삶을 사는 인간의 본모습이 '이재전전'이라면 그 '이재전전'의 조화로운 삶의 모습이 바로 '해인'이다. '이재전전'과 '해인'은 소리없는 웅변으로 전해주고 있는 우리민족의 선어仙語이다.

요즘 이력서나 원서에 자신의 모습인 사진(印)을 붙이면서도 또 자기 모습인 도장(印)을 찍도록 되어 있는 것은 인印의 의미를 모르기 때문이다. 수결이나 도장(印)을 찍는 일은 사진기술이 나오기 전의 자신을 보증하는 요식행위였다. 이력서에 얼굴사진을 붙이면 그것이 인印인데도 또 중복하여 '자기모습인 도장(印)'을 찍고 있다. 田田

<세계가 잃어버린 영혼·한국, 반재원 허정윤, 4340(2007)>

우리민족의 천문관

　『태백일사』「소도경전 본훈」에 '신시神市 때에 한웅이 만든 한역桓易이 있었다. 신시때의 선인仙人 발귀리의 후예 자부선생이 칠정운천도를 만드니 이것이 칠성역의 시작이다.'269)라고 기록되어있다.

　『태백일사』「마한세가 상」에도 '신시때에 자부선생이 칠회제신역을 만들었으며, 공공, 헌원, 창힐, 대효가 와서 배웠고, 이때 윷놀이(柶戱)를 만들어 한역을 강연하였다.'270)라고 하였다. 또 한국桓國때에 이미 하늘의 별자리를 28수로 나누고 1년을 365일로 하고 한 달을 30일로 한 역易이 있었다는 기록이 보인다. 윷판 중앙의 둥근 점은 북극성을 나타낸 것이다. 얼굴을 고요한 물이나 거울에 비추면 좌우가 바뀌어 보이는데 그것이 윷판의 말을 반시계방향으로 돌리는 이유이다. 지구의 자전방향과 같다. 그래서 윷판을 일명 성경도星鏡圖라고 한다. 예로부터 28수二十八宿를 그린 윷판 암각화가 많이 전해지고 있으며, 고인돌의 덮개돌에도 북두칠성 암각화가 보인다. 『홍사한은』의 배달국 제10세 한웅 제망 석근조 계묘 29년에도 '조양가朝陽街에 감성관監星官을 두었다.'271)라는 기록이 나온다. 또 『홍사한

269) 『태백일사』, 「소도경전본훈」, 단단학회, 광오이해사, 1979, 87쪽 : 桓易出於 雨師之官也　時伏羲爲雨師而養六畜也.　紫府先生發貴理之後也~七政運天圖 是爲七星易之始也.

270) 『태백일사』, 「마한세가 상」, 단단학회, 광오이해사, 1979, 74쪽 : 紫府先生造 七回祭神之易~共工軒轅倉頡大撓之徒皆來學焉　於是作柶戱以演桓易.

은』의 배달국 13세 한웅 정해 39년에 '감성관監星官 팽기에게 천문을 관측하게 하였다.'272)라는 기록이 있다. 또 『태백일사』의 「소도경전 본훈」에 신시 때에 '우주는 본체이며 28수는 가변체'273)라는 기록이 있는 것으로 보아 한웅 때부터 해박한 천문지식이 있었음을 알 수 있다.

조선朝鮮의 조朝를 파자하면 일日, 월月, 성+, 신十이다. 날일(日) 위의 성+은 북극성이며 날일(日) 밑의 신十은 금성(계명성)이다. 뒤의 월月은 달이다. 따라서 조朝는 천문으로 이루어진 글자이다. 선鮮은 어업을 위주로 하는 해양족(魚)과 목축업을 위주로 하는 고산족(羊)이 통합한 의미(魚+羊)이다. 고산족은 신시 배달국이며 해양족은 바다연안에 거주하는 족들이다. 신시배달국은 그 당시 이미 천문이 정립된 나라였다. 즉 천문을 숭상한 배달국이 해양족과 합쳐 다시 선 나라가 단군조선朝鮮이라고 풀이할 수 있다. 배달국과 단군조선, 고구려시대의 왕들은 모두 천문으로 나라를 다스린 뛰어난 천문학자들이었다. 『단기고사』와 『단군조선 47대사』에 35세 사벌단군 병자 8년(서기전765) 4월에 일식이 있었다는 기록이 보인다.

『천문유초』의 전욱(서기전2513-서기전2436년)때의 기록을 보면

---

271) 반재원,『주해 홍사한은』, 도서출판 한배달, 4345(2012), 73쪽.
　　　원문 6쪽-癸卯二十九年置監星官于朝陽街.
　　　필자주-요령성의 朝陽이 아니고 연길의 朝陽街로 보인다. 연길시를 관통하는 부얼하통하와 합류하는 강이 조양천이다. 연길비행장을 포함하는 일대를 朝陽川鎭이라고 한다. 요령성 심양북쪽에 있는 지금의 朝陽은 100여 년 전에 개명한 땅이름이다. 그 당시 당나라 때에는 영주부 유성현이었다. 봉천은 지금의 심양이고 신경新京은 지금의 장춘이다.

272) 반재원,『주해 홍사한은』, 도서출판 한배달, 4345(2012), 84쪽.
　　　원문 10쪽-命監星官彭基 觀測天度.

273)『태백일사』,「소도경전본훈」, 단단학회, 광오이해사, 1979, 88쪽 : 天自是本無體 而二十八宿乃假爲體也.

갑인년에 '일월 오성이 자子방향에 모였다.'라는 천문기록이 있다. 한국 천문연구원 천문대장을 지낸 박석재 박사는 단군 때의 오성취루 기록(서기전1733년)보다 700여 년 전의 기록이라고 하였다. 삼황오제 중 한 사람인 전욱고양顓頊高陽은 황제의 손자이며 아버지는 창의昌意이고 어머니는 촉산蜀山씨의 딸이라고 전한다. 낙빈기의 『금문신고』에 의하면 전욱(서기전 2467-서기전2421년 재위기간47년)은 신농의 손자라고 하였으며 희화羲和씨가 그의 생부이며 어머니는 상아라고 하였다. 『천문유초』에는 희화씨도 천문관으로 기록되어있다. 중국의 서양지徐亮之교수는 1943년 그의 『중국사전사화中國史前史話』에서 중국의 역법은 동이에서 비롯되었으며 역을 만든 희화씨는 은나라의 동이조상이라고 하였다.

하북성 보정保定 고양성高陽城 부근에서 출토되어 심양고궁박물관에 보관되어있는 전욱고양의 자손이 만든 <삼병명三兵銘>이 중국의 근세 학자인 곽말약에 의하여 심황오제시대의 병기였음이 밝혀졌다. 이 창날에 기록된 전욱고양의 3대 족보 '조일을祖日乙'과 '조일기祖日己'와 '대조일기大祖日己'가 '할멈' '할아범'과 '큰할멈' '큰 할아범'으로 해독됨으로써 삼황오제 때의 말이 우리말이라는 주장이 가능해진다. 이렇듯이 어원으로 보아도 전욱고양이 우리 조상이라는 주장이 설득력을 얻는다. <삼병명>에 새겨져있는 '祖日乙'의 할애비조의 '할'과 날일의 '날'과 새을의 '새'가 '할날새' '할날시' '할아시' '할마시'로 읽을 수 있다. '祖日己'와 '大祖日己'는 몸기(己)이므로 '할날몸' '할아멈' '할멈' '큰할날몸' '큰할아멈' '큰할멈'으로 읽을 수 있다. 또 '乙'과 '己'는 '巳(뱀)'와 뜻이 서로 넘나들므로 '祖日乙' '祖日己' '大祖日己'는 모두 '祖日巳(祖日乙)' '祖日巳(祖日己)' '大祖日巳(大祖日己)'로 보아 '할날뱀' '할날뱀' '큰할날뱀' 즉

- 487 -

'할아범' '할아범' '큰할아범'이 된다. 『홍사한은』의 배달국 12세(전욱고양 재위26년) 무오27년에 "무룡씨가 쇠를 녹이는 용광로를 만들고 옥을 새겨 예술품을 만둘었다."[274]라는 기록은 옥기문화가 우리 것이라는 반증이다. 따라서 삼황오제시대의 홍산 옥기문화가 바로 배달국시대의 우리 유적임을 알 수 있다.

한국천문연구원 고천문학자 양홍진 박사는 화투의 그림과 천문과의 관계를 설명하였다. 1월 송학과 8월 공산에는 떠오르는 해와 보름달이 있으며 4월 흑싸리에는 일식현상이 나타나 있다고 하였다. 48장의 각 4장은 4계절이며 4장씩 12짝은 12달을 상징하고 있다고 하였다. 화투도 우리나라에서 일본으로 건너간 것이 19세기에 다시 들어온 것이다. 북두칠성을 가리키고 있는 우리 조상들의 상투(上斗), 하늘을 그대로 땅에 펼쳐놓은 지리풍수의 나경패철羅經佩鐵 등 천문 아닌 것이 없다. 무덤 둘레석의 12지신 상과 내부의 벽화와 상여 앞에 들고 가는 운삽雲翣과 상여 뒤에 들고 가는 불삽黻翣,[275] 그리고 상여의 12지신 상에도 천문의 의미가 그대로 들어있으며 60갑자도 지구 세차운동의 1주기인 상원, 중원, 하원갑자 60년을 나타낸 것이다. 또 자, 오, 묘, 유년에 실시하던 식년과거시험에 문과는 33천을 의미하는 33명을, 무과는 28수를 의미하는 28명을 뽑았다. 또 광화문을 여는 새벽 4시(5更3點)에는 33번의 종을 치고 문을 닫는 저녁 10시(初更3點)에는 28번의 종을 친 것도 모두

---

274) 반재원, 『주해 홍사한은』, 도서출판 한배달, 4345(2012), 80쪽.

275) 雲翣과 黻翣-시신을 묻을 때 고인의 기준에서 왼쪽허리에 雲, 오른쪽 허리에 불을 넣고 함께 묻어준다.(左雲右黻.) 「雲」은 고인의 魂이 구름을 타고 하늘로 잘 올라가기를 염원하는 의미가 있으며, 「黻」은 고인의 魄을 수호하여 명부冥府에 잘 인도되기를 염원하는 의미가 들어있다. 즉 살았을 때 기러기 솟대가 육신의 수호신이라면「雲」과「黻」은 영혼의 수호신인 솟대의 역할을 한다.「黻」은 '묘한 짐승이름 불'이다. 활퀴자나 몸근자가 서로 대칭으로 등을 대고 있는 모습이다. '亞(버금아)'자가 아니다.

천문의 이치를 따른 것이다.276) 흔히 33천을 불교의 우주관으로 알고 있으나 석가보다 단군의 천문학이 2천년이나 앞서있음을 알아야한다.

『홍사한은』의 5세 구을 단군 갑자 13년에도 '감성관 팽운이 천체관측 기구인 혼천의渾天儀를 만들어 천도를 관측하게 하였다.'277)라는 기록이 나오고 '15년에 국력國曆을 만들었다'는 기록이 보인다. 또 같은『홍사한은』5세 구을 단군 을축 14년에도 천문관측과 5행성과 사계절의 변화를 설명하고 있다. 감성관 황보덕이 아뢰기를,

'신이 천문을 관측한지 50년에 천체를 대강 추측하였습니다. 천체의 중심이 되는 큰 별은 북극성과 같은 항성이요, 그 다음은 태양과 같은 것입니다. 그 다음으로 수성, 금성, 지구성, 화성, 목성, 토성, 천명성, 해명성, 음명성과 같은 행성이 있어 태양을 중추로 삼아 회전하고 있으니 우리가 살고 있는 지구는 태양계의 한 행성이요, 태양은 땅의 온도를 조화하여 만물의 생장을 조성하고, 지구의 외곽에는 붉은 막이 둘러싸서 지면의 각종 기체를 보전함으로써 기체가 발산하지 못하고 태양의 뜨거운 열을 받아 바람과 눈도 되고 비와 우박도 되고 전뢰도 되고 이슬과 서리도 되어 사시의 기후가 각각 다르게 되는 것입니다.'278)라는 기록이 보인다.『홍사한은』13세 흘달 단군 병신

---

276) 초경-저녁7시~9시, 2경-9시~11시, 3경-11시~새벽1시, 4경-1시~3시, 5경-3시~5시이다. 점點은 120분을 5등분한 것으로 오늘날의 24분에 해당되며 1각 刻은 120분을 8등분한 것으로 15분에 해당된다. 정각은 120분이다. '1각이 여삼추' '정각 1시' 등 현재도 그 용어가 살아있다.

277) 반재원,『주해 홍사한은』, 도서출판 한배달, 4345(2012), 149쪽.
원문 20쪽-甲子十三年 命監星官彭雲 製渾天儀 觀測天度.

278) 반재원,『주해 홍사한은』, 도서출판 한배달, 4345(2012), 149쪽.

28년에도 유위자가 말한 우주의 운행이치와 대기순환에 대한 구체적인 기록이 나온다.[279]

『단군세기』의 13세 흘달 단군 무진 50년(서기전1733년)에 수성, 금성, 화성, 목성, 토성이 일직선상에 나타났다는 오성취루五星聚婁현상의 천문 관측 기록이 보인다.[280] 또 『단군세기』에 19세 구모소 단군때 '주천력周天曆과 팔괘상중론八卦相重論을 지었다'[281]라는 기록이 보인다. 『태백일사』「소도경전 본훈」의 삼일신고에도 '신이 김을 불어 지구를 싸시고 지구 밑까지 빛과 열을 쪼이니 기는 것, 나는 것, 뛰는 것, 심는 물건 등 온갖 것이 번성하게 되었다'[282]라고 기록되어 있다. 또 『개천경』의 「삼일신고」 세계훈에도 지구가 우주에서 하나의 작은 구슬에 지나지 않음을 말하고 있다. 「삼일신고」는 홍암이 서대문 부근 지금의 이화여고 서문 앞에 있던 옛 서울역에서 백전伯佺노인으로부터 「신사기」와 함께 전해 받은 것으로 알려져 있다. 「삼일신고」는 크게 3가지 본이 있는데 대종교에서 쓰고 있는 <발해 석실본>과 의정부 <회암사 태소암본>과 <고경각의 신사기본>이다. 삼일신고는 발해 이전부터 존재했으므로 '제왈帝曰~'로 시작되는 <발해 석실본>이 원본이 될 수는 없고 <회암사 태소암본>은 그 후대의 것이므로 이 또한 원본이 될 수 없으며

원문 20쪽-乙丑十四年監星官黃甫德 ~ 陰陽四時.

279) 반재원, 『주해 홍사한은』, 도서출판 한배달, 4345(2012), 173-174쪽.

280) 『단군세기』, 단단학회, 광오이해사, 1979, 23쪽 : 戊辰五十年五星聚婁黃鶴來 捿苑松.

281) 『단군세기』, 단단학회, 광오이해사, 1979, 26쪽 :己未五十四年支離叔作周天 曆八卦相重論.

282) 『태백일사』, 「소도경전본훈」, 단단학회, 광오이해사, 1979, 90쪽 : 神呵氣包 底照日色 熟行翥化 游栽物繁殖.

'주약왈자이중主若曰咨爾衆~'으로 시작되는 <고경각 신사기본>을 가장 원전으로 보는 것이다. 왜냐하면 '제帝왈~'은 임금(帝)이라는 단어가 나오므로 이미 국가가 형성된 이후의 것이며 '주主약왈~'의 주主는 국가형성 이전의 기록으로 보기 때문이다.

『태백일사』「삼신오제본기」에 '한인桓仁은 1이 변화하여 7이 되고 2가 변화하여 6이 되는 운運, 즉 1.6수, 2.7화를 말하였고, 한웅도 천일天一이 물을 낳고 지이地二가 불을 낳는 위位, 즉 천일생수 지이생화라는 <하도천문도>를 말하였으며, 왕검은 원둘레가 지름의 3.14가 되는 기機를 말하였다.'[283) 또 「삼한관경본기」의 <마한세가> 상에도 '천일생수의 도와 지이생화의 도'[284)를 언급한 기록으로 보아 이미 한웅 시대에 수학과 천문 지식이 정립되어 있었음을 알 수 있다. 『단군세기』의 10세 노을단군 때에 '불함산에 누웠던 돌이 일어나고 천하天河의 거북이가 등에 그림을 지고 나타났는데 그 그림이 마치 윷판과 같았다'[285)라고 하였다.

이것을 낙서洛書라고 하는데 옛부터 하늘에 제사 지내던 제수도구로 쓰였던 별자리 그림이 새겨진 거북의 등껍질이 강가의 모래속에 묻혀 있다가 발굴된 것으로 전해진다. 따라서 지금까지 알려진 살아있는 거북이가 그림을 지고 물에서 기어나온 것이 아니라 천제天祭의 제수도구로 사용되던 거북의 등껍

---

283) 『태백일사』,「삼신오제본기」, 단단학회, 광오이해사, 1979, 51쪽 : 桓仁氏 承一變爲七~神市氏 承天一生水 地二生火~王儉氏 承徑一周三徑一 匝四之機 專用王道而治天下天下從之.

284) 『태백일사』,「삼한관경본기」<마한세가> 상, 1979, 75쪽 : 一神所降者 是物理也 乃天一生水之道也 性通光明者 是生理也 乃地二生火之道也.

285) 『단군세기』, 단단학회, 광오이해사, 1979, 21쪽 : 不咸臥石自起天河神龜負圖 而現圖如柶板.

질이며 거기에 새겨진 그림이 바로 낙서천문도이다.286) 『단군세기』의 36세 매륵 단군조에도 '하도는 별의 문양이다.'287)라고 하였으며 소강절의 『황극경세서』에도 하도와 낙서의 점은 별자리라고 하였다.

또 「정교증주 태백속경」에 의하면 '단군 조선 때에 단군이 책을 만들어 금 거북이 속에 감추어 바다에 띄워 보내면서 말하기를 이것을 얻는 자 성인이 되리라고 하였는데 낙수洛水가에서 우虞가 거두었기에 이에 낙서洛書가 되었다.'288)라는 기록도 보인다. 『주비산경』에 이르기를 '우임금이 천하를 다스린 힘이 바로 천문지식에서 나온 것이다.'289)라고 하였다.

천문학자들의 말에 의하면 오랜 우주 역사에 비하면 인류의 탄생은 3초전이었다고 한다. 고고학자로서 '오리진'이라는 책을 쓴 리처르으드 리키(Richard Leakey)는 180만 년 전에 직립인간인 호모 에럭투스(Homo erectus)가 생겨났다고 한다. 인도네시아 자바와 중국 북경에서 발견된 화석이 여기에 속한다. 호모

---

286) 필자주-낙서는 천제의 제수도구로 쓰이던 죽은 거북이 껍질에 새겨진 별자리 그림으로 九星圖이다. 이 거북이 껍질이 하남성 낙양부근의 洛水가 모래밭에서 발굴된 것이다. 살아있는 거북이가 그림을 지고 나타난 것이 아니다. 이런 것 때문에 하도 낙서가 학문의 범주에 들지 못하고 전설의 고향으로 취급 받고 있다.

287) 『단군세기』, 단단학회, 광오이해사, 1979, 32쪽 : 辛亥三十五年龍馬出於天河背有星文.

288) 이유립, 『大倍達民族史 3』, 「訂校增註太白續經」, 고려원, 1987, 294쪽 : 大辯說 曰初 檀君書成以其刻 藏之金龜而泛諸海日之東之西 ~ 時 禹之洛水 見而收之 是爲洛書也.

289) 『周髀算經』, 禹之所以治天下者 此數之所生也. 주비산경의 저자는 모르며 3세기경에 쓰여진 것으로 전해진다. 周公旦과 商高의 대화를 주고받은 천문, 수학책이다. 周는 주나라를 일컫는 것이라고 한다. 그러나 周는 하늘의 圓周를 의미하는 것으로 보인다. 왜냐하면 髀는 해시계의 그림자를 뜻하기 때문이다.

에렉투스가 오늘날 인류의 조상인 호모 사피엔스로 진화하였다. 그런데도 불과 1만 년 전의 한웅시대를 석기시대라고들 한다. 배달국 14세 자오지 한웅인 치우가 벌써 동두철액의 투구를 사용하였다는 기록은 무엇을 의미하는가? 배달국인 한웅시대가 벌써 청동기와 철기시대였다는 증거이다. 칼 세이건은 우주의 역사 137억년을 지구의 1년으로 축약하여 설명하였다. 그의 이론에 의하면 우주가 탄생한지 얼마 되지 않은 1월 24일에 은하가 등장한다. 우리 태양계는 9월 9일에, 지구는 9월 14일에 생겨났고 지구에 생명체가 생긴 것은 9월 30일이다. 석가와 예수는 12월 31일 밤 11시59분55초와 56초에 태어났다고 한다. 이로 미루어 볼 때 6000년 전 한웅시대는 11시 59분 48초쯤의 역사로 보면 최근세사에 속한다. 따라서 앞의 기록들로 보아 한웅시대는 이미 천문학이 정립된 시기라고 보아 아무런 무리가 없다. 우리민족을 천손민족이라고 하는 것은 천문민족이라는 말이다. 천손민족이라 함은 신앙의 차원에서 본 것이지 역사적인 관점은 아니다. 천손이 아닌 민족이 어디 있는가. 천문이론을 가장 먼저 정립한 민족이라는 의미이다. 천부경도 우주 천문의 이치를 설명한 것에 다름 아니다.

소강절邵康節은 서기1000년대에 이정지李挺之로부터 도서선천상수圖書先天象數라는 도학道學을 배워 『황극경세서皇極經世書』라는 저서를 남긴 역리학의 조종祖宗이다. 소강절의 『황극경세서』를 근거로 하여 지구의 운행 괘적을 추수推數해 본 어느 역리학자의 이론에 따르면 단기4352년(서기2019년)은 지구가 지금의 괘도에서 공전과 자전운동을 시작한지가 1015,5936년째가 된다는 것이다. 이것을 천지 개벽수인 1원元(12,9600년)으로 나누게 되면 78원이 지나가고 4,7136번째의 공전 운동에 들어가 있는 것이다.(1015,5936년÷12,960년=78원…4,7136년)[290] 『주비산경』에는 1원이 12,7680년으로 기록되어 있으나 대체로 『황극경세서』의 12,9600년으로 통용되고 있다.

1015,5936년을 60갑자로 나누면 16,9265 나머지 36이다. 즉 16,9265번의 갑자甲子년이 지나고 2019년이 36년째에 해당되므로 60갑자의 36번째 간지가 2019년 기해년이 되는 이유이다. 즉 2019년은 지구가 태양계에서 좌표를 점지 받은 후 16,9266번째로 맞는 기해년이 되는 셈이다.

지구의 운명을 이야기할 때 1원元을 한단위로 하여 천지개벽이 이루어지는 것으로 보았다. 전술한 내용대로라면 현재의 지구는 여태까지 78번이나 대 개벽을 치루고 79번째 개벽으로 달려가기를 서기 2019년인 올해로 4,7136년째가 되는 해이다. 앞으로 79번째 대 개벽이 오려면 8,2464(12,9600년-47136년=82464년)이 지나야 한다는 계산이 나온다. 여기서 1원元인 12,9600년에서 봄, 여름, 가을, 겨울의 각 주기인 겨울주기 3,2400년을 8,2464년에서 제하면 앞으로 5,0064년이 우리가 사는 지구의 79번째 늦여름과 가을철이 되는 것이다.(8,2464년-3,2400년=5,0064년) 12,9600년 중 늦여름과 가을철 후반기가 5,0064년이라는 계산이 나온다.

그러나 '그것이 지구의 종말이 아니라 3,2400년의 겨울 빙하기가 끝나면 80번째의 우주의 봄이 오면서 12,9600년의 우주의 1년(1원)이 다시 시작된다. 그다음 81번째(9x9=81)의 개벽이 끝나면 태양으로부터 떨어져 나온 신성新星이 수성의 괘도로 진입하고 지구는 화성 자리로 밀려나서 죽은 별이 되고 금성이 밀려나와 지금의 지구 괘도를 차지하면서 생명체가 사는 별로 바뀌게 되는 것이다. 그리고 우리 태양계의 완전수인 10수를 유지하기 위하여 11번째가 되는 명왕성은 영원히 사라지게 된

---

290) 최치영, 『심명철학 상』, 심학당, 2002, 258쪽. 『역과 철학』, 1979.

다.'291) 이 계산에 따르면 올해 서기 2019년으로부터 34,1664년 후의 일이다.(8,2464년+12,9600년+12,9600년=3,41664년) (12,9600×81원=1049,7600년, 1049,7600년-1015,5936년=341664년) 그러므로 천문학계에서 벌써부터 명왕성을 제외시키는 것은 맞지 않다. 지구가 수성의 괘도에 있을 때부터의 지구 전체 역사가 45억년이 지난 것으로 보이지만 이 천문계산에 따르면 지금의 지구괘도에 들어서고부터 이러한 추수推數가 가능해진다는 것이다. 따라서 지금의 화성은 밀려난 옛날의 지구였다. 그런데 78원(12,9600×78=101,08800년) 즉 천만여년이 지난 지금 화성을 탐사하여 생명체를 찾는 것은 의미가 없다. 화성 탐사를 할 인력과 비용으로 그 때가 되면 지구의 괘도에 진입할 금성으로 이주할 준비를 해야 할 것이다.

소강절의 『황극경세서』에 의하면 우주의 1시간(120분)은 지구의 30년(1시간은 30도)이며 우주의 하루는 지구의 360년(30년×12시간=360년)이며 우주의 한달은 지구의 1,0800년(360년×30일=1,0800년)이고 우주의 1년은 지구의 12,9600년(1,0800년×12달=12,9600년)이다. 이러한 관점에서 볼 때 수리數理로 이루어진 천부경天符經은 바로 우주천문에 부합하는 경전이다. 천부경은 우주 생성원리와 운행이치를 무극, 태극, 5행과 하도낙서천문도의 원리로 설명하면서 인간이 우주의 운행원리에 순천順天하면서 자연의 순리에 따라 살아야 한다는, 삶의 방향을 제시해준, 백성들에게 내린 도덕의 지침서이다. 모든 종교와 도와 과학과 수학이 천문과 수를 떠나서는 있을 수 없다. 모든 학문

---

291) 필자주 - 9x9=81의 마침 수에 따른 필자의 독자적인 추수推數 이론이다. 여기서 숫자의 단위를 4자리로 한 것은 우리 고유의 방법을 따른 것이다. 156만을 3자리인 1,560,000으로 표기하기보다 4자리인 156,0000으로 표기하면 쉼표 앞의 156을 156만으로 바로 읽을 수 있다. 일반인들은 단위를 금방 파악할 수 있어서 오히려 더 편리하다.

과 사상과 종교의 벼리는 천문이다. 이러한 우주 자연의 이치를 설명한 글이기 때문에 최치원도 천부경을 '더없이 큰 도(玄妙之道)'라고 하였다. '현묘玄妙'란 '묘하다'는 뜻이 아니다. '위없이 크다'는 의미이다. 그래서 그는 불교의 지감, 도교의 조식, 유교의 금촉, 유불선 3교를 비롯하여 '만교萬教를 포함하고 있는 시원사상始原思想'으로 보았던 것이다.

　우리 민족의 전통문화와 영혼관은 천문을 떠나서 이야기 할 수 없다. 고분 벽화의 사신도도 28수 천문도에 다름 아니다. 우리 민족은 죽는다는 것이 본 고향인 우주로 돌아가는 것임을 알고 있었다. 우리는 죽음을 '돌아가셨다' '도(道-무극의 기운)로 가셨다'라고 표현한다. 그래서 망자를 북두칠성의 칠성판 별자리에 뉘어 묻었으며 무덤 내부의 공간도 우주공간의 스물여덟 별자리로 장식하였다. 고인돌에서 북두칠성 암각화가 골고루 발견되는 것으로 보아 선사시대부터 내려오는 우리민족의 천문관 이었음을 알 수 있다.

　우리의 궁궐과 부속건물인 주합루宙合樓, 규장각奎章閣, 취규정聚奎亭, 양의문兩儀門 등의 이름도 천문에 바탕 하였다. 규장각은 왕실의 서고書庫이다. 규奎는 서방7수의 첫 번째 별자리 이름이며 문文과 학學을 관장하는 별이다. 또 창덕궁의 북쪽문인 태일문太一門은 북극성을 뜻한다. 임금이 왕위에 오르는 것도 우주의 중심인 북극성北極星의 자리에 오른다는 뜻으로 '등극登極한다.'라고 하였다. '취임就任'과는 격이 다르다. 옥좌 뒤의 일월 오악도는 <음양 오행도>이며 <천문도>에 다름 아니다. 음양은 해와 달이며 오행은 수성, 목성, 화성, 토성, 금성의 오행성을 나타낸 천문도이다. 경복궁 근정전의 월대의 동서남북에 세워놓은 청룡, 백호, 주작, 현무, 사방신四方神 석상들도 북극성에 해당하는 임금의 옥좌를 호위하는 28별자리를 상징한 것이다. 궁궐은 하늘의 지도 즉 천문도天文圖를 지상에 펼쳐 놓은 별(星)천지이다. 창덕궁 내에 돌아가신 선대왕들의 어진御眞을 모신 건물이 선원전璿源殿이다. 임금의 초상화를 보관하는 이 선원전도 북두칠성의 2성인 천선天璿의 선璿에서 연유한 이름이다. 옛날에 황도와 적도 등 천문을 관측하던 기기機器도 2성인 천선天璿(거문)과 3성인 천기天璣(녹존)를 따서 선기옥형璇璣玉衡이라고 하였다. 더구나 북두칠성의 9번 째 별인 내필內弼은 서양에서도 망원경이 발달한 최근에 와서야 비로소 알려진 별인데 우리조상들은 이미 수 천 년 전부터 알고 있었다. 동서남북 4대문과 중앙의 보신각도 하도천문도의 산물이다. 1세기 고구려의 <천상열차분야지도>는 중국의 <순우천문도> 보다 12세기나 앞섰다. 1년 365일에 맞춘 365개의 돌과 24절기에 맞춘 상단과 하단의 24단, 28수를 상징한 전체 28단의 경주 첨성대는 우리 천문지식의 정수이다. 27단이 아니다. 『삼국사(기)』에도 일식, 혜성, 유성, 객성 등의 천문 현상이 200여건이나 기록되어있다. 신라왕관의 날출 자 出 일곱 가지와 칠지도의 일곱 가지도 북두칠성신앙에서 온 것이다.

이렇듯이 천문이라는 개념을 떠나서는 천부경과 한글창제원리와 태극원리를 비롯한 우리 민족의 저변에 살아 숨 쉬고 있는 사상과 예술과 문화의 맥을 짚어낼 수 없게 되어 있다. 자식의 이름 항렬도 5행성의 상생순서에 기본 하였고, 또 제사 축문祝文의 '2016년 음 5월 21일'을 '維歲次 丙申 五月 戊午朔 二十一日 甲戌'이라고 하는데 여기서 세차, 병신, 무오, 갑술이라는 단어는 목성의 세차운동과 5월 21일 날의 지구의 공전과 자전의 위치 즉 제사일의 시공간의 좌표인 2016년 음력 5월 21일이라는 천문현황을 밝힌 것인데 이것을 케케묵은 구습으로 안다. 앞에서 보았듯이 올해4352(2019)년이 기해년이 되는 것도 지구의 공전으로 인한 천문현상에서 비롯된 것이다. 혼사 때 보내는 사주단자도 태어난 날 황도 상에 들어오는 별자리와 오행성과 지구와의 관계를 살피는 천문 현황을 적은 것이므로 '사성四星'이라고 하였다. 또 사람이 태어나는 것을 별의 탄생으로 보아 별辰자를 써서 '생신生辰'이라고 하는 것이다. 또 『부도지』의 북신北辰이나 칠요七曜, 『태백일사』의 「소도경전 본훈」의 '허공은 하늘의 질량이다.'292) 라고 한 내용이나 '태백진교는 천부에 근원한 것으로 지구의 공전과 자전에 합한다.'293) 라는 기록이 모두 천문에 대한 내용이다.

더구나 『태백일사』의 「삼한관경본기」의 한웅의 제천祭天행사 때 풍백이 천부를 새긴 거울을 들고 앞서가는 장면이 나오는데 거울에 새긴 천부를 복희의 하도천문도나 북두칠성으로 보는 것이다.294)『격암유록』의 사답칠두락寺畓七斗洛의 칠두도 절 안의 칠성각을 의미하며 북두칠성을 믿는 우리민족을 상징한 것이다. 배필配匹이라는 '배配'도 유시酉時에 짝을 맞는다(酉+己)는 뜻이다. 이처럼 천문을 떠나서는 우리의 삶과 문화를 이야기할 수 없다. 이러한 우리민족의 천문관이 세종이 훈민정음을 천문도에 이론적인 바탕을 두고 만들게 된 필연적인 연유로 보는 것이다. 田田

<씨아시말, 반재원, 4342(2009)>
<훈민정음 창제원리와 기능성한글, 반재원, 2018>

---

292) 『태백일사』, 「소도경전본훈」, 단단학회, 광오이해사, 1979, 95쪽 : 虛空爲天之質量.

293) 『태백일사』, 「소도경전본훈」, 단단학회, 광오이해사, 1979, 95쪽 : 太白眞敎源於天符而合地轉.

294) 『태백일사』, 「삼한관경본기」, 단단학회, 광오이해사, 1979, 73쪽 : 盖風伯天符刻鏡而進.

천문으로 푼 천부경

천부경은 단군 조선 이전인 한국桓國시대부터 전해지던 것을 문자로 정리한 것으로, 9라는 숫자를 용용으로 하는(9×9=81자) 우리민족의 경전이다. 『태백일사』「소도경전본훈」에 천부경은 한국에서 구전으로 전해오던 것을 한웅이 개국한 뒤에 신지혁덕神誌赫德[295]이 녹도문鹿圖文으로 적었는데, 그 후 최치원이 다시 그것을 첩지로 만들어 세상에 전한 것이라고 되어있다.

천부인天符印은 하늘과 사람이 부합된 '천인합일'의 모습을 뜻한다. 천부경은 천문의 이치를 설한 내용으로 천인합일의 경지에 오른 후에 내린 말씀이다. 천부경의 핵심은 천지인 삼재 사상이다. 또한 '홍익인간 이화세계 성통광명 사상'의 뿌리이다. 천부경의 발견시기에 대해서는 이설들이 있다. 송호수의 『한겨레의 뿌리얼』에서는 계연수가 1916년 9월 9일에 묘향산 석벽에서 천부경을 처음 발견했다고 했으나, 해학 이기가 교열하고 홍범도와 오동진이 출자하고 계연수가 쓴 것으로 알려진, 천부경이 실려 있는 『한단고기』 범례의 서명 연도가 1911년 신해년이므로 그보다 6년 전에 천부경의 존재를 이미 알고 있었다.[296]는 이야기가 된다. 또 국학연구소 김동환에 의하면

---

295) 신지-관직명, 교육부 장관에 해당되는 직책. 혁덕-사람 이름, 을지문덕 의 시조라고 한다.

296) 송호수, 『한겨레의 뿌리얼』, 도서출판 한터, 4333. 43-45쪽.

1913년에 쓴 정훈모의 친필 원고에 천부경이 보인다고 하였다. 원래 천부경이 실려 있는 이맥의 『태백일사』 간행 연도가 1520년이라고 알려져 있으므로 그 연도의 앞섬은 거론할 필요가 없으나 『해동인물지』에는 『태백일사』의 간행 연도가 1898년 무술년이라 했으니 그것을 기준으로 하더라도 계연수가 묘향산 석벽본을 얻었다는 1916년보다 18년 전에 이미 천부경의 존재를 알고 있었다는 말이 된다.

그 후 인쇄본으로는 1920년 전병훈의 『정신철학 통편』에 처음으로 실렸으며 1921년에 정훈모의 단군교 기관지 <단탁>에 실려 있다. 또 1925년 최치원의 후손인 최국술의 『최문창후 전집』에 실려 있으며 1927년 『단군교 부흥경략』에 보인다. 더구나 『태백일사』가 1520년에 이맥에 의하여 처음 간행 된 것으로 보면 천부경은 우리 민족의 숨결 속에 늘 이어져 오고 있었다는 말이 된다. 을지문덕의 아들 을밀 장군이 을밀대에서 군사를 훈련시킬 때 불렀던 다물흥방가에도 '인중천지위일혜人中天地爲一兮' '인중천지제일혜人中天地第一兮'라는 천부경 구절이 보인다. 이것은 최치원의 천부경보다 또 300년 전의 내용이다.

천부경의 원리는 미처 깨닫지 못하고 있을 뿐이지, 우리의 일상생활 속에 깊숙이 스며들어 있어서 낫 놓고 ㄱ자를 몰라도 일꾼이 풀을 베는 데에는 아무런 지장이 없듯이 그 이치 속에서 생활하고 있으므로 아무 불편 없이 살아가고 있다. 천부경의 내용은 우주의 운행원리를 밝혀 놓은 것으로 만물이 생장, 소멸되어가는 자연의 섭리를 명쾌하고 간략하게 설명해 놓은 것이다. 최치원은 천부경을 유, 불, 선의 모든 진리를 포함하고 있다고 했으니 이것으로도 천부경의 개론적인 의미를 어느 정도는 짐작할 수 있겠다. 또 최치원이 서글(한자)로 옮겨 적을 그 당시에는 문자를 알고 자연철학에 식견이 있는 선비들이라면 상식적인 선에서 그 뜻을 이해할 수 있는 쉬운 문장으로 쓴 것이지, 꼭 무슨 도를 통해야만 알 수 있는 난해한 문장이 결코 아니었을 것이다. 왜냐하면 최치원이 한자로 다시 적은 것은 후손에게 전하기 위한 목적과 내용의 어려움을 걱정하여 해독하기 어려운 녹도문을 그 당시의 쉬운 서글로 풀어쓰는 입장이었기 때문이다. 그것은 마치 어려운 옛 비문을 지금의 쉬운 한글로 풀어 쓰는 것과 같은 작업이다.

그러나 오랜 세월이 흐르면서 말과 글이 변천하여 지금은 '단군만이 알 수 있는 내용'이라고 할 정도로 난해한 문구가 되고 말았다. 또 천부경 풀이는 개인의 신앙을 내려놓고 보지 않으면 객관적인 풀이가 어렵다. 이러한 생각을 바탕에 두고 전체를 뭉뚱그려 의역한 내용을 소개하고자 한다. 천부경의 내용을 들여다보면 천지 창조의 과정을 설명한 내용과 창조된 후 만변 만화하는 생명의 분화와 진화의 과정을 선경先經과 후경後經으로 나누어 설명하고 있다. 그 선, 후경을 <하도>라는 천문도의 원리를 빌어 설명하고 있다. 선경이 선천이라면 후경은 후천이라고 할 수 있다. 선천과 후천이라는 말도 어려운 단어가 아니다. 선천이 만물이 생장하는 봄, 여름이라면 후천은 결실을 맺는 가을철이다. 선천이 오전이라면 후천은 오후이다.

천부경 해석

天符經
一始無始一
析三極無盡本天一一地一二人一三一積十鉅无匱化三

天二三地二三人二三大三合六生七八九運三四成環五
七
一玅衍萬往萬來用變不動本本心本太陽昻明人中天地
一一終無終一

<『태백일사』의「소도경전본훈」편>

천부경 전체의 뜻을 의역하면 다음과 같다.
-< 우주 허공은 크게 천, 지, 인 삼극으로 이루어져 있지만
본질은 변함없는 원래 우주 그대로이다. 첫 번째로 하늘, 두
번째로 땅, 세 번째로 사람의 순서로 생겨났다. 태양을 주축
으로 하여 수성, 금성, 지구, 화성, 목성, 토성, 천왕성, 해
왕성, 명왕성, 10으로 이루어진 우리 태양계는 더 할 나위없
이 완전한 3극으로 이루어져있다. 하늘도 3극의 하나로서 음
과 양(陰, 陽)으로 되어있고, 땅도 3극의 하나로서 음과 양
(柔, 剛)으로 되어있고, 사람도 3극의 하나로서 음과 양(義,
仁)으로 되어있다. 3극인 천, 지, 인의 음양의 합은 6(음 양,
강 유, 인 의)이 된다. 태양계는 6수, 7화, 8목, 9금 하도 천
문도의 원리처럼 4변하면서 춘, 하, 추, 동으로 운행되고 있
다. 수성, 금성, 화성, 목성, 토성의 5행성과 해와 달을 포
함한 7요七曜가 갖추어져 운행하고 있다. 우주는 더없이 완전
하게 운행하니, 만변만화하면서 그 용용이 아무리 변해도 우
주 원래의 본질에는 변함이 없다. 사람의 본성도 본래 태양
처럼 광명하니 사람의 마음속에 천지의 광명이 그대로 있다.
우주 허공은 영원할 뿐이다.>-

'일시무시일一始無始一'이라는 단어 자체가 광대무변한 우주 허공(무극)를 의미하고 있다. '무진본無盡本'은 '근본은 다함이 없다'라는 뜻으로, 우주 안에서 아무리 만상만물로 나누어져 생겨나도 우주의 근본자체는 '변함이 없는 부증불감'을 뜻한다. 우주 허공은 인식하는 개체 의식이 없으므로 시공간을 초월하여 무심하게 그냥 있는 것이며 영원한 존재이다. 따라서 '무진본'이나 '일시무시일'이나 또 '일종무종일'도 모두 '무시무종無始無終'이라는 뜻에 다름 아니다. 이 모두가 '영원히 존재하는 우주허공'을 말한 것이다.

1) 一始無始一 / 析三極 / 無盡本
<우주는 천, 지, 인 3극으로 이루어져 있지만, 우주의 본질에는 아무런 변화가 없는 원래 우주 그대로이다.>

一始無始一 - 태초의 우주,

析 - 나누다, 쪼개다, 이루다.

三極 - 세 좌표, 삼재(천지인의 각각의 능력, 즉 하늘의 포용력, 땅의 생육력, 사람의 행력行力. 즉 모든 생물이 스스로 가지고 있는 능력. 천지인이 다 중요하지만 그 중에서 사람의 행력이 중요하다.(天地 匪日月 空郭也 日月 匪知人 形容也)

無盡本 - 근본은 다함이 없다,

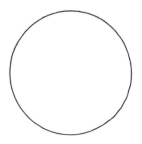

<일시무시일도圖>
(우주 허공도)

　'일시무시일'이라는 뜻은 입체로 된 '우주허공'을 말한다. 위의 원은 평면이 아니라 구슬처럼 입체로 된 허공이다. 그런데 만약에 우주를 뜻하는 '일시무시일'을 <하나의 시작은 없는 시작의 하나이다>라고 풀이한다면 오히려 더 난해하고 추상적인 풀이가 되고 만다. '일시무시일'은 끝 문장의 '일종무종일'과 서로 댓구를 이루는 '우주'라는 뜻이다.

　즉 <一始無始一을 析三極하여도 無盡本이다>로 번역된다. 여기서 <析三極>은 <一析三極>의 一이 생략된 문장이다. 그러므로 원래는 <一始無始一 / 一析三極 / 無盡本>이라는 문장이다. 그러나 '一'이 중복되므로 '一'을 생략한 문장이다.
　즉 <우주(무극, 一始無始一)가 천, 지, 인 3극, 3요소로 이루어져 있으나(析三極) 우주의 본질에는 아무런 변화가 없다(無盡本)> 라는 의미이다.

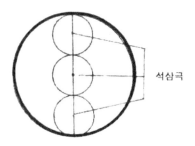

<석삼극 무진본도>[297]

(천, 지, 인 3극, 3요소)

우주 허공(무극)에서 천, 지, 인과 만상만물이 생겨남을 말한 것이며 전체에서 개체가 분화되어 나오는 현상을 말한 것이다. 아울러 아무리 개체로 분화하여 제 각각 움직이고 있어도 원래 우주의 근본에는 아무런 변함이 없다는 뜻이다. <一析三極> 즉 하나가 셋으로 나누어져도(하나가 세 가지의 역할을 해도) 그 본질인 하나는 아무런 변함이 없이 삼신일체 그대로라는 뜻이다. 즉 자식에서는 부모가 되고 직장에서는 직원이 되고 부부끼리는 남편과 아내가 되어 그 역할만 다를 뿐 나 자체는 항상 나일 뿐 변함이 없는 것이 삼신일체이다. 훈민정음 중성의 기본자인 천지인(• ㅡ ㅣ)도 '삼극三極'이다.

2) 天一一 / 地一二 / 人一三
<우주에서 첫 번째로 하늘, 우주에서 두 번째로 땅, 우주에서 세 번째로 사람의 순서로 생겨났다.>

---

297) 목승곤 강의초록,(이하 그림)

天 地 人 - 하늘, 땅, 사람.

앞의 一 - 天一 / 地一 / 人一의 一은 우주.

뒤의 一, 二, 三 - 순서(一 - 첫번째, 二 - 두 번째, 三 - 세번째)

天一(우주) 一(첫번째) / 地一(우주) 二(두번째) / 人一(우주)
三(세번째)

3) 一積十鉅 / 无匱化三

<수성, 금성, 지구, 화성, 목성, 토성, 천왕성, 해왕
성, 명왕성으로 이루어진 우리 태양계는 더할 나위 없이
완전하다.>

一 - 태양

積 - 쌓다. 떼지어 모이다. 형성되다.

十 - 태양, 수성, 금성, 지구성, 화성, 목성, 토성, 천왕성, 해
　　왕성, 명왕성.

鉅 - 커지다.

无 - 더없는.

匱 - 함, 울타리, 공간.

无匱 - 더 없는 공간.

化 - 화현하다.

三 - 완성.

化三 - 완전하다.

　'일적십거一積十鉅'는 1이 하나씩 늘어나서 쌓여 10이 된다
는 뜻이다. 여기서 '十'은 태양을 비롯한 수성, 금성, 지구, 화
성, 목성, 토성, 천왕성, 해왕성, 명왕성으로 이루어진 우리 태
양계를 표현한 것이다. 즉 태양이 양의 완전수인 9행성을 거느

리고 운행하는 것을 뜻한다. 즉 '일적십거'의 10은 태양을 포함한 10개의 별로 이루어진 우리 태양계의 10완전수를 말하는 것이다. 또 '무궤화삼无匱化三'의 '无匱'는 '울이 없는' 더할 나위없는'이라는 뜻이며, '化三'은 완전하다는 뜻이다. 따라서 <一積十鉅 无匱化三>은 수성, 금성, 지구, 화성, 목성, 토성, 천왕성, 해왕성, 명왕성 10개로 이루어진 우리 태양계의 운행은 더할 나위 없이 완전하게 구성되어 있음을 말한 것이다.

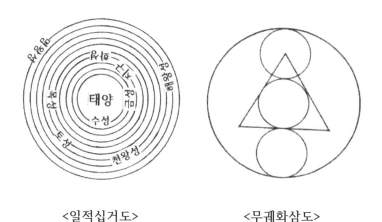

<일적십거도>

<태양, 수성, 금성, 지구, 화성, 목성,
토성, 천왕성, 해왕성, 명왕성의 괘도>

<무궤화삼도>

4) 天二三 / 地二三 / 人二三

<하늘도 삼극 중 하나의 존재로서 음과 양(陰, 陽)으로 되어있고, 땅도 삼극 중 하나의 존재로서 음과 양(柔, 剛)으로 되어있고, 사람도 삼극의 존재로서 음과 양(義, 仁)으로 되어있다.>

天, 地, 人- 하늘, 땅, 사람.

앞의 二 - 음양. 강유, 인의.

뒤의 三 - 삼극, 삼재(천지인 각각의 성질, 능력), 완성, 완전.

天二(음양) 三(삼극) / 地二(강유) 三(삼극) / 人二(인의) 三(삼극).

즉 하늘도 음양(陰과 陽)으로 완성되어 있고 땅도 음양(柔와 剛)으로 완성되어 있고 사람도 음양(義와 仁)으로 완성되어 있는 완전한 존재라는 뜻이다.

5) 大三合六

<삼극(三才) 즉 천, 지, 인 각각의 음과 양의 합은 6이다.>

大三 - 天二三 / 地二三 / 人二三을 뜻함.

合六 - 天의 음양, 地의 음양, 人의 음양.

이것은 <大三을 合하면 六이 된다>라고 풀이해야 한다. 즉 '大三'은 天二三 / 地二三 / 人二三을 말한 것이다. '三'은 천, 지, 인 삼극의 재능(三才-천지인 각각의 재능)이다. 그 천, 지, 인의 각각의 음양의 합이 6이 된다는 의미이다.

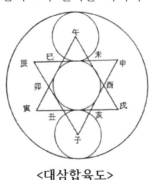

<대삼합육도>

이상의 <일시무시일 ~ 대삼합육> 까지의 내용은 우주에서 천, 지, 인 3극으로 나누어지면서 만상 만물이 생겨나고 분화되는 과정을 설명한 것이다. 여기까지가 우주생성 과정을 설명한 것이라면 아래 내용<生七八九> 부터는 우주생성 후의 변화의 원리를 설명한 것이다. 지금까지의 내용이 선경先經이라면 아래 내용부터는 후경後經에 해당하는 내용이다.

다음 <生七八九> 의 내용부터는 우주 생성후 만변 만화하는 과정을 천문도인 <하도>의 원리를 동원하여 설명한 내용이다.

6) 生七八九
<水星은 金星, 火星, 木星 다음으로 생겨났다.>
여기서 <生七八九>는 <六生七八九>의 六이 생략된 문장이다.

生 - 태어나다, 생겨나다,
七, 八, 九 - 천문도인 하도의 七火星, 八木星, 九金星.
(六-水星)

이것은 천문도인 하도의 성수 6, 7, 8, 9의 생성원리를 설명한 것이다. 따라서 <生七八九>는 <大三合六 六生七八九>의 '六'이 중복되므로 뒤의 '六'이 생략된 문장이다. 이는 천문도인 하도의 六水星, 七火星, 八木星, 九金星의 운행을 의미하고 있다. 즉 5행성의 운행을 설명한 것이다.

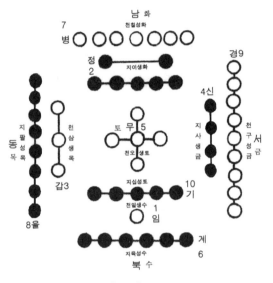

<하도천문도>

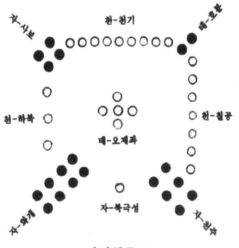

<낙서천문도>

『중국 의역학』에 의하면 <하도>의 1, 6 수水는 수성으로서 매일 밤 자시子時와 사시巳時에 북쪽 하늘에 있고 매월 1일과 6일에 해와 달이 북쪽에서 수성을 만나며 매년 1월과 6월의 저녁에 북쪽 하늘에 있다. 그러므로 1과 6은 수水와 합한다(一六合水)라고 하였으며, 하늘의 1이 수를 낳고(天一生水), 땅의 6이 수를 이룬다(地六成水)고 하였다. 따라서 1일은 수성이 처음 보이는 때이고(天一生水星), 6일에는 수성이 마지막 보이는 날이라고 하였다.(地六成水星) 7화성, 8목성, 9금성, 10토성도 각각 5행성의 천문설명과 같다.[298]

또 <六生七八九>는 <하도>의 동, 서, 남, 북에 벌려있는 6, 7, 8, 9의 숫자가 중앙의 북극성을 호위하듯 돌고 있는 북두칠성이 계절별로 머무는 기간을 나타낸 것이다.

즉 겨울철에는 북두칠성의 꼬리가 6주기 동안(12일×**6**주기) 즉 72일 동안 북쪽에 머무는 현상을 나타낸 것이며, 봄철에는 북두칠성의 꼬리가 8주기 동안(12일×**8**주기) 즉 96일 동안 동쪽에 머무는 현상을 나타낸 것이며, 여름철에는 북두칠성의 꼬리가 7주기 동안(12일×**7**주기) 즉 84일 동안 남쪽에 머무는 현상을 나타낸 것이며, 가을철에는 북두칠성의 꼬리가 9주기 동안(12일×**9**주기) 즉 108일 동안 서쪽에 머무는 현상을 나타낸 것이다.[299] 즉 우주 천문의 운행원리를 설명한 것이다.

세종이 우리 조선의 역을 칠정산이라고 한 것도 바로 수성, 화성, 목성, 금성, 토성, 일, 월 칠요七曜의 운행 원리를 다룬 내용이기 때문이다. 즉 우주천문의 운행원리를 설명한 것이다.

---

298)郭學熹외 1인, 『中國 醫易學』, 四川科學技術出版社, 1988, 121-122쪽.

299) 역자 김필수외 3인, 『管子』, 소나무, 2006, 106-115쪽.

7) 運三四 / 成環五七

<하도의 운행원리 처럼 삼극(천지인)이 4변하면서 춘, 하, 추, 동 4계절로 운행되고 있으며 수성, 금성, 화성, 목성, 토성의 5행성과 해와 달을 포함한 7요七曜가 조화롭게 운행하고 있다.>

運 - 운행.

三 - 삼극.(천, 지, 인)

四 - 四變, (춘, 하, 추, 동)

成 - 갖추어지다. 조화를 이루다.

環 - 돌다.

五七 - 5행성, 7요.

자 子	진 辰	신 申	수성 水局 ▽
축 丑	사 巳	유 酉	금성 金局 ▷
인 寅	오 午	술 戌	화성 火局 △
묘 卯	미 未	해 亥	목성 木局 ◁

<운삼사도>

'운삼사運三四'는 우주운행의 조화로운 기운인 신자진申子辰 수국水局 수성水星, 해묘미亥卯未 목국木局 목성木星, 인오술寅午戌 화국火局 화성火星, 사유축巳酉丑 금국金局 금성金星의 원리와 상통한다.

'성환오칠成環五七'의 '五'는 오행성五行星 즉 수성, 목성, 화성, 토성, 금성을 뜻하며, '七'은 5행성과 해와 달을 포함한 '칠요七曜'이다. 즉 우리 태양계는 5행성과 7요의 관계 속에서 운행되고 있다는 뜻이다. 5행성을 강조하는 것은 인간의 눈으로 볼 수 있는 다섯 개의 별이기 때문이다.

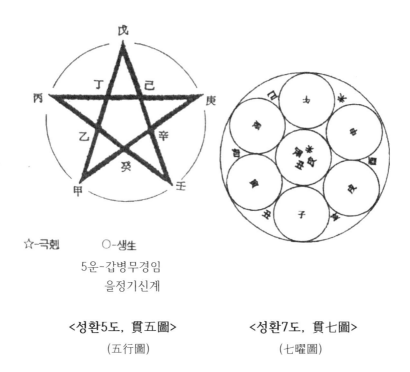

☆-극剋   ○-생生
5운-갑병무경임
을정기신계

<성환5도, 貫五圖>   <성환7도, 貫七圖>

(五行圖)   (七曜圖)

8) 一妙衍 萬往萬來 / 用變 不動本

<우주는 더없이 완전하게 운행하니, 만변만화하면서 그
작용이 아무리 변해도 우주의 원래 본질은 변함이 없다.>

一 - 우주.
妙 - 더 없이 완전한. 위없이 큰.(묘하다는 의미가 아니다)
衍 - 운행, 순행.
萬往萬來 - 만변 만화.
用 - 体의 상대.
本 - 원래 본질.
不動本 - 본질에는 변함이 없음.

9) 本心本 / 太陽昻明 / 人中天地一

<본성의 근본뿌리는 태양처럼 광명하니 사람의 마음속에
천지의 광명이 그대로 있다.>

本 - 用變不動本.
心 - 성품.
本心 - 본래의 성품, 본성, 참나.
本 - 근본뿌리, 심지.
太陽 - 태양
昻 - 높다.
明 - 명백하다, 명료하다, 밝다.
人中 - 사람의 마음속.
天地 - 천지 광명.
一 - 하나. 원래, 그대로.
人中天地一 - 사람 마음속의 천지 광명이 그대로 있다.

즉 우주의 운행이치와 마찬가지로 인간의 본래 마음도 태양처럼 광명하니 사람의 본성도 천지의 운행에 조금도 다를 바가 없다는 뜻이다. 따라서 사람도 우주의 운행원리에 벗어나서는 살 수 있는 존재가 아니라는 뜻이다. 칠요 중 하나라도 궤도를 벗어나면 태양계 전체의 질서가 무너져 사라지듯이 사람도 이 우주의 운행원리에 순응하면서 살아야 한다는 의미이다.

10) 一終無終一
<우주는 영원할 뿐이다.>

一終 - 목성이 태양을 한번 공전하는 주기, 12년.
一終無終一 - 현재 진행형인 우주.

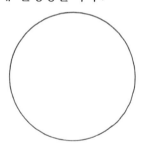

<일종무종일도>
(우주허공도)

우주는 영원하다는 뜻이다. 즉 사람도 우주의 이치를 벗어나서 살 수 없는 존재이므로 우주의 섭리대로 서로 조화를 이루어 홍익하면서 살아야 한다는 뜻이다. '일종무종일'은 끝이 없는 우주를 말하는 것으로 현대의 우주론과도 그 맥을 같이 하고 있다. '일종무종일'과 '일시무시일'은 다같이 '우주'라는 말이다. '일시무시일'은 태초의 우주이며 '일종무종일'은 지금도 팽창하고 있는 우주이다. 『황극경세서』의 우주년으로 추산한 바에 의하면 지구가 첫 공전을 시작한 후 78번의 개벽이 있었다고 한다. 앞으로 79번째 개벽이 오기까지는 단기4352년(2019년) 현재로 지구의 후반기 5,0064년이 남았다고 한다. 그러나 그것이 지구의 종말이 아니라 3,2400년의 겨울 빙하기가 끝나면 80번째의 우주의 봄이 다시 오게 되는 것이다. <4부 시해법 이야기 참조>

손경식 선생에 의하면 숫자에는 인간이 미처 알 수 없는 필연적인 힘이 작용한다고 한다. 4.19혁명은 7×7=4십9(4. 19), 5.16혁명은 7×8=5십6(5. 16)으로 자연의 수리와 부합되어 성공하였다. 2000년 <1차 남북정상회담>도 처음에는 7×9=6십3, '6.13회담'으로 모든 언론에 보도되었다. 그러다가 나중에는 8×8=6십4, '6.14회담'으로 굳어지는 것 같더니 안타깝게도 마지막에 '6.15회담'으로 수정되는 바람에 자연수와 부합하지 못하여 성공을 이루지 못하고 말았다. 2007년 10월 4일의 <2차 남북정상회담>은 2×7=십 4로 자연수와 부합했으나 구구단 2단이라 힘을 받지 못하였다. 2018년에 싱가포르에서 열린 <북미비핵화회담> 날짜도 6월 12일로 자연수에 부합하지 않아 발표 결과에 큰 기대를 하기 어렵게 되고 말았다. 또 2018년도에 4월 27일, 5월 26일, 9월 18일의 남북정상회담도 백두산 천지까지 갔지만 자연수와 부합하지 못하였다. 그리고 2019년 4월 11일에 열린 한미 정상회담 날짜도 자연수와 부합되지 않았다. 2019년 2월 28일 하노이 북미정상 회담도 자연수와 어긋났다. 앞으로 민족 대화합이나 남북통일, 대혁신, 화폐개혁과 같은 우리민족 대변동의 날로 남아있는 날은 7×9=6십3, 6월 13일과

8×8=6십4, 6월 14일과 8×9=7십2, 7월 12일, 9×9=8십1의 8월 11일의 4일이다. 유념해야 할 것이다. 3차 북미회담이나 김정은 위원장의 남한 답방 날짜는 자연수에 부합되어 서로 상생하는 결과가 나오기를 기대해 본다. 수는 절대적인 힘을 가지고 있다. 그러나 인위적으로 해서 될 일은 아니다.

흔히 천부경은 정답이 없고 사람마다 천 갈래 만 갈래로 다르게 풀 수 있다고 하지만 그렇지 않다. 천부경 81자를 한문 문구로만 해석하다보니 장님 코끼리 만지듯 구구한 해석이 나오는 것이다. 삼일신고의 우주관과 참전계경, 그리고 47대 단군역사속의 일식과 월식, 오성취루 현상 등 수많은 천문관측내용을 종합한 상태에서 천부경을 바라 볼 때 천부경의 핵심을 파악할 수 있으며, 비로소 천문의 관점에서 바라볼 수 있다.

공자의 일이관지는 인仁이고, 석가의 일이관지는 '자비'이고, 예수의 일이관지 '사랑'이고, 노자의 일이관지는 '무위자연'이듯이 천부경의 일이관지는 '천문'이다. 인, 자비, 사랑, 무위자연이 천문을 떠나서 어찌 있겠는가! 그래서 최치원도 천부경을 일러 유, 불, 선, 3교를 모두 포함하고 있다고 하였던 것이다. 모든 별들이 북극성을 중심으로 운행하듯이 모든 종교의 벼리는 천부경이다. 천부경이 수학이나 과학이론을 정리한 것이라느니, 현대 첨단 물리학의 원자, 전자, 소립자 이론을 관통하고 있다느니 하는 주장들은 어디까지나 천부경을 그러한 도구로 검증해 보니 들어맞는다는 말이며 틀린 주장은 아니다. 그러나 그러한 주장들은 현대과학의 귀납적인 검증이지, 천부경의 본원本源에 접근한 해석은 아니다. 田田

<쥐뿔이야기, 반재원, 4336(2003)>
<씨아시말, 반재원, 4342(2009)>

후기

대진국 문적원감 임아상은 단군을 '천신의 아래요, 성인의 윗자리(壇君天神之下, 聖人之上也)'라고 하였습니다. 단군 역사를 이야기하는 것은 단군을 숭배하자는 뜻에 앞서 우리의 시원 역사를 알고자 하는 데에 있습니다.

<25시>의 작가 게오르규(Gheorghiu)도 인류의 희망찬 미래를 한국의 홍익이념에서 찾으려고 하였습니다.(루마니아어의 r은 르.) 그는 우리민족에게 '여러분은 세계가 잃어버린 영혼입니다. 여러분은 영원한 하나님의 자손이라는 것을 잊지 마십시요.'라고 하였습니다. 그는 또 1984년 4월 프랑스를 국빈 방문한 전두환 대통령에게 '태평양 시대의 21세기는 코리아가 낳은 홍익 이념이 세계를 주도할 것입니다.'라고 하면서 우리 정통 사상의 표류에 대해 안타까움을 표시하였습니다. 헤르만 헤세도 죽기 전에 늘 '내가 죽어 영혼이 있다면 코리아에 태어나고 싶다'라고 하였습니다. 토인비도 '21세기에는 극동에서 세계를 주도할 사상이 나올 것이다'라고 하였습니다. 일본이 이 말에 적지 않게 기대를 걸고 그를 일본으로 초청하여 강연을 들었지만 토인비는 그 자리에서 일본은 아니라고 하였습니다.

『주해 홍사한은』에 의하면 2세 부루 단군 갑인14년에 단군의 자문을 맡고 있던 석자장石子丈이라는 인물이 '옛 천부경을 상고해보니 만물이 모두 도道에서 나오며 도는 신조神祖에서 나왔습니다. ~ 하늘은 곧 신조요 신조는 곧 하늘입니다'라고

한 말에도 우리가 천손민족天孫民族임이 잘 나타나 있습니다. 게오르규가 이 내용을 보았는지는 알 수 없지만 비록 그의 말이 아니더라도 우리는 예로부터 천손민족으로 알려져 왔습니다. 그러나 천손민족이라는 말은 천문민족天文民族을 이르는 것입니다. 우리는 배달국시대에 벌써 천문을 확립한 민족입니다. 「삼일신고」세계훈에서도 '지구는 허공에 떠있는 한알의 구슬'이라고 하였습니다. 이렇게 하늘의 질서를 인간세계에 널리 펴겠다는 것이 바로 한웅 천황의 개천(開國天下)이었습니다. 지구가 둥글다고 주장하는 학자를 박해한 사건과는 너무나 대조적인 우주관이자 창조관이라 하겠습니다.

지동설을 주장한 이딸리아의 갈릴레이(Galilei)는 죽고 난 후에 정식으로 장례식을 치르지도 못하였으며 묘비를 세우는 일조차 허락되지 않았습니다. 그 뿐만 아니라 그의 학설이 옳았음이 곧 바로 밝혀졌는데도 이단으로 재판 받은 후 무려 370년(그의 사후 361년)이나 지난 서기2003년에야 비로소 복권되었습니다. 그 뿐입니까? 폴란드의 코페르니쿠스(Kopernik)도 그가 죽은 지 449년 만에 복권되었으며 그로부터 18년이 더 지나 467년 후인 2010년 5월 22일에야 정식으로 장례식이 치러졌습니다. 심지어 이딸리아 철학자 브루노(Bruno)는 지동설을 주장하다가 화형을 당하였습니다.(이딸리아어의 r은 르.) 그런데 더구나 5000년 전 우리민족의 신관이자 우주관이라니! 우리의 이 우주관 하나만 보더라도 배달국과 단군조선의 역사가 지금처럼 냉대 받을 이유가 없습니다. 지구가 둥글며 회전한다는 이론은 세종 때까지 이어져 그때 제작된 혼천의渾天儀와 혼상渾象 등에 잘 나타나 있습니다. 훈민정음도 하늘의 <28수 천문도>를 이론적인 바탕으로 삼았기 때문에 28자로 창제하였던 것입니다. 하늘같이 받들어야 할 우리 조상들입니다.

'단군신화'라는 단어는 조선 총독부가 조작한 것으로 조선사를 간행한 서기1938년부터 해방되던 해인 1945년까지 실제로는 8년 밖에 쓰이지 않았던 단어입니다. 그런데도 우리 역사의 절반에 해당하는 단군조선 2000여년의 역사를 신화의 영역에 묶어 두고 있습니다. 2006년 초 107세를 일기로 돌아가신 역사학계의 거두 최태영 박사도 충무로에 있는 호스피스 병실로 찾아뵈었을 때 자신이 공부하던 젊은 시절에는 단군신화라는 말 자체가 없었다고 하였습니다. 5000년 역사 속에 '단군' '단군조선'이라는 말은 있어도 '단군신화'라는 말은 그때 총독부가 처음으로 만든 단어였습니다. 더구나 중국은 5년 동안 3조원의 예산을 투입하여 삼황오제는 물론이려니와 고구려와 대조영의 발해, 해모수의 북부여까지 자기네 조상으로 편입시키기 위하여 동북공정이라는 대대적인 국책 사업을 마쳤습니다. 중국의 유적지를 안내하는 조선족 안내원들 까지도 집안의 광개토대왕의 유적을 고구려의 역사라고 하지 않고 '옛 변방의 소수민족 역사'라고 소개하고 있습니다.

10여 년 전 필자가 학생들을 인솔하여 용정 해란강과 비암산 일송정을 둘러보고 윤동주 생가 방문을 요청했을 때 조선족 가이드는 위치를 모른다면서 안내를 거부하였습니다. 마침 제가 그전에 두 어 번 가본 길이기에 어렵지 않게 찾을 수 있었습니다. 그런데 도착 후에 그 조선족 가이드는 또 바로 옆에 있는 윤동주 기념관 관람을 막았습니다. 내부수리 중이라는 핑계였습니다. 필자를 잘 알고 있던 기념관 해설사는 나를 보자 난감한 얼굴이 되어 가이드의 지시를 어길 수 없다고 하였습니다. 그녀 역시 재중동포 조선족입니다. 조선족이라도 중국 공산당원이면 당원의 규약에 따라야하기 때문에 사상은 이미 우리 동포가 아닙니다. 작년에 운남성에 갔을 때에도 이런 저런 이야기 중에 동북공정의 실체를 말했더니 우리밖에 없는 버스 안인데도 조선족 가이드가 강하게 제지하고 나섰습니다. 중국의 상황이 여기까지 이르렀는데도 우리는 아직도 '단군신화'에서 놓여나지 못하고 있습니다. 학생들은 일송정에서 그랬던 것처럼 왁자지껄 떠드는 소리에 필자의 안내 설명은 묻혀버리고 복원해 놓은 생가 마당의 우물만 들여다보다가 버스에 올랐습니다. 하나라도 더 알려주려고 해도 젊은이들까지도 받아들일 자세가 되어있지 않습니다. 이대로 간다면 학교 교육은 점점 황폐화되고 30년 후 우리나라는 어떻게 되어 있을까요. 어릴 때부터 우리 것을 가르치지 않은 어른들의 책임이 큽니다.

임진왜란 때 일본장수 가등청정(가토 기요마사)이 남대문을 통해 입성하고 장수 소서행장(고니시 유키나가)이 동대문을 통하여 입성한 것을 기념하여 1934년 8월 27일 조선총독부가 남대문을 보물 1호로, 동대문을 보물 2호로 지정한 것을 광복 후 1960년 초에 정부 해당부처에서 이것을 기준으로 하여 다시 남대문을 국보 1호로, 동대문을 보물 1호로 지정하였습니다. 보물 1호를 훈민정음이나 강화도 참성단으로 하자는 민족사학자들의 여론에도 꿋꿋이 버티고 있습니다. 왜 그러는 것일까요. 토인비는 '역사는 과거를 잊은 민족에게 반드시 복수를 한다.'라는 명언을 남겼습니다. 뿌리가 뽑혀지고도 제대로 사는 것은 없습니다. 또 남의 뿌리에 붙어서는 자신의 꽃을 피울 수 없습니다. 뿌리인 조상을 섬길 줄 모르면서 하나님이나 부처님을 어찌 믿을 수 있겠습니까.

『대학』에도 '기본이 되어 있지 않으면서 말엽이 잘 다스려지는 경우는 없다(其本亂而末治者否矣)'라고 하였고 또 '먼저 할일과 나중에 할 일을 구분하면 곧 도에 가깝다(知所先後 則近道

矢)'라고 하였습니다. 그 기본과 먼저 할 일이 우리의 선도사
상, 태극사상입니다. 기본이 튼튼해야 그것을 발판삼아 정신이
도약할 수 있으며 나중에는 민족도 초월하여 더 높은 경지에
이를 수 있는 것입니다. 스뻬인의 옥수수성당 사그롸(r)따(d)
쌰(F)밀리아(Sagrada Familia) 성당 설계자 가우띠(d)도 '뿌리를
알고나서야 새로운 것을 창조할 수 있다.'라고 하였습니다.(이딸
리아 어의 t는 뜨, r은 르르, F는 쓰프, d는 뜨로 표기하였음)

　　미국 미시건 대학의 잉글하릍(Inglehart) 교수는 그의 저
서 <세계문화 변동론>에서 지난 50년 간 세계 각 국의 가치관
에 대한 변화를 조사한 결과, 미국과 유럽은 20~25%정도가 변
화하였고, 중국은 30%, 러시아가 상당히 높은 45%선이며, 아
프리카 중에서 알제리는 5%미만으로 가장 적게 변화되었다고
발표하였습니다. 그런데 한국의 경우는 70%이상 가치관의 변
화를 가져왔다고 발표하였습니다. 그러면서 그는 이것은 세계
에서 유례를 찾아볼 수 없는 가장 높은 변화율이라고 하였습니
다. 가족관계와 사회 제도와 풍습과 문화, 그리고 학교 교육
전반에 대한 가치관이 해방 직후에 비하여 너무나 많이 변했다
는 것입니다. 학생들이 얼마나 교과서를 내팽개쳐 두었으면 교
사가 책을 다 불살랐겠습니까. 오죽했으면 중학교에서 교사가
수업을 할 수 없다고 제자들을 경찰서에 고발하는 일이 벌어졌
겠습니까. 사고의 충돌이 이 지경에 이르렀습니다.
　　아마 젊은이들과 사고의 차이는 구석기인과 현생 인류 만큼
이나 다른 것 같습니다. 남편이 쓰러져서 아들내외에게 다급하
게 전화했더니 119로 해야지 저한테 하면 어떻게 하느냐고 하
는 항변도 젊은이들의 사고로는 아주 틀렸다고는 할 수 없는
현실이 되어가고 있습니다.

불과 30여년 전만해도 임종이 가까워 오면 부모의 영혼을 객귀로 만들지 않는다고 하여 병원에서도 서둘러 집으로 모시기를 권했으나 지금은 집에서 돌아가신 부모님을 도로 병원 영안실로 옮겨갑니다. 예전과는 달리 문상객들의 음식대접, 주차 문제 등 환경이 많이 달라졌지만 옳고 그르고를 떠나서 우리의 문화가 이렇게 변했다는 것이지요.

이어 잉글하르트 교수는 '한국의 가치관은 변화된 정도가 아니라 가치관이 아예 몰락한 나라이다'라는 극단적인 표현을 썼습니다. 그야말로 충격적인 표현이 아닐 수 없습니다. 그것도 20년 전의 통계자료입니다. 그 후 호주제 폐지로 우리의 전통 가족제도가 허물어졌습니다. 이로 인해 서기1308년에 공표된 동성동본 혼인 금지 이후 700년 전통이 무너졌습니다. 그의 말대로라면 이미 정신이 망한 민족이라 할 수 밖에 없습니다.

안호상 박사는 생전에 그의 강의에서 우리나라는 종교의 잡화상이요 문화의 쓰레기장이라고 하였습니다. 황장엽 선생이 북에서 처음 왔을 때 명동에 나가보고는 남한의 경제 발전이 너무나 상상을 초월하여 까무러칠 정도였다고 했습니다. 그러나 민족정신은 너무 캄캄하여 등불을 들어도 앞이 안보였다고 토로한 적이 있습니다. 그러나 필자는 5500여 년 전에 우리 조상인 복희가 그린 태극도가 우리민족의 족표인 국기가 된 필연을 믿기에 이러한 가치관의 몰락이 새로운 홍익사상으로 재충전되는 반동력反動力이 될 것이라는 믿음을 버리지 않고 있기에 칠순을 맞아 제 나름대로 성의를 다한 것입니다.

한기桓紀9216. 개천5916. 단기4352(2019)년 4월 청명 한식절.
반재원 씀.

-약 력-

현) 훈민정음연구소장 / 태극원리연구소 부소장 / 한글문화단체 모두모임 이사 / 한국땅이름학회 명예회장 / 한글학회 회원 / 미사협회원 / 반씨문인회 회원 / 수필가 / 거제반씨 대종회 사무총장 / 재경 이서 향우회장 / 국학박사 /

전) <사>한국어 정보학회 이사 / <사>한국어원학회 회원 / <사>통일건국 민족회 이사 / <사>한배달 부회장 / <사>한배달 돐씨(토종)학회 회장 / 개천학회 간사 / <사>단군봉찬회 사무국장/서울용산구청 지명 주소위원 / 유종有終회 회장(주역동호회)/ 한국수필등단(숫돌).1999.(추천-서정범교수) / 한국수필가협회 회원 / 강남문인회 이사 / 중앙문우회 회원 / 제9회 동아방송 전국학생방송콩쿨, 연기부분수상(최우수 연기상 수상. 드라마 <논>의 황노인역). 『동아연감』에 등재, 1972 / 제1회 전국 소인극경연대회 경북대표로 공연(알젖는 소리. 연출 김태유 명동 국립극장). 1972 / 극회<쁘랑수아> 창립(창립공연-대머리 여가수. 연출 반재원) 1974 / 민중극단 창단 단원(공연작품-미운 오리새끼 연출 이효영). 1975 / 최종원펜클럽 회장 / 쏸이스뱅크(VOICE BANK)이사 / 『국가상훈 인물대전』「현대사의 주역들」인물편에 수록, 2006 / 재경 이서중고 동문회장 / 녹조근정 훈장, 2009./

<저서>

· **한글관련** -훈민정음기원론 / 한글과 천문 / 한글세계화 이대로 좋은가 / 한글창제원리와 옛글자 살려쓰기 / 21개 외국어회화 표기 예 / 훈민정음창제원리와 기능성한글.

· **상고사관련**-쥐뿔이야기 / 세계가 잃어버린 영혼 한국 / 하나님의 표상 태극기 / 씨아시말(단군역사. 태극기. 훈민정음) / 주해 홍사한은(단군의 고향, 단군의 호적등본)

/ 단군과 교웅(단군왕검의 호적등본. 역사수필) / 청도의 역사와 문화(4인 공저) /

·**건강관련** - 돓씨약초 이야기(토종약초 재배) / 으뜸요법(침, 뜸).

<자료집 및 논문>

·**자료집**-<훈민정흠과 천부경> <인류문화의 시원은 단군> <나를 찾아가는 길>

·**논문**-<인류문화의 시원사상은 한임, 한웅, 단군 사상> (개천학회 스승학위논문)

<훈민정음 창제원리와 천문도와의 상관성>(박사학위 논문)

-활동내용-

· 명사초청특강<토종약초의 효능과 재배법>경북과학대(2000. 5)
· <외국어발음 표준표기법제정 건의>서명운동(2002. 10)
· 한글 옛글자 살려쓰기 운동 홍보 서명운동(2003.10)
· 연변과기대 <재중국 한국학 학술대회> 발표(2004. 9)
· 심양<2004코리언컴퓨터 국제학술대회>발표(2004. 12)
· 러시아극동대<한국과 러시아문화,언어학술대회>발표(2005. 6)
· 연변대 <한국 언어 문학 교육 학술회의> 발표(2005. 7)
· 하얼빈공대 <다국어 정보처리 국제회의>발표(2005. 8)
· 연변 <다국어 정보처리 국제 학술대회> 발표(2007. 7)
· 프레스센터 국제회의장 한배달<천부경학술대회>발표(2008.5)
· <사>국학원 91회 국민강좌 <훈민정음 창제원리와 옛글자 살려쓰기> 대한 출판 문화협회.(2011)
· 도로명 주소에 동명병기추진 운동과 전국의 시, 군, 구청 등 140여곳의 행정관청에 동명병기촉구 공문발송.
 (2014년 7월 ~ 2014년 12월까지 종각 4거리에서 길거리 홍보)
· 한국땅이름학회 44회 학술발표대회 <광복70년 일제의 땅이름>(2015. 4)
· 대한언어학회 <한글세계화 학술대회 주제강연> 전남대학교

（2016. 5. 21）
- <사>국학원 서울시민 역사문화콘서트 <우리말속에서 찾아낸 상고사> 서울시청 시민청.（2016. 9. 7）
- 한글날기념 명사특강. <훈민정음 창제원리와 한글의 우수성> 중소기업 기술정보진흥원.（2016. 10. 5）
- 여주 영릉 한글날기념식. 훈민정음 반포문 낭독 <세종 때의 발음으로 재연 낭독>（2008. 10. 9.~ 2017. 10. 9. 10년 동안 낭독）
- 한국땅이름학회 45회 학술발표회<홍산문화와 저ㆍ돈ㆍ우리의 어원> 한글학회 강당（2016. 10. 20）
- <사>서울문화사학회 제60차 역사문화강좌 특강 <훈민정음창제원리와 기능성한글>（2016.10.21）
- <사>국제신인류문화학회 추계학술대회 <훈민정음과 기능성 한글> 덕성여대（2016. 11. 12）
- <사>한국정신과학학회 특강 <훈민정음창제원리와 기능성한글> 서울교육대학（2017. 2. 18）
- <사>국학원 서울시민 역사문화콘서트 <홍사한은> 서울시청 시민청.（2016. 3. 29）
- <사>국학원 정기학술 발표회 <세종의 한글창제와 홍익정신> 국회의원회관.（2017. 4. 6）
- 국회특강.<훈민정음창제원리와 기능성한글의 필요성> 국회의원회관. 강길부 국회의원 주재（2017. 4.10）
- <사>한국정신과학학회 춘계학술발표회 <단군의 호적등본> 서울교육대학（2017. 4. 22）
- <사>국제신인류학회, 봄철 정기 학술대회 <단군영정에 대한 소고> 덕성여대（2018. 4. 28）
- <사>국제신인류학회 가을철 정기 학술대회 <훈민정음 창제원리와 삼재이론> 덕성여대（2018. 11. 17）
- <사>한배달 <천문 28수와 훈민정음 28자> （2019. 3. 2.）
- <사>한국정신과학학회 발표 <어원으로 본 상고사>서울교육대학

(2019. 3. 16)
- •<사>국제신인류학회, 봄철 정기 학술대회 -경제사상으로서의 단군사상과 서양 한류- 토론, 덕성여대(2019. 4. 20)
- •제 1회 한국 동양 미래예측학회 학술대회 -주역점의 현대적 의미- 토론, 국회의원 회관(2019. 4. 21)

-연재, 신문, 방송-

- · 월간<건강저널>(1991) - 토종약초 재배와 활용
- · 월간<시사춘추>(1991~1992) - 수필연재
- · 주간<아름아리>(1993~1994) - 수필연재
- · 월간<신시>(1993) - 수필연재
- · 월간<신토불이 건강>(1994~1996) - 토종약초 연재
- · 월간<행복의 샘>(1997) - 수필연재
- · 한국수필(1999. 12. 통권101호) - 수필 등단(숫돌 외)
- · 월간<한배달>(1998~2009)-단군역사, 훈민정음연구, 토종약초.
- · 주간한국(2003. 10) - 토종은 우리의 보물
- · 문예비전(2003. 5) - 책속의 작은 수필집(우정, 자주골, 필경사)
- · 주간동아(2003. 11) - 돍씨(토종)학회 활동현황
- · 문예비전(2004. 5) - 수필의 향기(나로부터의 명상)
- · 반씨문인회(2007. 12 ~ 2015. 1) - 1집(쇼핑백의 오골계)~ 5집
- · 월간<경제풍월>(2014~2015) - 훈민정음 창제원리(14회 연재)
- · 월간 『문학사상』(2018.10월호) - 한글날 특집<한글, 국어를 넘어 세계어로>
- · 월간 『휘즈노믹스』(2018. 10월호) - <우주 운행에 따라 음운 배치한 천문의 소리 '훈민정음'>

- · 경향신문(1998) - 토종찾아 삼천리
- · 한국일보(2005) - 한글 세계화의 문제점
- · 참환역사신문(2015~2016) - 훈민정음을 되살리자(14개월 연재)
- · 참환역사신문(2017~2018) - 땅이름의 허와 실(18개월 연재)

· 참환역사신문(2019. 1) - <단군을 신화에서 빼내어 오는 작업> 연재 시작(2년 예정)
· 세계일보(2015. 8) - 한글 세계화의 선구자
· 서울경제신문(2016. 1. 4) - 옛글자복원이 한글세계화의 열쇠
· 동아일보(2016.4) - 도시의 기인奇人(한글과 천문)
· 서울 NGO신문(2017.12) - 기능성한글의 필요성, 단군을 신화에서 빼내어 오는 작업(단군의 호적등본)
· 한국의약신문(2018. 8~2019. 3)-<토종약초 이야기 13회> 연재.
· 한국의약신문(2019. 4)-<땅이름의 허실> 연재 시작(3년 예정)
· 서울 NGO신문(2018.10) - 한글 국제공용화를 위한 기능성 한글의 필요성
·<사>국제신인류학회,『신인류문화』 12집, 훈민정음 창제원리와 삼재이론,『홍사한은』 소고(2019. 4)

· KBS-TV 사랑방중계 - 한글전도사(1984)
· KBS-TV 무엇이든 물어 보세요 - 토종 총집합(1994. 4)
· KBS-TV 무엇이든 물어 보세요 - 토종오이, 토종홍화씨, 호깨나무, 도통이나무 등(1994.11)
· SBS-TV 세상사 이야기 - 토종지킴이(1996)
· SBS-라디오 임국희의 정보마트 - 토종약차 만들기(1997)
· MBC-TV 이야기속으로 - 토종과 둔갑(1997)
· YTN 집중조명 - 토종은 우리의 자산(1998)
· K-TV 앞서가는 사람들 - 토종보존 (2003 12)
· KBS-TV 무엇이든 물어 보세요 - 홍화씨의 모든 것(2005. 9)
· EBS-TV 한글날 특집 - 한글 세계화(2014. 10, 2015. 10)
· STB-TV 한문화 특강 - 훈민정음 창제원리 1, 2강 (2016. 4 ~ 2016. 8)
· 방송활동 - <노틀담의 곱추> <삼총사> <이솝우화> <아라비안나이트>등 50여 편의 명작 만화영화 우리말 녹음, 다큐멘터리 해설, CM, CF 우리말 녹음 등. 끝-

단군과 교웅

-단군의 호적등본-

지 은 이 : 반재원
발 행 인 : 박정학
발 행 처 : 도서출판 한배달
편집 교 정 : 허정윤 · 반지량 · 반다일
초판 발행 : 개천5914, 단기4350(2017)년 음 4월 초파일
수정재판 발행 : 개천5916, 단기4352(2019)년 음 4월 초파일
등록 번호 : 1998. 1. 8. 제 1-613
주   소 : 서울 특별시 종로구 익선동 93번지 대은 빌딩 501호
전   화 : 010-2437-3794, 02)747-8984, 02)747-8985.
팩   스 : 02)747-8988.
전자우편 : hbaedal @ korea. com

ISBN 978-89-89400-08-0 93910

정   가 : 28,000원